R&B

GAY TALESE

Frank Sinatra ist erkältet

SPEKTAKULÄRE STORYS
AUS VIER JAHRZEHNTEN

Aus dem Amerikanischen
von Christoph Hahn & Sky Nonhoff

ROGNER & BERNHARD
BEI ZWEITAUSENDEINS

1. Auflage, Dezember 2005.

Die Originaltexte, von denen etliche zuerst im *Esquire Magazine* veröffentlicht wurden, erschienen ursprünglich unter den folgenden Titeln: *When I was Twenty-Five, New York is a City of Things Unnoticed, Frank Sinatra has a Cold, Thy Neighbor's Wife, The Loser, The Disappearance, Ali in Havana, Vogueland, Joe Louis: The King as a Middle-Aged Man, The Bridge.*

ISBN 3-8077-1011-6
www.rogner-bernhard.de

Umschlag: Philippa Walz und Andreas Opiolka, Stuttgart.
Umschlagabbildungen: © Ullstein-iT (oben); © Ullstein-AP (unten).
Satz und Herstellung: Dieter Kohler GmbH, Nördlingen.
Schriften: Century Expanded & Poster Bodoni.
Druck und Einband: Kösel GmbH, Altusried.
Printed in Germany.

Dieses Buch gibt es nur bei Zweitausendeins im Versand, Postfach, D-60381 Frankfurt am Main, Telefon 069-420 8000, Fax 069-415 003.
Internet www.Zweitausendeins.de, E-Mail Service@Zweitausendeins.de.
Oder in den Zweitausendeins-Läden in Berlin, Düsseldorf, Frankfurt am Main, Freiburg, 2x in Hamburg, in Hannover, Köln, Mannheim, München, Nürnberg, Stuttgart.

In der Schweiz über buch 2000,
Postfach 89, CH-8910 Affoltern a. A.

Inhalt

Die hohe Kunst des Wartens

Vorwort von Alexander Osang

Es ist immer seltsam, wenn sich Reporter treffen. Die meisten Reporter, die ich kenne, fühlen sich wohl, wenn sie beobachten und zuhören können, in fremden Leben versinken wie in einem weichen Sofa. Das funktioniert nicht so gut, wenn sie einem anderen Reporter gegenübersitzen. Begegnungen zwischen Reportern sind oft zu still oder zu aufgekratzt, weil sich alle gegenseitig und auch selbst beobachten, betasten und befragen. Alles, was ein Reporter sieht oder hört, ist Material für die große, universelle Geschichte. Es ist leichter, sich mit Kritikern zu treffen, mit politischen Korrespondenten oder mit Leitartiklern, denn sie sind voller Meinung und hören deswegen nicht so gern zu. Reporter aber haben keine Meinung oder haben noch keine Meinung. Reporter sind unsicher, ängstlich, verletzlich, haltlos, sie suchen. Es entstehen beängstigend lange Pausen in Gesprächen unter Reportern oder gar keine. Vielleicht ist es ähnlich, wenn ein Friseur zum Friseur geht oder ein Zahnarzt zum Zahnarzt oder ein Therapeut zum Therapeuten. Man erkennt die Recherchemethoden des anderen, die kleinen Kunststückchen und Macken, das übergroße Interesse, das ermunternde Lächeln, das Zurückhalten einer eigenen Meinung, und manchmal erkennt man sich selbst.

Und so gehe ich Reportern meist aus dem Weg.

Den großen amerikanischen Reporter Gay Talese traf ich im Sommer des Jahres 2000, weil ich für das inzwischen eingestellte Magazin SPIEGEL-Reporter einen Text über die Grenzlinie zwischen Journalismus und Literatur schreiben sollte. Talese wandelte seit etwa fünfzig Jahren auf dieser Linie. Er schrieb Reportagen, die wie Kurzgeschichten klingen. Texte, deren Helden durch Existenzkrisen gehen, Verliererporträts. Verlierer haben oft mehr Zeit als Gewinner, und Zeit ist der Schlüssel zu Taleses Reportagekunst. Gay Talese nennt seine liebste Recherchemethode: »The Fine Art of Hanging Around«.

Die hohe Kunst des Wartens.

Talese trug kurze Hosen, ein Poloshirt, Turnschuhe und hatte einen Tennisschläger in der Hand, als ich ihn zum ersten Mal sah. Er bat mich in das Wohnzimmer seines Sommerhauses in Ocean City, der Kleinstadt an der Küste von New Jersey, wo er aufwuchs und in die er für seine Geschichten oft zurückkehrt. Ich hatte über Ocean City gelesen, über die Nachmittage in der Schneiderei seiner Mutter, wo der kleine Gay unterm Ladentisch die Gespräche der Frauen belauschte, über das Leben italienischer Einwanderer der ersten Generation, über Taleses Abschied von dem New Jersey seiner Kindheit und Jugend. Heute verbringt er dort nur noch die Sommertage. Wir liefen durch das helle Wohnzimmer, auf dem Flügel standen schwarz-weiße Fotos, die ihn mit Familienmitgliedern und ein paar prominenten Freunden zeigen, es gab hohe Bücherregale und eine kleine Bar. Es war ein Sonnabendnachmittag am Meer. Talese mixte mir einen Drink, dann ging er zu einem Tennisspiel mit einem chinesischen Kollegen. Ich sollte mich wie zu Hause fühlen, sagte er. Ich ging mit meinem Gin Tonic durch das Wohnzimmer, sah mir die Bücherrücken an und die Fotos; nach einer halben Stunde begann ich mich ein wenig unwohl zu fühlen, vergessen irgendwie. Ich stellte mein Glas in die Hausbar zurück und lief durch die kleinen Straßen des hübschen Badeortes zum Tennisplatz. Es waren mehrere Hartplätze, umgeben von einem Maschendrahtzaun. Ich stellte mich an den Zaun. Talese sah mich sofort, gab aber kein Zeichen.

Er wirkte auch in seinen Tennissachen erstaunlich sorgfältig gekleidet, er schwitzte kaum und hatte seine Socken straff hochgezogen. Er schlug den chinesischen Kollegen, der etwa dreißig Jahre jünger war als er, in zwei Sätzen. Aber ich war mir nicht ganz sicher, ob der Chinese mit vollem Einsatz gespielt hatte. Wir gingen gemeinsam zurück zum Haus. Talese stellte mir seine Frau Nan vor, die das Abendessen vorbereitete, er zeigte mir seinen Arbeitsraum und sein Fitnessstudio, dann ging er duschen und zog sich um. Zum Abendessen kam neben dem chinesischen Journalisten und seiner Frau noch ein amerikanischer Fernsehjournalist und dessen Sohn. Wir redeten über Bill Clinton, den Platz des Himmlischen Friedens und die Probleme bei der deutschen Wiedervereinigung. Als das Dessert serviert wurde, war es fast elf.

Ich wurde ein bisschen nervös, weil wir zwar über chinesische und ostdeutsche Mauern geredet hatten, aber immer noch nicht über die Grenzlinie zwischen Journalismus und Literatur, ich musste noch in der Nacht zurück nach New York. Talese bot mir an, in seinem Gästezimmer zu schlafen, aber ich hatte am nächsten Tag einen Termin mit einer kanadischen Astronautin.

»Sie machen vielleicht ein bisschen zu viel gleichzeitig, mein Junge«, sagte er, lächelte, aber er nahm sich seinen Drink, suchte sich eine Zigarre aus und führte mich in den Garten.

Ich stellte mein kleines Diktiergerät auf den Gartentisch, Talese sah es an. Ich hatte gelesen, dass er Diktiergeräte nicht mochte, weil sie Situationen zerstörten, weil sie für die Hatz und Oberflächlichkeit standen, für den Irrtum, mit ein paar Originaltönen, die jemand auf ein Band spricht, irgendetwas Originelles einzufangen. Wie Telefone untergraben sie die Kunst des Interviews, sagte er. Talese schrieb seine Beobachtungen am liebsten auf klein geschnittene Pappen aus einer Wäscherei.

Ich stellte ihm ein paar Fragen zum literarischen Journalismus, und Talese begann, sie zu beantworten. Er erzählte mir, warum er nie die Namen der Helden in seinen Reportagen ändert, warum er lieber über einfache Leute schreibt, warum er keine Lust hat, fiktive Geschichten zu schreiben. Fast jede seiner Antworten führte ihn irgendwann zu einer chinesischen Fußballerin, die er seit etwa einem Jahr verfolgte. Liu Yin.

Die junge Frau hatte den entscheidenden Elfmeter im Weltmeisterschaftsfinale gegen die USA verschossen. Talese hatte das Spielende an einem verregneten Sonntagnachmittag 1999 in New York zufällig im Fernsehen gesehen, als er in der Werbepause eines Baseballspiels durch die Kanäle surfte. Er verstand nichts vom Fußball, aber das Mädchen faszinierte ihn. 90000 Zuschauer saßen im Stadion. Er stellte sich Hunderte Millionen Chinesen vor, die an ihren Fernsehern das Spiel verfolgten, Amerika gegen China, das war ja mehr als ein Fußballspiel, es war eine Schlacht, und China hatte sie verloren.

Wie würde die kleine Chinesin das verkraften, fragte sich Gay Talese im Wohnzimmer seines Townhouses in der Upper East Side, während der Regen auf den Central Park fiel. Alle seine großen Texte handeln vom Verlieren, Stars wie Frank Sinatra, Joe DiMaggio, Joe Louis oder Peter O'Toole beschreibt er in tiefen Lebenskrisen, mittelalte Männer, die ihre besten Tage hinter sich haben. Letztlich schreibt man immer über sich selbst, glaube ich.

Er bot die Geschichte der chinesischen Fußballerin einem Freund von Time Warner an, aber der hatte kein Interesse. Ein Vierteljahr später, als Talese mit seiner Frau von einer Mittelmeerkreuzfahrt zurückkam, fiel ihm bei der Zwischenlandung in Frankfurt am Main das Mädchen wieder ein. Er hatte vier Stunden Aufenthalt, seine Frau blieb in Frankfurt bei der Buchmesse, und er begriff, dass ihn in Amerika eigentlich nichts erwartete. Er stornierte seinen Flug nach New York und flog stattdessen nach Peking, stieg im besten Hotel der Stadt ab und rief bei Nike an, dem Ausrüster der chinesischen Nationalmannschaft. Talese sprach kein Chinesisch und hatte keine Ahnung von Fußball, der Nike Chinese war ein Anfang. Talese blieb fünf Monate. Er sprach mit Sponsoren, Trainern, Funktionären, Spielerinnen, mit der Mutter und der Großmutter der 24-jährigen Fußballerin und schließlich mit ihr selbst. Er reiste der Mannschaft zu Spielen bis nach Portugal hinterher. Aber er hatte immer noch nicht den Kern der Geschichte erkannt, die er eigentlich erzählen wollte. Deswegen war er nach Amerika zurückgekehrt.

Er hatte zu diesem Zeitpunkt seit sechs Jahren nichts mehr veröffentlicht. Er hatte nur recherchiert, andere Geschichten, die auch zu keinem Ende führten, zu keiner

Schlussfolgerung, wie er es nennt. Er hatte keinen Auftrag für die Recherche, er folgte seinen Interessen, weil er es sich leisten konnte. Talese hat mit seinen Büchern Millionen verdient.

Es klang wie die traurige Geschichte eines alten Reporters, der an der Vermessenheit seines Berufes zugrunde geht. Es klang wie die Geschichte der ewigen Recherche. Und je länger er darüber redete, desto gelangweilter schien Talese, am Ende wirkte er regelrecht genervt. Vielleicht lag es am Alkohol, vielleicht an der späten Stunde, vielleicht sogar an meinem Diktiergerät, zuallererst aber lag es wohl daran, dass sich die Geschichte seiner chinesischen Fußballerin verlor, auflöste. Es war jetzt kurz nach Mitternacht. Er beschwerte sich über die zunehmende Ungeduld unter Reportern, er mokierte sich über die Schreibwut seiner berühmten Kollegen Tom Wolfe, Norman Mailer und sogar über John Updike, der die Tinte nicht halten könne. Für einen Moment nur zeigte Gay Talese seine kühle, analytische, gefährliche Seite, die er sonst hinter seiner warmen Stimme, den weichen, fast weiblichen Gesten und den feinen Anzügen, Socken, Krawatten und Schuhen verbirgt. Eine Seite, die man im Gespräch mit ihm normalerweise nicht spürt, aber in seinen Texten.

Denn natürlich sind gute Reporter keine guten Menschen. Sie suchen nach biografischen Brüchen, an denen sie in das Leben ihrer Opfer schlüpfen können. Wie Vampire leben sie vom Blut anderer. Je älter der Reporter wird, desto klarer wird ihm das. Gay Talese war an diesem Abend achtundsechzig Jahre alt.

Eine halbe Stunde nach Mitternacht brachte mich das Ehepaar Talese zu meinem Wagen, seine Frau hatte mir ein paar Sandwiches für die Fahrt gemacht. Die beiden standen zusammen am Gartenzaun, als ich wegfuhr. Ich sah sie im Rückspiegel kleiner werden und ahnte, dass ich vor Talese nicht bestanden hatte. Er hatte mich eingeladen, mit ihm herumzuhängen. Aber ich fuhr zum Interview mit einer kanadischen Astronautin, ich hatte mein Diktiergerät aufgebaut und »The Fine Art of Hanging Around« verletzt. Ich konnte nicht warten, ich war in Eile.

Ein paar Wochen später traf ich Gay Talese in Sydney, Australien, wieder. Ich war dort, um für den *Spiegel* über die Olympischen Spiele zu berichten, Talese war seiner Fußballerin gefolgt, die im chinesischen Olympiateam war. Ich rief ihn an, vielleicht, weil ich einen anderen, besseren Eindruck bei ihm hinterlassen wollte.

Talese wohnte in einer Suite des besten Hotels der Stadt. Wie immer hatte er sich eine elektrische Schreibmaschine aufs Zimmer bringen lassen, was in den letzten Jahren zunehmend schwieriger wurde, weil es kaum noch Hotelgäste gab, die nach elektrischen Schreibmaschinen verlangten. Es gab auch kaum noch Reporter, die sich kleideten wie Talese, der selten ohne dreiteiligen Anzug aus dem Haus geht, die Farben von Hemd, Krawatte, Einstecktuch, Strümpfen und Schuhen sind fein aufeinander abgestimmt. Es waren helle Farben, denn es war warm in Sydney. Wir liefen ein bisschen durchs Stadtzentrum und gingen dann in das Hotelrestaurant, das leer war und klimatisiert.

Talese sprach in vertrautem Ton mit dem Chefkellner, man merkte, dass er oft hier saß. Wahrscheinlich jeden Abend, und wahrscheinlich war es immer so leer. Es waren Olympische Spiele in der Stadt, niemand saß in einem Hotelrestaurant. Außer Gay Talese natürlich, ein gut gekleideter älterer Herr, der nicht im Strom schwamm. Talese erzählte mir, dass Liu Yin verletzt sei und die Chinesinnen wahrscheinlich sowieso aus dem Turnier flögen. Er schien immer noch auf der Suche nach dem Kern der Geschichte zu sein, der Schlussfolgerung, aber er wirkte nicht ungeduldig, nur ein bisschen müde.

Ich fragte ihn, ob er nicht Lust habe, sich morgen mit mir ein paar Wettkämpfe anzusehen.

Am nächsten Tag stand er mit einem beigen Anzug und einem weichen hellen Sommerhut vorm Hotel. Wir nahmen die S-Bahn, weil es schneller ging als mit dem Taxi. Talese wirkte seltsam verloren in der vollen Bahn, als führe er ein Experiment durch. Wir gingen zum Baseballstadion, weil dort Kuba gegen die USA spielte, auch mehr als ein Spiel, eine Schlacht eher. Talese war vor ein paar Jahren mit Muhammad Ali in Kuba gewesen und hatte einen wunderbaren Text darüber geschrieben, wie der schwer kranke Muhammad Ali dem alten Fidel Castro einen kleinen Zaubertrick beibringt. Ich verstand Baseball nicht. Gay Talese, der ein großer Fan der New York Yankees ist, erklärte mir die Regeln, aber um ehrlich zu sein, langweilte ich mich. Im Leichtathletikstadion nebenan würde gleich das 100-Meter-Sprintfinale der Frauen stattfinden. Ich fragte Talese, ob wir nicht rübergehen sollten, aber er wollte lieber hier bleiben, beim Baseball. Amerika führte knapp gegen Kuba, die Sonne schien, Talese saß auf einem erstklassigen Platz und lächelte. Er hatte keine Angst, irgendetwas zu verpassen. Das war das letzte Bild, das ich von ihm hatte.

Ich lief ins Olympiastadion. Marion Jones gewann das 100-Meter-Rennen mit ziemlichem Vorsprung, inzwischen scheint es so, als sei sie damals gedopt gewesen.

In den folgenden Jahren dachte ich immer mal wieder daran, bei Gay Talese anzurufen, um mich nach der chinesischen Fußballerin zu erkundigen, aber ich schaffte es nicht. Es gab den 11. September, zwei Kriege, Wahlen, Stromausfälle und Naturkatastrophen in Amerika, es war immer viel zu tun, aber der entscheidende Grund war wohl, dass unser Interview nie gedruckt worden war. Aus dem Text über die Grenzlinie zwischen Literatur und Reportage war ein Text über Bestseller geworden, in dem Gay Talese nicht mehr auftauchte. Sie hatten ihn einfach herausgeschnitten. Es war mir ziemlich unangenehm, obwohl Talese es sicher verstanden hätte.

In den zehn Jahren, die er für die *New York Times* arbeitete, stritt er sich immer wieder mit Redakteuren darüber, was wichtig war und was unwichtig. Er hielt Politiker für uninteressant, weil sie nie sagen konnten, was sie wirklich fühlten. Politikerporträts enthielten seiner Meinung nach keinen universellen Kern, wenig, was man auch in zwanzig Jahren noch lesen mochte und verstehen würde. Politiker sind verderblich, sagt Talese. Die *Times* steckte ihn in die Parlamentsredaktion nach Albany, um ihn zu kurieren. Sie verstanden nicht, dass er sich mehr für Verlierer als für Gewinner interessierte. Sie verstanden nicht, dass es für ihn nicht wichtig war, auf den vorderen Seiten der Zeitung zu erscheinen, ihm war wichtig, dass er genug Platz und Zeit für seine Geschichten bekam. Nach zehn Jahren, mit Mitte dreißig, verließ er die *New York Times*. Er hatte immer mehr

Probleme, die Deadline einzuhalten, und kam auch mit dem Platz nicht mehr aus, der ihm zur Verfügung stand. Er verließ die beste Zeitung der Welt, weil er an Grenzen stieß. Es gibt nicht viele Reporter, die so etwas schaffen. Die meisten bleiben in den goldenen Käfigen ihrer Redaktionen sitzen und werden Zyniker, Trinker oder Leitartikler.

Im Oktober 2005 besuchte ich Gay Talese in New York wieder.

Es war ein windiger, kalter Herbsttag auf der Upper East Side, wo er in einem schmalen hübschen Townhouse an der Ecke zur Park Avenue lebt, in dem man verschwindet wie in einem Traum. Talese führte mich in den Salon, in dem Tische, Stühle, Sofas und verwirrend viele Aschenbecher herumstanden, obwohl weder Talese noch seine Frau rauchen, an den Wänden lehnten hohe Bücherregale, gefüllt mit den Schreibern, die ihn begleiteten. Wolfe, Heller, Capote, Irving, Mailer, Cheever, Carver, Williams, Oates, Miller, Bellow, Roth. Es war ein Geisterhaus. Hier drin hörte man Manhattan nicht mehr. Talese schien in den letzten fünf Jahren nicht gealtert zu sein. Er war jetzt 73, schlank, aufrecht, wach. Der Farbton, um den er seine Garderobe arrangiert hatte, war violett. Selbst die Schuhe glänzten in Dunkellila.

Talese hatte sein Buch beendet.

Es handelt von seinen Recherchen der letzten zehn Jahre. Er interviewte den Mann, dem seine Frau ein Stück seines Penis abschnitt. Er reiste nach Alabama zurück, wo er als junger Mann studiert hatte, um den amerikanischen Rassismus zu beschreiben. Er arbeitete in einem Restaurant auf der Upper East Side, um herauszufinden, warum manche Restaurants jahrelang erfolgreich sind, andere aber ständig ihre Besitzer wechseln, und er folgte einer chinesischen Fußballspielerin um die halbe Welt. Eigentlich dachte er, dass Liu Yin im Jahr 2003 bei den Weltmeisterschaften in China ihren Fehler wettmachen konnte. Es wäre das große Finale seiner Geschichte über das neue China gewesen, über Emanzipation, Versagen und die ganze Welt, aber dann kam SARS nach Asien, und die WM wurde nach Amerika verlegt, seine Spielerin verletzte sich und flog später aus der Auswahlmannschaft. Ihre Karriere versandete wie die meisten Leben.

Aber was ist dann der Kern, die Schlussfolgerung?, fragte ich.

»Es gibt keine Schlussfolgerung«, sagte Talese und lachte. »Es ist das Buch übers Schreiben geworden. Über die Suche nach einem Kern, einem Sinn. Ich habe für meine Bücher und Texte ja zuallererst immer nach einem Platz gesucht, an dem sie spielen können. Eine Bühne, wenn man so will. Die Bühne für dieses Buch ist nicht das Fußballfeld oder das Restaurant in der Upper East Side. Es ist meine Recherche.«

Er führte mich in sein Studio, das im Souterrain des Townhouses untergebracht ist. Jeden Morgen steigt er da runter und abends wieder hinauf. Kein Fenster gibt es hier, kein Telefon, keine Ablenkung. An die Wände hat er Textauschnitte auf Styroporplatten geheftet, ausgedruckt in verschiedenen Schriftgrößen und -arten, um immer neue, frische Eindrücke von seinen Texten zu bekommen. In Regalen sind Kisten gestapelt, die Talese mit den Materialien seiner Recherchen füllte, die Kartons hat er mit Zeitungsausschnitten, Fotos und Schlagzeilen zur jeweiligen Recherche beklebt, in den Momenten, in denen er nicht schreiben konnte, aber irgendwie weiter in der Geschichte bleiben wollte. Es gibt große weiße Blätter, auf denen er die Struktur seiner Reportagen skizzierte, Szenenabfolgen. Der Mann mit dem abgeschnittenen Penis, die Chinesin, Alabama, das Restaurant in der East Side, dazwischen Pfeile, Bemerkungen, Pläne.

Gibt es diese Blätter von all seinen Texten?, fragte ich.

Talese riss einen Aktenschrank auf und entnahm ihm eine Mappe mit der Skizze von »Frank Sinatra ist erkältet«. Ein vierzig Jahre alter Artikel. Ein Text, der kürzlich als beste »Esquire«-Reportage aller Zeiten ausgezeichnet wurde. Zwei Blätter mit Szenenanweisungen, die die monatelange Annäherung an den Sänger beschreiben, die erzählen, wie Gay Talese immer wieder von Sinatra abgewiesen wurde, wie er Hoffnung schöpfte, nach Brocken schnappte, die ihm hingeworfen wurden. Er beschreibt die Entstehung einer Reportage, und er beschreibt die Kunst des Wartens. Man kann mehr daraus lernen als aus den meisten Reportagelehrbüchern.

Talese fuhr mit flinken Fingern durch die Aufzeichnungen, Reportagepläne, er öffnete Kisten und schloss sie wieder, er blätterte durch die Kalender der letzten zehn Jahre, jeder Tag ein Feld, in dem er abrechnete, was er tat. Winzige mit Bleistift gekritzelte Wörter zwischen Verzweiflung und Hoffnung.

Im Januar 1999: »Das Buch? Ich kann nicht. Ich habe solche Angst zu versagen.«

Im Juli 1999: »G. T. hat eine Idee. Liu Yin. Das Mädchen, das vorbeischoss.«

29. Mai 2000: »Nan hat die ersten 35 Seiten gelesen und mag sie.«

So geht das weiter, auf und ab, fünf Jahre lang bis zum Jahr 2005.

April 2005: »Ich bin so frustriert. Ich fange früh um 6 Uhr an zu arbeiten, bin aber trotzdem nicht schnell genug. Ich habe solche Angst, dass ich die Deadline nicht schaffe.« In das Feld vom 11. August schreibt er, dass seine Mutter im Alter von 98 Jahren stirbt, und notiert die aktuelle Seitenzahl. 595. Zwei Wochen später ist das Buch fertig.

Ich habe mich oft gefragt, ob man als Reporter wirklich nicht alt werden kann. Es gibt ja verschiedene Theorien darüber, wie lange es geht. Wann man müde wird, wann die Neugier nachlässt, der Hunger, die Ruhelosigkeit, wann die Angst aufhört und die Meinung wächst.

Gay Talese schaute auf. Er hatte den Blick eines Jungen.

Als ich fünfundzwanzig war

Als ich fünfundzwanzig war, jagte ich in Manhattan hinter streunenden Katzen her. Ich spürte ihnen nach, wie sie auf den städtischen Müllhalden nach Futter suchten, verfolgte sie auf Fisch- und Geflügelmärkten, spionierte ihnen bis in die von Ratten bevölkerten Docks am Hudson River hinterher; und ich erinnere mich, wie ich meinen fünfundzwanzigsten Geburtstag in einem dunklen Tunnel unterhalb des Grand-Central-Bahnhofs verbrachte, wo ich dutzende von fauchenden Katzen beobachtete, die erbittert um Essensreste kämpften, die U-Bahn-Arbeiter aus ihren Lunchpaketen auf die Gleise gekippt hatten.

Das war 1957 – keine gute Zeit für die 400000 streunenden Katzen, die damals in New York lebten. Sie waren Opfer ihrer eigenen Vermehrung und des Umstands, dass es in den neu erbauten Apartmenthäusern immer weniger Mülltonnen gab; ich recherchierte für meine erste Reportage für das *New York Times Sunday Magazine*, die sich mit dem Überlebenskampf der städtischen Katzen befassen sollte. Andere Leute machten sich Sorgen darüber, dass die Dodgers Brooklyn verlassen wollten, über den immer noch nicht gefassten »Mad Bomber«

oder darüber, dass die Sowjets gerade einen Hund ins All geschossen hatten. Ich hingegen beschäftigte mich mit Katzen, und als meine Reportage am 12. Mai 1957 unter der Headline »Reise in den Katzendschungel« veröffentlicht wurde, besorgte ich mir dreißig Exemplare aus der Druckerei der *Times*, die ich meinen Freunden und Verwandten schickte. Es war meine erste Ahnung von jenen fünfzehn Minuten Ruhm, die durch Andy Warhol sprichwörtlich werden sollten, und wenn sie auch vergänglich sind, so bleibt doch eine süße Erinnerung, wie man sie auch beim Gedanken an die erste Liebe empfindet. Und genau so erinnere ich mich an die Veröffentlichung jenes Artikels über hungrige Katzen, den ein hungriger junger Autor verfasst hatte.

Ich war erst kürzlich nach New York gezogen, nach zwei Jahren in der Army und vier Studienjahren an der University of Alabama. Die Stadt schlug mich in ihren Bann, und wissbegierig, wie ich war, beschäftigte ich mich mit Dingen, die nur relativ wenige Leute interessierten (etwa den nächtlichen Gewohnheiten der Putzfrauen, die in den Wolkenkratzern für Ordnung sorgten, den Einblicken, die so mancher Apartmenthaus-Portier in das Eheleben der Mieter hatte, und natürlich den diätetischen Entsagungen freischaffender Zeitungsschreiber). Doch bevor ich einen Job im Journalismus ergatterte, hatte ich keine Ahnung, wie ich mein spezielles Interesse an der natürlichen und unnatürlichen Ordnung großstädtischen Lebens kanalisieren sollte.

Ich kam aus einer Kleinstadt. Meine Wahrnehmung war ziemlich provinziell. Ich staunte über Dinge, die anderen völlig normal vorkamen. Dennoch glaubte ich, dass es sich lohnte, über das Gewöhnliche, das alltägliche

Geschehen im Leben ganz normaler Menschen zu schreiben – dass es insbesondere für Zeitungsleser interessant war, und umso mehr, *wenn es gut geschrieben war.*

Keine Frage, bei der *Times* gab es Redakteure, die von meinen Artikeln alles andere als begeistert waren; sie nannten meine Storys »banalen Kleinkram«, was zu ebenso höflichen wie erbitterten Diskussionen führte. Um mich auf den rechten Weg zu bringen, schickten sie mich als politischen Korrespondenten nach Albany, um aus dem Parlament zu berichten; dort durfte ich dann den Lügen und leeren Versprechungen der Politiker lauschen und das Ganze als »News« verkaufen. Alles in mir sträubte sich dagegen. Damals war es ungeschriebenes Gesetz bei der *Times*, dass Reporter nur dann namentlich erwähnt wurden, wenn der betreffende Artikel mindestens acht Absätze lang war. Während meiner Zeit in Albany schrieb ich keinen einzigen Artikel, der mehr als sieben Absätze umfasste. Ich wollte nicht, dass mein Name unter Artikeln erschien, die sich auf die Phrasen der Abgeordneten beschränken mussten, mit der Konsequenz, dass mich die Chefredaktion wieder abberief und dazu verdonnerte, in der Stammredaktion künftig Nachrufe zu verfassen. Aber von wegen Bestrafung: Nie war ich glücklicher. Das Schreiben von Nachrufen ermöglichte es mir, mich mit Historie und Lebensgeschichten zu befassen, Format und Bedeutung echter Persönlichkeiten zu würdigen; jeder, der in der *Times* einen Nachruf bekam, war unzweifelhaft ein außergewöhnliches Individuum mit singulären Leistungen – die mit Sicherheit alles übertrafen, was ich während meiner kurzen Karriere als fünfundzwanzigjähriger Politkorrespondent zu Gesicht bekommen hatte.

Während meiner Zeit als Nachrufschreiber begann ich verstärkt für das *New York Times Sunday Magazine* zu schreiben, da sich die tägliche Berichterstattung mehr und mehr als Sackgasse für mich erwies. Nach meiner Katzenstory verfasste ich in den folgenden Monaten um die dreißig Magazin-Reportagen. Ich schrieb über weibliche Stummfilmstars im Zeitalter des Tonfilms, über die alten Männer, die bei den Boxkämpfen im Madison Square Garden den Gong betätigten, über die Flusskapitäne der Staten-Island-Fähren, über die Schaufensterdekorateure der Fifth Avenue und die Rundungen der in Plastik gegossenen, aber nichtsdestotrotz verführerisch echt aussehenden Schaufensterpuppen.

Zu jener Zeit wohnte ich in Greenwich Village in einem Ziegelgebäude gegenüber des ersten New Yorker Espresso-Cafés, das sich abends in eine Schwulenbar verwandelte. Händchen haltende Pärchen aller Hautfarben waren in meiner Straße ein mehr als alltäglicher Anblick, und in den Cafés gaben die Folksänger ihre Protestsongs zum Besten – eine Künstlerszene, die man gewöhnlich mit den sechziger Jahren verbindet, doch meiner Meinung nach waren die Fifties im Village eigentlich schon die Sixties; unser Viertel war dem Rest der Stadt ein Jahrzehnt voraus, und in ebendiesem Viertel verliebte ich mich auch. Sie war Redakteurin bei einer Zeitschrift uptown, und wir trafen uns immer downtown zum Abendessen, bis wir 1959 zusammen nach Rom durchbrannten. Wir sind bis heute verheiratet.

Mein Rat an junge Autoren? Meines Erachtens ist Neugier die bei weitem wichtigste Voraussetzung, der Drang, den eigenen vier Wänden entfliehen und etwas über die Welt erfahren zu wollen, über ungewöhnliche

Menschen, die an ungewöhnlichen Orten leben. Auf dieser Basis schrieb ich später Bücher über Mafia-Frauen *(Honor Thy Father)*, Partnertausch und offene Ehen *(Thy Neighbor's Wife)*, eingewanderte Schneider *(Unto the Sons)* und Brückenarbeiter *(The Bridge)*.

Überall findet man Storys, wohin man auch blickt, gleich in nächster Nähe. Der einzige andere Ratschlag, den ich – dem Beispiel meines Vaters folgend – noch geben könnte: »Schreib nie etwas für Geld.« Das mag in diesem Zeitalter des kalten wirtschaftlichen Kalküls, der Gier und Unersättlichkeit eine durchaus seltsame Empfehlung sein; und doch hat mir genau dieser Ratschlag während der vergangenen vierzig Jahre als Maßstab gedient – seit 1957 und meinem fünfundzwanzigsten Geburtstag, den ich in der Gesellschaft von Katzen verbrachte.

New York: Stadt im Verborgenen

New York ist eine Stadt, in der vieles im Verborgenen bleibt. Es ist eine Stadt, in der Katzen unter geparkten Autos schlafen, zwei Gürteltiere aus Stein an der St. Patrick's Cathedral emporklettern und tausende von Ameisen auf dem Dach des Empire State Building herumwimmeln. Die Ameisen sind wohl durch den Wind oder Vögel dort oben hingelangt, doch sicher kann man sich da nicht sein. Über die Ameisen wissen die New Yorker letztlich genauso viel wie über den Bettler, der mit dem Taxi in die Bowery fährt, den schmucken Kerl, der an der Sixth Avenue Unrat aus den Mülltonnen klaubt, oder den Spiritisten in den West Seventies, der behauptet: »Ich bin Hellseher, Hellhörer und Hellfühler.«

New York ist eine Stadt der Exzentriker und der skurrilsten Daten und Fakten. New Yorker blinzeln achtundzwanzig Mal pro Minute, aber vierzig Mal, wenn sie im Stress sind. Die meisten Popcorn-Esser im Yankee Stadium halten unmittelbar vor dem Pitch für einen Moment mit dem Kauen inne. Kaugummi-Kauer auf den Rolltreppen im Kaufhaus Macy's hören kurz mit dem Kauen auf, wenn sie die Rolltreppe wieder verlassen, um sich auf die letzte Stufe zu konzentrieren. Wenn das Reinigungspersonal im Bronx Zoo das Seelöwenbecken säubert, finden sie dort Münzen, Büroklammern, Kugelschreiber und Schulhefte von kleinen Mädchen.

Täglich schlucken die New Yorker 460000 Gallonen Bier; sie essen 3500000 Pfund Fleisch und ziehen sich vierzig Kilometer Zahnseide durch die Zähne. Täglich sterben in New York 250 Menschen, 460 werden geboren, und durch die City gehen täglich 150000 Menschen, die Brillen mit Gläsern aus Glas oder Plastik tragen.

In der Park Avenue gibt es einen Portier, in dessen Schädel sich seit dem Ersten Weltkrieg Splitter von drei Kugeln befinden. Viele junge Zigeunerinnen laufen, beeinflusst vom Fernsehen und Büchern, von zu Hause weg, weil sie nicht erwachsen und Wahrsagerinnen werden wollen. Jeden Monat werden hundert Pfund Haar bei Louis Feder in der Fifth Avenue 545 angeliefert, wo aus den Haaren deutscher Frauen blonde Perücken und aus den Haaren von Französinnen und Italienerinnen brünette Perücken hergestellt werden; die Haare amerikanischer Frauen finden keine Verwendung, da sie laut Mr. Feder zu oft gewaschen und onduliert werden.

Zu den bestinformierten Männern New Yorks gehören die Liftboys, die selten reden, aber stets zuhören – so wie auch die Türsteher in Manhattan. Der Türsteher des Sardi's hört als Erster die Kommentare der Theaterbesucher, die nach dem letzten Akt über den Broadway schlendern. Er hört genau hin. Und zehn Minuten nachdem der Vorhang gefallen ist, kann er zielsicher sagen, welche Vorführungen einschlagen und welche floppen werden.

Am Abend hält eine große dunkle Rolls-Royce-Limousine am Broadway, aus der eine kleine alte Lady steigt –

bewaffnet mit einer Bibel und einem Schild mit der Aufschrift »Weh den Verdammten, denn sie werden zugrunde gehen«. Dort steht sie dann manchmal bis drei Uhr morgens und keift auf die kunterbunte Menge der Broadway-Sünder ein, bis ihr Chauffeur sie wieder mit dem Rolls abholt und zurück nach Westchester fährt.

Um diese Zeit ist die Fifth Avenue wie leer gefegt bis auf ein paar Menschen, die unter Schlaflosigkeit leiden, Taxifahrer auf der Suche nach Kundschaft und einigen eleganten Frauen, die Tag und Nacht in den Schaufenstern stehen, ein kaltes, makelloses Lächeln auf den Lippen – mit Mündern aus Plastik, Augen aus Glas und Wangen, die so lange schimmern werden, bis die Farbe abblättert. Wachposten gleich säumen sie die Fifth Avenue – die Schaufenstermannequins, die mit schräg geneigten Köpfen hinaus auf die Straße spähen, die Zehen strecken und mit graziösen Fingern nach nicht vorhandenen Zigaretten langen. Um vier Uhr morgens werden manche Schaufenster zu einem seltsamen Märchenland der spindeldürren Göttinnen, allesamt gefroren im Aufbruch zu einer Party, im Sprung in einen Swimmingpool oder im himmelhoch jauchzenden Satz im luftigen blauen Negligé.

Obgleich derartig abenteuerliche Illusionen den Abwegen der Fantasie folgen, sind sie nicht zuletzt auch den außergewöhnlichen Künsten der Schaufensterpuppenschöpfe zu verdanken, die den Modellen individuelle Züge verliehen haben – und so wie auch im wirklichen Leben keine Frau der anderen gleicht, sieht keine der Plastikdamen wie die andere aus. Die Schaufensterpuppen bei Peck & Peck sehen jung und frisch aus, die bei Lord & Taylor wirken reifer und windzerzaust. Die bei

Saks machen einen spröden, lebenskundigen Eindruck, die bei Bergdorf wirken elegant und wohlhabend. Die Profile der Schaufensterpuppen an der Fifth Avenue sind einigen der verführerischsten Frauen der Welt nachempfunden – Frauen wie Suzy Parker, die für die Best-&-Co-Schaufensterpuppen Modell stand, und Brigitte Bardot, der die eine oder andere Puppe bei Saks nachgebildet ist. Der gestalterische Ehrgeiz, den Puppen eine geradezu menschliche Aura zu verleihen, ist wahrscheinlich der Hauptgrund für die seltsame Faszination, die die synthetischen Jungfrauen auf so viele New Yorker ausüben, und nicht zuletzt auch dafür, dass so viele Schaufensterdekorateure mit ihren Puppen sprechen, ja, ihnen sogar Kosenamen geben. Nackte Schaufensterpuppen ziehen Männer magisch an, stoßen Frauen ab und sind in New York City verboten. Manche Schaufensterpuppen fallen sogar Perversen zum Opfer; unlängst wurde eine grazile Puppe in einem White-Plains-Laden mit zerfetzter Kleidung und verschmiertem Make-up aufgefunden, deren Körper Merkmale einer versuchten Vergewaltigung trug. Die Polizei legte sich eines Nachts auf die Lauer und schnappte den Unhold, einen unscheinbaren kleinen Mann. Es war der Nachtwächter.

Wenn der Straßenverkehr schwindet und die meisten Menschen schlafen, fallen die Katzen über so manches Viertel her. Hurtig huschen sie durch die Schatten; Nachtwächter, Polizisten und Penner werden ihrer gewahr, wenn auch nie für sehr lange. Die meisten Katzen streunen auf den Fischmärkten herum, in Greenwich Village und in jenen Gegenden der East und West Side, wo Mülltonnen vor den Häusern stehen. Doch im Grunde findet man sie überall; Nachtparkwächter an der Fifty-fourth Street haben gelegentlich mehr als zwanzig Katzen um das Ziegfeld Theatre herumstreunen sehen. Katzentruppen kontrollieren die Hafenkais, immer auf der Suche nach Ratten. U-Bahn-Arbeiter stoßen des Öfteren auf Katzen, die dort unten in der Dunkelheit leben. Offenbar werden sie nie vom Zug überfahren, aber gelegentlich fallen sie der Strom führenden Schiene zum Opfer. Fünfundzwanzig Meter unter dem westlichen Ende des Grand Central Terminal leben etwa fünfundzwanzig Katzen, die von Streckenarbeitern gefüttert werden und sich niemals ans Tageslicht begeben.

Die streunenden, unabhängigen, für sich selbst sorgenden Straßenkatzen führen ein Leben, das sich gravierend von dem der New Yorker Hauskatzen unterscheidet. Die meisten haben Flöhe. Viele gehen an vergiftetem Futter und Unterernährung zugrunde; ihre durchschnittliche Lebenserwartung beträgt zwei, die der im trauten Heim lebenden Katzen zehn bis zwölf Jahre. Jedes Jahr tötet die ASPCA circa 100000 Straßenkatzen, für die sich kein Zuhause finden lässt.

Ein sozialer Aufstieg ist unter den Katzen von Gotham City alles andere als üblich. Nur höchst selten kommen sie in einer besseren Gegend unter. Normalerweise sterben sie innerhalb des jeweiligen Viertels, in dem sie auch geboren wurden, obgleich ein völlig verlaustes Exemplar aus dem Tierheim der ASPCA kürzlich in die Obhut einer reichen Frau fand; nun lebt das Tier in einem luxuriösen East-Side-Apartment und verbringt den Sommer auf Long Island. Die American Feline Society schleuste einst zwei Straßenkatzen ins Hauptquartier der UN, nachdem ruchbar geworden war, dass in den Aktenschränken Nager ihr Unwesen trieben. »Die Katzen erledigten die Sache«, so Robert Lothar Kendell, Direktor der AFS. »Außerdem schienen sie sich bei den UN richtig wohl zu fühlen. Eine der Katzen pflegte auf einem chinesischen Wörterbuch zu schlafen.«

Egal in welchem Viertel, stets werden die Katzen von ihrem »Boss« angeführt – dem größten und stärksten Kater. Sonst allerdings gibt es keine große Hierarchie in der Gesellschaft der Straßenkatzen. Dennoch lassen sich drei »Typen« von Katzen ausmachen – wilde Katzen, Bohemiens und Tante-Emma-Laden-Teilzeitkatzen, die man zuweilen auch in Restaurants antreffen kann.

Die wilden Katzen ernähren sich aus offenen Mülltonnen oder von Ratten und machen um Menschen einen großen Bogen – selbst um die, die sie füttern würden. Diese ungezähmten Streuner kann man am gehetzten Blick ihrer weit aufgerissenen Augen erkennen; gewöhnlich treiben sie sich in der Hafengegend herum.

Der Bohemien ist um einiges zutraulicher. Er ergreift nicht die Flucht, wenn er Menschen sieht. Oft wird er von zart fühlenden Katzenliebhabern (es handelt sich dabei meist um Frauen) gefüttert, die die Streuner als »meine Kleinen«, »Engel« oder »Lieblinge« bezeichnen und äußerst ungehalten reagieren, wenn jemand ihre Günstlinge als »Straßenkatzen« tituliert. Die meisten Bohemiens kommen so pünktlich zum Füttern, dass ein Katzenliebhaber mir gegenüber gar die Meinung vertrat, Katzen wüssten die genaue Uhrzeit. Er führte sogar an, er kenne ein graues Kätzchen, das fünf Mal die Woche um Punkt halb sechs in einem Bürogebäude Ecke Broadway und Seventeenth Street auftaucht, um sich dort von den Liftboys füttern zu lassen. Samstags und sonntags lässt sich die Katze nicht blicken; sie scheint genau darüber im Bilde zu sein, dass dort am Wochenende nicht gearbeitet wird.

Bei der Tante-Emma-Laden-Teilzeitkatze handelt es sich oft um einen reformierten Bohemien, der sich sein Essen verdient, indem er Nager fern hält; der Laden stellt für ihn eine Art Hotel dar, da er es vorzieht, nachts um die Häuser zu ziehen. Trotz ihrer liberalen Arbeitseinstellung genießt die Tante-Emma-Laden-Teilzeitkatze fast dieselben Privilegien wie ihr nächster Verwandter, die ganz und gar domestizierte Vollzeitkatze, inklusive des Rechts, am Fenster schlafen zu dürfen. In einem Delikatessengeschäft an der Bleecker Street haust ein reformierter Bohemien, der sich hinter der Tür versteckt und alle anderen Bohemiens vertreibt, die sich hier andienen wollen.

Die Zahl der New Yorker Vollzeitkatzen hat sich, nebenbei bemerkt, seit dem Niedergang der Tante-Emma-Läden und dem Siegeszug der Supermärkte stark reduziert. Supermarktketten wie A&P haben ihre Methoden zur Rattenbekämpfung verfeinert, ihr Verpackungsmaterial verbessert und strenge Hygienevorschriften eingeführt; hier benötigt man keine Vollzeitkatzen mehr.

Am Hafen aber werden Katzen nach wie vor dringend gebraucht. Jüngst gab es einen Schauermann, der allergisch gegen Katzen war und Gift ausstreute. Innerhalb eines Tages wimmelte es überall nur so von Ratten. Sobald sich die Männer umdrehten, erblickten sie Ratten auf den Kartons, die sie löschen sollten. Am Pier 95 begannen sich die Ratten über die Henkelmänner der Hafenarbeiter herzumachen, griffen die Männer sogar an. Die holten sich daraufhin Streunerkatzen aus den angrenzenden Vierteln, und inzwischen haben sie die Rattenplage wieder gut im Griff.

»Aber die Katzen kommen kaum zum Schlafen«, so ein Schauermann. »Das ist nicht drin. Die Ratten würden sie niedermachen. Es ist schon vorgekommen, dass Ratten eine Katze getötet haben. Aber das passiert nicht oft. Die meisten Hafenkatzen sind gnadenlos harte Burschen.«

Um fünf Uhr morgens ist Manhattan eine Stadt, in der todmüde Trompeter und schachmatte Barkeeper nach Hause streben. Tauben beherrschen die Park Avenue, stolzieren unbehelligt auf dem Mittelstreifen herum. Das ist Manhattans blaue Stunde. Die meisten Nachtschwärmer sind verschwunden, doch noch ist kein Tagvolk unterwegs. Lastwagenfahrer und Taxichauffeure gehen ihrer Arbeit nach, ohne jedoch die Stimmung zu stören. Das Rockefeller Center liegt verlassen da, regungslos stehen die Nachtwächter auf dem Fischmarkt, und auch der schlafende Gehilfe in der Tankstelle neben dem Sloppy-Louie-Restaurant lässt sich nicht wecken.

Um fünf Uhr morgens sind die Broadway-Bediensteten entweder nach Hause gegangen oder hocken im erbarmungslos gleißenden Neonlicht der All-Night-Coffeeshops. Am Bordstein der Fifty-first Street steht ein Wagen mit Presseausweis hinter der Windschutzscheibe, in dem ein Fotograf sitzt, der nichts zu tun hat – einer, der genau Bescheid weiß, was sich hier so nach Mitternacht tut.

»Um eins«, sagt er, »wimmelt der Broadway nur so von Ganoven und jungen Kerlen, die in weißen Dinnerjacketts aus dem Astor Hotel kommen – Jungs, die in Papas Wagen zu irgendwelchen Bällen fahren. Und dann sind da noch die Putzfrauen, die nach Hause gehen; die erkennt man an ihren Kopftüchern. Um zwei Uhr wird der eine oder andere Säufer unleidig, da gehen dann in den Bars schon mal ein paar Schlägereien los. Um drei sind die Shows in den Nachtclubs zu Ende und die meisten Touristen und Spesenritter wieder in ihren Hotels. Um vier, wenn die Bars dichtmachen, kann man die harten Trinker sehen – und die Zuhälter und Prostituierten, die den Besoffenen das Geld aus der Tasche zu ziehen versuchen. Aber um fünf ist es dann ziemlich ruhig. Um fünf Uhr morgens ist New York nicht wiederzuerkennen.«

Um sechs Uhr morgens kommen die ersten Arbeiter aus der U-Bahn. Der Verkehr ergießt sich wie ein Fluss über den Broadway. Und Mrs. Mary Woody springt aus dem Bett, eilt in ihr Büro und ruft dutzende von verschlafenen New Yorkern an, um sie mit freundlicher, wenn auch nur selten ebenso freundlich erwiderter Stimme zu wecken: »Guten Morgen. Sie wollten geweckt werden.« Seit zwanzig Jahren arbeitet Mrs. Woody nun für den Weckdienst von Western Union und hat Millionen Menschen aus dem Bett geholt.

Um sieben Uhr morgens eilt ein robuster kleiner Mann – sein Rollkragenpullover und die blaue Baskenmütze verleihen ihm eine gewisse pariserische Aura – flugs zu seinen wohlhabenden Kundinnen, um sie vor dem Frühstück kurz richtig durchzukneten. Die uniformierten Portiers in den Apartmenthäusern begrüßen ihn herzlich, nennen ihn entweder »Biz« oder »Mac« – den Masseur Biz Mackey, der seinen Job beherrscht wie kaum ein anderer.

Mr. Mackey ist alert, marschiert in kerzengerader Haltung und hat immer eine schwarze Tasche mit Massageölen, Cremes und Handtüchern bei sich. Schon geht es mit dem Aufzug nach oben; eine halbe Stunde später ist er wieder unten und auf dem Weg zu den nächsten Ladys – einer Opernsängerin, einer Schauspielerin, einer Kommissarin.

Biz Mackey war Profiboxer im Federgewicht, bevor er in den zwanziger Jahren – damals noch in Paris – mit dem Massieren begann. Während einer Tournee durch Europa verlor er einen Kampf und kam zu dem Schluss, sein Glück anderweitig zu versuchen. Ein Freund riet ihm, eine Massageschule zu besuchen, und sechs Monate später hatte er bereits seine erste Kundin – die Schauspielerin Claire Luce, die damals in den Folies-Bergère auftrat. Sie fand ihn sympathisch und empfahl ihn weiter – an Pearl White, Mary Pickford und eine füllige Wagner-Sopranistin. Doch erst der Zweite Weltkrieg brachte ihn dazu, Paris zu verlassen.

Seine europäischen Kundinnen besuchten ihn weiterhin, wenn sie nach Manhattan kamen, und obwohl er inzwischen stramm auf die siebzig zugeht, läuft sein Geschäft nach wie vor auf Hochtouren. Biz besucht um die sieben Kundinnen pro Tag. Seine muskulösen Finger und dicken Arme spenden auf wundersame Weise Linderung. Die New Yorker Ladys schätzen Biz für seine Diskretion. Er besitzt Schlüssel zu ihren Wohnungen. Oft ist er der erste Mann, den seine Kundinnen des Morgens sehen, wenn sie ihn im Bett erwarten. Die Namen seiner Kundinnen gibt er nicht preis; die meisten aber sind mittleren Alters und steinreich.

»Frauen wollen nichts von anderen Frauen hören«, erklärt Biz. »Und Sie wissen ja, wie Frauen sind«, fügt er beiläufig hinzu. Er jedenfalls scheint es genau zu wissen.

Die Portiers, an denen Biz jeden Morgen vorbeigeht, sind im Großen und Ganzen zuvorkommende, ausgesprochen redegewandte Trottoirdiplomaten, zu deren Bekannten einige der mächtigsten Männer Manhattans zählen, einige der schönsten Frauen und der hochnäsigsten Pudel. Des Öfteren handelt es sich bei den Portiers um große, leicht einschüchternd wirkende Gestalten mit äußerst scharfen Augen, die großzügige Trinkgeldgeber selbst im dichtesten Nebel des Jahres schon auf einen Block Entfernung erkennen.

Manche East-Side-Portiers sind stolz wie Granden; ihre protzigen Uniformen scheinen von jenem Schneider zu stammen, der schon Marschall Tito ausstaffiert hat. Die meisten Hotelportiers sind wahre Smalltalk-Experten und Redekünstler, erinnern sich an jeden Namen und erkennen am Kofferleder – nicht etwa an der Garderobe – bereits den Kontostand des jeweiligen Gastes.

Im heutigen Manhattan arbeiten unzählige Portiers und Türsteher, davon 650 in Wohnhäusern, 325 in Hotels (davon 14 im Waldorf-Astoria) sowie aberhunderte in Restaurants, Theatern, Kinos, Bars und Nachtclubs – von denen nicht wenige als Anreißer und so genannte Freie tätig sind.

Die »freien« Türsteher, die keine feste Tür haben, tragen normalerweise keine Uniform (aber geliehene Hüte) und kommen zum Einsatz, wenn dichter Verkehr herrscht – bei Opernpremieren, Konzerten, Titelkämpfen und Messen. Der Türsteher des Brass Rail, Christos Efthiumiou, erklärte mir, die Freien wüssten genau, wann er frei hat (nämlich montags und dienstags), weshalb sie an diesen Tagen seinen Platz Ecke Seventh Avenue und Forty-ninth Street besetzen.

Die Anreißer, die manchmal geliehene Livreen tragen (die Hüte gehören ihnen selbst), postieren sich vor Jazzclubs mit Varietéprogramm wie denen an der Fiftysecond Street. Sie halten nicht nur Türen auf und winken Taxis heran, sondern informieren Passanten auch mit leiser, aber deutlicher Stimme über die Sensationen, die im Innern des jeweiligen Clubs auf sie warten: »Pssst! Freier Eintritt und Top-Girls – die neue Königin von Alaska!«

Obwohl es kaum Türsteher oder Portiers gibt, die nicht darüber fluchen, wie schlecht sie bezahlt und behandelt werden, geben manche Hotelportiers doch zu, dass sie in guten, verregneten Wochen fast 200 Dollar an Trinkgeldern einstecken. (Bei Regen benötigen die Gäste Taxis, und Portiers, die ihre Kunden mit Schirm zum Taxi geleiten, gehen selten leer aus.)

Wenn es in Manhattan regnet, schleppt sich der Verkehr dahin, werden Verabredungen abgesagt – und in den Hotelfoyers verschanzen sich die Gäste hinter Zeitungen oder gehen ziellos auf und ab, haben nichts zu reden, nichts zu tun. Taxis sind schwieriger als sonst zu bekommen, die Kaufhäuser machen fünfzehn bis zwanzig Prozent weniger Umsatz, und die Affen im Bronx Zoo, die nun von niemandem Besuch bekommen, hocken verdrossen in ihren Käfigen, ziehen noch müdere Mienen als die Gäste in den Hotelfoyers.

Während manche New Yorker bei Regen trübsinnig werden, begrüßen andere das nasskalte Wetter, gehen spazieren, sagen sogar, dass die Gebäude der Stadt an Regentagen irgendwie sauberer aussehen, dass sie schimmern, als wär's ein Gemälde von Monet. Wenn es regnet, werden weniger Selbstmorde verübt; doch wenn die Sonne scheint und ganz New York frohen Herzens ist, versinken die Verzagten immer tiefer in ihren Depressionen, und im Bellevue Hospital werden wieder mehr Notfälle eingeliefert, die einen Selbstmordversuch hinter sich haben.

Froh macht so ein Regentag aber vor allem die Geschäfte, die Regenmäntel und Schirme verkaufen, die Garderobenmädchen, die Hotelpagen und die Angestellten des britischen Konsulats, die sich an zu Hause erinnert fühlen. Die Zahlen von Consolidated Edison besagen, dass die New Yorker 120000 Dollar mehr für Strom ausgeben als bei gutem Wetter. Bei Regenwetter schlagen Bügelfalten durch, weshalb die Reinigung Norton an der Forty-fifth Street an solchen Tagen 125 Hosen zusätzlich zu bügeln hat.

Der Regen ruiniert die Wimperntusche auf den Lidern der Models, die kein Taxi finden können, und nicht zuletzt sorgt er dafür, dass es ein einsamer Tag wird für Rekrutierungsoffiziere, Demonstranten, Schuhputzer und Diebe – all jene Menschen, die bei Nässe ihren Antrieb verlieren.

Kurz nach halb acht jeden Morgens, während die meisten New Yorker noch in bleiernem Schlummer liegen, stehen hunderte von Menschen Schlange auf der Forty-second Street; um acht Uhr ist Einlass in den zehn Kinos zwischen Times Square und Eighth Avenue.

Was sind das für Menschen, die um acht Uhr morgens ins Kino gehen? Es sind Nachtwächter, Penner, Menschen, die keinen Schlaf finden, nicht nach Hause können oder kein Zuhause haben. Es sind Lastwagenfahrer,

Homosexuelle, Cops, Autoren, Putzfrauen und Kellner, die die ganze Nacht gearbeitet haben. Und dann sind da noch die Alkoholiker, die hier morgens anstehen, um sich für vierzig Cent einen bequemen Sitz zu sichern und im kühlen, verqualmten Kinodunkel ihren Rausch auszuschlafen.

Doch abgesehen vom verrauchten Ambiente hat jedes Kino am Times Square seine gewissen Eigenheiten. Im Victory werden ausschließlich Horrorfilme gezeigt, während im Times Square Theatre nur Western laufen. Im Lyric zeigen sie stets Erstaufführungen für vierzig Cent Eintritt, im Selwyn immer etwas ältere Filme für dreißig Cent. Das Liberty und das Empire bringen Wiederaufführungen, und im Apollo laufen nur ausländische Filme. Seit zwanzig Jahren wird hier mit ausländischen Streifen Kasse gemacht, auch wenn William Brandt, einer der Betreiber, nie so recht verstand, was eigentlich der Grund dafür war. »Eines Tages habe ich mir das Publikum genau angesehen«, so Brandt, »und dabei festgestellt, dass jede Menge Leute im Foyer in Zeichensprache miteinander redeten. Die meisten waren taubstumm. Sie kommen zu uns, weil wir die Filme im Original mit Untertiteln zeigen. Das Apollo ist wahrscheinlich das Kino mit den meisten taubstummen Zuschauern der Welt.«

In New York arbeiten 8485 Telefonistinnen, 1364 Western-Union-Kuriere und 112 Redaktionsassistenten. Das Publikum der Yankees verbraucht während eines Spiels mehr als zehn Gallonen Flüssigseife – ein inoffizieller Reinlichkeitsrekord der Baseball-Liga. Im Stadion arbeiten auch die meisten Ordner der Liga (360); es hat die größte Putzkolonne (72 Mann) und die meisten Herrentoiletten (34).

In New York leben 500 Spiritisten, die die gesamte Palette von leichter bis zu tiefer Trance abdecken. Die meisten findet man in den West Seventies, Eighties und Nineties; sonntags wird hier mit den Toten kommuniziert und so manches Problem gelöst.

Der Fifth Avenue Lingerie Shop befindet sich merkwürdigerweise an der Madison Avenue, der Madison Pet Shop an der Lexington Avenue, der Park Avenue Florist an der Madison Avenue und die Lexington Hand Laundry an der Third Avenue.

In einem altehrwürdigen Sandsteinhaus Ecke Lexington Avenue und Eighty-second Street residiert ein Apotheker mit dem Namen Frederick D. Lascoff, der seit Ewigkeiten Blutegel an geschundene Boxer, Katzenminze an Löwenjäger und tausende von seltsamen Elixieren an Menschen an den entlegensten Orten der Welt verkauft.

In einer düsteren Fabrik an der West Side schlängelt sich ein endlos langes grünes Band aus Kartonpapier in eine Presse, wo es erst durch eine Druckerpresse läuft und dann in tausende von kleinen Stücken zerteilt wird. Jedes Stück passt genau in die Brusttasche eines Polizisten, wird irgendwann die Windschutzscheibe eines falsch geparkten Autos zieren und den betroffenen Fahrer um fünfzehn Dollar ärmer machen. Jedes Jahr produziert die May Tag and Label Corporation an der West Nineteenth Street 500000 Fünfzehn-Dollar-Strafzettel für die New Yorker Polizei; zuweilen müssen die bei May Tag and Label beschäftigten Arbeiter die Tickets an ihren eigenen Windschutzscheiben wiederentdecken.

In New York gibt es 200 Maronenverkäufer, 300 000 Tauben und 600 Statuen und Denkmäler. Wenn sich die Vorderhufe einer Reiterstatue in der Luft befinden, bedeutet dies, dass der dargestellte Offizier im Kampf gefallen ist; ist nur ein Huf erhoben, starb er nach der Schlacht an seinen Verletzungen, und wenn alle vier Hufe den Boden berühren, starb er mutmaßlich im Bett.

Tag für Tag, vom Morgengrauen bis zur Dämmerung, hört man das Geräusch der dahinrollenden Autoreifen auf dem Beton der George Washington Bridge. Die Brücke steht niemals wirklich still. Sie erbebt unter dem Verkehr. Sie bewegt sich im Wind. Ihre Stahlvenen erweitern sich bei Hitze und ziehen sich bei Kälte zusammen; im Sommer ist sie dem Hudson River oft drei Meter näher als im Winter. Die Brücke ist eine fast ruhelose Konstruktion von atemberaubender Anmut, die – gleich einer unwiderstehlichen Verführerin – ihre Geheimnisse niemals preisgibt, nicht den Romantikern, die ihren Blick über sie schweifen lassen, nicht den Eskapisten, die sich von ihr hinabstürzen, weder dem fülligen Mädchen, das über die über einen Kilometer lange Brücke joggt, weil es abnehmen will, noch den 100 000 Kraftfahrern, die sie jeden Tag überqueren, in die Leitplanken fahren oder im Stau stehen.

Nur wenige New Yorker und Touristen wissen von den Arbeitern, die in den 200 Meter hohen stählernen Zwillingstürmen ihren Aufgaben nachgehen – und auch nichts von den Betrunkenen, die manchmal auf die Türme klettern und ganz oben einschlafen. Morgens sind sie dann steif vor Kälte und müssen von Rettungsdiensten wieder hinuntertransportiert werden.

Wenige Menschen wissen, dass die Brücke zu einer Zeit erbaut wurde, als hier noch Indianer jagten, Schlachten geschlagen wurden und während der Kolonialzeit am Flussufer Piraten aufgeknüpft wurden, um anderes Abenteurergesindel abzuschrecken. Die Brücke steht an jenem Ort, wo George Washingtons Truppen den Rückzug vor den britischen Invasoren antreten mussten, die bald darauf Fort Lee in New Jersey einnahmen und dort noch brennende Lagerfeuer vorfanden, eine im Stich gelassene Kanone und verstreute Klamotten, die Washingtons Soldaten bei ihrem überstürzten Aufbruch zurückgelassen hatten.

Die Fahrbahn befindet sich mehr als 30 Meter über dem kleinen roten Leuchtturm, der nach der Einweihung der Brücke anno 1931 nicht mehr benötigt wurde. Das in New Jersey gelegene Ende der Brücke ist drei Kilometer entfernt von dem Ort, wo Albert Anastasia interniert war, der Kopf von Murder Inc., bewacht von scharfen Dobermännern; die Mautstelle befindet sich nur ein paar Meter von jener Stelle, an der es einem Lastwagenfahrer um ein Haar gelungen wäre, vier Elefanten über die Brücke zu transportieren, wäre nicht einer aus dem Laster gestürzt. Der oberste Punkt der Brücke ist 65 Meter entfernt von der Stelle, wo einst ein Polizist der Küstenwache folgende Worte an einen potenziellen Selbstmörder richtete: »Hör zu, du Arschloch, wenn du nicht runterkommst, knall ich dich ab!« Der Lebensmüde kletterte schleunigst wieder herunter.

Rund um die Uhr bleibt das Sicherheitspersonal hellwach. Was auch notwendig ist. Jeden Augenblick kann es zu einem Unfall kommen, zu einer Panne oder einem Selbstmord. Seit 1931 sind hundert Menschen von der

Brücke in den Tod gesprungen. Mehr als doppelt so viele potenzielle Selbstmörder konnten von ihrem Vorhaben abgehalten werden. Sie wollen es rasch und in aller Stille tun. Oft stellen sie ihr Auto am Straßenrand ab, hinterlassen ihre Jacke, die Brille und manchmal auch einen Abschiedsbrief. »Ich hab's satt«, steht dann dort. Oder: »Ich will nicht mehr leben.«

Ein einsamer Vertreter von außerhalb, der schon ein paar Drinks intus hatte, stieg in einem Broadway-Hotel nahe der Sixty-fourth Street ab und legte sich schlafen; als er mitten in der Nacht erwachte, bot sich seinen Augen ein verstörender Anblick. Vor dem Fenster erblickte er die hell schimmernde Freiheitsstatue.

Es kam ihm vor, als sei er von Piraten gekidnappt worden – als ginge es nun an der Freiheitsstaue vorbei auf hohe See, ungewissen Abenteuern entgegen. Doch als er noch einmal genauer hinsah, stellte er fest, dass es sich tatsächlich um New Yorks *zweite* Freiheitsstatue handelte – die nur wenigen bekannte, meist unbemerkt bleibende Figur auf dem Dach des Liberty-Pac-Lagerhauses an der West Sixty-fourth Street.

Die durchaus bemerkenswerte Nachbildung, 1902 von William H. Flattau in Auftrag gegeben, einem wahrhaft patriotischen Geschäftsmann, ragt 20 Meter hoch gen Himmel; Bartholdis Original auf Liberty Island misst 46,5 Meter. Die kleinere Freiheitsstatue hielt früher ebenso eine Fackel in der Hand, barg ebenso eine Wendeltreppe und hatte ebenfalls ein kleines Fenster, von dem aus man den Broadway überblicken konnte. Anno 1912 jedoch war die Wendeltreppe morsch geworden; die Fackel brach während eines Sturms ab, und schließlich durften auch keine Kinder mehr in der maroden Statue spielen. Mr. Flattau starb 1931, und mit ihm geriet die Geschichte der Statue in Vergessenheit.

Dennoch werden Angestellte des Lagerhauses oder Anwohner zuweilen von Touristen gefragt, was es mit der Statue auf sich hat. »Meist fragen die Leute: ›He, was ist denn *das* da oben?‹«, so ein Parkplatzwächter, der gleich gegenüber arbeitet. »Gestern hat hier einer aus Texas seinen Wagen abgestellt, dann die Statue gesehen und gesagt: ›Ich dachte, die stünde irgendwo im Wasser.‹ Manche Leute stellen einem jede Menge Fragen und knipsen die Statue. Ich empfinde es als Privileg, hier unter der Statue arbeiten zu dürfen. Wenn Touristen vorbeikommen, sage ich ihnen immer, dass es die zweitgrößte Freiheitsstatue der Welt ist.«

Die meisten Anwohner aber schenken der Statue keine Beachtung – nicht die wahrsagenden Zigeunerinnen, die linker Hand ihrem Gewerbe nachgehen, nicht die Gäste von Mrs. Sterns Kneipe und auch nicht die Suppenschlürfer im Restaurant gegenüber. Ein New Yorker Taxifahrer, David Zickerman (Taxi Nr. 2865), ist hunderte von Malen an der Statue vorbeigebraust, ohne sie je zu bemerken. »Wer richtet hier schon den Blick nach oben?«, fragt er.

Jahrzehntelang ragte die ausgebrannte Fackel der Statue über diesem Viertel empor, über den Punchball-Spielern, den Schnellrestaurant-Köchen und Lagerhaus-Nachtwächtern, den Hotelpagen, Cops und Transvestiten, die nach Mitternacht ihre von Feuertreppen flankierten Wohnungen verlassen, um auf ihren hohen Hacken durch diese Stadt zu stöckeln, in der es vielleicht zu viel Freiheit gibt.

New York ist eine Stadt der Veränderung. Künstler und Beatniks leben in Greenwich Village, wo früher Schwarze lebten. Heute leben die Schwarzen in Harlem, wo früher die Juden und Deutschen lebten. Das Geld ist von der West Side zur East Side gewandert. Puerto-Ricaner siedeln sich in den verschiedensten Vierteln an. Nur die Chinesen leben nach wie vor in ihrer Enklave rund um die Doyer Street.

Für mache Menschen spiegelt sich New York im Lächeln einer Stewardess am LaGuardia Airport, manche behalten die Gelassenheit eines Schuhverkäufers an der Fifth Avenue in Erinnerung; andere wiederum identifizieren die Stadt mit dem Knoblauchgeruch im hinteren Teil einer an der Mulberry Street gelegenen Kirche, mit einem von Jugendgangs umkämpften Straßenabschnitt oder einem prächtigen Anwesen, das von der Immobilienfirma Zeckendorf angeboten wird.

Jenseits der Touristenführer und des Fremdenverkehrsamts aber ist New York alles andere als ein sommerliches Straßenfest. Die meisten New Yorker identifizieren ihre Stadt mit harter Arbeit, zu viel Verkehr und endlosem Passantengetümmel. Die meisten Menschen hier bleiben anonym, Busfahrer etwa, Putzfrauen oder jene Pornografen, die Werbeplakate mit ihrem Geschmiere verunzieren und nie gefasst werden. Viele New Yorker werden nur beim Vornamen genannt – Friseure, Türsteher, Schuhputzer. Und manche gehen schlicht mit dem falschen Namen durchs Leben, so wie Jimmy Buns, der gegenüber der Polizeiwache an der Centre Street wohnt. Als Jimmy Buns, der in Wirklichkeit Mancuso heißt, ein kleiner Junge war, pflegten die Cops quer über die Straße zu rufen: »He, Kid, lauf doch mal eben um die Ecke und hol uns Kaffee und Buns.« Jimmy besorgte ihnen die gewünschten Rosinenbrötchen, und bald darauf riefen sie ihn nur noch »Jimmy Buns« oder schlicht »Buns«. Mittlerweile ist Jimmy ein älterer Herr mit weißen Haaren und einer Tochter namens Jeannie. Doch Jeannie besaß nie einen Mädchennamen; alle nannten sie bloß »Jeannie Buns«.

New York ist die Stadt von Jim Torpey, der seit 1929 für die Schlagzeilen auf der großen Anzeigetafel über dem Times Square zuständig ist, ohne dass sein Name je selbst darüber geflackert wäre; es ist die Stadt von George Bannan, dem offiziellen Zeitnehmer im Madison Square Garden, der gleich einer unermüdlichen Standuhr über 7000 Boxkämpfe gewacht und zwei Millionen Mal den Gong geschlagen hat. Hier lebt auch Michael McPadden, der hinter einem Mikro in seinem U-Bahn-Kabuff am Times Square sitzt und mit einer Stimme, die zwischen Gottergebenheit und Frustration oszilliert, die immer gleichen Worte von sich gibt: »Zurücktreten bitte, zurücktreten bitte.« Diese Verhaltensmaßregel wiederholt er circa fünfhundert Mal am Tag, und zuweilen würde er gern mal improvisieren. Doch das macht er so gut wie nie. Schon seit Ewigkeiten ist er davon überzeugt, dass niemand auf seine Stimme achtet, dass sie sich im Gedränge und Gewimmel verliert; und ehe ihm etwas Spontanes einfällt, fährt auch schon wieder der nächste Zug von Grand Central ein, worauf Mr. McPadden einmal mehr seinen Spruch durchsagen muss: »Zurücktreten bitte, zurücktreten bitte.«

Wenn es dunkel wird in New York und die letzten Kunden das Kaufhaus Macy's verlassen haben, streifen zehn schwarze Dobermänner durch die Gänge – auf der Suche nach Dieben, die sich vielleicht hinter Verkaufstresen oder Kleiderständern versteckt haben. Sie patrouillieren durch alle zwanzig Etagen, sind darauf trainiert, Leitern zu erklimmen, durch Fenster zu springen und sofort zu bellen, wenn sie etwas Ungewöhnliches bemerken – einen undichten Heizkörper, ein gebrochenes Rohr, Rauchentwicklung oder eben einen Dieb. Sollte der Dieb die Flucht ergreifen, werden die Hunde Hatz auf ihn machen und zu Fall bringen. Ihr Bellen hat die Wächter bei Macy's schon auf so manches kleinere Malheur aufmerksam gemacht, wenngleich nie ein Dieb aufgestöbert wurde – seit 1952 wachen hier die Hunde, und seitdem hat niemand mehr gewagt, nach Ladenschluss bei Macy's auszuharren.

New York ist eine Stadt, in der große, sonst auf Felsen nistende Falken von Wolkenkratzern herabstoßen, um über dem Central Park, der Wall Street oder dem Hudson River eine Taube zu schlagen. Vogelbeobachter sehen diese Wanderfalken des Öfteren müßig über der Stadt kreisen. Selbst am Times Square wurden sie schon gesichtet.

Etwa zwölf dieser Falken kontrollieren die City; einige haben eine Flügelspanne von über einem halben Meter. Sie haben Damen auf dem Dach des St. Regis Hotel in Panik versetzt und Schornsteinfeger angegriffen; im August 1947 attackierten sie gar ein paar Frauen im Garten eines Blindenheims. Der Küster der Riverside Church hat beobachtet, wie sich Falken im Glockenturm an erbeuteten Tauben gütlich taten. Doch die Falken harren dort nicht lange aus, und wenn sie wieder zum Fluss fliegen, bleiben die Köpfe toter Tauben zurück. Wenn sie wiederkehren, tun sie das leise – sie bleiben unbemerkt, im Verborgenen, so wie die Katzen, die Ameisen, der Portier mit den drei Kugeln im Kopf, der Damenmasseur und die meisten anderen bizarren Wunder dieser zeitlosen Stadt.

Frank Sinatra ist erkältet

Frank Sinatra, ein Glas Bourbon in der einen und eine Zigarette in der anderen Hand, stand in einer dunklen Ecke der Bar, flankiert von zwei attraktiven, aber langsam verblühenden Blondinen, die darauf warteten, dass er etwas sagte. Er sagte aber nichts; er hatte schon den ganzen Abend kaum ein Wort von sich gegeben, und jetzt, in diesem Privatclub in Beverly Hills, wirkte er noch in sich gekehrter, während er durch das verrauchte Halbdunkel hinüber in einen geräumigen, jenseits der Bar gelegenen Raum starrte, wo dutzende junger Pärchen an kleinen Tischen kuschelten oder zu den hämmernden Folkrock-Klängen aus den Lautsprechern tanzten. Ebenso wie Sinatras vier männliche, unweit entfernt stehende Freunde wussten die beiden Blondinen nur allzu genau, dass es keine gute Idee war, Frank mit Konversation zu behelligen, wenn er derart schwermütig war, dass er keinen Ton mehr von sich gab – eine Stimmung, die während dieser ersten Novemberwoche, einen Monat vor seinem fünfzigsten Geburtstag, alles andere als ungewöhnlich war.

Sinatra arbeitete gerade an einem Film, der ihm inzwischen zum Hals heraushing, und konnte das Ende der Dreharbeiten kaum erwarten; er hatte es satt, dass die Zeitungen fortwährend und in allen Einzelheiten über seine Affäre mit der zwanzigjährigen Mia Farrow berichteten, die an diesem Abend aber nirgends zu sehen war; er war wütend, weil sich eine CBS-Fernsehdokumentation über sein Leben, die in zwei Wochen ausgestrahlt werden sollte, dem Vernehmen nach mit seinem Privatleben beschäftigte, ja, offenbar sogar über seine mutmaßlichen Freundschaften mit verschiedenen Mafia-Bossen spekulierte; er machte sich Sorgen wegen seiner einstündigen NBC-Show *Sinatra – A Man and His Music*, für die er in ein paar Tagen achtzehn Songs singen sollte, obwohl er nur allzu genau wusste, dass seine Stimme zu diesem Zeitpunkt, nur wenige Tage vor der Aufzeichnung, kraftlos, kümmerlich und unsicher klang. Sinatra war krank. Er litt an einer Unpässlichkeit, die so verbreitet ist, dass die meisten Menschen sie wohl als alltäglich bezeichnen würden. Frank Sinatra hingegen kann ein derartiges Wehwehchen in tiefe Verzweiflung stürzen, Qualen, Panik, ja, Wut auslösen. Frank Sinatra war erkältet.

Sinatra mit Schnupfen ist wie Picasso ohne Farbe, Ferrari ohne Sprit – nur schlimmer. Weil ihn eine Erkältung seines unbezahlbaren Juwels, seiner Stimme, beraubt; sie bohrt sich nicht nur tief in sein Selbstbewusstsein und verändert seine Psyche, sondern ruft obendrein noch eine Art psychosomatischen Schnupfen bei dutzenden von Menschen hervor, die für ihn arbeiten, mit ihm trinken, ihn verehren, auf Gedeih und Verderb von ihm abhängig sind. Ein Sinatra mit Erkältung kann die Unterhaltungsindustrie in ihren Grundfesten erschüttern, so gewiss, wie ein plötzlich erkrankter amerikanischer Präsident die Volkswirtschaft ins Wanken zu bringen vermag.

Und zwar deshalb, weil Frank Sinatra mittlerweile an zahlreichen Unternehmen beteiligt war – seiner eigenen Filmproduktion, seiner Plattenfirma, seiner privaten Fluggesellschaft, seiner Firma, die Teile für Marschflugkörper herstellte, seiner Immobiliengesellschaft, nicht zu vergessen die fünfundsiebzig persönlichen Mitarbeiter, die er beschäftigte –, die nur einen Bruchteil seiner Macht darstellten. Obendrein verkörperte er das Bild eines durch und durch autarken, unabhängigen Mannes, des vielleicht einzigen in ganz Amerika, eines Mannes, der tun kann, was auch immer ihm gerade beliebt, *absolut alles*, weil er das Geld, die Durchsetzungskraft und nicht die geringsten Skrupel hat. In einer Zeit, in der die Jugend nach vorn drängt, protestiert, aufbegehrt und Veränderungen fordert, bleibt Frank Sinatra ein nationales Phänomen, eine der wenigen Vorkriegsikonen, die dem Zahn der Zeit standgehalten haben. Er verkörpert den Champ, dem das große Comeback gelungen ist, den Mann, der alles besessen, alles verloren und es sich zurückgeholt hat, der alle Hindernisse aus dem Weg räumt und in die Tat umgesetzt hat, was nur wenige fertig bringen: Er hatte sein Leben auf den Kopf gestellt, seine Familie verlassen, alle Brücken hinter sich abgebrochen und dabei gelernt, dass man Frauen dadurch halten kann, dass man sie nicht halten will. So hatte er sich die Zuneigung von Nancy, Ava und Mia gesichert, den schönsten Vertreterinnen dreier Generationen, genoss nach wie vor die Bewunderung seiner Kinder und die Freiheit des Junggesellen; er fühlte sich nicht alt und gab Männern seines Alters das Gefühl, dass man, wenn Frank

Sinatra das hinbekommen hatte, es ebenfalls schaffen konnte; nein, *sie* natürlich nicht, aber es war trotzdem schön zu wissen, dass anderen Männern noch Möglichkeiten offen standen.

Nun jedoch, während er hier an der Bar eines Clubs in Beverly Hills stand, hatte Sinatra einen Schnupfen; schweigend trank er seinen Whiskey, schien völlig in seiner eigenen Welt versunken zu sein. Er reagierte nicht mal, als aus dem anderen Raum plötzlich sein alter Song »In the Wee Small Hours of the Morning« herüberschallte.

Es war eine hübsche Ballade, die er erstmals vor zehn Jahren aufgenommen hatte, und nun animierte sie eine Reihe junger, vom Twisten müde gewordener Paare, die sich zwischendurch gesetzt hatten, wieder aufzustehen und eng umschlungen ihre Runden auf der Tanzfläche zu drehen. Sinatras Intonation, scharf akzentuiert, gleichzeitig aber hinreißend melodiös, verlieh dem simplen Text – »In the wee small hours of the morning / while the whole wide world is fast asleep / you lie awake, and you think about the girl…« – eine tiefere Bedeutung; wie so viele seiner Klassiker war es ein Song, der Einsamkeit und Sinnlichkeit heraufbeschwor, was zusammen mit dem gedämpften Licht, dem Alkohol, dem Nikotin und all den Sehnsüchten solch später Stunden eine Art ätherisches Aphrodisiakum ergab. Der Text dieses und anderer Songs hatte Millionen Menschen in Stimmung gebracht; es war Musik, um dazu zu fummeln, und unzweifelhaft war überall in Amerika zu diesem Sound gefummelt worden, in Autos, deren Batterien langsam zur Neige gingen, in Landhäusern an Seen, an Stränden während lauschiger Sommerabende, in abgeschiedenen Parks, exklusiven Penthouses und möblierten Zimmern, auf Kabinenkeuzern, in Taxis und Sommerhäusern – überall, wo Sinatras Songs gehört werden konnten, waren diese Worte, die Frauen wärmten, liebkosten und umgarnten, so manche letzte Hemmschwelle zum Fallen brachten und den männlichen Egos weniger begnadeter Liebhaber schmeichelten; zwei Generationen von Männern waren die Nutznießer dieser Balladen gewesen, weshalb sie auf ewig in seiner Schuld standen und ihn womöglich ewig hassen würden. Wie auch immer, hier stand er, Frank Sinatra höchstpersönlich, in den frühen Morgenstunden in einer Bar in Beverly Hills, so nah und doch so fern.

Die beiden Blondinen, beide offenbar Mitte dreißig, waren nach allen Regeln der Kunst aufgedonnert; ihre reifen Körper wurden von engen schwarzen Kostümen modelliert. Mit übereinander geschlagenen Beinen saßen sie auf den hohen Barhockern und lauschten der Musik. Die eine kramte eine Zigarette hervor, worauf Sinatra umgehend sein goldenes Feuerzeug zückte; sie hielt seine Hand kurz fest und betrachtete seine Finger. Sie waren rau und knotig, und die kleinen Finger standen ab, so steif von Arthritis, dass er sie kaum krümmen konnte. Wie immer hatte er sich perfekt in Schale geworfen. Er trug einen grauen Anzug und Weste, äußerlich von konservativem Schnitt, innen aber mit schillernder Seide gefüttert; selbst die Sohlen seiner britischen Schuhe schienen auf Hochglanz poliert zu sein. Wie allgemein bekannt war, trug er außerdem ein bemerkenswert authentisch wirkendes schwarzes Haarteil, eins von sechzig übrigens, die sich größtenteils in der Obhut einer unscheinbaren grauhaarigen Dame befanden, die ihm bei Auftritten stets mit einer kleinen Tasche folgte, in der sich seine Toupets befanden. Für ihre Dienste erhielt sie 400 Dollar pro Woche. Am auffallendsten an Sinatras Gesicht waren seine durchdringend blauen, wachsamen Augen, in denen sich innerhalb von Sekunden kalte Wut oder glühende Verehrung spiegeln konnte, oder, wie eben in diesem Moment, eine vage Verlorenheit, die seine Freunde auf Abstand hielt.

Leo Durocher, einer von Sinatras engsten Freunden, spielte Billard in einem kleinen Raum hinter der Bar. Nahe der Tür stand Jim Mahoney, Sinatras PR-Manager, ein stämmiger junger Typ mit kantigem Kinn und schmalen Augen, der einem harten irischen Zivilbullen geähnelt hätte, wäre da nicht seine Vorliebe für teure europäische Anzüge und edle, häufig von glänzenden Schnallen gezierte Schuhe gewesen. Ganz in der Nähe befand sich auch ein großer, breitschultriger, 200 Pfund schwerer Schauspieler namens Brad Dexter, der immer so aussah, als würde er die Brust herausstrecken, um seinen Bauch zu verbergen.

Brad Dexter war in vielen Filmen und TV-Serien aufgetreten und ein talentierter Charakterdarsteller, doch hier in Beverly Hills ebenso bekannt aufgrund der Rolle, die er zwei Jahre zuvor in Hawaii gespielt hatte, wo er sich todesmutig in die Fluten gestürzt und sein Leben riskiert hatte, um Sinatra aus einer reißenden Strömung zu retten. Seither gehörte Dexter zu Sinatras engstem Freundeskreis und war obendrein als Produzent für Sinatras Produktionsfirma tätig. Er logierte in einem luxuriösen Büro nahe Sinatras hochherrschaftlichen Räumen und war permanent auf der Suche nach hauptrollentauglichen literarischen Stoffen für Sinatra. Wenn er sich mit Sinatra unters Volk mischte, war er immer ein wenig beunruhigt, da er nur allzu genau wusste, dass Sinatra stets polarisierte – zuweilen wollte ihm der eine oder andere Kerl ans Leder, das eine oder andere Mädchen an die Wäsche, während wiederum andere ihn skeptisch beäugten, jedenfalls sorgte schon seine bloße Präsenz dafür, dass sich zuweilen die Stimmung aufheizte, ganz abgesehen davon, dass Sinatra in so reizbarer Laune wie am heutigen Abend selbst unduldsam oder angesäuert reagieren mochte, und dann: Schlagzeilen! Daher versuchte Brad Dexter, Gefahrensituationen vorauszusehen und Sinatra zu warnen. Darüber hinaus räumte er ein, dass er sich verantwortlich für Sinatra fühlte, gab in einem besonders aufschlussreichen Augenblick sogar zu: »Ich würde für ihn töten.«

Obwohl dieses Statement, in dieser Weise aus dem Kontext gerissen, übertrieben dramatisch erscheint, erklärt es nichtsdestotrotz jene bedingungslose Treue, die Sinatras engster Entourage eigen ist, eine Ergebenheit, wie sie Sinatra, auch wenn er nicht darüber redet, wohl nur allzu sehr entspricht: *Ganz und gar; alles oder nichts.* Hier zeigt sich das Sizilianische in Sinatra: Wer sein Freund bleiben will, für den bleibt kein angelsächsisches Hintertürchen, durch das man sich rasch verdrücken kann. Wer sich ihm gegenüber aber loyal erweist, wird mehr als nur reich belohnt – mit exquisiten Geschenken, persönlichen Aufmerksamkeiten, tröstendem Zuspruch, wenn es mal nicht so läuft, und schulterklopfender Schmeichelei, wenn alles wie am Schnürchen klappt. Wer klug ist, führt sich immer wieder vor Augen, wer er ist. Er ist Sinatra. Der Boss. *Il Padrone.*

Sinatras sizilianische Seite hatte sich mir kurz im letzten Sommer offenbart, im Jilly's in New York, wo ich ihm erstmals so nahe gekommen war. Wann immer er in New York weilt, pflegt sich Sinatra im Jilly's an der West Fifty-second Street zu betrinken; im Hinterraum befindet sich ein eigens für ihn reservierter Stuhl, den andere tunlichst meiden sollten. Wenn er dort Platz nimmt und sich am langen Tisch mit seinen engsten New Yorker Freunden – darunter der Inhaber des Lokals, Jilly Rizzo, und Jillys blauhaarige Gattin Honey, auch als »die blaue Jüdin« bekannt – niederlässt, wird die Bar zum Schauplatz äußerst seltsamer Rituale. An jenem Abend tauchten dutzende von Leuten vor dem Jilly's auf, manche davon entfernte Freunde, manche flüchtig mit ihm bekannt, und andere, die er noch nie im Leben gesehen hatte. Sie näherten sich dem Lokal wie einem Schrein. Sie wollten ihm ihre Ehrerbietung erweisen. Sie kamen aus New York, Brooklyn, Atlantic City, Hoboken, darunter alte Schauspieler, junge Schauspieler, ehemalige Profiboxer, abgewrackte Trompeter, Politiker und ein Junge mit einem Gehstock. Da gab es eine fette alte Lady, die behauptete, sie könne sich genau erinnern, wie Sinatra ihr den *Jersey Observer* anno '33 regelmäßig auf die Veranda geworfen hatte. Ein nicht mehr ganz junges Paar erzählte, wie sie Sinatra 1938 im Rustic Cabin gesehen hatten, und, ja, sie hätten »es schon damals gewusst!«. Die einen erinnerten sich, ihn 1939 zusammen mit der Harry James Band gesehen zu haben, die anderen an einen Auftritt mit Tommy Dorsey anno 1941 (»Yeah, ›I'll Never Smile Again‹ hat er gesungen, in dieser Kaschemme drüben in Newark, und wir alle tanzten dazu …«); sie erinnerten sich an jenen Abend im Paramount, an dem ein Mädchen nach dem anderen in Ohnmacht gefallen war, an die Krawatten, die er getragen hatte, an seine Stimme; und eine Frau erinnerte sich sogar an den grässlichen Jungen, mit dem sie damals um die Häuser gezogen war – Alexander Dorogokupetz, ein achtzehnjähriger Tunichtgut, der eine Tomate auf Sinatra geworfen hatte –, und an die kreischenden Mädchen auf dem Balkon, die ihn anschließend um ein Haar in Stücke gerissen hätten. Was wohl aus Alexander Dorogokupetz geworden war? Die Lady wusste es nicht.

Sie erinnerten sich an jene Zeiten, als Sinatra ein Flop gewesen war und Müll wie »Mairzy Doats« zum Besten gegeben hatte, sie erinnerten sich an sein Comeback, und alle standen sie draußen vor dem Jilly's, dutzende von ihnen, ohne Einlass zu finden. Einige gingen wieder nach Hause, die meisten aber blieben in der Hoffnung, sich irgendwie ihren Weg ins Jilly's bahnen zu können, sich zwischen Ellbogen und Schultern der in drei Reihen vor der Bar stehenden Gäste hindurchzudrängen und einen Blick auf ihn zu erhaschen. Das war alles, was sie wollten: ihn sehen. Und ein paar Augenblicke lang spähten sie schweigend durch die Rauchschwaden, bevor sie sich schließlich abwandten und wieder nach Hause gingen.

Ein paar von Sinatras engsten Freunden – die Türsteher vor dem Jilly's kennen sie – schaffen es, in den Hinterraum geleitet zu werden. Dort aber sind sie auf sich allein gestellt. An jenem Abend gelang es Frank Gifford, dem früheren Footballstar, bei drei Versuchen gerade mal so eben, ein paar Fußbreit Boden gutzumachen. Andere, die nahe genug gekommen waren, um Sinatra die Hand schütteln zu können, taten es dann aber nicht; stattdessen berührten sie ihn lediglich an der Schulter oder am Ärmel, oder sie näherten sich ihm nur so weit, dass er einen Blick auf sie erhaschen konnte, und wenn er ihnen dann zugezwinkert, zugewinkt, zugenickt oder ihren jeweiligen Namen gerufen hatte (Vornamen kann er sich merken wie kaum ein anderer), waren sie auch schon wieder auf dem Weg zum Ausgang. Sie hatten ihm ihre Aufwartung gemacht. Sie hatten ihm ihre Ehrerbietung erwiesen. Und während sich dieses Ritual vollzog, hatte ich den Eindruck, dass Frank Sinatra in zwei Welten lebte, die gleichermaßen anachronistisch waren.

Einerseits gibt er den Swinger, wenn er mit Sammy Davis Jr., Richard Conte, Liza Minelli oder Bernice Massi plaudert und schäkert, jenen Showbusiness-Größen eben, denen ein Platz am Tisch sicher ist; wenn er andererseits seinen ihm nahe stehenden *Paisanos* (Al Silvani, ein Box-Promoter, der für Sinatras Produktionsfirma arbeitet; Dominic Di Bona, der sich um seine Garderobe kümmert; Ed Pucci, ein 300 Pfund schwerer Ex-Footballer, der sein Mädchen für alles spielt) zunickt, ist er *Il Padrone* oder, was es vielleicht noch genauer trifft, einer von den *Uomini Rispettati*, wie man sie im traditionsverwurzelten Sizilien nennt. Respektspersonen, die zugleich gebieterisch und bescheiden sind, von allen verehrt und von Natur aus großzügig, Männer, denen man die Hände küsst, wenn sie von Dorf zu Dorf flanieren, Männer, die alles tun würden, um einen Fehler wieder gutzumachen, und zwar *persönlich*.

Frank Sinatra nimmt die Dinge ebenfalls *persönlich* in die Hand. Zu Weihnachten wählt er persönlich aberdutzende von Geschenken für seine Freunde und seine Familie aus, wobei er sich genau daran erinnert, welche Art Schmuck seine Lieben bevorzugen, an ihre Lieblingsfarben und Kleidergrößen. Als vor etwas mehr als einem Jahr bei einem Erdrutsch in Los Angeles das Haus eines befreundeten Musikers zerstört und dessen Frau getötet wurde, kümmerte sich Sinatra persönlich um seinen Freund, suchte ein neues Haus für ihn, kam für die Krankenhauskosten auf, die die Versicherung nicht übernehmen wollte, und überwachte persönlich die Einrichtung des neuen Hauses, bis hin zum Silberbesteck, den Tischtüchern und dem Kauf neuer Garderobe.

Sinatra kann jedoch innerhalb derselben Stunde vor Wut geradezu explodieren, sollte einer seiner *paisanos* einen winzigen Fauxpas begangen haben. Als ihm ein Bediensteter einmal ein Frankfurter Würstchen mit Ketchup brachte – was Sinatra offenkundig verabscheut –, warf er die Ketchupflasche nach dem Mann, der dastand wie ein mit roter Sauce begossener Pudel. Die meisten Männer, die für Sinatra arbeiten, sind große, kräftige Burschen. Was Sinatra indes weder einschüchtert noch seine Tobsuchtsanfälle mildert. Sie würden nie die Hand gegen ihn erheben. Nicht gegen *Il Padrone*.

Um sich bei ihm beliebt zu machen, übertreiben es Sinatras Männer zuweilen in ihrem Bemühen, ihm jeden Wunsch von den Augen abzulesen. Als er neulich beiläufig fallen ließ, dass sein großer orangefarbener Wüstenjeep in Palm Springs mal wieder neu lackiert werden könne, machte diese Bemerkung in Windeseile die Runde, schien immer dringlicher, bis schließlich daraus der *Befehl* wurde, dass der Jeep *jetzt* lackiert werden müsse, sofort, allerschnellstens, gestern. Die Ausführung erforderte eine Crew von Lackierern, die über Nacht zu Spezialtarifen beschäftigt werden musste, was wiederum bedeutete, dass nichts ohne Genehmigung von oben ging. Als die Sache auf Sinatras Schreibtisch landete, hatte dieser keine Ahnung, was los war; nachdem er sich das Ganze zusammengereimt hatte, räumte er müde blickend ein, dass es ihm absolut schnurzegal war, wann der verdammte Jeep neu lackiert würde.

Dennoch wäre es unklug gewesen, seine Reaktion voraussehen zu wollen, da er komplett unberechenbar ist, ein Mann mit vielen Launen und einer Unzahl von Facetten, ein Mann, der sich ganz von seinem Instinkt leiten lässt – urplötzlich und ungestüm, und kein Mensch kann vorhersagen, was passieren wird. Eine junge Dame namens Jane Hoag – Reporterin beim *Life*-Büro in Los Angeles, die dieselbe Schule wie Sinatras Tochter Nancy besucht hatte – war vor einiger Zeit zu einer Party im Domizil von Mrs. Sinatra eingeladen worden, wo Frank Sinatra, seiner Exfrau nach wie vor freundschaftlich verbunden, als Gastgeber agierte. Die Party hatte noch gar nicht richtig angefangen, als Miss Hoag, die sich an einen Tisch lehnte, versehentlich mit dem Ellbogen eine von zwei Vogelstatuetten aus Alabaster umstieß, worauf diese zu Boden fiel und in tausend Stücke zersplitterte. Wie Miss Hoag sich erinnerte, war Sinatras Tochter außer sich und rief: »Oh, das war eine von Mutters Lieblings…« – doch ehe sie den Satz zu Ende bringen konnte, funkelte Sinatra sie finster an, und während die vierzig anderen versammelten Gäste betreten schwiegen, trat Sinatra an den besagten Tisch, griff nach dem *anderen* Alabastervogel und zerschmetterte ihn auf dem Boden, ehe er Jane Hoag sanft den Arm um die Schulter legte und ihr seelenruhig versicherte: »Alles okay, Kleine.«

Sinatra sagte ein paar Worte zu den zwei Blondinen, wandte sich ab und ging zum Billardraum. Einer seiner

Freunde sprang ein, um den beiden Damen Gesellschaft zu leisten. Brad Dexter, der sich in einer Ecke mit ein paar anderen Leuten unterhalten hatte, heftete sich an Sinatras Fersen.

Im Raum hallte das Klacken der Billardkugeln wider. Etwa ein Dutzend Zuschauer stand herum, die meisten von ihnen junge Männer, die Leo Durocher dabei zusahen, wie er gegen zwei angehende Billardhaie spielte, die aber wenig zu bieten hatten. Zu den Mitgliedern des Privatclubs gehörten viele Schauspieler, Regisseure und Models; fast alle waren erheblich jünger als Sinatra oder Durocher und auch wesentlich lässiger gekleidet. Viele der jungen Frauen, denen das lange Haar offen über die Schultern fiel, trugen enge, knapp sitzende Hosen und teure Pullis; einige der jungen Männer trugen blaue oder grüne Samthemden mit Stehkragen, enge Röhrenhosen und italienische Schuhe.

An Sinatras Blick war unschwer zu erkennen, dass die hier im Billardraum versammelten Leute nicht seinem Geschmack entsprachen; dennoch lehnte er sich, seinen Drink in der Rechten, an einen an der Wand stehenden Barhocker und sah wortlos zu, wie Durocher die Billardkugeln hin und her stieß. Die jungen Typen, daran gewohnt, Sinatra hier zu sehen, zeigten keine Unterwürfigkeit, traten ihm aber auch nicht zu nahe. Es war ein ziemlich cooles Grüppchen, kalifornisch-cool und locker, und der offenbar Coolste von ihnen war ein flinker kleiner Kerl mit scharfem Profil, hellbraunem Haar und rechteckiger Brille. Er trug eine braune Cordhose, einen fusseligen grünen Shetland-Pullover, ein dunkelbraunes Samtjackett und Wanderstiefel, für die er kürzlich sechzig Dollar hingeblättert hatte.

Frank Sinatra, der an seinem Barhocker lehnte und ab und zu die Nase hochzog, gelang es nicht, seinen Blick von den Stiefeln zu lösen. Erst starrte er sie ein paar lange Augenblicke an, dann wandte er sich ab; eine Sekunde später aber beäugte er sie schon wieder. Der Besitzer der Stiefel, der am Billardtisch stand und das Spiel verfolgte, hieß Harlan Ellison – ein Autor, der erst vor kurzem das Drehbuch zu *The Oscar* geschrieben hatte.

Schließlich konnte Sinatra nicht länger an sich halten.

»He«, rief er mit seiner leicht rauen, scharf akzentuierten Stimme. »Sind das italienische Stiefel?«

»Nein«, sagte Ellison.

»Spanische?«

»Nein.«

»Sind die etwa *aus England*?«

»Hören Sie, Mann, ich habe keine Ahnung«, gab Ellison zurück, runzelte die Stirn und richtete den Blick wieder auf den Billardtisch.

Mit einem Mal war es totenstill. Leo Durocher, der über sein Queue gebeugt dastand, erstarrte einen Moment lang in der Bewegung. Niemand rührte sich. Sinatra stieß sich von dem Barhocker ab und schlenderte auf Ellison zu, in jener langsamen, arroganten Art und Weise, die ihm eigen ist; nichts als das Geräusch seiner Schuhe war zu hören. Dann musterte er Ellison mit leicht hochgezogener Augenbraue und einem verschlagenen kleinen Lächeln. »Erwartest du ’nen Schneesturm?«, fragte er.

Harlan Ellison trat einen Schritt zur Seite. »Hören Sie, gibt’s irgendeinen Grund, weshalb Sie mich anquatschen?«

»Mir gefällt dein Aufzug nicht«, sagte Sinatra.

»Tja, tut mir Leid«, sagte Ellison, »aber ich ziehe immer noch an, was *mir* gefällt.«

Nun begann es zu rumoren, und jemand sagte: »Komm, Harlan, lass uns abhauen.« Leo Durocher führte seinen Stoß aus und sagte: »Ja, haut bloß ab.«

Doch Ellison wich keinen Zentimeter.

»Was machst du beruflich?«, fragte Sinatra.

»Ich bin Klempner«, sagte Ellison.

»Nein, stimmt gar nicht«, rief ein anderer Mann von der gegenüberliegenden Seite des Raums. »Er hat *The Oscar* geschrieben!«

»Oh, ja«, sagte Sinatra, »den hab ich gesehen. Was für ein Dreck!«

»Komisch«, sagte Ellison. »Der Film ist nämlich noch gar nicht angelaufen.«

»Ich habe ihn jedenfalls gesehen«, wiederholte Sinatra. »Was für ein unglaublicher Dreck.«

Nun mischte sich der beunruhigte Brad Dexter ein, ein Riese im Vergleich zu dem klein geratenen Ellison. »Komm, ich will dich hier nicht länger sehen, Junge.«

»He«, unterbrach Sinatra seinen Freund, »siehst du nicht, dass ich mit ihm rede?«

Dexter sah verwirrt drein. Dann war er plötzlich wie ausgewechselt. Mit leiser, beinahe flehentlicher Stimme sagte er zu Ellison: *»Warum hörst du nicht endlich auf, mich zu quälen?«*

Allmählich wurde es lächerlich; außerdem machte Sinatra den Eindruck, als würde er die Sache sowieso nicht ernst nehmen, als habe er Ellison nur aus schierer Langeweile oder Unmut angegriffen; wie auch immer, nach kurzem Wortgeplänkel verließ Ellison den Raum. Inzwischen hatte sich die kleine Fehde bis zu den Tanzenden herumgesprochen, weshalb jemand losgezogen war, um den Geschäftsführer des Clubs zu informieren. Von anderer Seite hieß es jedoch, dass der Geschäftsführer bereits Wind von der Sache bekommen hatte und deshalb schleunigst nach Hause gefahren war. Weshalb nun sein Stellvertreter den Billardraum betrat.

»Ich will hier niemanden mehr ohne Jackett und Krawatte sehen«, schnauzte Sinatra.

Der stellvertretende Geschäftsführer nickte und ging zurück in sein Büro.

Es war am Morgen danach. Für Sinatras PR-Manager Jim Mahoney begann ein neuer, wie üblich stressiger Tag. Mahoney hatte Kopfschmerzen, und er machte sich Sorgen, wenn auch nicht über den Zusammenstoß zwischen Sinatra und Ellison am Abend zuvor. Zur selben Zeit hatte Mahoney mit seiner Frau an einem Tisch im Raum nebenan gesessen und von dem kleinen Drama wahrscheinlich gar nichts mitbekommen. Die ganze Sache hatte höchstens drei Minuten gedauert. Und noch einmal drei Minuten später hatte Frank Sinatra die Angelegenheit vermutlich für immer und ewig vergessen – während Ellison sich vermutlich für immer und ewig daran erinnern würde: Wie hunderte vor ihm war er mit Sinatra aneinander geraten, in einem unverhofften Augenblick zwischen Dunkel und Morgengrauen.

Umso besser, dass Mahoney den Billardraum gar nicht betreten hatte; es gab genug andere Dinge, die ihn an diesem Morgen umtrieben. Er sorgte sich wegen Sinatras Erkältung und wegen der umstrittenen CBS-Dokumentation, die trotz Sinatras Protest in knapp zwei Wochen ohne seine Autorisierung ausgestrahlt werden sollte. Die Morgenzeitungen waren voller Andeutungen, dass Sinatra wohl den Sender verklagen würde, Mahoneys Telefone standen nicht mehr still, und nun sprach er gerade mit Kay Gardella von der New Yorker Zeitung *Daily News*: »Ja, Kay … wir hatten abgemacht, dass bestimmte Fragen zu Franks Privatleben tabu sind, und dann lässt Cronkite plötzlich die Bombe platzen: ›Erzählen Sie doch mal von Ihren Verbindungen zur ehrenwerten Gesellschaft, Frank.‹ Und das war einfach nicht drin, Kay! Diese Frage hätte niemals gestellt werden dürfen!«

Während er mit ihr sprach, lehnte sich Mahoney in seinem Ledersessel zurück und schüttelte langsam den Kopf. Er war siebenunddreißig, ein athletisch gebauter Mann mit rundem gerötetem Gesicht, kantigem Kiefer und schmalen blassblauen Augen, und wäre sein Tonfall nicht so betont verbindlich und seine Erscheinung nicht so makellos gepflegt gewesen, hätte er wohl bissig gewirkt. Er trug Anzüge und Schuhe vom Allerfeinsten, makellose Kleidung, die Sinatra schon bei ihrer ersten Begegnung ins Auge gestochen war, und in seinem geräumigen Büro befanden sich eine elektrische Schuhputzmaschine mit roter Filzbürste und ein stummer Diener, über den Mahoney sein Jackett zu hängen pflegte, gleich gegenüber der Bar, neben der ein signiertes Foto von Präsident Kennedy und ein paar Bilder von Frank Sinatra hingen, während in den anderen Räumen von Mahoneys PR-Agentur keine weiteren Fotos des Sängers zu finden waren; einst hatte ein großes Bild von ihm im Empfangsraum geprangt, was aber wohl die Egos einiger ebenfalls von Mahoney vertretener Filmstars verletzt hatte, weshalb das Foto wieder abgehängt worden war, da sich Sinatra ohnehin nie in der Agentur blicken lässt.

Dennoch war Sinatra stets allgegenwärtig, und wenn Mahoney keinen Grund zur Sorge hatte, erfand er sich Gründe – weshalb er sich mit kleinen Erinnerungen an jene Augenblicke in der Vergangenheit umgab, in denen er sich *echte* Sorgen gemacht hatte. In seinem Kulturbeutel steckte eine zwei Jahre alte, aus einer Apotheke in Reno stammende Packung Schlaftabletten, auf der sich das Datum der Entführung von Frank Sinatra jr. befand. Auf einem Tisch in Mahoneys Büro stand eine gerahmte Kopie des damals eingegangenen Erpresserbriefs. Wenn Mahoney sich Sorgen macht, pflegt er mit einem Miniaturzug zu spielen, der vor ihm auf dem Schreibtisch steht – ein Souvenir aus Sinatras Film *Von Ryan's Express*, das für Sinatras Vertraute dasselbe darstellt wie die PT-109-Krawattenklammern seinerzeit für Kennedys engsten Umkreis. Mahoney bewegte den Minizug auf seinen paar Zentimeter Schienen vor und zurück, vor und zurück, vor und zurück – klick-*klack*, klick-*klack*. Er spielte damit wie Captain Queeg mit seinen Stahlkugeln.

Im selben Moment ließ er das Spielzeug abrupt los. Seine Sekretärin meldete einen *äußerst* dringlichen Anruf. Mahoney hob ab, und nun klang er noch verbindlicher als zuvor. »Ja, Frank«, sagte er. »Sicher ... aber natürlich ... keine Frage, Frank.«

Als Mahoney behutsam aufgelegt hatte, informierte er seine Sekretärin, dass Sinatra mit seinem Privatjet nach Palm Springs geflogen war, um dort das Wochenende zu verbringen, sechzehn Flugminuten von seiner Villa in Los Angeles entfernt. Nun hatte Mahoney erneut Grund, sich Sorgen zu machen. Der Learjet, den Sinatras Pilot steuerte, war vom gleichen Typ wie eine andere Privatmaschine Sinatras, die unlängst über einem anderen Teil Kaliforniens abgestürzt war.

Am folgenden Montag, einem bedeckten und für kalifornische Verhältnisse ungewöhnlich kalten Tag, versammelten sich über hundert Leute in einem weißen Fernsehstudio, einem riesigen, von einer weißen Bühne dominierten Raum mit weißen Wänden und dutzenden von Lampen und Scheinwerfern, die von der Decke hingen; der Ort erinnerte an einen gigantischen Operationssaal. Innerhalb der nächsten Stunden sollte die Aufzeichnung einer einstündigen Show des Senders NBC beginnen, die, so gut es in der begrenzten Zeit möglich war, die Höhepunkte von Frank Sinatras fünfundzwanzigjähriger Karriere als Entertainer nachzeichnen sollte. Im Gegensatz zur CBS-Dokumentation *Sinatra* würde das Privatleben des Sängers allerdings außen vor gelassen werden. Im Großen und Ganzen sollte Sinatra seine Hits zum Besten geben, die ihn von Hoboken nach Hollywood katapultiert hatten, lediglich unterbrochen von ein paar Filmausschnitten und Werbespots für Budweiser-Bier. Ehe er sich den Schnupfen eingefangen hatte, war Sinatra Feuer und Flamme für die Show gewesen; hier bot sich nicht nur die Gelegenheit, die Nostalgiker zu entzücken, sondern auch die Chance, die Rock'n'Roller zu beeindrucken – genau genommen forderte er die Beatles heraus. Die von Mahoney vorbereiteten Pressetexte unterstrichen dies noch: »Wenn Sie die Nase voll haben von singenden Rotznasen mit Wischmop-Frisuren, in denen man eine Kiste Melonen verstecken könnte..., ist unser Sinatra-

Special *A Man and His Music* garantiert das Richtige für Sie.«

Nun aber herrschte in besagtem NBC-Studio in Los Angeles eine ausgesprochen angespannte Atmosphäre, da es mit Sinatras Stimme nicht zum Besten stand. Die dreiundvierzig Musiker des von Nelson Riddle geleiteten Orchesters waren bereits eingetroffen; einige standen auf der weißen Plattform und stimmten sich ein. Dwight Hemion, ein jugendlich wirkender Regisseur mit sandfarbenem Haar, der für sein TV-Special über Barbra Streisand Lorbeeren eingeheimst hatte, saß in dem verglasten Regieraum mit Blick auf Bühne und Orchester. Die Kameracrews, Technikerteams, Sicherheitsleute und PR-Fritzen von Budweiser standen zwischen den Standscheinwerfern und Kameras und warteten darauf, dass es endlich losging, ebenso wie ein gutes Dutzend Sekretärinnen aus anderen Abteilungen, die sich hierher geschlichen hatten, um dem Dreh beizuwohnen.

Kurz vor elf verbreitete sich in den langen Fluren rasch die Nachricht, dass Sinatra auf dem Parkplatz gesehen worden und offenbar bester Dinge war. Die Versammelten schienen mehr als nur ein bisschen erleichtert; doch als sich die hagere, makellos gekleidete Gestalt eines Mannes näherte, erkannten sie entsetzt, das es sich nicht um Frank Sinatra handelte. Es war sein Double Johnny Delgado.

Delgado hatte den gleichen Gang und die gleiche Statur wie Sinatra, und aus bestimmten Blickwinkeln ähnelte auch sein Gesicht dem des Sängers. Es war fünfzehn Jahre her, dass Delgado – damals noch ein junger Schauspieler am Beginn seiner Karriere – für eine Rolle in *From Here to Eternity* vorgesprochen hatte. Er war genommen worden; und schließlich hatte sich herausgestellt, dass er für Sinatra als Double einspringen sollte. In Sinatras aktuellem Film *Assault on a Queen*, in dem Sinatra und ein paar Mitverschwörer versuchen, die *Queen Mary* zu kapern, hatte Delgado einige Wasserszenen für Sinatra gedoubelt; hier im heißen Scheinwerferlicht des NBC-Studios diente er den Kameraleuten als Lichtdouble für die Stellprobe.

Fünf Minuten später traf der echte Frank Sinatra ein. Er war blass, und seine blauen Augen tränten leicht. Er war die Erkältung nicht losgeworden, hatte sich aber trotzdem entschieden zu singen, weil sein Terminkalender bis oben hin voll war und Studiomiete, Orchester und Filmcrew tausende von Dollar verschlangen. Als Sinatra jedoch auf dem Weg in den kleinen Proberaum, wo er sich stimmlich aufwärmen wollte, einen Blick in das Studio warf und sah, dass die Bühne und die für das Orchester bestimmte Plattform nicht so nah beieinander standen, wie er es ausdrücklich erbeten hatte, presste er die Lippen zusammen; offensichtlich war er stocksauer. Wenige Augenblicke später war aus dem Proberaum zu hören, wie er mit der Faust auf den Deckel des dort stehenden Flügels schlug; dann ertönte die gedämpfte Stimme seines Pianisten Bill Miller: »Jetzt reg dich nicht auf, Frank.«

Später betraten Jim Mahoney und ein weiterer Mann den Proberaum und informierten ihn, dass die Journalistin Dorothy Kilgallen am frühen Morgen in ihrem Apartment in New York tot aufgefunden worden war. Sie war eine erbitterte Gegnerin Sinatras gewesen, und er hatte sich bei seinen Nightclub-Auftritten ebenfalls unschmeichelhaft über sie geäußert, doch obwohl er eben erst von ihrem Tod erfahren hatte, stimmte ihn die Nachricht keineswegs milder. »Dorothy Kilgallen ist tot«, wiederholte er, während er sich ins Studio aufmachte. »Soll ich jetzt vielleicht die ganze Show umkrempeln oder was?«

Als er ins Studio schlenderte, griffen die Musiker nach ihren Instrumenten und machten sich bereit. Sinatra räusperte sich mehrmals, und nachdem er ein paar Balladen mit dem Orchester geprobt hatte, sang er »Don't Worry About Me«. Zufrieden mit seiner Darbietung, wurde er plötzlich ungeduldig, da er sich nicht sicher war, wie lange seine Stimme mitspielen würde.

»Wieso zeichnen wir den Scheiß nicht endlich auf?«, rief er und spähte durch die Glaswand des Regieraums, wo der Regisseur, Dwight Hemion, und die Toningenieure saßen. Mit gesenkten Köpfen hockten sie über dem Mischpult, ohne aufzusehen.

»Wieso zeichnen wir den Scheiß nicht endlich auf?«, wiederholte Sinatra.

Der Aufnahmeleiter stand mit Kopfhörern direkt neben der Kamera und gab Sinatras Formulierung exakt in den Regieraum weiter: »Wieso zeichnen wir den Scheiß nicht endlich auf?«

Hemion gab keine Antwort. Offenbar hatte er nichts gehört, aber es ließ sich schwer sagen, da sich das Licht der Scheinwerfer auf der Glaswand spiegelte.

»Wie wär's, wenn ich mir jetzt ein Sakko und 'ne Krawatte hole«, sagte Sinatra, der einen gelben Rollkragenpullover trug, »und wir endlich mit der Aufzeichnung ...«

Plötzlich erklang Hemions Stimme über die Lautsprecheranlage; der Regisseur war die Ruhe selbst. »Okay, Frank, würd's dir was ausmachen, noch mal ...«

»Ja, das würde mir sehr wohl etwas ausmachen«, schnauzte Sinatra.

Als Hemion einen Moment lang schwieg, meldete sich Sinatra abermals zu Wort. »Vielleicht kommen wir endlich zu Potte, wenn wir hier nicht weiter rummachen wie anno ’50.« Sinatra herrschte Hemion weiter an, beschwerte sich lautstark über das antiquierte Procedere; dann brach er mittendrin ab, wahrscheinlich, um seine Stimmbänder nicht weiter unnötig zu belasten. Worauf Dwight Hemion in aller Ruhe, so gelassen und gleichmütig, als hätte er von Sinatras Tirade gar nichts mitbekommen, den Anfang der Show erläuterte. Ein paar Minuten später las Sinatra die einleitenden Worte, die nach »Without a Song« folgen sollten, von den großen Texttafeln ab, die neben der Kamera hochgehalten wurden. Nachdem das erledigt war, bereitete Sinatra sich darauf vor, seinen Text vor laufender Kamera zum Besten zu geben.

»Frank Sinatra Show, 1. Akt, Seite 10, Take 1«, rief ein Mann mit einer Klappe, sprang vor die Kamera – *klapp* – und verschwand wieder aus dem Bild.

»Haben Sie je darüber nachgedacht«, begann Sinatra, »was die Welt ohne Lieder wäre? Ein ziemlich trostloser Ort … und das sollte einem zu denken geben, nicht wahr?«

Er hielt inne.

»Pardon«, sagte er. »*Junge,* habe ich eine trockene Kehle.«

Nächster Versuch.

»Frank Sinatra Show, 1. Akt, Seite 10, Take 2«, rief der Mann mit der Klappe und sprang wieder aus dem Bild.

»Haben Sie je darüber nachgedacht, was die Welt ohne Lieder wäre …« Diesmal las Sinatra die Worte flüssig ab. Dann probte er noch ein paar Songs, wobei er das Orchester ein-, zweimal unterbrach, wenn ihm ein bestimmter Sound nicht gefiel. Es ließ sich schwer abschätzen, ob seine Stimme mitspielen würde, da es erst der Anfang der Show war; bis dahin jedoch schienen alle Versammelten höchst angetan, insbesondere als er eine seiner Lieblingsschnulzen zum Besten gab, die Jimmy Van Heusen und Phil Silvers vor zwanzig Jahren geschrieben hatten – »Nancy«, inspiriert von Sinatras Tochter, die damals noch ein kleines Kind gewesen war.

If I don't see her each day
I miss her…
Gee what a thrill
Each time I kiss her.

Obwohl Sinatra diese Zeilen hunderte und aberhunderte von Malen gesungen hatte, wurde plötzlich allen Anwesenden klar, dass etwas Besonderes in ihm vorgehen musste, weil etwas Besonderes zu hören war. Schnupfen oder nicht, seine Stimme klang nun kraftvoll und warm; er ging mit der Musik mit; seine Arroganz war wie weggewischt; seine private Seite wurde offenbar in diesem Song über das Mädchen, das ihn, wie man sich erzählte, besser verstand als irgendein anderer Mensch, das Mädchen, in dessen Gegenwart er ganz und gar er selbst sein konnte.

Nancy war mittlerweile fünfundzwanzig. Sie lebte allein, nachdem ihre Ehe mit dem Sänger Tommy Sands in die Brüche gegangen war. Sie wohnte in einem Vorort von Los Angeles, drehte gerade ihren dritten Film und war bei der Plattenfirma ihres Vaters unter Vertrag. Sie sahen sich so gut wie jeden Tag, und wenn nicht, rief er sie an, auch wenn er sich in Europa oder Asien aufhielt.

Als Sinatra zum Star geworden war und junge Mädchen bei seinen Konzerten reihenweise in Ohnmacht fielen, hatte sie zu Hause vor dem Radio gesessen und geweint. Nach der Scheidung von seiner ersten Frau im Jahr 1951 war Nancy als einziges seiner drei Kinder alt genug gewesen, um sich an ihn als Vater erinnern zu können. Sie hatte seine Affären mit Ava Gardner, Juliet Prowse, Mia Farrow und vielen anderen mitverfolgt und ihm auch so manchen ihrer Freunde vorgestellt.

She takes the winter
And makes it summer
Summer could take
Some lessons from her.

Manchmal trafen sie sich auch, wenn er seine erste Frau Nancy besuchte, gebürtige Barbato, die Tochter eines Stuckateurs aus Jersey City, die Sinatra 1939 geheiratet hatte, als er für 25 Dollar die Woche im Rustic Cabin nahe Hoboken sang.

Die erste Mrs. Sinatra, eine beeindruckende Frau, die keine zweite Ehe eingegangen war (»Nun ja, wenn man mit Frank Sinatra verheiratet war …«, wie sie einst einer Freundin erklärte), lebte mit ihrer jüngeren Tochter, der siebzehnjährigen Tina, in einer luxuriösen Villa in Los Angeles. Es herrschte keine Bitterkeit zwischen Sinatra und seiner ersten Frau. Sie begegneten sich mit Respekt und großer Zuneigung; Sinatra war gern gesehener Gast in ihrem Haus, wo er zu den unmöglichsten Zeiten hereinschneite, das Kaminfeuer schürte, sich aufs Sofa legte und ein Nickerchen machte. Frank Sinatra kann überall ein Nickerchen machen, eine Fähigkeit, die auf die Zeiten zurückgeht, als er noch mit Bandbussen über holprige

Straßen ruckelte; damals lernte er auch, wie man bei Reisen im Smoking Knitterfalten am Hosenboden vermeidet und das Jackett ebenso knitterfrei zusammenlegt. Busreisen behagten ihm mittlerweile überhaupt nicht mehr, während seiner Tochter Nancy, die sich früher stets zurückgesetzt gefühlt hatte, wenn er auf dem Sofa schlief, statt sich um sie zu kümmern, im Lauf der Zeit aufgegangen war, dass jenes Sofa einer der letzten Orte auf der Welt war, wo Frank Sinatra ganz für sich sein konnte, ein Ort, an dem niemand sein berühmtes Gesicht bestaunte, ein Ort, wo er sich nicht mit den ungewöhnlichen Reaktionen anderer auf seine Person auseinander setzen musste. Auch hatte sie verstanden, dass die so genannte Normalität und ihr Vater wenig gemeinsam hatten. Seine Kindheit war von Einsamkeit und einem immensen Verlangen nach Aufmerksamkeit geprägt gewesen; seit dieses Verlangen gestillt war, gab es kaum einen Ort mehr, an den er sich ungestört zurückziehen konnte. Wenn er einen Blick aus dem Fenster seines früheren Hauses in Hasbrouck Heights, New Jersey, geworfen hatte, spähten gelegentlich neugierige Teenager zu ihm herein; und nachdem er 1944 nach Kalifornien in sein neues Anwesen hinter einem zwei Meter hohen Zaun am Lake Toluca gezogen war, hatte er festgestellt, dass er dem ununterbrochen klingelnden Telefon und anderen Störungen nur entkommen konnte, wenn er sich mit ein paar Freunden, einem Kartentischchen und einem Kasten Bier auf ein Boot verzog und dort den Tag verbrachte. Dennoch versuchte er stets, ein ganz normales Leben zu führen, soweit das möglich war, so Nancy. Er hatte bei ihrer Hochzeit geweint, ein sentimentaler, hochsensibler Mensch …

»Was zur Hölle treibt ihr da oben, Dwight?«

Schweigen aus dem Regieraum.

»Lasst ihr gerade 'ne Party steigen oder was? *Dwight?*«

Mit verschränkten Armen stand Sinatra auf der Bühne und warf einen finsteren Blick über die Kameras in Richtung des Regisseurs. Er hatte alles gegeben, was er mit seiner Stimme an diesem Tag leisten konnte. Bei den nächsten Nummern hörte man an der einen oder anderen Stelle, dass er heiser war, und zweimal brach ihm die Stimme. Und jetzt hatte sich Hemion auch noch in seinem Regieraum verschanzt; schließlich bequemte er sich dazu, hinunter ins Studio zu kommen. Wiederum ein paar Minuten später machten er und Sinatra sich in den Regieraum auf, wo dem Sänger die Aufzeichnung vorgespielt wurde. Nach knapp fünf Minuten schüttelte er wieder und wieder den Kopf. »Vergiss es«, sagte er dann. »Das ist reine Zeitverschwendung. Alles, was ich dort sehe« – er nickte in Richtung seines singenden Alter Ego auf dem Bildschirm –, »ist ein Kerl mit Schnupfen.« Bevor er den Regieraum verließ, ordnete er an, das gesamte Material zu vernichten und die weiteren Aufzeichnungen zu verschieben, bis er wieder auf dem Damm war.

Gleich einer Epidemie verbreitete sich die Neuigkeit schnell unter Sinatras Mitarbeitern, dann über ganz Hollywood und via Jillys Bar über das ganze Land bis hin zu Frank Sinatras Eltern, seinen Verwandten und Freunden, die in New Jersey auf der anderen Seite des Hudson River lebten.

Als Frank Sinatra seinen Vater anrief und erzählte, wie schrecklich er sich fühlte, entgegnete dieser, dass es *ihm* ebenfalls nicht gut gehe: Sein linker Arm und die linke Faust seien wegen Durchblutungsstörungen so steif, dass er sich kaum bewegen könne, möglicherweise eine Spätfolge all der linken Haken, die er seinerzeit vor fünfzig Jahren als Bantamgewichtler ausgeteilt hatte.

Martin Sinatra, ein stiernackiger, tätowierter Sizilianer mit blauen Augen, der in Catania geboren worden war, hatte damals unter dem Namen »Marty O'Brien« geboxt. In jenen Tagen, als die Iren den Unterleib der Städte kontrollierten, war es nicht ungewöhnlich gewesen, dass Italiener derartige Namen angenommen hatten. Die meisten vor 1900 nach Amerika ausgewanderten Italiener und Sizilianer waren arm und ungebildet und von den irisch dominierten Bauarbeiter-Gewerkschaften ausgeschlossen – irische Polizisten, irische Priester und irische Politiker taten ihr Übriges, um sie gehörig einzuschüchtern.

Frank Sinatras Mutter Dolly stellte eine bemerkenswerte Ausnahme dar, eine stämmige, ausgesprochen ehrgeizige Frau, die im Alter von zwei Monaten mit ihrer Mutter und ihrem Vater, einem Drucker aus Genua, nach Amerika gekommen war. Später wurde Dolly Sinatra mit ihrem runden Gesicht und den blauen Augen oft für eine Irin gehalten; so mancher hatte sich gewundert, wie schnell sie ihre schwere Handtasche schwingen konnte, wenn sie jemand als »Spaghettifresserin« titulierte.

Indem sie bei den Demokraten geschickt die Fäden zog, mauserte sich Dolly Sinatra in ihren besten Zeiten zu einer Art Katharina von Medici des dritten Wahlbezirks von Hoboken. Bei Wahlen fuhr sie jederzeit gut 600 Stimmen ihrer italienischen Mitbürger ein, was ihr einigen Einfluss verlieh. Als sie von einem Politiker verlangte, ihrem Mann eine Stelle bei der Hobokener Feuerwehr zu verschaffen, und zur Antwort bekam: »Aber Dolly, wir haben gar keine Stelle frei«, schnauzte sie ihn an: »Dann macht eine frei.«

Das taten sie. Ein paar Jahre später forderte sie, dass ihr Mann zum Captain befördert werden sollte. Bald darauf erhielt sie einen Anruf von einem der politischen Strippenzieher, der sich nicht mit langen Vorreden aufhielt: »Herzlichen Glückwunsch, Dolly!«

»Wofür?«

»Dein Mann ist gerade Captain geworden.«

»Oh, ihr habt ihn endlich befördert – vielen Dank!«

Dann rief sie bei der Hobokener Feuerwehr an.

»*Captain* Sinatra bitte«, sagte sie. Ein Kollege rief Martin Sinatra an den Apparat und sagte: »Marty, ich glaube, deine Alte ist verrückt geworden.« Als Martin sich meldete, begrüßte ihn Dolly mit den Worten: »Herzlichen Glückwunsch, Captain Sinatra!«

Dollys einziges Kind, getauft auf den Namen Francis Albert Sinatra, wurde am 12. Dezember 1915 geboren – und wäre um ein Haar auch am selben Tag gestorben. Es war eine schwierige Geburt, an die ihn die Narben an seiner linken Halsseite lebenslang erinnern werden; sie stammen von einer stümperhaft angewendeten Geburtszange, deren Spuren Sinatra aber nie schönheitschirurgisch behandeln ließ.

Nach den ersten sechs Monaten wurde er hauptsächlich von seiner Großmutter aufgezogen. Seine Mutter hatte einen Ganztagsjob in einer Schokoladenfabrik, wo sie so effizient arbeitete, dass sie sogar das Angebot erhielt, die Arbeiterinnen in der Pariser Niederlassung der Firma anzulernen. Während manche Hobokener erzählen, dass Frank Sinatra ein einsames Kind war, das oft auf der Veranda saß und ins Leere starrte, bleibt doch festzustellen, dass Sinatra nie ein Straßenjunge war, nie mit dem Gesetz in Konflikt kam und immer ordentlich gekleidet war. Er besaß so viele Hosen, dass ihn manche Hobokener Kids »Slacksey O'Brien« nannten.

Dolly Sinatra gehörte nicht zu jenen italienischen Müttern, die allein mit Folgsamkeit und gutem Appetit zufrieden zu stellen sind. Sie stellte hohe Ansprüche an ihren Sohn und war ausgesprochen streng. Ihr großer Traum war, dass er Luftfahrtingenieur werden sollte. Als sie eines Abends ein paar Bilder von Bing Crosby an der Wand neben seinem Bett entdeckte und erfuhr, dass ihr Sohn ebenfalls Sänger werden wollte, wurde sie so wütend, dass sie einen Schuh nach ihm warf. Als ihr später klar wurde, dass sie ihm seine Pläne nicht ausreden konnte – »Das hat er von mir« –, unterstützte sie ihn, so gut sie nur konnte.

Viele italoamerikanische Jungen seiner Generationen griffen nach denselben Sternen. Ihre Stärke lag im Singen, nicht in den Worten, weshalb sich auch kein großer Romancier unter ihnen befand: kein O'Hara, kein Bellow, kein Cheever, kein Shaw; sie hatten ihren Ausdruck im *bel canto* gefunden. Das war ihr Erbe, und eine Ausbildung benötigte man auch nicht; wenn sie sangen, sahen sie ihren Namen in hell erleuchteten Lettern vor sich: *Perry Como … Frankie Laine … Tony Bennett … Vic Damone …* Doch niemand hatte die Zukunft deutlicher vor Augen als *Frank Sinatra*.

Obwohl er bis spät in die Nacht im Rustic Cabin auf der Bühne stand, sang er bereits am nächsten Morgen ohne Gage für New Yorker Radiosender, um seinen Bekanntheitsgrad zu steigern. Später bekam er einen Job als Sänger in der Band von Harry James, mit der er im August 1939 schließlich auch seinen ersten Hit landete: »All or Nothing at All«. Er kam bestens klar mit Harry James und seinen Bandmitgliedern, doch als er ein Angebot von Tommy Dorsey erhielt, dem Leader der seinerzeit wahrscheinlich besten Band Amerikas, nahm Sinatra sofort an; er bekam 125 Dollar die Woche, und Dorsey kannte alle Kniffe, wie man einen Vokalisten zur Geltung brachte. Dennoch deprimierte es Sinatra, Harry James' Band zu verlassen, und die letzte Nacht mit der alten Truppe ging ihm so sehr zu Herzen, dass er sich noch zwanzig Jahre später genau daran erinnern sollte: »Der Bus mit den anderen Jungs fuhr um halb eins in der Nacht ab. Ich verabschiedete mich von allen, und ich erinnere mich noch, wie es schneite. Schließlich stand ich mutterseelenallein mit meinem Koffer im Schnee und sah den Rücklichtern hinterher, die langsam im Dunkel verschwanden. Plötzlich liefen mir Tränen über die Wangen, und ich rannte ein paar Schritte hinter dem Bus her, hätte ihn am liebsten noch eingeholt. Die Band hatte so viel Energie und Leidenschaft. Am liebsten wäre ich bei ihnen geblieben.«

Er stieg trotzdem aus – so, wie er noch andere Freunde im Stich lassen sollte, immer auf der Suche nach Größerem, nicht willens, auch nur das kleinste bisschen Zeit zu verlieren, einer, der sich unter seinem *eigenen* Namen durchboxen und groß herauskommen wollte, einer, der die Underdogs verteidigte und die Großmäuler in ihre Schranken wies. Einem Musiker, der einen antisemitischen Spruch abgesondert hatte, verpasste er eine Ohrfeige; er setzte sich für die Sache der Schwarzen ein, zwei Jahrzehnte bevor es Mode wurde. Außerdem warf er ein

Tablett mit Gläsern nach Buddy Rich, als dieser zu laut Schlagzeug spielte.

Noch vor seinem dreißigsten Geburtstag hatte er goldene Feuerzeuge im Wert von 50000 Dollar verschenkt, lebte den amerikanischen Traum wie kein anderer Einwanderer. Urplötzlich erschien er auf der Bildfläche, zu einem Zeitpunkt, als DiMaggios Stimme verstummt war, als die Stimmung unter den *paisanos* auf dem Nullpunkt angekommen war, stille Empörung darüber herrschte, dass Hitler die Heimat besetzt hatte. Sinatra kam genau rechtzeitig, um so etwas wie eine Art Ein-Mann-Antidiskriminierungs-Verband für italienische Amerikaner zu werden, eine doch eher unübliche Organisation für seine Landsleute, die sich, wie man sagt, als extreme Individualisten nur schwer zusammenraufen können: exzellente Solisten, die für den Chor nicht taugen; prima Helden, aber ohne großes Talent für den Parademarsch.

Als in der Serie *The Untouchables* jede Menge Gangster italienische Namen trugen, tat Sinatra öffentlich seinen Unmut darüber kund. Sinatra und abertausende von Italoamerikanern machten ihrem Ärger Luft, als ein kleiner Ganove namens Joseph Valachi durch Justizminister Bobby Kennedy als »Mafia-Experte« ins Rampenlicht gerückt wurde, obwohl seine vom Fernsehen übertragene Aussage vor dem Senat darauf schließen ließ, dass er über die Machenschaften der ehrenwerten Gesellschaft offenbar weniger wusste als die meisten Kellner an der Mulberry Street. Viele Italiener aus Sinatras Umfeld betrachteten Bobby Kennedy obendrein als eine Art Cop, zwar höheren Ranges als diejenigen zu Dollys Zeiten, aber nicht weniger bedrohlich. Flankiert von Peter Lawford, soll Bobby Kennedy nach der Wahl seines Bruders Sinatra gegenüber »frech« geworden sein; offenbar war ihm entfallen, dass Sinatra nicht nur Spenden für John F. Kennedy gesammelt, sondern obendrein auch viele antiirische Wähler unter seinen italienischstämmigen Landsleuten umgestimmt hatte. Gerüchten zufolge sollen Lawford und Bobby Kennedy auch die Entscheidung des Präsidenten beeinflusst haben, als Gast bei Bing Crosby abzusteigen statt bei Sinatra, wie es ursprünglich geplant war – eine Zurückweisung, die Sinatra wohl nie vergessen wird. Seither hat Lawford bei Sinatras »Gipfelkonferenzen« in Las Vegas jedenfalls nichts mehr zu suchen.

»Ja, mein Sohn ist genau wie ich«, wie Dolly Sinatra stolz erzählt. »Er vergisst es nie, wenn ihm jemand in die Quere kommt.« Doch obwohl seine Macht für sie außer Frage steht, fügt sie rasch hinzu: »Aber seiner Mutter kann er nichts vorschreiben. Er trägt heute noch dieselbe Unterwäsche, die ich ihm früher immer gekauft habe.«

Inzwischen ist Dolly Sinatra einundsiebzig, ein oder zwei Jahre jünger als ihr Ehemann; täglich stehen Leute vor der Hintertür ihrer riesigen Villa, um sie um Rat zu fragen und zu bitten, ob sie nicht etwas für sie tun kann. Wenn sie nicht gerade Leute trifft oder am Herd in der Küche steht, kümmert sie sich um ihren Gatten, einen ebenso schweigsamen wie unbelehrbaren Sturkopf, ermahnt ihn ein ums andere Mal, seinen linken Arm auf dem Schwamm zu lagern, den sie ihm als Stütze auf die Armlehne seines Sessels gelegt hat. »Oh, er ist wirklich durch so manches Höllenfeuer gegangen«, unterrichtete sie einen Besucher, während sie bewundernd in Richtung ihres unweit entfernt sitzenden Gatten nickte.

Obwohl Dolly Sinatra siebenundachtzig Patenkinder

in Hoboken hat und bei Wahlkämpfen stets in ihren Heimatort zurückkehrt, leben sie und ihr Ehemann mittlerweile in einem prächtigen Sechzehn-Zimmer-Haus in Fort Lee, New Jersey – die Villa hat ihnen ihr Sohn vor drei Jahren zum fünfzigsten Hochzeitstag geschenkt. Das Haus ist geschmackvoll eingerichtet, und überall findet sich ein denkwürdiges Nebeneinander von Heiligem und Profanem – Fotografien von Papst Johannes und Ava Gardner, Papst Paul und Dean Martin, Heiligenstatuen und Weihwasser, ein von Sammy Davis Jr. signierter Regiestuhl und Bourbonflaschen. In Mrs. Sinatras Schmuckschatulle befindet sich eine herrliche Perlenkette, die sie kürzlich von Ava Gardner geschenkt bekommen hat, ihrer ehemaligen, über alles geliebten Schwiegertochter, mit der sie nach wie vor in Kontakt steht; und an der Wand hängt ein Brief an Dolly und Martin: »Gülden ist der Herbst des Lebens, und doch erblüht die Liebe wie einer Rose zarte Triebe, noch stets in Gottes Garten … Möge Gottes Liebe immerdar mit euch sein. Ich danke ihm und euch, dass es mich gibt. Euer euch liebender Sohn Francis.«

Etwa einmal die Woche telefoniert Mrs. Sinatra mit ihrem Sohn; neulich schlug er ihr vor, bei ihrem nächsten Abstecher nach Manhattan doch in seinem Apartment an der East Seventy-second Street zu übernachten. Es handelt sich um eine kostspielige New Yorker Wohngegend, obwohl es dort auch eine kleine Fabrik gibt, ein Umstand, der Dolly Sinatra willkommene Gelegenheit war, sich bei ihrem Sohn für ein paar weniger schmeichelhafte Kommentare über seine Kindheit in Hoboken zu revanchieren.

»Wie – ich soll in deinem Apartment übernachten,

diesem Loch?« fragte sie. »Glaubst du allen Ernstes, ich würde die Nacht in einer derart heruntergekommenen Gegend verbringen?«

Sinatra verstand und sagte: »Pardon, Mrs. Fort Lee.«

Nachdem er eine Woche in Palm Springs verbracht und seine Erkältung mehr oder minder überwunden hatte, kehrte Frank Sinatra nach Los Angeles zurück, eine wundervolle Stadt voller Sonne und Sex, einst von Spaniern in mexikanischer Öde gegründet, ein Glitzerland kleiner Männer und geschmeidiger Frauen in hautengen Hosen, die von einem Cabrio ins nächste schlüpfen.

Sinatra kam rechtzeitig zurück, um sich die lang erwartete CBS-Dokumentation im Kreise seiner Lieben ansehen zu können. Gegen 21 Uhr fuhr er zum Haus seiner Exfrau Nancy und aß mit ihr und den beiden Töchtern zu Abend. Ihr gemeinsamer Sohn, den sie nur noch selten sehen, war unterwegs.

Der zweiundzwanzigjährige Frank jr. tourte gerade mit einer Band quer durchs Land Richtung New York, wo er im Basin Street East mit den Pied Pipers auftreten sollte, mit denen schon sein Vater gesungen hatte, als er in den Vierzigern Vokalist in Tommy Dorseys Band gewesen war. Heute lebt Frank Sinatra jr., den sein Vater laut eigener Aussage nach Franklin D. Roosevelt benannt hat, großteils in Hotels, isst backstage in den Nightclubs zu Abend, in denen er gerade auftritt, singt bis zwei Uhr morgens und nimmt dankbar die unausweichlichen Vergleiche hin, da ihm ohnehin nichts anderes übrig bleibt. Sein Timbre ist sanft und angenehm, wird allmählich immer besser; obwohl er seinem Vater gegenüber tiefen Respekt empfindet, versucht er ihn objektiv zu beurteilen, wobei er gelegentlich leicht aufmüpfig klingt.

Der frühe Ruhm seines Vaters, so Frank jr., ging einher mit der Erfindung eines »PR-Sinatras«, der ihn »von gewöhnlichen Menschen abgrenzen, ja, von der Wirklichkeit loslösen sollte: Plötzlich war er das Phänomen Sinatra, das alle elektrisierte, der übernormale Sinatra, nicht über*menschlich*, sondern über*normal*. Und darin«, so Frank jr. weiter, »liegt der große Irrtum, der allumfassende Quatsch, weil Frank Sinatra nichts anderes ist als *stinknormal*, einer, wie man ihn an der nächsten Straßenecke treffen kann. Aber diese übernormale Idee hat inzwischen genauso Besitz von ihm ergriffen wie von denjenigen, die seine TV-Shows ansehen oder irgendwelche Artikel über ihn lesen…

Zu Beginn war Frank Sinatras Leben derart alltäglich«, so Frank jr., »dass 1934 kein Mensch auf die Idee gekommen wäre, dieser kleine Italiener mit dem Wuschelkopf würde einmal zum Giganten, zum Titanen, zur lebenden Legende werden … Meine Mutter hat er damals im Sommer am Strand kennen gelernt: Nancy Barbato, die Tochter von Mike Barbato, einem Stuckateur aus New Jersey. Tja, und da steht plötzlich Frank vor ihr, der Sohn eines Feuerwehrmanns, an jenem Sommertag draußen am Strand von Long Branch, New Jersey. Beide Italiener, beide römisch-katholisch, zwei Verliebte aus der unteren Mittelschicht – wie in einem dieser scheußlichen Frankie-Avalon-Streifen…

Sie bekamen drei Kinder. Von uns Sinatra-Kindern wuchs Nancy am normalsten auf. Sie war Cheerleaderin, verbrachte den Sommer im Jugendcamp, fuhr einen Chevrolet und hatte von uns die einfachste Kindheit. Danach kam ich, und mein Leben verlief zunächst ausgesprochen normal, jedenfalls bis September 1958, als ich zur Vorbereitung aufs College auf ein Internat geschickt wurde. Dadurch reduzierte sich der Kontakt zu meinen Eltern und Geschwistern, die mir fremder und fremder wurden ... Dann ist da noch meine kleine Schwester Tina. Und ganz ehrlich, eigentlich weiß ich überhaupt nichts über sie.«

Die CBS-Dokumentation – Sprecher war Walter Cronkite – begann um 22 Uhr. Die Sinatras beendeten hastig ihr Abendessen, drehten ihre Stühle zum Fernseher und harrten gemeinsam dem Desaster, das da kommen mochte, so wie auch Sinatras Gewährsleute überall im ganzen Land. Sinatras Rechtsanwalt Milton A. Rudin rauchte eine Zigarre und sah mit dem wachsamen Auge des Juristen aufmerksam zu. Auch Brad Dexter verfolgte die Sendung, ebenso wie Jim Mahoney und Ed Pucci, Sinatras Maskenbildner »Shotgun« Britton, sein New Yorker Subagent Henri Giné, sein Schneider Richard Carroll, sein Börsenberater John Lillie und sein Butler George Jacobs, ein ausgesprochen gut aussehender Schwarzer, der allerdings Ray Charles auflegt, wenn er in seinem Apartment Damenbesuch empfängt.

Und wie so oft in Hollywood entbehrten die gehegten Befürchtungen jeder Grundlage. Tatsächlich handelte es sich bei der CBS-Dokumentation um ein höchst schmeichelhaftes Stück, das weder Sinatras Amouren noch seine Verbindungen zur Mafia oder andere Bereiche seines Privatlebens genauer unter die Lupe nahm. Obwohl die Dokumentation nicht autorisiert war, hätte sie es »genauso gut sein können«, wie Jack Gould am nächsten Tag in der *New York Times* schrieb.

Direkt nach der Sendung begannen bei den Sinatras alle Telefone zu klingeln. Alle Anrufer waren glücklich und erleichtert – und aus New York kam ein Telegramm von Jilly: »UNS GEHÖRT DIE WELT!«

Am nächsten Tag stand Sinatra im Flur vor dem NBC-Studio, wo es mit der Aufzeichnung seiner Show weitergehen sollte, und diskutierte mit ein paar Freunden über die CBS-Dokumentation. »War doch großartig«, sagte er.

»Ja, Frank, 'ne Wahnsinnsshow.«

»Ich finde, Jack Gould hat Recht mit dem, was er in der *Times* geschrieben hat«, sagte Sinatra. »Die hätten sich mehr auf den *Menschen* konzentrieren sollen als bloß auf die Musik.«

Alle nickten, schwiegen wohlweislich über die Panik der letzten Wochen, als es so geschienen hatte, als wolle CBS den *Menschen* Sinatra unter die Lupe nehmen; alle nickten, und zwei seiner Freunde lachten darüber, dass Sinatras Lieblingswörtchen *bird* in der Show gefallen war. Seine Kumpels pflegt er des Öfteren zu fragen, wie es ihrem *bird* geht, und als er vor Hawaii um ein Haar ertrunken wäre, erklärte er: »Tja, da ist mein *bird* ziemlich nass geworden.« Im Haus des mit ihm befreundeten Schauspielers Dick Bakalyan hängt ein Foto von ihm, auf dem er eine Whiskeyflasche in der Hand hält; die Widmung lautet: »Trink, Dickie! Saufen macht den *bird* erst hart.« Zuweilen verändert Sinatra auch den Text von »Come Fly with Me« – »just say the words and we'll take our birds down to Acapulco Bay«.

Zehn Minuten später folgte Sinatra dem Orchester in das Studio, das völlig anders aussah als noch vor acht Tagen. Diesmal war Sinatra bestens bei Stimme, riss Witze zwischen den einzelnen Nummern und war durch nichts aus der Ruhe zu bringen. Als er, neben einem

Baum stehend, »How Can I Ignore the Girl Next Door« sang, geriet eine auf einen Wagen montierte Kamera ins Rollen und prallte gegen den Stamm.

»O Gott!«, rief einer der Aufnahmeleiter.

Doch Sinatra schien kaum etwas bemerkt zu haben.

»Kleine Panne«, sagte er nur. Dann sang er den Song einfach noch mal von vorn.

Als alles im Kasten war, sah Sinatra sich die Aufzeichnungen auf dem Monitor im Regieraum an. Er war hochzufrieden, schüttelte Dwight Hemion und seinen Mitarbeitern die Hände. Anschließend floss reichlich Whiskey in Sinatras Garderobe, wo sich Pat Lawford, Andy Williams und ein weiteres Dutzend Bekannter versammelt hatte. Die Kette von Anrufen und Telegrammen riss nicht ab; die CBS-Dokumentation war ein voller Erfolg gewesen. Wie Jim Mahoney erzählte, hatte sogar der CBS-Producer Don Hewitt angerufen, auf den Sinatra vor ein paar Tagen noch derart wütend gewesen war. Und Sinatra war *immer noch* wütend; er fühlte sich von CBS hintergangen, obwohl an der Sendung selbst nichts auszusetzen gewesen war.

»Soll ich ihm ein paar Zeilen schreiben?«, fragte Mahoney.

»Kannst du 'ne Briefbombe mitschicken?«, fragte Sinatra zurück.

»Er hat einfach alles, er kann nicht schlafen, er verteilt schöne Geschenke, er ist nicht glücklich, würde aber auch nicht tauschen wollen, nicht für alles Glück dieser Erde …

Er ist Teil unserer Vergangenheit – doch nur wir sind gealtert, er nicht … Wir haben uns vom Alltag unter-

kriegen lassen, er nicht ... Wir empfinden Reue, er nicht ... Aber das ist unser Problem, nicht seins ...

Er kontrolliert die Speisekarten aller italienischen Restaurants in Los Angeles; wenn jemandem der Sinn nach norditalienischer Küche steht, sollte er besser nach Mailand fliegen ...

Menschen folgen ihm auf Schritt und Tritt, imitieren ihn, tun alles, um ihm nah zu sein ... Und stets umgibt ihn ein gewisser Hauch von Umkleidekabine und Kaserne ... Saufen macht den bird *erst hart ...*

Er glaubt daran, dass man immer aufs Ganze gehen, im großen Stil agieren muss – wer wagt, gewinnt, erweitert seinen Horizont, wächst mit seinen Aufgaben, wird immer größer, immer reicher ...

Er ist besser als alle anderen, zumindest ist das die gängige Meinung, und er muss ihr Genüge tun.«

NANCY SINATRA JR.

»Äußerlich bleibt er gelassen – aber in ihm brodelt es unentwegt.« DICK BAKALYAN

»Er hat das unstillbare Verlangen, jeden Augenblick bis zur Neige auszukosten, weil er spürt, dass das Ende gleich hinter der nächsten Ecke lauert.«

BRAD DEXTER

»Alles, was ich je von meinen Ehen hatte, waren die zwei Jahre beim Psychiater, die mir Artie Shaw bezahlt hat.«

AVA GARDNER

»Wir waren nicht Mutter und Sohn – wir waren Freunde.« DOLLY SINATRA

»Um die Nächte zu überstehen, bin ich für alles zu haben, seien es Gebete, Tranquilizer oder eine Flasche Jack Daniel's.« FRANK SINATRA

Frank Sinatra hatte die Nase voll von all dem Gerede, dem Klatsch, den Mutmaßungen; er hatte es satt, dauernd zu lesen, was gerade irgendjemand über ihn sagte, war es leid zu hören, was sich die Leute da draußen über ihn erzählten. Er hatte drei anstrengende Wochen hinter sich, und nun wollte er nur noch weg, ab nach Las Vegas, mal wieder ein bisschen Dampf ablassen. Also sprang er in seinen Jet, flog über die kalifornischen Berge, die Ebenen von Nevada und endlose Meilen Wüste, um im Sands abzusteigen und sich den Kampf zwischen Clay und Patterson anzusehen.

Die Nacht vor dem Fight machte er durch und verschlief fast den ganzen Nachmittag. Seine Stimme erklang dennoch in der Lobby des Sands, im Spielcasino, selbst in den Toiletten, auch wenn die Songs alle paar Takte von Hotelpagen unterbrochen wurden, die Gäste ausriefen: »Telefon für Mr. Ron Fish, Mr. Ron Fish… *with a ribbon of gold in her hair…* Telefon für Mr. Herbert Rothstein, Mr. Herbert Rothstein … *memories of a time so bright, keep me sleepless through dark endless nights.«*

In der Lobby des Sands und der anderen Hotels am Strip hatten sich an jenem Nachmittag vor dem Fight die üblichen Verdächtigen versammelt: die Spieler, die alten Champs, die Typen mit den Zigarrenstummeln von der Eighth Avenue, die Sportreporter, die alle großen Kämpfe mies machen, aber nie einen versäumen, die Schriftsteller, die sich stets mit dem einen oder dem anderen Boxer zu identifizieren scheinen, die örtlichen Prostituierten, zu denen sich ein paar Talente aus Los Angeles gesellt hatten, sowie eine junge Brünette in einem zerknitterten schwarzen Cocktailkleid, die den Rezeptionisten anflehte: »Aber ich muss mit Mr. Sinatra sprechen.«

»Er ist nicht da«, sagte der Rezeptionist.

»Warum stellen Sie mich nicht einfach zu ihm durch?«

»Weil wir *niemanden* durchstellen, Miss«, sagte er. Sie wandte sich ab, offenbar den Tränen nahe, und schritt durch die Lobby in Richtung des großen lauten Casinos, in dem sich lauter Männer drängelten, die sich ausschließlich für bare Münze interessierten.

Kurz vor 19 Uhr betrat Jack Entratter das Casino; der große grau melierte Inhaber des Sands begab sich an den Blackjack-Tisch und gab ein paar dort versammelten Männern Bescheid, dass Sinatra dabei war, sich in Schale zu werfen. Er fügte hinzu, dass es ihm leider unmöglich gewesen sei, für die komplette Belegschaft Sitze in der ersten Reihe zu ergattern, weshalb einige Gentlemen – unter ihnen Leo Durocher, der eine neue Verehrerin ausführte, und Joey Bishop, der von seiner Frau begleitet wurde – mit der dritten Reihe vorlieb nehmen müssten. Als Entratter die Neuigkeit Joey Bishop mitteilte, entgleisten diesem die Gesichtszüge. Obwohl er nicht verärgert zu sein schien; er musterte Entratter bloß mit leerer, irgendwie verblüffter Miene.

»Joey, es tut mir *Leid*«, sagte Entratter, als Bishops Schweigen schier nicht enden wollte. »Wir haben bloß sechs Sitze in der ersten Reihe bekommen.«

Bishop antwortete nicht. Beim Kampf saß er dann in der ersten Reihe, seine Frau in der dritten.

Der Fight, angekündigt als heiliger Krieg zwischen Muslimen und Christen, wurde eingeläutet durch den Auftritt der alternden Ex-Champions Rocky Marciano, Joe Louis und Sonny Liston – und dann ertönte »The Star-Spangled Banner«, vorgetragen von Eddie Fisher, einer weiteren Berühmtheit von vorgestern. Obwohl es nun schon mehr als vierzehn Jahre her war, erinnerte sich Frank Sinatra noch ganz genau: Damals war Eddie Fisher der neue King unter den Baritonen gewesen, zusammen mit Billy Eckstine und Guy Mitchell, während Sinatra als ausgezählt gegolten hatte. Bei einem Termin in einem Rundfunkstudio hatten draußen vor der Halle dutzende von Eddie-Fisher-Fans gestanden und bei Sinatras Eintreffen spöttelnd skandiert: »Frankie, Frankie, ich werde gleich *ohnmächtig*, ich werde gleich *ohnmächtig*!« Es war jene Zeit, als er lediglich um die 30000 Platten im Jahr verkaufte, als Spaßmacher in seiner Fernsehshow eine denkbar schlechte Figur abgab und nicht zuletzt derartige Katastrophen wie »Mama Will Bark« mit der blonden Sexbombe Dagmar aufgenommen hatte.

»Ich habe geknurrt und gebellt auf der Platte«, sagte Sinatra, den allein bei dem Gedanken offenbar noch immer das nackte Grauen packte. »Leider mochten sie nur Hunde.«

Seine Stimme und sein künstlerisches Urteilsvermögen waren 1952 im wahrsten Sinne des Wortes auf den Hund gekommen, doch der wahre Grund für seinen Abstieg war, jedenfalls seinen Freunden zufolge, seine Affäre mit Ava Gardner, *dem* großen weiblichen Filmstar seinerzeit, einer der schönsten Frauen der Welt. Sinatras Tochter Nancy erinnert sich noch, wie sie Ava eines Tages im Pool ihres Vaters schwimmen sah; schließlich stieg Ava aus dem Wasser, bewegte ihren Luxuskörper zum Kaminfeuer, blieb dort ein paar Augenblicke stehen, und mit einem Mal war ihr Haar wieder trocken, wie durch ein Wunder so perfekt frisiert wie zuvor.

Seinen Freunden zufolge weiß Sinatra bei seinen weiblichen Bekanntschaften nie, ob sie ihn womöglich bloß begehren, weil er früher oder später vielleicht etwas für sie tun kann. Bei Ava Gardner aber war es anders. Er konnte nichts für sie tun. Sie war bereits ganz oben. Wenn Sinatra aus seiner Beziehung zu ihr etwas lernte, dann wohl, dass Frauen keine Hilfe sind, wenn ein stolzer Mann am Boden liegt. Schon gar nicht eine Frau, die selbst ganz oben ist.

Doch trotz seines matten Timbres schwingt zuweilen tiefes Empfinden in seinen Aufnahmen aus dieser Zeit, etwa in »I'm a Fool to Want You«. Ein Freund Sinatras, der damals im Studio war, erinnert sich: »An jenem Abend war Frank aufgewühlt wie selten. Er nahm den Song in einem Take auf, drehte sich um und verließ das Studio, und das war's.«

Sinatras früherer Manager Hank Sinacola, ein ehemaliger *song plugger* – ein Pianist und Sänger, der in Plattenläden die neuesten Gassenhauer vorstellte –, äußerte sich folgendermaßen: »Ava liebte Frank, aber nicht so, wie er sie liebte. Frank braucht mehr Liebe und Aufmerksamkeit als andere Menschen, und zwar rund um die Uhr. Frank kann nicht allein sein; so ist er eben.« Ava Gardner hingegen war, so Sinacola, »sehr, sehr unsicher. Sie hatte Angst, ihn nicht halten zu können… Zweimal reiste er ihr nach Afrika hinterher, ohne Rücksicht auf die eigene Karriere zu nehmen.«

»Ava ging es auf die Nerven, dass pausenlos irgendwelche Freunde von Frank anwesend waren«, so ein anderer Freund. »Und das brachte wiederum ihn auf die Palme. Als er mit Nancy verheiratet gewesen war, hatte er dauernd seine komplette Band mit nach Hause gebracht, und Nancy wäre als gute italienische Ehefrau nie auf die Idee gekommen, sich darüber zu beschweren – sie kochte dann einfach Spaghetti für alle.«

Nach gerade mal zwei Jahren Ehe ließen sich Sinatra und Ava Gardner 1953 scheiden. Dem Vernehmen nach bemühte sich Sinatras Mutter händeringend um eine Versöhnung der beiden – doch falls Ava dazu bereit gewesen sein sollte, war bei Frank nichts zu machen. Andere Frauen traten in sein Leben. Irgendwann während jener Zeit verwandelte sich der Teenieschwarm, der halbwüchsige Schauspieler im Matrosenanzug in einen erwachsenen Mann. Noch bevor er 1953 für seine Rolle in *From Here to Eternity* mit dem Oscar ausgezeichnet wurde, blitzte sein altes Talent wieder auf – in seiner Aufnahme von »The Birth of the Blues«, während seiner von Jazzkritikern enthusiastisch gefeierten Auftritte im Riviera-Nightclub. Es lagen nicht länger Drei-Minuten-Songs im Trend, sondern LPs, wovon Sinatra so oder so profitiert hätte, ob mit oder ohne Oscar.

1954 hatte sich Frank Sinatra wieder auf seine alten Stärken besonnen und wurde von *Metronome* zum »Sänger des Jahres« gewählt; später gewann er den Disc-Jockey-Poll von *United Press International* und entthronte Eddie Fisher – der nun hier in Las Vegas nach seinem Vortrag des »Star-Spangled Banner« aus dem Ring stieg, worauf der Kampf begann.

Floyd Patterson scheuchte Clay während der ersten

Runde quer durch den Ring, doch gelang es ihm nicht, seinen Gegner zu erwischen; von da an war er Clays Spielzeug, und der Kampf endete in der zwölften Runde mit technischem K.o. Eine halbe Stunde später war der Kampf schon wieder vergessen; alle begaben sich zurück an die Spieltische oder stellten sich an, um Karten für die Show mit Dean Martin, Sinatra und Bishop im Nightclub des Sands zu ergattern. Die erprobte Show – zur Mannschaft gehört auch Sammy Davis Jr., wenn er sich in Las Vegas aufhält – bestand aus ein paar Songs, reichlich saloppem Geplänkel und kruden Witzchen über ethnische Minderheiten. Martin, einen Drink in der Hand, fragte Bishop: »Na, schon mal 'nen Juden beim Judo gesehen?«, während Bishop, der einen jüdischen Kellner spielte, die beiden Italiener warnte, bloß aufzupassen: »Ich hab nämlich meine eigene Bande – die *Matzia.*«

Nach der letzten Vorstellung im Sands stiegen Sinatra und seine Begleiter, deren Zahl mittlerweile auf etwa zwanzig angewachsen war – darunter Jilly, der aus New York eingeflogen war, Jimmy Cannon, Sinatras Lieblings-Sportkolumnist, und Harold Gibbons, ein Funktionär der Transportarbeitergewerkschaft, der wohl den Posten des Vorsitzenden übernehmen würde, falls Jimmy Hoffa in den Knast wanderte –, in ein paar Wagen und machten sich auf zum nächsten Club. Es war drei Uhr morgens. Die Nacht war noch jung.

Sie zogen ins Sahara, setzten sich an einen langen Tisch am hinteren Ende des Raums und lauschten einem kleinen, kahlköpfigen Comedian namens Don Rickles, dem wahrscheinlich härtesten Komiker weit und breit. Sein Humor ist so rüde, so geschmacklos, dass niemand

Anstoß daran nimmt – seine Witze sind zu anstößig, um Empörung zu erregen. Nachdem er Eddie Fisher im Publikum erspäht hatte, machte sich Rickles über seine Qualitäten als Liebhaber lustig, er sagte, es sei kein Wunder, dass er für Liz Taylor eine Nummer zu klein sei; als zwei Geschäftsleute im Publikum bestätigten, dass sie Ägypter waren, zog Rickles über ihr Land und dessen Israel-Politik her; und schließlich behauptete er, dass die Gattin eines Zuschauers in Wirklichkeit eine Nutte sei.

Als er Sinatra und seine Entourage sichtete, hätte seine Freude kaum größer sein können. Rickles zeigte mit dem Finger auf Jilly und brüllte: »Na, wie fühlt man sich als Franks Trecker? Immer vorneweg, um den Weg frei zu machen.« Als Nächsten nahm er Leo Durocher aufs Korn. »Wie steht's, Leo? Heute noch nicht auf deiner Schleimspur ausgerutscht?« Dann schoss er sich auf Sinatra ein, ließ weder Mia Farrow noch sein Toupet unerwähnt, bemerkte, dass Sinatra als Sänger längst zweite Wahl war, und als Sinatra und die anderen Gäste lachten, wies Rickles auf Joey Bishop: »Der lacht erst, wenn Frank vorher sein Okay gegeben hat.«

Nachdem Rickles noch ein paar jüdische Kalauer zum Besten gegeben hatte, erhob sich Dean Martin und rief: »He, immer bloß die Juden! Wie steht's mit uns Italienern?« Worauf Rickles konterte: »Italiener? Die taugen doch bloß, die Fliegen von unseren Fischständen fern zu halten.«

Sinatra lachte so wie alle anderen, und Rickles fuhr noch fast eine Stunde in diesem Stil fort, bis Sinatra schließlich aufstand und sagte: »Jetzt komm mal zum Ende. Ich muss weg.«

»Setz dich gefälligst und halt die Fresse!«, schnauzte ihn Rickles an. »Ich muss mir schließlich auch dauernd deine Liedchen anhören!«

»Was glaubst du eigentlich, wen du vor dir hast?«, schnauzte Sinatra zurück.

»Dick Haymes«, kam die Antwort. Sinatra lachte wieder, und dann fiel auch Dean Martin in sein Lachen ein, während er sich eine Flasche Whiskey über den Kopf kippte. Sein Smoking war klitschnass, als er mit der Faust auf den Tisch schlug.

»Von der Saufnase zum Star – wer hätte das gedacht?« sagte Rickles, doch Martin grölte lauthals: »He, jetzt rede ich!«

»Halt's Maul!«

»Nee, Don«, gab Dean Martin zurück. »Ich wollte bloß sagen, dass du's echt draufhast!«

»Schönen Dank, Dean«, sagte Rickles entzückt.

»Aber lass mich aus dem Spiel«, gab Martin zurück, während er auf seinen Stuhl zurücksackte. »Ich bin besoffen.«

»Das glaube ich gern«, sagte Rickles.

Um vier Uhr morgens verließen sie das Sahara, Sinatra vorneweg; ein paar seiner Gefährten hatten ihre Whiskeygläser dabei, an denen sie im Gehen und anschließend in den Autos nippten. Zurück im Sands, begaben sie sich in das Casino. Es war nach wie vor rammelvoll; unentwegt drehten sich die Rouletteräder, während vom anderen Ende des Raums die lauten Stimmen der Würfelspieler erschallten.

Frank Sinatra bahnte sich seinen Weg durch die Menge, ein Glas Bourbon in der Hand. Im Gegensatz zu einigen seiner Freunde war er nach wie vor makellos gekleidet; seine Krawatte saß perfekt, seine Schuhe waren blitzblank. Nie scheint er seine Würde zu verlieren, nie gibt er sich eine Blöße, egal wie viel er getrunken oder wie lange er nicht geschlafen hat. Nie würde er wie Dean Martin nach einem feuchtfröhlichen Abend aus einem Lokal wanken oder wie Sammy Davis auf den Tischen tanzen.

Sinatra ist nie ganz Sinatra, egal in welcher Umgebung. Ein Teil von ihm, auch wenn es manchmal nur ein kleiner Teil ist, bleibt immer *Il Padrone.* Selbst jetzt, während er sein Whiskeyglas auf den Blackjack-Tisch stellte und den Kartengeber musterte, lehnte sich Sinatra nicht an den Tisch, sondern wahrte ein paar Zentimeter Distanz. Er ließ die Hand unter den Saum seines Smokingjacketts gleiten, griff in die Hosentasche und förderte ein dickes Bündel druckfrischer Banknoten zutage. Vorsichtig löste er einen 100-Dollar-Schein und platzierte ihn auf dem mit grünem Filz bezogenen Kartentisch. Der Kartengeber reichte ihm zwei Karten. Sinatra verlangte eine dritte, hatte sich überkauft und verlor den Hunderter.

Ohne eine Miene zu verziehen, zückte Sinatra den zweiten Schein, den er ebenfalls verlor. Er nahm den nächsten Schein und verlor abermals. Dann legte er zwei Hundert-Dollar-Noten auf den Tisch; wieder verlor er. Nachdem er schließlich auch noch den sechsten Hunderter verspielt hatte, trat Sinatra einen Schritt zurück, nickte dem Kartengeber zu und sagte: »Gut gegeben.«

Die Leute, die sich um ihn geschart hatten, traten beiseite, um ihn durchzulassen. Dann aber näherte sich eine Frau, reichte ihm ein Stück Papier und bat ihn um ein

Autogramm. Nachdem er ihrem Wunsch nachgekommen war, sagte *er*: »Vielen Dank.«

Am rückwärtigen Ende des Sands-eigenen Restaurants befand sich ein großer für Sinatra und seine Gäste reservierter Tisch. Das Restaurant war um diese Uhrzeit ziemlich leer; etwa zwei Dutzend anderer Gäste saßen an den Tischen, darunter vier junge Damen ohne Begleitung an Sinatras Nebentisch. An der Wand auf der anderen Seite des Raums saßen sieben Männer Schulter an Schulter an einem ebenso langen Tisch. Zwei von ihnen trugen Sonnenbrillen; sie aßen schweigend, saßen einfach nur da und speisten, ohne dass ihnen auch nur das Mindeste entging.

Nachdem Sinatra und seine Begleiter es sich bequem gemacht und noch ein paar Drinks genommen hatten, bestellten sie etwas zu essen. Der Tisch war etwa so groß wie derjenige im Jilly's in New York; unter den Anwesenden waren mehrere Leute, die man sonst mit Sinatra im Jilly's, in seinen bevorzugten kalifornischen Restaurants, in Italien oder New Jersey sieht – oder wo auch immer Sinatra sich gerade aufhält. Wenn Sinatra essen geht, sind seine Vertrauten immer dabei, und wenn das Lokal auch noch so elegant ist, kann er seine Herkunft nicht verleugnen, weil Sinatra, egal wie weit er gekommen sein mag, immer noch ein bisschen der Junge von früher ist – nur dass er seine alten Kumpels jetzt überallhin mitnehmen kann.

In gewisser Weise stellt der quasifamiliäre Kreis am reservierten Restauranttisch für Sinatra das Äquivalent zu einem Zuhause dar. Da er früher ein echtes Zuhause hatte, reicht ihm womöglich dieser Ersatz; obgleich diese Vermutung wohl nicht ganz richtig ist, da er mit so viel Wärme von seiner Familie spricht, weiterhin engen Kontakt zu seiner ersten Frau pflegt und immer wieder erklärt, dass sie nichts tut, ohne ihn vorher um Rat zu fragen. Stets lässt er Sachen von sich bei seiner Exfrau und bei seiner Tochter Nancy liegen, Dinge, mit denen er sich ihnen in Erinnerung bringt, und auch mit Ava Gardner verknüpfen ihn nach wie vor freundschaftliche Bande. Als er in Italien *Von Ryan's Express* drehte, verbrachten sie ein paar Tage miteinander, pausenlos verfolgt von einer Meute Paparazzi. Dem Vernehmen nach sollen die Paparazzi Sinatra für eine hübsche Pose mit Ava 16000 Dollar geboten haben; Sinatra soll erwidert haben, sie könnten 32000 von ihm haben, wenn er dafür einem von ihnen Arme und Beine brechen dürfe.

Auch wenn Sinatra es häufig genießt, sich in die eigenen vier Wände zurückzuziehen, zu lesen und in aller Ruhe nachzudenken, passiert es gelegentlich, dass er den Abend *unfreiwillig* allein verbringen muss. Nehmen wir an, er hat ein halbes Dutzend Frauen angerufen, die jedoch alle aus dem einen oder anderen Grund keine Zeit haben. An solchen Abenden ruft er schließlich seinen Butler George Jacobs an.

»Bereiten Sie doch bitte das Dinner vor, George.«

»Für wie viele Personen?«

»Nur für mich«, sagt Sinatra dann. »Irgendetwas Leichtes; ich habe nicht viel Hunger.«

George Jacobs ist sechsunddreißig, zweimal geschieden und erinnert ein wenig an Billy Eckstine. Er hat Sinatra rund um den Globus begleitet und ist ihm treu ergeben. Jacobs wohnt in einem komfortablen Junggesellenapartment abseits des Sunset Boulevard, gleich um die Ecke vom Whiskey à Go Go, und ist überall bekannt für die vielen hübschen Mädchen, mit denen er um die Häuser zieht – von denen sich einige, wie er freimütig einräumt, ursprünglich aufgrund seines Kontakts zu Frank Sinatra für ihn interessierten.

Trifft Sinatra schließlich ein, serviert ihm Jacobs das Abendessen im Speisezimmer. Anschließend lässt Sinatra seinen Butler wissen, dass er nach Hause gehen kann. Falls Sinatra ihn an solchen Abenden bitten würde, noch etwas länger zu bleiben oder ein paar Partien Poker mit ihm zu spielen, würde Jacobs ihm selbstverständlich zur Seite stehen.

Sinatra fragt aber nie.

Es war sein zweiter Abend in Las Vegas; bis acht Uhr morgens saß Frank Sinatra mit seinen Vertrauten im Restaurant des Sands. Er verschlief den halben Tag, flog zurück nach Los Angeles, und am folgenden Morgen zog er seinen kleinen Golfwagen über das Studiogelände von Paramount Pictures. Zwei letzte Szenen für den Film *Assault on a Queen* mussten noch gedreht werden; seine Partnerin war die blonde, ausgesprochen verführerische Virna Lisi. Während er sein Vehikel die Straße zwischen den hoch aufragenden Studiogebäuden hinaufmanövrierte, erspähte er den Komiker Steve Rossi, der mit seinem Partner Marty Allen in einem angrenzenden Studio gerade einen Film mit Sinatras Tochter Nancy drehte.

»He, Itaker«, rief er, »hör endlich auf, mit Nancy zu knutschen!«

»Das gehört zum Film, Frank«, gab Rossi zurück.

»Ach ja? Und der wird in meiner Garage gedreht?«

»Ist halt mein Itakerblut, Frank.«

»Reiß dich bloß am Riemen«, sagte Sinatra, zwinkerte ihm zu, bog mit seinem Golfwägelchen um die Ecke und stellte es vor einem großen grauen Gebäude ab, in dem die nächsten Szenen gedreht werden sollten.

»Wo steckt dieser Fettsack von Regisseur?« brüllte Sinatra, als er das Studio betrat, in dem sich bereits Aufnahmeleiter, Kameraleute und Schauspieler tummelten. Die Dreharbeiten hatten dem Regisseur Jack Donohue – er kannte Sinatra seit mittlerweile zweiundzwanzig Jahren – bereits einige Kopfschmerzen verursacht. Das Script war x-mal umgeschrieben worden, die Schauspieler waren genervt, und Sinatra hatte keine Lust mehr. Nun aber ging es nur noch um zwei Szenen – eine kurze im Bassin und eine längere Liebesszene mit Sinatra und Virna Lisi an einem im Studio aufgeschütteten Strand.

Die Szene im Wasserbecken, in der Sinatra und seine Spießgesellen beim Überfall auf die Queen Mary versagen, lief reibungslos und war im Nu abgedreht. Nachdem Sinatra einige Minuten lang bis zu den Schultern im Wasser gestanden hatte, rief er: »Jetzt aber mal schnell, Leute – hier drin ist es verdammt kalt, und ich habe mich gerade erst von einem Schnupfen erholt!«

Die Kameracrews rückten näher, und Virna Lisa sprang zu Sinatra ins Wasser, während Jack Donohue seine Mitarbeiter hinter den Ventilatoren lauthals anwies: »Los, macht mir schöne Wellen!« Dann rief eine andere Stimme »Action!«, und die Kameraleute setzten sich in Bewegung.

In der anderen Szene lag Frank Sinatra am Strand und tat so, als blicke er auf zu den Sternen; Virna Lisi sollte einen ihrer Schuhe neben Sinatra werfen, um ihn auf sich aufmerksam zu machen, und sich dann zu ihm setzen, bevor der leidenschaftliche Teil begann. Zum Auftakt sollte Miss Lisi kurz den Wurf proben. Als sie die Hand mit dem Schuh hob, rief Sinatra: »Wenn du meinen *bird* triffst, hau ich ab!«

Virna Lisi, die des Englischen kaum mächtig ist, geschweige denn Sinatras Spezialvokabular versteht, sah leicht verwirrt drein, während die Kameraleute in Gelächter ausbrachen. Sie warf den Schuh in seine Richtung. Er drehte sich in der Luft und landete auf seinem Bauch.

»Das war zu weit oben«, verkündete er. Wieder verstand sie nicht, weshalb die Kerle hinter den Kameras lachten.

Dann ließ Jack Donohue die beiden noch einmal ihre Dialoge proben, bis Sinatra, immer noch angespannt von seinem Las-Vegas-Trip und ungeduldig wegen der laufenden Kameras, sich vernehmen ließ: »Komm, versuchen wir's.« Obwohl er sich nicht sicher war, ob Sinatra und Virna Lisi vertraut genug mit ihrem Text waren, gab Donohue sein Okay, worauf ein mit Klappe bewaffneter Regieassistent »Szene 419, Take 1« rief, Virna Lisi zu Frank trat und ihren Schuh warf. Er landete knapp neben seinem Oberschenkel, worauf Sinatra fast unmerklich die rechte Augenbraue hochzog – genug, um die Crew unisono grienen zu lassen.

»Was sagen Ihnen die Sterne heute Nacht?«, gab Miss Lisi ihre erste Textzeile zum Besten und ließ sich neben Sinatra im Sand nieder.

»Die Sterne sagen mir, dass ich ein Dummkopf bin«, gab Sinatra zurück. »Ein goldmedaillenreifer Dummkopf, der sich auf diesen ganzen Schlamassel eingelassen hat.«

»Cut«, rief Donohue. Ein paar Mikrofone warfen Schatten im Sand, und Virna Lisi saß nicht nahe genug bei Sinatra.

»Szene 419, Take 2«, rief der Regieassistent mit der Klappe.

Wieder trat Miss Lisi vor, warf ihren Schuh, der Sinatra diesmal um Längen verfehlte – er atmete nur kurz aus –, und fragte: »Was sagen Ihnen die Sterne heute Nacht?«

»Die Sterne sagen mir, dass ich ein Dummkopf bin. Ein goldmedaillenreifer Dummkopf, der sich auf diesen ganzen Schlamassel eingelassen hat.« Sein weiterer Text lautete: »Haben Sie überhaupt eine Ahnung, worauf wir uns da eingelassen haben? In dem Moment, in dem wir das Deck der Queen Mary betreten, sind wir verraten und verkauft.« Sinatra aber, der gern improvisiert, trug sie folgendermaßen vor: »Haben Sie überhaupt eine Ahnung, worauf wir uns da eingelassen haben? In dem Moment, in dem wir das Deck der Scheißschaluppe ...«

»Aus, aus«, unterbrach ihn Donohue kopfschüttelnd. »Ich glaube nicht, dass das der richtige Text ist.«

Die Kameraleute hörten auf zu drehen, und ein paar Lacher waren zu hören, während Sinatra mit einem Blick aufsah, als sei er ohne Grund unterbrochen worden.

»Ich verstehe überhaupt nicht, was ihr wollt«, fing er an, aber der hinter einer Kamera stehende Richard Conte rief: »In London kommen wir damit nicht durch.«

Donohue fuhr sich mit der Hand durch das schüttere Haar und sagte, wenn auch nicht wirklich sauer: »Tja, die Szene war gar nicht schlecht, bis da jemand seinen Text vermurkst hat.«

»Stimmt.« Kameramann Billy Daniels spähte hinter seiner Kamera hervor. »Alles war bestens, bis …«

»Pass bloß auf, was du sagst«, unterbrach ihn Sinatra. Dann schlug er vor – immer erfindungsreich, wenn er eine Szene nicht wiederholen will –, die abgedrehte Szene so zu lassen und später nachzusynchronisieren. Dem Vorschlag wurde zugestimmt. Dann liefen die Kameras wieder, während Virna Lisi sich über den im Sand liegenden Sinatra beugte und dieser sie eng an sich zog. Der Kameramann rückte heran, um eine Nahaufnahme von den Gesichtern der beiden Akteure zu machen, und endlose Sekunden verstrichen, doch Sinatra und die Lisi hörten nicht auf, sich zu küssen; sie lagen einfach nur eng umschlungen im Sand, und dann hob sich Virna Lisis linkes Bein eine Winzigkeit, während die gesamte Crew schweigend zusah, Totenstille im Studio herrschte, bis Donohue schließlich rief: »Sagt Bescheid, wenn ihr fertig seid. Aber die Filmrolle ist sowieso gleich zu Ende.«

Schließlich erhob sich Miss Lisi, glättete ihr weißes Kleid, strich ihr blondes Haar zurück und trug frischen Lippenstift auf. Ein verschmitztes Lächeln umspielte Sinatras Lippen, als er ebenfalls aufstand; dann eilte er in Richtung seiner Garderobe.

Einen älteren Mann neben einer Kamera fragte er: »Na, wie geht's deiner Bell & Howell?«

Der ältere Mann grinste.

»Gut, Frank.«

»Freut mich zu hören.«

In Sinatras Garderobe wartete ein Automobildesigner, der die Pläne für Sinatras neues, eigens für ihn angefertigtes Modell dabeihatte, das seinen 25000-Dollar-Ghia ersetzen sollte, den er die letzten Jahre gefahren hatte.

Außerdem wartete sein Sekretär Tom Conroy mit einer Tüte voller Fanpost auf ihn, darunter ein Brief des New Yorker Bürgermeisters John Lindsay; und dann war da noch Sinatras Pianist Bill Miller, der ein paar der Songs für das neue Sinatra-Album *Moonlight Sinatra* proben wollte, die am Abend eingespielt werden sollten.

Während Sinatra am Filmset auch mal den Schmierenschauspieler gibt, nimmt er die Arbeit im Plattenstudio außerordentlich ernst. Dem britischen Autor Robin Douglas-Home erklärte er: »Wenn man als Sänger eine Platte aufnimmt, ist man komplett auf sich allein gestellt. Ist die Platte schlecht, gelten die miesen Kritiken dem Sänger und niemand anderem. Ist die Platte gut, hat man das ebenfalls ganz allein zu verantworten. Beim Film ist das völlig anders: Dort gibt es Produzenten und Drehbuchautoren, hunderte von Leuten, die alles Mögliche tun, was man nicht beeinflussen kann. Aber für eine Platte muss man ganz allein geradestehen.«

But now the days are short
I'm in the autumn of the year
And now I think of my life
As vintage wine
From fine old kegs.

Es spielt keine Rolle mehr, welchen Song er singt oder wer den Text dazu geschrieben hat – es sind seine Worte, seine Gefühle, Kapitel aus dem lyrischen Roman seines Lebens.

Life is a beautiful thing
As long as I hold the string.

Wenn Frank Sinatra vor dem Studio aussteigt, scheint er geradezu aus dem Wagen zu tanzen; dann steht er auch schon fingerschnippend vor dem Orchester im vertrauten schalldichten Ambiente des Studios, und schon bald schlägt er alles in seinen Bann: die Musiker, die Instrumente, jeden Klang. Einige der Musiker begleiten ihn nun schon seit fünfundzwanzig Jahren, sind alt geworden, während er »You Make Me Feel So Young« singt.

Wenn er, so wie heute Abend, vor dem Mikro steht, ist Sinatra in Ekstase, steht der gesamte Raum unter Strom, breitet sich eine Erregung aus, die auf das Orchester und die Tonregie übergreift, auf das Dutzend Männer, Sinatras Freunde, die ihm durch die Glasscheibe zuwinken. Unter ihnen befinden sich Don Drysdale, Pitcher bei den Dodgers (»Hey, Big D.«, ruft Sinatra. »Hey, Baby!«), und der Profigolfer Bo Wininger; hinter den Technikern steht aber auch eine ganze Reihe attraktiver Frauen, die lächelnd zu Sinatra herübersehen und sich sacht im Takt der sanften Klänge wiegen.

Will this be moon love
Nothing but moon love
Will you be gone when the dawn
Comes stealing through.

Nachdem die Aufnahme erledigt ist, kommt die Musik noch einmal vom Band; Nancy Sinatra, die gerade eingetroffen ist, gesellt sich zu ihrem Vater, der bei den Musikern steht. Schweigend lauschen sie der Musik, während alle Blicke auf ihnen ruhen, dem König und der Prinzessin; und als der letzte Ton verklingt, ertönt Applaus aus der Tonregie, und Nancy lächelt, während ihr Vater mit den Fingern schnippt, locker den Fuß vorschnellen lässt und sagt: *»Ooba-deeba-boobe-do!«*

»He, Sarge«, ruft er dann einem seiner Männer zu. »Hast du vielleicht mal 'ne Tasse Kaffee für mich?«

Sarge Weiss, noch halb in der Musik versunken, erhebt sich langsam.

»Wollt' dich nicht wecken, Sarge«, sagt Sinatra grinsend.

Als Weiss kurz darauf den Kaffee bringt, wirft Sinatra einen Blick in die Tasse, schnuppert und meint: »Da denke ich, der will nett zu mir sein, und er bringt mir doch tatsächlich Kaffee.«

Alle lächeln, und dann bereitet sich das Orchester auf die nächste Nummer vor.

Eine Stunde später ist alles vorbei. Die Musiker verstauen ihre Instrumente, nehmen ihre Mäntel und verabschieden sich nacheinander von Sinatra. Er kennt jeden Einzelnen mit Namen, kennt ihre persönlichen Geschichten, Affären, Ehekräche, Scheidungen, kennt sie ebenso gut wie sie ihn. Als der Hornist – ein kleiner Italiener namens Vincent DeRosa, der Sinatra schon zu Zeiten der Lucky Strike Hit Parade im Radio begleitet hat – an ihm vorbeitrat, hielt Sinatra ihn mit ausgestreckter Hand auf.

»Vicenzo«, sagte Sinatra. »Wie geht's deiner Kleinen?«

»Alles bestens, Frank.«

»Tja, von wegen Kleine«, berichtigte Sinatra sich. »Sie ist ja längst ein großes Mädchen.«

»Ja. Sie geht jetzt aufs College. An die USC.«

»Prima.«

»Sie ist übrigens auch eine talentierte Sängerin, Frank.«

Sinatra schwieg einen Augenblick. Dann sagte er: »Besser, sie kümmert sich erst mal um ihre Ausbildung, Vicenzo.«

Vincent DeRosa nickte.

»Ja, Frank«, sagte er. Er hielt kurz inne. »Tja, dann gute Nacht, Frank.«

Nachdem die Musiker gegangen waren, verließ Sinatra das Studio und gesellte sich zu seinen Freunden draußen auf dem Flur. Er wollte mit Drysdale, Wininger und ein paar anderen Freunden noch ein paar Drinks nehmen; zunächst aber begab er sich ans andere Ende des Flurs, um sich von Nancy zu verabschieden, die gerade ihren Mantel holte und mit ihrem eigenen Wagen da war.

Nachdem Sinatra ihr einen Kuss auf die Wange gegeben hatte, schloss er sich eilig seinen Freunden an, die bereits an der Tür auf ihn warteten. Nancy hatte sich noch nicht auf den Weg zum Ausgang begeben, als auch schon einer von Sinatras Männern, der frühere Box-Promoter Al Silvani, zu ihr trat.

»Können wir dann, Nancy?«

»Oh, danke, Al«, sagte sie. »Aber ich komme schon allein klar.«

»Befehl von oben«, sagte Silvani und breitete die Hände aus.

Erst nachdem Nancy mit dem Finger auf zwei Freunde gezeigt hatte, die sie nach Hause begleiten würden, gab sich Silvani zufrieden und ging. Aber nicht ohne sich vorher vergewissert zu haben, dass er ihre Gesichter kannte.

Licht und duftig verging der Rest des Monats. Die Plattenaufnahmen waren hervorragend gelaufen, die Dreharbeiten zu Ende, die Fernsehshows abgehakt, und nun saß Sinatra in seinem Ghia, auf dem Weg ins Büro, um seine aktuellen Projekte zu koordinieren. Ein Engagement im Sands stand an, ein neuer Spionagefilm mit dem Titel *The Naked Runner*, der in England gedreht werden sollte, und die Aufnahmen zu zwei neuen Alben, alles innerhalb der nächsten Monate. Und in einer Woche war sein fünfzigster Geburtstag.

Life is a beautiful thing
As long as I hold the string
I'd be a silly so-and-so
If I should ever let go.

Frank Sinatra hielt an einer roten Ampel. Ein paar Fußgänger marschierten vor seiner Windschutzscheibe vorbei, nur einer nicht, wie es so häufig geschah. Es war ein junges Mädchen Anfang zwanzig. Sie blieb vor dem Zebrastreifen stehen und starrte zu ihm herüber. Er sah sie aus seinem linken Augenwinkel, und da ihm so etwas fast jeden Tag passierte, wusste er auch, was sie dachte: *Er sieht genauso aus, aber ist er es wirklich?*

Kurz bevor die Ampel auf Grün sprang, drehte Sinatra ihr das Gesicht zu, sah ihr direkt in die Augen und wartete auf die Reaktion, die nun unweigerlich kommen musste. Genauso war es auch. Er lächelte, sie lächelte. Und dann war er auch schon weg.

Deines Nächsten Weib

Sie war nackt und lag mit dem Bauch auf dem Wüstensand, ihre Beine waren weit gespreizt, ihr langes Haar wehte im Wind, den Kopf hatte sie nach hinten gereckt, ihre Augen geschlossen. Sie schien ganz gedankenverloren in ihrer eigenen Welt, weitab von allem, ausgestreckt auf dieser vom Wind umwehten Düne in der kalifornischen Wüste nahe der Grenze zu Mexiko, ausgestattet mit nichts außer ihrer natürlichen Schönheit. Sie trug keinen Schmuck, keine Blumen in ihrem Haar; um sie herum waren keine Fußabdrücke im Sand, es gab keinerlei Hinweis auf das Datum und nichts, das die makellose Schönheit des Fotos beeinträchtigt hätte – außer den feuchten Fingern des siebzehnjährigen Jungen, der es in Händen hielt und mit pubertierendem Verlangen und Lust betrachtete.

Das Bild war abgedruckt in einem Magazin für künstlerische Fotografie, das er gerade an einem Kiosk an der Ecke Cermack Road in einem Vorort von Chicago gekauft hatte. Es war 1957, früher Abend, das Wetter kühl und windig, doch Harold Rubin spürte, wie die Wärme in ihm hochstieg, während er das Bild im Schein einer

Straßenlaterne unweit des Kiosks betrachtete, ohne den Verkehrslärm und die Passanten, die auf ihrem Nachhauseweg an ihm vorbeikamen, auch nur im Geringsten zu beachten.

Er blätterte das Heft durch, um sich einen Überblick über die anderen Frauen zu verschaffen, die darin abgebildet waren, und er überlegte, wie sehr sie ihn ansprachen. In der Vergangenheit war es vorgekommen, dass er, nachdem er hastig ein solches Magazin erstanden hatte, schwer enttäuscht war, denn sie wurden unter dem Ladentisch verkauft, und man konnte sie infolgedessen nicht vor dem Kauf auf ihre erotische Verwertbarkeit hin in Augenschein nehmen. Entweder waren die Mädchen zu kräftig, wie die Volleyball spielenden Nudisten in *Sunshine & Health*, dem einzigen Magazin in den Fünfzigern, in dem Schamhaare abgebildet waren; oder sie waren zu angestrengt verführerisch, wie die lächelnden Showgirls in *Modern Man*; oder die Models verschwanden in künstlerischen Schattenkompositionen wie in *Classic Photography*.

Es gelang Harold Rubin gewöhnlich zwar dennoch, auch daraus ein gewisses Maß an einsamer Erfüllung und Befriedigung zu ziehen, doch meist wanderten diese Publikationen in die unteren Regionen der Zeitschriftenstapel, die er zu Hause in seinem Kleiderschrank aufbewahrte. Obenauf lagen stets jene Produkte, die sich bereits bewährt hatten, Frauen, die ein gewisses Maß an Emotion ausstrahlten oder in einer Art und Weise posierten, die ihn stimulierte – und, was noch wichtiger war, die diese Wirkung über längere Zeit aufrechterhielten. Mochten sie auch über Wochen und Monate unbeachtet im Schrank liegen, während er auf der Suche nach neuen Entdeckungen war, so wusste er doch, dass er, sollten seine Bemühungen fehlschlagen, immer wieder nach Hause zurückkehren und die Beziehungen zu irgendeiner der Lieblingsdamen aus seinem Papier-Harem wiederbeleben konnte. Die Befriedigung, die ihm dies bescherte, war zwar gänzlich verschieden, aber nicht unvereinbar mit dem Sex, den er mit einem Mädchen hatte, das er von der Morton High School kannte. Irgendwie verschwammen die Grenzen. Wenn er auf dem Sofa ihrer Eltern mit ihr schlief, während diese außer Haus waren, dachte er manchmal an die erwachsenen Frauen aus den Magazinen, aber andersherum kam es auch vor, dass er, wenn er allein mit seinen Heften war, an seine Freundin dachte und sich vorstellte, wie sie ohne Kleider aussah, wie sie sich anfühlte und was sie zusammen anstellten.

In letzter Zeit allerdings empfand Harold Rubin – möglicherweise infolge seiner Überlegungen, die High School abzubrechen, seine Freundin zu verlassen und in die Air Force einzutreten – eine gewisse Entfremdung vom Leben in Chicago, und er zog sich immer häufiger in seine Fantasiewelt zurück, insbesondere angesichts der Bilder einer bestimmten Frau, die sich, das musste er zugeben, zu einer Obsession entwickelte.

Es war die Frau, deren Bild er gerade in dem Magazin gesehen hatte, das er nun im Schein der Laterne in der Hand hielt – die Nackte auf der Düne. Zum ersten Mal aufgefallen war sie ihm vor einigen Monaten, in einer vierteljährlich erscheinenden Fotozeitschrift. Dann war sie in verschiedenen Männermagazinen aufgetaucht, in Freizeitmagazinen und einem Aktkalender. Es war nicht nur ihre Schönheit gewesen, die ihn angesprochen hatte – die klassischen Linien ihres Körpers und ihre ebenmäßigen Gesichtszüge –, sondern vielmehr die gesamte Aura, die in den Fotos durchzuschimmern schien, der Eindruck, dass sie eins war mit der Natur und ihre Freiheit lebte, während sie am Strand entlangschritt, unter einer Palme stand oder auf einem felsigen Kliff saß, während die Gischt unter ihr aufschäumte. Mochte sie auf einigen der Fotos auch noch so entrückt und ätherisch, sogar unerreichbar wirken, so strahlte sie doch immer auch etwas ganz Reales aus, das ihm das Gefühl gab, ihr nahe zu sein. Mittlerweile wusste er sogar, wie sie hieß; ihr Name war auf einer Bildunterschrift erwähnt worden, und er war ziemlich sicher, dass es sich dabei um ihren richtigen Namen handelte und nicht um eines jener frivolen Pseudonyme, die manche Playmates und Pin-up-Girls verwendeten, um ihre wahre Identität vor jenen Männern, die sie zu erregen suchten, zu verbergen.

Sie hieß Diane Webber und lebte in einem Haus am Strand von Malibu. Angeblich war sie Balletttänzerin, was die erstaunliche Körperbeherrschung, die sie auf einigen der Fotos an den Tag legte, erklären würde. Auf einem der Bilder wirkte Diane Webber fast schon akrobatisch, wie sie sich graziös mit ausgestreckten Armen über dem Sand abstützte und dabei ein Bein hoch über den Kopf reckte, so dass ihre Zehen in den wolkenlosen Himmel ragten. Auf der Seite gegenüber lag sie seitlich im Sand, ihre Hüften sanft gerundet, die Brüste nackt, einen Schenkel leicht angehoben, so dass ihr Schamhaar kaum verhüllt war, während ihre Brustwarzen unübersehbar hart waren.

Harold Rubin schlug hastig die Zeitschrift zu. Er packte sie zwischen seine Schulbücher und klemmte sie unter den Arm. Es war schon spät, und langsam musste er zum Abendessen zu Hause sein. Als er sich umdrehte, bemerkte er den Zigarre rauchenden Zeitungshändler, der ihm zuzwinkerte, doch er ignorierte ihn. Die Hände tief in den Taschen seines schwarzen Ledermantels, stapfte er eilig nach Hause. Seine langen blonden Haare, die er in einer Entenschwanzfrisur à la Elvis Presley trug, rieben an dem hochgestellten Kragen. Er beschloss, zu Fuß zu gehen, anstatt den Bus zu nehmen, denn er wollte allzu engen Kontakt mit seinen Mitmenschen vermeiden, wollte, dass niemand in seine Privatsphäre eindrang, während er sich voller Vorfreude den Moment ausmalte, wenn seine Eltern zu Bett gegangen waren und er in seinem Zimmer allein sein würde mit Diane Webber.

Er ging die Oak Park Avenue entlang, bog dann nach Norden ab zur 21st Street, wo er an Bungalows und größeren Backsteinhäusern vorbeikam. Berwyn war eine stille Wohngegend etwa dreißig Minuten mit dem Auto von Chicago entfernt. Die Leute hier waren konservativ, sparsam und arbeiteten hart. Ein hoher Prozentsatz von ihnen stammte in erster oder zweiter Generation von Einwanderern aus Zentraleuropa ab, die sich zu Beginn des Jahrhunderts hier niedergelassen hatten und die größtenteils aus Böhmen kamen. Sie bezeichneten sich noch immer als »Bohemians«, ungeachtet der – von ihnen als überaus ärgerlich empfundenen – Tatsache, dass man in Amerika mit diesem Wort neuerdings eine bestimmte Sorte junger Menschen assoziierte, die einen sorglosen, lockeren Lebensstil pflegten, Sandalen trugen und Beatnik-Gedichte lasen.

Harolds Großmutter väterlicherseits, der er sich mehr verbunden fühlte als irgendjemand anderem in seiner Familie und die er deshalb regelmäßig besuchte, war in der Tschechoslowakei geboren, wenn auch nicht in Böhmen – sie kam aus einem kleinen Dorf im Süden des Landes, das unweit der Donau in der Nähe der ehemaligen ungarischen Hauptstadt Bratislava gelegen war. Sie hatte Harold häufig davon erzählt, wie es gewesen war, als sie im Alter von vierzehn Jahren nach Amerika gekommen war und als Hausmädchen in einer Pension in einer dieser finsteren, überlaufenen Industriestädte am Lake Michigan gearbeitet hatte, wo damals tausende kräftiger Männer aus den slawischen Ländern hinzogen, um in den Stahlwerken, Ölraffinerien und anderen Fabriken in der Umgebung von East Chicago zu arbeiten oder in Gary und Hammond im östlichen Teil Indianas. Es wimmelte damals so sehr von Menschen, so erzählte sie, dass in der ersten Pension, wo sie arbeitete, vier Männer von der Tagschicht vier Betten für die Nacht mieteten, die dann tagsüber an vier Mann von der Nachtschicht vermietet wurden.

Die Männer wurden behandelt wie Tiere, und sie lebten auch wie Tiere, erklärte Harolds Großmutter. Wenn sie nicht von ihren Bossen in den Fabriken ausgebeutet wurden, versuchten sie ihrerseits die Arbeitermädchen auszubeuten, die wie sie das Pech hatten, zu jener Zeit in diesen Städten zu leben. Andauernd wurde sie von den Männern in der Pension begrapscht, und nachts, wenn sie zu schlafen versuchte, hämmerten sie an ihre Tür. Als sie Harold all dies bei einem seiner letzten Besuche erzählte und er währenddessen in der Küche saß und ein

Sandwich aß, das sie ihm gemacht hatte, konnte er sich mit einem Mal vorstellen, wie seine Großmutter fünfzig Jahre zuvor wohl ausgesehen haben mochte: ein schüchternes Dienstmädchen mit heller Haut und blauen Augen wie er selbst, die langen Haare zu einem Knoten zusammengefasst, ihr mädchenhafter Körper eingehüllt in ein langes graubraunes Kleid, immer auf dem Sprung und in Bewegung, um den gierigen Fingern und kräftigen Händen der stämmigen Männer aus den Fabriken auszuweichen.

Während Harold Rubin seinen Nachhauseweg fortsetzte, die Schulbücher und das Magazin unter seinen Arm geklemmt, fiel ihm wieder ein, wie traurig und dennoch fasziniert er von den Erinnerungen seiner Großmutter gewesen war, und er verstand, warum sie sich mit ihm so offen unterhielt. Er war der Einzige in der Familie, der sich wirklich für sie interessierte, der sich die Zeit nahm, ihr in dem großen Backsteinhaus Gesellschaft zu leisten, in dem sie sonst fast immer allein war. Ihr Mann, John Rubin, ein ehemaliger Lastwagenfahrer, der als Fuhrunternehmer ein Vermögen gemacht hatte, verbrachte die Tage in seiner Garage und kümmerte sich um seinen Fuhrpark – und die Nächte mit seiner Sekretärin, die in den Erzählungen von Harolds Großmutter, wenn überhaupt, nur unter der Bezeichnung »die Hure« auftauchte. Das einzige Kind dieser unglücklichen Ehe, Harolds Vater, wurde von *seinem* Vater, für den er in der Garage ständig Überstunden schieben musste, unablässig drangsaliert. Zu Harolds Mutter konnte seine Großmutter nie ein Verhältnis aufbauen, das eng genug gewesen wäre, um mit ihr all die Enttäuschung und Bitterkeit zu teilen, die sie empfand. Folglich blieb nur

Harold, der – manchmal in Begleitung seines jüngeren Bruders – die Stille und Langeweile, von der sie zu Hause umgeben war, wenigstens für kurze Zeit verscheuchte. Und als Harold im Laufe der Jahre älter und wissbegieriger wurde und sich immer mehr von seinen Eltern entfernte, entwickelte er sich schrittweise zum Vertrauten seiner Großmutter und ihrem Verbündeten in einer Welt, die ihnen beiden fremd erschien.

Von ihr erfuhr er etliches über die Kindheit seines Vaters und die Vergangenheit seines Großvaters – und über die Frage, warum sie überhaupt einen solchen Tyrannen geheiratet hatte. John Rubin war 1895 als Sohn eines jüdischen Hausierers in Russland geboren worden. Als er zwei Jahre alt war, wanderten seine Eltern nach Amerika aus und ließen sich in der Nähe vom Lake Michigan in einer Stadt, die nach einem polnischen König aus dem siebzehnten Jahrhundert Sobieski benannt war, nieder. Ohne Schulbildung und in unverminderter Armut aufgewachsen, wurde John Rubin in jungen Jahren zusammen mit einigen anderen Jugendlichen bei einem Raubüberfall verhaftet, im Verlauf dessen ein Polizist erschossen worden war. Nachdem er auf Bewährung aus dem Gefängnis entlassen worden war, wechselte Rubin in den darauf folgenden Jahren mehrfach den Arbeitgeber. Eines Tages besuchte er seine ältere Schwester, die mit ihrem Mann zusammen in Chicago wohnte und ein Baby hatte, um das sich ein junges tschechoslowakisches Mädchen kümmerte, an dem Rubin sofort Gefallen fand.

Bei einem seiner folgenden Besuche traf er sie allein im Haus an, und obwohl sie seine Annäherungsversuche zurückwies – wie sie es schon früher anderen Männern gegenüber während ihrer Zeit als Zimmermädchen in der Pension getan hatte –, zerrte er sie in ihr Schlafzimmer, wo er sie vergewaltigte. Sie war damals gerade sechzehn, es war ihr erstes sexuelles Erlebnis, und sie wurde schwanger. Völlig verstört und in Panik, da sie weder Verwandte noch Freunde in der Nähe hatte, die sie um Hilfe hätte bitten können, ließ sie sich von ihren Arbeitgebern überzeugen, dass es das Beste war, John Rubin zu heiraten, da er infolge seiner Vorstrafe wegen des erneuten Verbrechens im Gefängnis landen würde, womit ihr auch nicht gedient wäre. Sie heirateten im Oktober 1912, und sechs Monate später brachte sie einen Sohn – Harolds Vater – zur Welt.

Es war eine Ehe, die frei war von Liebe und die sich im Laufe der Jahre auch nicht zum Besseren entwickelte, wie Harolds Großmutter erzählte, und sie fügte hinzu, dass ihr Mann seinen Sohn häufig verprügelte und dass er auch sie schlug, wenn sie versuchte dazwischenzugehen. Ansonsten kümmerte er sich fast ausschließlich um seine Lastwagen. Seine erfolgreiche Karriere hatte damit begonnen, dass er die Geschäftsleitung von Spiegel Inc., einem großen Versandhaus in Chicago, für das er als Lieferfahrer mit einer Pferdekutsche unterwegs war, davon überzeugt hatte, ihm Geld für die Anschaffung eines Lastwagens zu leihen, damit er sein eigenes – motorisiertes – Transportunternehmen aufmachen konnte, was für Spiegel Inc. den Vorteil hatte, dass sie sich von ihren Pferden trennen konnten, die bei weitem nicht an seine Arbeitsleistung heran kommen würden. Nachdem er einen Lastwagen gekauft und sein Versprechen eingehalten hatte, kaufte er einen weiteren und bald darauf einen dritten. Innerhalb eines Jahrzehnts erweiterte er seinen Fuhrpark auf ein Dutzend Lastwagen und erledigte damit nicht nur sämtliche Transporte in Chicago für Spiegel, sondern auch für andere Firmen.

Trotz der vergeblichen Proteste seiner Frau musste sein Sohn schon als Jugendlicher im Fuhrpark seines Vaters als Beifahrer arbeiten, und obwohl John Rubin es zu beträchtlichem Wohlstand brachte und mit Bestechungsgeldern an Lokalpolitiker und Polizeibeamte großzügig umging – »wenn die Räder rollen sollen, muss man sie schmieren«, pflegte er zu sagen –, war er zu Hause ein elender Geizkragen, der seine Frau immer wieder beschuldigte, Kleingeld zu stehlen, das er daheim vergessen hatte. Später ging er dazu über, hier und dort kleinere Geldbeträge liegen zu lassen, an deren Höhe er sich genau erinnerte, oder Münzen in einer bestimmten Konstellation auf seinem Schreibtisch oder an anderen Stellen im Haus zu arrangieren, in der Hoffnung, auf diesem Wege nachweisen zu können, dass seine Frau sie einsteckte oder zumindest in die Hand nahm, doch dies gelang ihm nie.

Diese und ähnliche Schilderungen seiner Großmutter in Kombination mit diversen Beobachtungen, die er selbst in der frostigen Atmosphäre, die sein Großvater verströmte, gemacht hatte, erlaubten es Harold Rubin, sich in die Lage seines Vaters hineinzuversetzen. Dieser war ein stiller, humorloser Mann von vierundvierzig Jahren, der nicht die geringste Ähnlichkeit hatte mit dem gerahmten Foto von ihm, das auf dem Klavier stand und während des Zweiten Weltkrieges gemacht worden war und einen jungen, gut aussehenden Mann in einer Korporalsuniform zeigte, der locker und gelöst wirkte, obwohl oder weil er tausende Meilen von zu Hause entfernt war. Andererseits machte die Tatsache, dass Harold seinen

Vater verstehen konnte, das Leben mit ihm nicht im Geringsten einfacher, und als Harold nun in die East Avenue einbog, wo sie wohnten, spürte er, wie die Anspannung in ihm wuchs, und er überlegte, was sein Vater wohl an diesem Abend an ihm auszusetzen haben würde.

In der Vergangenheit war er, wenn es keine Klagen über seine schulischen Leistungen gab, wegen der Länge seiner Haare gerügt worden oder weil er sich bis spätabends mit seiner Freundin herumtrieb, oder wegen seiner Nudistenmagazine, die Harolds Vater eines Abends auf seinem Bett ausgebreitet gesehen hatte, nachdem Harold so unvorsichtig gewesen war, seine Zimmertür offen zu lassen.

»Was ist das für ein Mist?«, hatte Harolds Vater gefragt, wobei er sich bei weitem gepflegter ausgedrückt hatte, als sein Großvater es getan hätte, dessen Vokabular sich jeder erdenklichen Vulgarität bediente und darüber hinaus noch tiefste Verachtung signalisierte, während Harolds Vater sich eher zurückhielt und fast keine Emotionen an den Tag legte.

»Das sind meine Zeitschriften«, hatte Harold geantwortet.

»Sieh zu, dass du sie loswirst«, hatte sein Vater gesagt.

»Aber sie gehören *mir*!«, hatte Harold plötzlich geschrien, woraufhin sein Vater ihn nur verwundert angesehen hatte und vor Abscheu den Kopf schüttelnd aus dem Zimmer gegangen war. Nach diesem Vorfall hatten beide über Wochen kein Wort miteinander gewechselt, und Harold wollte nicht, dass sich etwas Ähnliches heute Abend wiederholte. Er hoffte, dass das Abendessen rasch und ohne Komplikationen über die Bühne ging.

Bevor er das Haus betrat, warf er einen Blick in die Garage und sah, dass der Wagen seines Vaters darin stand – ein blitzblanker 56er Lincoln, den sein Vater vor einem Jahr neu gekauft und dafür seinen sorgsam gepflegten 53er Cadillac in Zahlung gegeben hatte. Harold stieg die Stufen zur Hintertür des Hauses hinauf und trat leise ein. Seine Mutter, eine matronenhafte Gestalt mit einem sanften Gesicht, stand in der Küche und bereitete das Abendessen zu. Harold hörte das Fernsehgerät im Wohnzimmer und sah seinen Vater, der den in Chicago erscheinenden *American* las. Er lächelte seiner Mutter zu und sagte laut genug »Hallo«, dass es auch ins Wohnzimmer drang und so als Begrüßung beider Eltern durchgehen konnte. Von seinem Vater kam keine Antwort.

Harolds Mutter erklärte, dass sein Bruder mit einer fiebrigen Erkältung im Bett lag und nicht mit ihnen zusammen zu Abend essen würde. Harold sagte nichts weiter, sondern ging in sein Zimmer und schloss leise die Tür. Es war ein hübsch eingerichtetes Zimmer mit einem bequemen Stuhl, einem Schreibtisch aus glänzendem dunklem Holz und einem großen Eichenbett. Die Bücher in den Regalen waren ordentlich aufgereiht, und an den Wänden hingen Nachbildungen von Säbeln und Gewehren aus dem Bürgerkrieg, die früher seinem Vater gehört hatten. Daneben hing eine Glasvitrine mit diversen Werkzeugen aus Stahl, die Harold im Werkunterricht des letzten Schuljahres angefertigt hatte und die ihm eine Nominierung in einem landesweiten Wettbewerb eingebracht hatten, der von der Ford Motor Company gesponsert wurde. Er hatte darüber hinaus für ein Gemälde, das einen Clown darstellte, einen Preis beim

Kunstwettbewerb des Warenhauses Wiebold gewonnen, und seine Fähigkeiten auf dem Gebiet der Tischlerei hatte er kürzlich durch die Konstruktion eines Zeitschriftenhalters aus Holz unter Beweis gestellt, die es einem ermöglichte, eine aufgeschlagene Zeitschrift zu betrachten, während man beide Hände frei hatte.

Harold legte seine Bücher auf den Schreibtisch und zog seinen Mantel aus. Dann schlug er die Zeitschrift auf und blätterte zu den Seiten mit den Nacktfotos von Diane Webber. Er stand neben dem Bett, hielt die Zeitschrift in der rechten Hand und strich, während er die Augen halb geschlossen hielt, mit der Linken über die Vorderseite seiner Hose. Sein Geschlecht rührte sich augenblicklich. Er wünschte, er hätte die Zeit, sich noch vor dem Abendessen auszuziehen und sich Befriedigung zu verschaffen oder zumindest ins Bad zu gehen, das am Ende des Flures lag, um sich dort rasch über dem Waschbecken zu erleichtern, während er ihr Foto vor den Spiegel des Medizinschränkchens hielt und sein nacktes Spiegelbild mit ihrem Körper verschmolz und er sich vorstellte, er wäre mit ihr zusammen in der Sonne und im Sand, um dann ihre wunderbaren dunklen Augen auf sein anschwellendes Glied zu richten und so zu tun, als wäre die eingeseifte Hand, die es berührte, die ihre und nicht seine eigene.

Es hatte dies schon häufig durchexerziert, meistens nachmittags, wenn es zu auffällig gewesen wäre, seine Zimmertür zu schließen. Doch obwohl die verriegelte Badezimmertür ihm die Gewissheit bot, ungestört zu sein, fühlte er sich nicht gänzlich wohl dabei, denn zum einen zog er es vor, sich auf seinem Bett auszustrecken, anstatt zu stehen, und zum anderen war auf dem Rand des Waschbeckens nicht genügend Platz, um das Heft dort abzulegen für den Fall, dass er beide Hände benutzen wollte. Außerdem, und das war vielleicht der wichtigste Grund, konnte es, wenn er nicht Acht gab, passieren, dass das Magazin Wasserspritzer abbekam, denn er ließ das Wasser laufen, damit niemand sonst aus der Familie auf die Idee kam, das Bad zu benutzen, und außerdem, weil er gelegentlich seine Hände unter den Wasserhahn hielt, wenn der Seifenschaum an seinen Fingern zu trocken wurde. Gut möglich, dass Wasserflecken auf Fotos nackter Frauen das ästhetische Empfinden der meisten jungen Männer nicht weiter störten – bei Harold Rubin verhielt es sich jedenfalls anders.

Es gab darüber hinaus noch einen praktischen Grund, warum er darauf achtete, dass seine Magazine möglichst unversehrt blieben: Er hatte in den Zeitungen gelesen, dass landesweit heftige Kampagnen gegen Pornografie im Gange waren, und er konnte deswegen nicht sicher sein, dass er unbegrenzt lange in der Lage sein würde, sich neue Zeitschriften mit Aktfotos zu kaufen, nicht einmal unter dem Ladentisch. Selbst *Sunshine & Health*, das bereits seit zwei Jahrzehnten im Umlauf war und auch Fotos von Familien samt Großeltern und Kindern abdruckte, war im Verlaufe des Jahres bei einer gerichtlichen Anhörung in Kalifornien als obszön bezeichnet worden. Magazine für Kunstfotografie wurden von manchen Politikern und Kirchengruppen als »Schmutz und Schund« disqualifiziert, obwohl diese Publikationen versucht hatten, sich von den übrigen Nackedeiheften dadurch abzugrenzen, dass sie unter jedem Aktfoto so nützliche Informationen abdruckten wie: *Aufgenommen mit einer 35 x 16 Crown Graphic mit Ektar 101 mm, f:11 bei 1/100 sec.* Harold hatte gelesen, dass Eisenhowers Postminister Arthur Summerfield fest entschlossen war, Bücher und Zeitschriften mit sexuellem Inhalt vom Postversand auszuschließen, und der New Yorker Verleger Samuel Roth war gerade wegen Verletzung des Bundes-Post-Gesetzes zu fünf Jahren Haft und einer Geldstrafe in Höhe von 5000 Dollar verurteilt worden. Roth war zuvor schon wegen der Verbreitung des Buches *Lady Chatterly's Lover* belangt worden und bereits 1928 zum ersten Mal verhaftet worden, nachdem die Polizei bei einer Razzia in seinem Verlag die aus Paris eingeschmuggelten Druckplatten von *Ulysses* beschlagnahmt hatte.

Harold hatte gelesen, dass in Los Angeles eine Kinovorstellung eines Films mit Brigitte Bardot gestört worden war, und er konnte sich nur allzu gut ausmalen, dass in einer Stadt wie Chicago mit ihren aufrechten Arbeitern, ihrer kompromisslosen Polizei und dem beträchtlichen moralischen Einfluss der katholischen Kirche die Darstellung von Sexualität in noch stärkerem Maße unterdrückt werden würde, zumal unter der Administration des neu gewählten irisch-katholischen Bürgermeisters Richard J. Daley. Es war Harold nicht entgangen, dass das Cabaret auf der Wabash Avenue mittlerweile geschlossen war, ebenso wie ein weiteres Etablissement dieser Art auf der State Street. Wenn diese Entwicklung sich fortsetzte, würde irgendwann auch sein Lieblingskiosk auf der Cermack Road nur noch Magazine wie *Good Housekeeping* und *The Saturday Evening Post* im Sortiment führen, was seitens seiner Eltern, das war ihm nur allzu klar, als Glücksfall gewertet und keinerlei Proteste provozieren würde.

In all den Jahren hatte er nie gehört, dass seine Eltern auch nur einen Gedanken geäußert hätten, der irgendetwas mit Sexualität zu tun gehabt hätte, hatte er keinen der beiden je nackt gesehen, nie in der Nacht ihr Bett quietschen gehört oder andere Geräusche vernommen, die darauf hingedeutet hätten, dass sie miteinander schliefen. Er nahm zwar an, dass sie es immer noch taten, doch sicher war er sich nicht. Er wusste zwar, dass sein Großvater trotz seiner zweiundsechzig Jahre ein recht aktives Sexualleben mit seiner Geliebten pflegte, doch seine Großmutter hatte ihm kürzlich in einem ihrer Momente bitterer Offenheit erzählt, dass sie zum letzten Mal 1936 miteinander geschlafen hatten. Er wäre ohnehin kein großartiger Liebhaber gewesen, hatte sie schnell hinzugefügt, und während Harold noch über diese Aussage nachdachte, überlegte er zum ersten Mal, ob sie wohl auch heimliche Liebhaber hatte. Er bezweifelte es, denn er hatte niemals erlebt, dass ein Mann sie zu Hause besucht hätte, und sie selbst ging, soweit ihm bekannt war, nur selten aus dem Haus. Aber er erinnerte sich, dass er etwa ein Jahr zuvor zu seinem eigenen Erstaunen eine romantische Sexnovelle in ihrem Bücherschrank entdeckt hatte. Das Buch war in braunes Papier eingeschlagen, und auf der Titelseite war ein französischer Verlag vermerkt und darunter das Veröffentlichungsdatum – 1909. Während seine Großmutter ein Nickerchen machte, hatte Harold auf dem Boden gesessen und das 103 Seiten starke Buch, völlig verzaubert von der Geschichte und erstaunt über die deutlichen Formulierungen, erst einmal und dann ein zweites Mal gelesen. Die Erzählung drehte sich um das unglückliche Sexualleben einiger junger Frauen aus Osteuropa, die, nachdem sie die kleinen Dörfer ihrer Heimat aus Verzweiflung verlassen hatten, nach Marokko zogen und in die Gewalt eines Paschas gerieten, der sie in einem Serail gefangen hielt. Eines Tages, als der Pascha unterwegs war, entdeckte eine der Frauen, als sie aus dem Fenster schaute, einen gut aussehenden Seefahrer, den sie zu sich hinauflockte, um voller Leidenschaft mit ihm zu schlafen. Die anderen Frauen schlossen sich an und beteiligten sich ebenfalls, und in den Pausen zwischen den Liebesakten eröffneten sie ihm die bitteren Einzelheiten ihrer Vergangenheit, die sie an diesen Ort geführt hatten. Während seiner folgenden Besuche las Harold das Buch so oft, dass er bestimmte Stellen auswendig aufsagen konnte …

Ihre weichen Arme schlangen sich um mich, und unsere Lippen vereinigten sich zu einem süßen, langen Kuss, währenddessen mein Speer sich gegen ihren warmen Bauch wölbte. Dann stellte sie sich auf die Fußspitzen, und seine Spitze grub sich in das dichte Haar an ihrem Unterbauch. Mit der einen Hand führte ich meinen Speer zu ihrem Eingang, der ihn willkommen hieß; mit der anderen fasste ich ihre prallen Hinterbacken und drückte sie an mich …

Harold hörte, wie seine Mutter aus der Küche nach ihm rief. Es war Zeit zum Abendessen. Er legte die Zeitschrift mit den Fotos von Diane Webber unter sein Kissen. Er rief eine kurze Antwort und wartete noch einen Moment, bis sich seine Erektion wieder verflüchtigt hatte. Dann öffnete er die Tür und schlenderte in Richtung Küche.

Sein Vater saß, vor sich einen Teller Suppe, bereits am Tisch und las die Zeitung, während seine Mutter am Herd stand und unbekümmert vor sich hin redete, ohne zu bemerken, dass ihr so gut wie keine Aufmerksamkeit zuteil wurde. Sie erzählte, dass sie, während sie in der Stadt einkaufen war, eine alte Freundin getroffen hatte, eine Kollegin aus der Zeit, als sie im Cook-County-Steuerbüro an der Rechenmaschine gearbeitet hatte. Harold, der wusste, dass sie die Arbeit dort kurz nach seiner Geburt vor siebzehn Jahren aufgegeben hatte und seitdem nie wieder außer Haus gearbeitet hatte, machte eine Bemerkung, wie gut das Essen roch, und sein Vater schaute kurz von der Zeitung auf und nickte, ohne zu lächeln.

Während Harold sich setzte und die Suppe probierte, erzählte seine Mutter weiter, wobei sie den Braten aufschnitt und zum Tisch brachte. Sie trug ein Hauskleid, wenig Make-up und rauchte eine Filterzigarette. Harolds Eltern waren beide starke Raucher, und Rauchen war, soweit Harold wusste, das einzige Vergnügen, das sie sich gönnten. Whiskey, Bier oder Wein waren nicht nach ihrem Geschmack, und zum Abendessen gab es immer nur Root Beer oder süße Limonade, die jede Woche kistenweise eingekauft wurde.

Gerade als seine Mutter sich hingesetzt hatte, klingelte das Telefon. Sein Vater, der den Apparat immer in Reichweite auf dem Küchentisch stehen hatte, verzog das Gesicht und nahm den Hörer ab. Jemand von der Garage rief an. Es passierte jeden Abend während des Essens, und wenn man den Gesichtsausdruck seines Vaters deuten wollte, handelte es sich um unangenehme Neuigkeiten – möglicherweise hatte ein Lastwagen einen Defekt, bevor er zu einer Lieferfahrt aufgebrochen war, oder die Transportarbeiter- Gewerkschaft trat in den Streik. Andererseits wusste Harold aus jahrelanger Erfahrung, dass der grimmige, verbiesterte Gesichtsausdruck seines Vaters nicht notwendigerweise mit dem zusammenhing, was ihm am Telefon mitgeteilt wurde. Es gehörte zur Persönlichkeit seines Vaters, der Welt mit einem mürrischen Gesicht entgegenzutreten, und Harold wusste, dass er nicht eine Spur freundlicher dreingeblickt hätte, wenn der Anruf von einer der Gameshows im Fernsehen gekommen wäre und man ihm mitgeteilt hätte, dass er gerade einen Hauptpreis gewonnen hatte.

Man musste Harolds Vater anrechnen, dass er ungeachtet des ganzen Ärgers, der mit der Leitung des Rubin'schen Fuhrunternehmens verbunden war, jeden Morgen pünktlich um halb sechs aufstand, um als Erster in der Firma zu sein und sich den ganzen Tag mit Problemen herumzuschlagen, die von der Wartung der 142 Lastwagen bis zum gelegentlich vorkommenden Diebstahl von Ladung reichten – ganz zu schweigen von dem jähzornigen Alten, John Rubin, der über alles und jedes die persönliche Oberaufsicht führen wollte, obwohl das Unternehmen dafür mittlerweile viel zu groß war.

Harold hatte vor kurzem davon gehört, dass einige von Rubins Fahrern von der Polizei angehalten worden waren, weil sie ohne Nummernschilder unterwegs waren. Der Alte war darüber fuchsteufelswild geworden, dabei war es seiner Knauserigkeit zu verdanken: Um Geld zu sparen, hatte er nur zweiunddreißig Nummernschilder für seine 142 Lastwagen gekauft und angeordnet, dass die Männer in der Garage sie immer von Wagen zu Wagen auswechselten oder es riskierten, ohne Nummernschild zu Lieferfahrten aufzubrechen. Harold wusste, dass sein Großvater wegen dieser Methode irgendwann vor Gericht gezerrt würde, wo er dann versuchen würde, sich mit Bestechungsgeldern aus der Affäre zu ziehen, was ihn aber letztendlich teurer zu stehen käme, als wenn er gleich von Anfang an eine ausreichende Zahl von Nummernschildern gekauft hätte.

Harold hatte sich geschworen, dass er niemals festangestellt in der Garage arbeiten würde. Er hatte es während der Sommerferien schon mal versucht, aber ziemlich schnell wieder aufgehört, weil er die Beschimpfungen seines Großvaters, der ihn einen »kleinen Penner« genannt hatte, ebenso wenig ertragen konnte wie die seines Vaters, der eines Tages mit Bitterkeit in der Stimme zu ihm gesagte hatte: »Du wirst es nie zu irgendwas bringen.« Diese Vorhersage hatte Harold nicht weiter aus dem Konzept gebracht, denn er wusste, dass die einzige Möglichkeit, von den beiden in Ruhe gelassen zu werden, darin bestand, sich völlig unterzuordnen, und dieser Preis war ihm entschieden zu hoch. Außerdem war er fest entschlossen, nicht den Fehler seines Vaters zu wiederholen und sich einem Mann unterzuordnen, der mit einer Frau, die er nicht liebte, einen Sohn gezeugt hatte, den er nicht wollte.

Nachdem sein Vater den Hörer aufgelegt hatte, widmete er sich wieder seinem Abendessen und verlor kein Wort darüber, worum es in dem Telefonat gegangen war. Eine Tasse Kaffee wurde vor ihn auf den Tisch gestellt, heiß und mit viel Milch, wie er es mochte, und er zündete sich eine Old Gold an. Harolds Mutter sprach davon, dass sie die Nachbarn von gegenüber schon seit einigen Tagen nicht gesehen hatte, und Harold meinte, sie seien vielleicht in die Ferien gefahren. Seine Mutter erhob sich, räumte den Tisch ab und ging dann nachsehen, wie hoch das Fieber ihres jüngeren Sohnes war, der immer noch schlief. Harolds Vater ging ins Wohnzimmer und schaltete den Fernseher ein. Harold folgte ihm kurz darauf und setzte sich auf die andere Seite des Zimmers. Er hörte, wie seine Mutter das Geschirr spülte, und sah, wie sein Vater gähnte, während er das Kreuzworträtsel in der Zeitung löste und gleichzeitig am Rande ohne großes Interesse das Geschehen auf dem Bildschirm verfolgte. Schließlich erhob er sich, gähnte erneut und sagte, er würde nun zu Bett gehen. Es war kurz nach neun. Nicht einmal eine halbe Stunde später kam auch Harolds Mutter ins Wohnzimmer und sagte gute Nacht. Bald darauf schaltete Harold den Fernseher aus, und es wurde ganz still im Haus. Er ging in sein Zimmer und schloss die Tür. Augenblicklich war er erfüllt von Erleichterung und Vorfreude. Endlich war er allein.

Er zog seine Kleider aus und hängte sie in den Schrank. Er nahm die kleine Flasche Italian-Balm-Handlotion, die er im obersten Fach seines Schranks aufbewahrte, und stellte sie auf den Nachttisch neben eine Schachtel Kleenex. Er schaltete die Nachttischlampe auf niedrige Leistung, knipste das Deckenlicht aus, und der Raum war in ein schummriges Licht getaucht.

Es war eine dieser kalten Nächte, wie sie typisch sind für Chicago, und er hörte, wie der Wind gegen das Sturmfenster peitschte, während er fröstelnd ins Bett stieg und die Decken über sich zog. Er lag erst mal ein paar Minuten auf dem Rücken und wartete, dass ihm warm wurde, bevor er seine Hand unter das Kissen gleiten ließ und die Zeitschrift zum Vorschein brachte. Zunächst blätterte er sie nur durch, denn er wollte nicht gleich zu Diane Webber, dem Objekt seiner Begierde, vorstoßen, die ihn auf der Sanddüne auf Seite 19 erwartete, sondern zunächst einmal das gesamte 52 Seiten starke Haft in Augenschein nehmen, das 39 Nacktfotos von elf verschiedenen Frauen enthielt – ein visuelles Aphrodisiakum aus Blondinen und Brünetten, eine stimulierende Ouvertüre, die dem Hauptakt vorausging.

Eine schlanke Frau mit geheimnisvollen dunklen Augen auf Seite 4 erregte Harolds Aufmerksamkeit, doch der Fotograf hatte sie in einer derart seltsamen Position an einen Baum lehnen lassen, dass Harold förmlich spürte, wie unbequem sie sich dabei fühlte. Die Nackte auf Seite 6, die mit gekreuzten Beinen auf dem Boden eines Ateliers neben einer Staffelei saß, hatte schöne Brüste, doch ihr Gesichtsausdruck war völlig nichtssagend. Harold, der immer noch auf dem Rücken lag, hatte die Beine unter der Decke leicht angewinkelt, während er über die Ansammlung von Beinen und Brüsten, Hüften, Hintern und Haaren hinwegblätterte und die weiblichen Finger und Arme in Augenschein nahm, die sich ihm entgegenreckten, die Augen betrachtete, die sich von ihm abwandten oder ihn anschauten, während er von Zeit zu Zeit mit der linken Hand über seine Genitalien strich und gleichzeitig versuchte, das Heft mit der rechten Hand in einem solchen Winkel zu halten, dass sich die Nachttischlampe nicht auf dem Hochglanzpapier spiegelte.

Während er sich Seite für Seite durch das Magazin durcharbeitete, gelangte er zu den wundervollen Fotos von Diane Webber, doch er blätterte schnell über sie hinweg, denn er wollte sich dieser Versuchung jetzt noch nicht aussetzen. Stattdessen blätterte er weiter zu dem mexikanischen Mädchen auf Seite 27, die auf dem Boden saß und sittsam ein Fischernetz über ihre Schenkel gebreitet hatte, und danach zu der vollbusigen Blondine, die sich auf die Ellbogen gestützt neben einer kleinen Marmorstatue der Venus von Milo auf dem Boden zurücklehnte. Schließlich gelangte er zu einer hübschen, zierlichen Blondine, die anscheinend im Schatten auf einer leeren Bühne – *1/25 sec bei f:22* – stand, die Arme so unter dem Kinn verschränkt, dass sie einen Blick auf ihre aufwärts gerichteten Brüste gewährten. Außerdem war die Beleuchtung so gewählt, dass Harold fast sicher war, ihr Schamhaar erkennen zu können, und zum ersten Mal an diesem Abend spürte er, dass er eine Erektion bekam.

Wäre er nicht so versessen auf Diane Webber gewesen, so hätte er sich seine Befriedigung auch mit dieser graziösen jungen Blondine verschaffen können, und zwar mehr als einmal, was in seinen Augen ein wirklicher Gradmesser für die Qualität eines erotischen Fotos war. In den Heften, die sich in seinem Schrank stapelten, fanden sich dutzende nackter Frauen, denen er in der Vergangenheit einzelne Höhepunkte verdankte, manche hatte es sogar geschafft, ihn zwei, oder dreimal auf den Gipfel der Erregung zu treiben; und einige davon würden es in Zukunft wieder schaffen, solange sie nur eine Weile unsichtbar blieben und auf diese Weise ihr Geheimnis zurückgewannen.

Und dann gab es diese extrem raren Aufnahmen, wie die von Diane Webber, die ihm stets Erfüllung bereiteten. Er schätzte, dass seine Sammlung fünfzig Fotos von ihr enthielt, und er konnte jedes einzelne davon innerhalb von Sekunden aus jedem seiner 200 Magazine heraussuchen. Er musste nur auf das Titelbild schauen und wusste sofort, wo er sie finden würde, wie sie dastand, was sich im Hintergrund befand und welche Stimmung sie ausgestrahlt hatte in dem Moment, als die Kamera klickte. Er wusste noch ganz genau, wann er jedes einzelne Bild zum ersten Mal gesehen hatte, konnte rekonstruieren, wann und wo er das betreffende Heft gekauft hatte, und so praktisch einzelne Momente seines Lebens anhand ihrer Posen nachvollziehen, die ihm so real erschienen, dass er glaubte, sie persönlich zu kennen. Sie war ein Teil von ihm, und durch sie stand er in engerem Kontakt mit sich selbst – nicht nur in Form eines Akts, den viktorianische Moralisten als Selbstmissbrauch bezeichneten, sondern eher als einen Akt der Selbstakzeptanz, als ein Akt des Selbst-Verstehens und als Bestätigung seines Anspruchs auf ein idealisiertes Frauenbild.

Unfähig, sich noch länger zurückzuhalten, blätterte Harold zu der Seite mit Diane Webber auf der Düne. Er betrachtete sie, wie sie auf dem Bauch lag, die Augen geschlossen, den Kopf in den Wind gestreckt. Die linke Brustwarze war hart, ihre Beine weit auseinander gespreizt, und die späte Nachmittagssonne projizierte ein überdimensionales Schattenbild ihres kurvenreichen Körpers auf den feinen weißen Sand. Hinter ihrem Körper lag nichts außer der endlosen Weite der Wüste – sie schien so allein, so fassbar und verfügbar; Harold musste sie nur begehren, und sie gehörte ihm.

Er schob die Decke weg. Sein Körper war durchströmt von der Wärme der Erregung und Erwartung. Er griff unter das Bett und zog den hölzernen Zeitschriftenhalter hervor, den er in der Schule angefertigt hatte. Er wusste, dass sein Werkunterricht-Lehrer sehr erstaunt wäre, wenn er erführe, zu welchem Zweck er in dieser Nacht benutzt würde. Er stellte den Zeitschriftenhalter zwischen seine gespreizten Beine, platzierte das Magazin darauf, rückte sich zwei Kissen zurecht und griff nach der Flasche mit der Handlotion. Er lehnte den Kopf zurück, schüttete sich etwas Italian Balm auf die Handflächen und rieb sie aneinander, um sie anzuwärmen. Dann berührte er sanft seinen Penis und seine Hoden und spürte, wie Ersterer zu einer vollen Erektion anschwoll. Mit halb geschlossenen Augen lag er zurückgelehnt da und schaute auf sein glänzendes Glied, das vor dem Foto aufragte und einen Schatten auf die Wüstenlandschaft warf.

Während er seine Selbstmassage fortsetzte – vor und zurück, auf und ab, auf und ab –, fixierte er Diane Webbers durchgebogenen Rücken, ihren Hintern, der sich sanft nach oben schwang, ihre prallen Hüften, die warme, feuchte Stelle zwischen ihren Beinen; und er stellte sich vor, wie er sich ihr näherte, sich zu ihr hinab beugte und schließlich, ohne dass sie auch nur ein Wort des Protestes von sich gab, von hinten in sie eindrang, tiefer und tiefer und schneller und schneller und weiter und tiefer, und mit einem Mal spürte er, wie sie ihren Hintern gegen seine Schenkel stieß, ihre Hüften sich von einer Seite zur anderen wiegten; er konnte sie hören, wie sie vor Vergnügen stöhnte, als seine Hände ihre Hüften fester umfassten, und dann ihre lauten Schreie, als sie heftig zuckend zum Höhepunkt kam, und er spürte es ganz genau; und er spürte, wie sie ihre Hand nach hinten ausstreckte und seine Hoden packte, genau so, wie er es gern mochte – zuerst sanft und dann fester, als sie fühlte, wie sich sein Sperma seinen Weg nach oben bahnte und in einem großen Schwall aus ihm herausschoss, und er hielt die Hände auf, um es aufzufangen, und spürte, wie es zwischen seinen Fingern entlangglitt. Ein paar Sekunden lag er ganz still in seinem Bett und wartete, dass seine Muskeln und seine Beine sich entspannten. Dann öffnete er die Augen und sah sie vor sich, liebreizend und begehrenswert wie immer.

Schließlich richtete er sich auf, wischte sich mit zwei Kleenex ab, nahm noch zwei weitere, denn seine Hände waren noch immer klebrig von Sperma und Handlotion. Dann knüllte er die Papiertücher zu einer Kugel zusammen und warf sie in den Papierkorb. Er machte sich keine Gedanken darüber, dass seine Mutter irgendwelche Vermutungen anstellen könnte, wenn sie den Papierkorb ausleerte. Seine Tage in diesem Haus waren ohnehin gezählt. In ein paar Wochen würde er in die Air Force eintreten, und weiter reichten seine Pläne nicht.

Er klappte die Zeitschrift zu und legte sie auf den Stapel in seinem Schrank. Er schob den hölzernen Zeitschriftenhalter wieder unter das Bett, dann schlüpfte er – erschöpft, aber entspannt – unter die Decke und schaltete das Licht aus. Wenn er Glück hatte, so überlegte er, schickte ihn die Air Force auf einen Stützpunkt in Südkalifornien. Und dann würde er sie irgendwie finden.

Der Verlierer

Am Fuße eines Bergs im Norden des Staates New York, etwa neunzig Kilometer von Manhattan entfernt, steht ein ehemaliges Country-Clubhaus mit verstaubter Tanzfläche, umgedrehten Barhockern und einem verstimmten Klavier; die einzigen Geräusche, die dort des Nachts vernommen werden können, dringen aus einem großen weißen Haus dahinter – der scheppernde Klang von Mülltonnen, die von Waschbären, Skunks und streunenden Katzen auf Beutejagd umgeworfen werden.

Das weiße Haus scheint ebenfalls verlassen. Doch wenn die Tiere zu viel Lärm machen, geht gelegentlich ein Licht an; dann öffnet sich ein Fenster, und kurz darauf fliegt eine Colaflasche durch die Dunkelheit, trifft polternd auf die Mülltonnen. Meist aber passiert nichts weiter; erst im Morgengrauen öffnet sich die Hintertür des weißen Hauses, aus der dann ein breitschultriger Schwarzer in grauer Trainingskluft tritt, ein weißes Handtuch um die Schultern geschlungen.

Er läuft die Stufen hinab, an den Mülltonnen vorbei und den zum Highway führenden Schotterweg hinter dem Countryclub hinauf. Von Zeit zu Zeit bleibt er stehen und teilt ein paar Boxhiebe gegen imaginäre Gegner aus, jeder Haken akzentuiert von atemlosem Keuchen – *»hegh-hegh-hegh«* –, ehe er die Straße erreicht, sich ins Gebüsch schlägt und im hügeligen Gelände verschwindet.

Um diese morgendliche Zeit sind bereits ein paar Heulaster unterwegs; die Fahrer winken dem Läufer zu. Später am Morgen wird er von anderen Autofahrern erspäht, und ein paar drosseln sogar das Tempo, um ihn zu fragen: »He, sind Sie nicht Floyd Patterson?«

»Sie verwechseln mich«, sagt Floyd Patterson. »Ich bin sein Bruder Raymond.«

Die Autofahrer setzen ihren Weg fort, doch neulich stolperte dem Läufer ein Mann hinterher, der zu Fuß unterwegs war – ein abgerissener Bursche, der aussah, als würde er die Nächte im Freien verbringen. »He«, brüllte er. »He, Floyd Patterson!«

»Sie verwechseln mich. Ich bin sein Bruder Raymond.«

»Das kannst du deiner Großmutter erzählen. Ich weiß, wie Floyd Patterson aussieht.«

»Na gut«, sagte Floyd Patterson schulterzuckend. »Dann bin ich eben Floyd Patterson.«

»Dann hätte ich gern ein Autogramm«, sagte der Mann und reichte ihm einen zerknitterten Zettel und einen Kugelschreiber.

Der Läufer signierte mit … *Raymond Patterson.*

Eine Stunde später joggte Floyd Patterson über den Schotterweg zu dem weißen Haus zurück; das Handtuch hatte er um den Kopf geschlungen, damit ihm der Schweiß nicht in die Augen rann. Er lebt allein in einer Zweizimmerwohnung im hinteren Teil des Hauses; seit seiner zweiten Niederlage gegen Sonny Liston hat er sich fast komplett zurückgezogen.

In dem kleineren Raum steht ein großes Bett, das er selbst zu machen pflegt, ein Telefon, das selten klingelt, und an der Wand lehnen ein paar Schallplatten, die er selten spielt. In dem größeren Raum befindet sich eine Küchenzeile und vis-à-vis neben einem Sofa ein Kamin, vor dem er ein paar Boxerhosen und ein paar T-Shirts zum Trocknen aufgehängt hat; des Weiteren beherbergt das Zimmer ein Foto aus der Zeit, als er noch Champion war, sowie einen Fernseher. Der Fernseher läuft so gut wie immer, außer wenn Patterson schläft, drüben im Clubhaus mit einem Sparringspartner trainiert (der Ring befindet sich über der früheren Tanzfläche) oder in einem seltenen Augenblick schmerzhafter Ehrlichkeit einem Besucher gegenüber eingesteht, was es bedeutet, ein Verlierer zu sein.

»Oh, ich würde alles geben, um wieder gegen Liston kämpfen, irgendwo gegen ihn boxen zu können, wo uns keiner sehen würde, bloß um herauszufinden, ob ich mehr als drei Minuten gegen ihn durchstehe.« Patterson wischte sich mit dem Handtuch übers Gesicht, während er vor dem Sofa auf und ab schritt. »Ich weiß einfach, dass ich es besser kann … Ach was, ich rede gar nicht von einem Rückkampf. Wer würde auch nur einen Nickel für einen weiteren Fight zwischen Patterson und Liston ausgeben? *Ich* jedenfalls nicht … Nein, ich würde nur gern einfach die erste Runde überstehen.

Sie haben keine Ahnung, wie das ist, so eine erste Runde«, fuhr er fort. »Überall die Zuschauer um einen herum, all die Kameras, die ganze Welt schaut zu, dazu der ganze Trubel, die Nationalhymne – und die ganze Nation hofft darauf, dass man gewinnt, der Präsident mit eingeschlossen. Wissen Sie, was das bewirkt? Man wird geblendet, total geblendet. Dann ertönt der Gong, und plötzlich steht man Auge in Auge mit Liston, ohne überhaupt mitzukriegen, dass noch ein Ringrichter mit dabei ist.

An viel mehr kann man sich nicht erinnern, schon allein deshalb, weil man es gar nicht will… Man rappelt sich bloß wieder auf, hört den Ringrichter fragen, ob alles okay ist, und erwidert: ›Alles okay, *na klar*‹, und er fragt, wie man heißt, und man sagt: ›Patterson‹.

Und dann liegt man plötzlich wieder auf den Brettern, hört das Geschrei um einen herum und weiß, dass man aufstehen muss, obwohl man total am Ende ist. Der Ringrichter hält einen zurück, der Trainer steht auf einmal im Ring, ein Handtuch in der Hand, rundherum erheben sich die Leute von ihren Sitzen, und einem selbst verschwimmt alles vor den Augen.

Man fühlt sich nicht schlecht, wenn man ausgeknockt worden ist«, sagte er. »Eigentlich fühlt man sich sogar *gut*. Man hat keine Schmerzen, ist bloß total benommen. Man sieht weder Engel noch Sterne; man schwebt eher auf einer weichen Wolke. Nachdem Liston mich in Nevada niedergeschlagen hatte, kam es mir vier oder fünf Sekunden lang so vor, als wären alle Zuschauer plötzlich bei mir im Ring, wie eine große Familie. Nach dem Knock-out möchte man sie alle am liebsten umarmen und küssen – Frauen wie Männer. Nach dem Fight gegen Liston hat mir jemand erzählt, ich hätte aus dem Ring einen Kuss über die Handfläche in die Menge gehaucht. Ich selbst kann mich nicht daran erinnern. Aber wahrscheinlich stimmt die Geschichte – weil man sich eben genauso fühlt, wenn man gerade k.o. gegangen ist.

Doch dann« – Patterson ging immer noch ruhelos auf

und ab – »verlässt einen das Hochgefühl. Plötzlich weiß man wieder, wo man sich befindet, was passiert ist. Dann verspürt man Schmerz, Verwirrung und Schmerz – keinen körperlichen Schmerz, mehr eine schmerzhafte Wut; einen Schmerz, der daher rührt, dass man sich fragt, was die Zuschauer jetzt von einem denken, eine tiefe Scham über die eigene Unfähigkeit … Man wünscht sich bloß noch eine Falltür, durch die man in der Kabine landet, statt den Ring verlassen und den Leuten ins Gesicht sehen zu müssen. Das ist das Schlimmste am Verlieren.«

Patterson trat an den Herd, setzte Wasser auf und schwieg ein paar Sekunden. Durch die Wände drangen die Stimmen und Schritte seines Trainers und seiner Sparringspartner, die im vorderen Teil des Hauses untergebracht sind. Sie waren auf dem Weg ins Clubhaus, um alles vorzubereiten, falls Patterson sparren wollte. Übermorgen ging sein Flug nach Stockholm, wo er gegen einen Italiener namens Amonti gebucht war – Pattersons erster Auftritt im Ring seit seinem letzten Fight gegen Liston.

Er hoffte, danach in London einen Kampf gegen Henry Cooper zu kriegen. Und dann, wenn sein Selbstbewusstsein wiederhergestellt war und seine Reflexe wie früher funktionierten, hoffte Patterson, auch in seiner Heimat erneut den Weg nach oben anzutreten, die führenden Fighter herausfordern und einen Kampf nach dem anderen abliefern zu dürfen, statt endlos lange Wartezeiten wie während seiner Tage als Champ überbrücken zu müssen.

Seine Frau, die er nur sehr selten sieht, sowie die meisten seiner Freunde denken, dass er seine Karriere beenden sollte. Immer wieder weisen sie darauf hin, dass er das Geld nicht braucht. Was er im Übrigen auch selbst einräumt: Seine Preisgelder von insgesamt acht Millionen Dollar hat er so angelegt, dass sie ihm für die nächsten fünfundzwanzig Jahre ein jährliches Einkommen von 35000 Dollar garantieren. Patterson aber, erst neunundzwanzig und bislang ohne nennenswerte Blessuren davongekommen, kann nicht glauben, dass es vorbei sein soll. Pausenlos verfolgt ihn der Gedanke, dass es vielleicht nicht bloß Liston war, der ihn zerstört hat, sondern dass eine seltsame psychologische Komponente im Spiel war – und solange er nicht voll und ganz versteht, was tatsächlich passiert ist, und dieses Wissen im Boxring umsetzen kann, wird er vielleicht nirgendwo anders Frieden finden als hier am Fuß dieses Bergs. Ebenso wenig wird er ohne die falschen Koteletten und den falschen Bart auskommen, die er seit seiner Niederlage gegen Johansson anno 1959 in einem schmalen Attachéköfferchen zu jedem Kampf mitnimmt, um im Falle einer Schlappe unerkannt aus der Halle zu entkommen.

»Ich frage mich häufig, was in anderen Boxern vorgeht, wenn sie verlieren.« Patterson stellte zwei Tassen Tee auf den Tisch. »Darüber würde ich mich wirklich gern mal mit einem anderen Boxer unterhalten, einfach um herauszukriegen, ob andere genauso fühlen wie ich. Aber an wen soll ich mich wenden? Die meisten reden ohnehin nicht viel. Ganz abgesehen davon, dass ich es selbst beim Wiegen nicht mehr fertig bringe, einem anderen Boxer in die Augen zu sehen.

Als Liston und ich auf die Waage mussten, haben das ein paar Sportreporter bemerkt und daraufhin geschrieben, ich hätte Angst. Aber das ist nicht der springende Punkt. Ich kann *überhaupt keinem* anderen Boxer in die Augen sehen, weil … nun ja, weil wir miteinander kämpfen werden, was nun nicht eben ein Kaffeekränzchen ist, und weil … na ja, weil ich vor langer Zeit tatsächlich mal einem meiner Gegner in die Augen gesehen habe. Ewigkeiten ist das her. Ich muss damals noch bei den Amateuren gewesen sein. Dieser Boxer war ein echt hübscher Kerl … und dann sah er *mich* an … und *lächelte* … und ich habe auch noch *zurückgelächelt*! Das war äußerst merkwürdig. Wenn sich zwei Typen gegenüberstehen und so anlächeln, dann haben sie mit Boxen nichts am Hut.

Ich weiß nicht mehr, wie der Kampf lief, und ich erinnere mich auch nicht mehr, wie der Bursche hieß. Ich erinnere mich bloß an eines: dass ich danach nie wieder einem anderen Boxer in die Augen gesehen habe.«

In seinem Schlafzimmer klingelte das Telefon. Patterson stand auf, um dranzugehen. Am anderen Ende war seine Frau Sandra. Er entschuldigte sich und schloss die Zimmertür hinter sich.

Sandra Patterson und die vier Kinder des Paares leben in einem 100000-Dollar-Haus in einem gehobenen, vornehmlich von Weißen bewohnten Viertel in Scarsdale, New York. Dort, zwischen manikürtem Rasen und teurem Mobiliar, fühlt sich Floyd Patterson seit jeher unbehaglich; seit seiner Niederlage gegen Liston verbringt er seine gesamte Zeit hier im Camp, das seine Kinder »Daddys Haus« nennen. Die Kinder – die Älteste ist Jeannie, sieben – wissen nicht genau, womit ihr Vater sein Geld verdient. Jeannie, die den Liston-Patterson-Fight im Fernsehen mitverfolgt hat, gab sich mit der Erklärung zufrieden, dass ihr Vater bei einer Art Spiel mitmacht, wo zwei Männer sich gegenseitig auf die Bretter schicken; eine Zeit lang hat er seine Gegner auf die Bretter geschickt, und nun sind die anderen dran.

Die Tür wurde wieder geöffnet. Floyd Patterson, nervös und stocksauer, trat kopfschüttelnd aus dem Zimmer.

»Das Training fällt heute flach«, sagte er. »Ich fliege nach Scarsdale. Diese Bengel schikanieren Jeannie schon wieder. Sie ist die einzige Schwarze in der Klasse. Die anderen Kinder triezen sie die ganze Zeit, und ein paar von den älteren Jungs ziehen ihr dauernd den Rock hoch. Gestern ist sie weinend nach Hause gekommen, und deshalb werde ich diese Jungs vor der Schule abpassen, um ihnen …«

»Wie alt sind die Burschen?«

»Teenager«, sagte er. »Alt genug für einen linken Haken.«

Patterson telefonierte mit seinem Freund und Piloten Ted Hanson, der ebenfalls im Camp wohnt, sonst PR-Arbeiten für Patterson erledigt und ihm obendrein das Fliegen beigebracht hat. Fünf Minuten später klopfte Hanson, ein durchtrainierter Weißer mit Bürstenschnitt und Brille, an der Tür, und zehn Minuten darauf saßen beide in Pattersons Wagen, den dieser in geradezu halsbrecherischem Tempo über die schmale, kurvige Landstraße zum neun Kilometer entfernten Airport steuerte.

»Sandra befürchtet, dass ich bloß noch mehr Ärger verursache. Sie macht sich Sorgen, ich könnte den Flegeln was antun!«, zischte Patterson, nahm schlingernd eine Kurve und trat aufs Gas. »Sie ist einfach nicht standhaft genug! Dauernd hat sie Angst … Sie hatte sogar Angst, mir zu erzählen, dass ihr der Gemüsehändler schöne Augen gemacht hat. Ewigkeiten hat es gedauert, bis sie mir gestanden hat, dass der Kerl, der die Spülmaschine repariert hat, sie ›Baby‹ nennt. Diese Typen wissen, dass ich die meiste Zeit nicht zu Hause bin. Dieser Spülmaschinenheini stand diesen Monat schon vier-, fünfmal auf der Matte. Die Spülmaschine hat doch jede Woche eine neue Macke. Langsam glaube ich, der deichselt das so, damit er jede Woche wiederkommen kann. Jedenfalls habe ich mich letzte Woche auf die Lauer gelegt und fünfundvierzig Minuten auf ihn gewartet – bloß dass er nicht aufkreuzte. Ich wollte ihn mal am Kragen packen und fragen: ›Na, wie würd's dir gefallen, wenn ich *deine* Frau *Baby* nennen würde? Dann hättest du wahrscheinlich nicht übel Lust, mir die Fresse zu polieren, richtig? Tja, und genau das hab ich vor, falls du sie jemals wieder *Baby* nennen solltest. Für dich heißt sie Mrs. Patterson; gute Freunde dürfen sie Sandra nennen. Aber du bist nicht mit uns befreundet, also rede sie gefälligst mit Mrs. Patterson an.‹ Und Sandra habe ich gesagt, dass diese Typen, diese Sorte von weißen Typen, sich bloß mit schwarzen Frauen vergnügen wollen. So einer würde nie eine Schwarze heiraten; solche Typen wollen bloß ihren Spaß.«

Er bog auf den Flughafenparkplatz ein. Auf der grasbewachsenen Piste stand eine einmotorige grüne Cessna; vor dem zweiten Kampf gegen Liston hatte er nicht nur die Maschine gekauft, sondern obendrein Fliegen gelernt. Patterson hatte stets Angst vorm Fliegen gehabt, so wie auch sein Manager Cus D'Amato, dessen Angst sich vielleicht sogar auf ihn übertragen hatte. D'Amato weigerte sich nach wie vor, in eine Maschine zu steigen.

D'Amato, der Pattersons Trainer wurde, als dieser siebzehn oder achtzehn war, und enormen Einfluss auf dessen Psyche ausübte, ist ein seltsamer, aber äußerst beeindruckender Mann von sechsundfünfzig Jahren, ein Spartaner und Selbstverleugner, wie er im Buche steht, besessen von Argwohn und Angst: Er meidet U-Bahnhöfe aus Furcht, jemand könne ihn auf die Gleise stoßen; er hat nie geheiratet und verrät niemandem seine Privatadresse.

»Ich verwirre meine Kontrahenten, so gut es geht«, hat D'Amato bei Gelegenheit erklärt. »Je verwirrter sie sind, desto besser kann ich mich um meine Kämpfer kümmern. Trotzdem ist Sicherheit das Letzte, wonach ich strebe; in dem Moment, in dem sich jemand in Sicherheit wiegt, vernebeln sich seine Sinne – und man beginnt zu sterben. Ich verlange vom Leben auch nicht viel; je mehr Freude man im Leben hat, desto mehr fürchtet man sich vor dem Sterben.«

Noch vor ein paar Jahren übernahm D'Amato für Patterson das Reden und führte sich auf wie ein italienischer Padrone. Später aber rebellierte Patterson, der allmählich erwachsen wurde, gegen die Vaterfigur, die D'Amato für ihn darstellte. Nachdem er zum ersten Mal gegen Sonny Liston verloren hatte – ein Fight, von dem D'Amato ihm nachdrücklich abgeraten hatte –, begann Patterson Flugstunden zu nehmen. Vor dem zweiten Kampf gegen Liston hatte er seine Höhenangst überwunden, kannte sich im Cockpit aus wie wenige andere, war selbstbewusst wie nie zuvor – und wusste obendrein, dass er im Falle einer nochmaligen Niederlage zumindest eine Maschine besaß, mit der er sich schnellstens aus dem Staub machen konnte.

Pustekuchen. Nach dem verlorenen Fight lief der Motor der kleinen Cessna heiß, weil sie zu viel Gepäck an

Bord hatten. 150 Kilometer von Las Vegas entfernt, blieb Patterson und seinem Copiloten keine andere Wahl, als umzukehren; sie funkten den Flughafen an und mieteten ein größeres Flugzeug. Als sie landeten, war der Flughafenterminal voll von Leuten, die sich den Kampf angesehen hatten. Patterson versteckte sich im Schatten eines Hangars. Sein falscher Bart war noch im Flugzeug. Aber niemand sah ihn.

Später flog der Pilot Pattersons Cessna allein zurück nach New York. Patterson flog mit dem größeren Flugzeug zurück, das er gemietet hatte. Begleitet wurde er dabei von Hanson, einem dreiundvierzigjährigen, äußerst umgänglichen und dreimal geschiedenen Flieger aus Nevada, der sich seine Brötchen zuvor als Cropduster-Pilot, Barkeeper und Kabaretttänzer verdient hatte; später war er Fluglehrer in Las Vegas geworden, wo er auch Patterson kennen gelernt hatte. Die beiden wurden gute Freunde. Und als Patterson seinen Kumpel Hanson bat, mit ihm zu fliegen, zögerte Hanson keine Sekunde, obwohl ihn ein leichter Kater plagte, der sich zum einen seinem Frust über Listons Sieg verdankte, zum anderen einem Gerangel mit einem Besoffenen, der wenig Schmeichelhaftes über den Fight abgesondert hatte und auf Hanson losgegangen war, als dieser sich gegen die despektierlichen Äußerungen gewehrt hatte.

Im Flugzeug jedoch war Hanson auf einmal hellwach, nicht zuletzt deshalb, weil Floyd Pattersons Gedanken offenbar mehr und mehr abzuschweifen begannen, während sie in 3500 Meter Höhe unterwegs waren. »Floyd, Floyd, wie wär's, wenn du die Kiste wieder auf Kurs bringst?«, fragte Hanson, worauf Patterson abrupt aufsah und seinen Blick wieder auf die Instrumente konzentrierte. Eine Zeit lang war alles wieder in bester Ordnung. Doch dann war er mit einem Mal wieder in der Arena, erlebte den Kampf noch einmal und konnte kaum fassen, dass es kein Traum gewesen war.

Als ich in jener Nacht zurückflog, gingen mir all die Monate des Trainings durch den Kopf, all die Dauerläufe, all die Wochen ohne Sandra … Ich dachte an die Zeit im Camp, wenn ich mir um Viertel nach elf noch einen Spätfilm angucken wollte, es dann aber sein ließ, weil ich am nächsten Morgen fit sein musste.

Ich dachte darüber nach, wie gut ich mich vor dem Kampf gefühlt hatte, als ich auf dem Tisch im Umkleideraum lag. Ich weiß noch genau, was mir durch den Kopf ging: ›Körperlich bist du in bester Verfassung, mental ebenfalls – aber hast du auch genug Killerinstinkt?‹ Doch dann sagt man sich: ›Killerinstinkt ist jetzt nicht so wichtig, denk gar nicht weiter drüber nach. Der Titel ist wichtig genug, und vielleicht – wer weiß? – stellt sich der Killerinstinkt ja ein, wenn der Gong ertönt.‹

Und so liegt man da, versucht, ein bisschen zu schlafen … aber man ist bloß irgendwo im Halbschlaf zwischen Tag und Traum, und immer wieder hört man Stimmen, die draußen vom Gang zu einem herüberschallen, irgendwelche Typen, die ›He, Jack‹ oder ›He, Al‹ brüllen, oder ›He, bring die Jungs für den Vorkampf in den Ring‹. Und wenn man das hört, denkt man: ›Das dauert noch, bis du an der Reihe bist.‹ Und so liegt man da, und dabei gehen einem jede Menge Fragen durch den Kopf: ›Was wird morgen sein? In drei Stunden?‹ Oh, man denkt an alles Mögliche, manches hat auch gar nichts mit dem bevorstehenden Kampf zu tun … Man fragt sich, ob man seiner Schwiegermutter je das Geld für die Briefmarken wiedergegeben hat, die sie vor einem Jahr besorgt hat … Oder erinnert sich an Sandras Schritte auf der Treppe, als sie um zwei Uhr morgens dem Baby sein Fläschchen gebracht hat … Und dann wird man sauer und fragt sich: ›Wieso geht mir pausenlos dieser Mist im Kopf herum?‹ … Man versucht zu schlafen, aber dann öffnet sich auch schon wieder die Tür, und man hört irgendwen zu jemand anderem sagen: ›He, kontrolliert eigentlich jemand, wie sie Liston die Fäuste bandagieren?‹

Und in dem Moment weiß man, dass es bald losgeht. Man öffnet die Augen. Man steht auf, greift nach den Handschuhen. Dann kommt Listons Trainer herein. Er begutachtet die Bandagen, und anschließend sagt er: ›Viel Glück, Floyd.‹ Worauf man denkt: ›Hätte er nicht sagen müssen … echt nett von ihm …‹

Dann geht man raus, den ganzen langen Weg, so wie all die Male zuvor, und denkt: ›Wie werde ich wohl aussehen, wenn ich nach dem Fight hier langgehe?‹ Kurz darauf klettert man in den Ring. Außerhalb des Rings erblickt man Billy Eckstine, der gerade mit jemandem redet, man sieht die Reporter – manche mag man, manche eher nicht –, dann ertönt die Nationalhymne, die Kameras laufen, und mit einem Mal hört man auch schon die Glocke …

Wie konnte mir das bloß zweimal passieren? Wie? Das ist alles, was mir nach dem K.o. durch den Kopf ging … Habe ich allen bloß etwas vorgemacht? War ich je wirklich Champion? Und dann wird man aus dem Ring geführt … Man geht an den Zuschauern vorbei, will nur noch so schnell wie möglich zurück in die Umkleidekabine … Bloß dass sie mich in Las Vegas den falschen Gang entlanggeführt haben, und hinten war gar kein Umkleideraum. Wir mussten den ganzen Weg zurück, wieder vorbei an den Zuschauern, die bestimmt gedacht haben: ›Patterson ist so platt, dass er nicht mal mehr seine eigene Umkleidekabine findet.‹

Als wir schließlich im Umkleideraum waren, hatte ich rasende Kopfschmerzen. Nein, Liston hatte mir keine besonderen Blessuren zugefügt – nur ein Zahnnerv bereitete mir nach ein paar Tagen Probleme –, das war ein Witz gegen meine anderen Kämpfe. Als ich '53 gegen Dick Wagner angetreten bin, hat der mich so verprügelt, dass ich tagelang Blut gepisst habe. Nach dem Fight gegen Liston bin ich rüber ins Bad gegangen, habe mein Spiegelbild betrachtet und mich gefragt: ›Wie konnte das bloß passieren?‹ Aber im selben Moment hämmerten sie auch schon von draußen an die Tür und riefen: ›Komm raus, Floyd, die Presse wartet. Ich bin's, Cus … Komm schon raus, Floyd …‹

Tja, so bin ich dann eben raus zu ihnen, und dann hagelte es Fragen, aber was soll man schon antworten? Man denkt an das monatelange Training, an all die Dinge, auf die man verzichtet hat, und dann denkt man: ›Die Extrameile hätte ich mir sparen können, den Tag ruhig mit meiner Familie verbringen, lange aufbleiben und den Spätfilm ansehen können … Den Fight hätte ich auch ohne die ganze Ackerei durchgestanden.‹

»Floyd, Floyd«, sagte Hanson abermals. »Bring die Kiste wieder auf Kurs, okay?«

Erneut schreckte Patterson aus seinen Gedanken hoch

und konzentrierte sich wieder auf die Flugroute. Nach Zwischenstationen in New Mexico und Ohio landeten Patterson und Hanson schließlich wieder auf dem kleinen New Yorker Flughafen unweit des Trainingslagers. Die grüne Cessna, die der andere Pilot zurückgeflogen hatte, stand auf genau demselben Grasflecken, wo sie auch fünf Monate später stehen sollte, als Floyd Patterson seinem nächsten Fight entgegensah – diesmal gegen ein paar Schuljungs aus Scarsdale, die seiner Tochter das Röckchen hochgezogen hatten.

Patterson und Ted Hanson machten die am Boden vertäute Maschine los; mit einem Stofflappen wischte Patterson die Überreste zermatschter Insekten von der Windschutzscheibe. Dann überprüfte er das Heck der Maschine, begutachtete die Unterseite des Rumpfs und besah sich eingehend die Flügel und Landeklappen, um sicherzugehen, dass auch alle Schrauben fest saßen. Sein skeptischer Blick hätte D'Amato sicher erfreut.

»Wenn dich jemand loswerden will«, erklärte Patterson, »braucht er bloß diese Schräubchen zu lockern. Kaum will man landen, funktionieren die Klappen nicht mehr, und schon geht man senkrecht zu Boden.«

Er stieg ins Cockpit und startete den Motor. Ein paar Sekunden später raste er, Hanson neben sich, über die grasbewachsene Piste, zog die Maschine über dem Unterholz hoch und lenkte sie über die sanften, baumbestandenen Hügel. Es war ein Bilderbuchstart.

Da der Flug zum Airport von Westchester – dort sollte ihn Sandra mit dem Wagen abholen – nur vierzig Minuten dauerte, flog Patterson die gesamte Strecke. Der Flug verlief ohne nennenswerte Ereignisse, bis sie hinter einer Wolke in dichte Rauchschwaden gerieten, die von einem Waldbrand herrührten. Da er keine Sicht mehr hatte, war er gezwungen, sich auf die Instrumente zu konzentrieren. Und just in diesem Moment landete eine Fliege, die im hinteren Teil des Cockpits ihre Kreise gezogen hatte, vor Patterson auf der Instrumententafel. Er fixierte die Fliege mit finsterem Blick, sah, wie sie langsam die Windsschutzscheibe erklomm, und schlug mit der flachen Hand nach ihr, verfehlte sie aber. Die Fliege zischte summend an Pattersons Ohr vorbei, machte vor der Rückwand eine Kehrtwende und kreiste durch das Cockpit.

»Der Rauch hält sich nicht lange«, sagte Hanson. »Du kannst runtergehen.«

Patterson ging runter.

Ein paar Augenblicke lang steuerte er unbehelligt die Maschine. Dann tauchte die Fliege wieder vor seiner Nase auf, landete erneut auf der Instrumententafel und krabbelte darauf herum. Patterson beobachtete sie mit zusammengekniffenen Augen. Dann ließ er seine Rechte gezielt heruntersausen. Wieder verfehlt.

Zehn Minuten später, immer noch sehr angespannt, ging Patterson in den Sinkflug. Er griff nach dem Funkmikrofon – *»Westchester Tower … Cessna 2729 uniform … three miles northwest … land in one-six on final«* – und stieg dann, nach einer perfekten Landung, eilig aus dem Cockpit. Schon war er auf dem Weg zum Kombi seiner Frau, die draußen vor dem Terminal auf ihn wartete.

Doch plötzlich trat ihm ein kleiner Mann mit Zigarre entgegen, hob die Hand und sagte: »Entschuldigen Sie, aber … sind Sie nicht … sind Sie nicht Sonny Liston?«

Patterson blieb stehen. Verblüfft starrte er den Mann an. Er war sich nicht sicher, ob es sich um einen Witz oder eine Beleidigung handelte, und wusste beim besten Willen nicht, was er tun sollte.

»Sie sind doch Sonny Liston, nicht wahr?«, wiederholte der Mann in todernstem Tonfall.

»Nein«, sagte Patterson und drückte sich schnell an seinem Gegenüber vorbei. »Ich bin sein Bruder.«

Als er am Wagen ankam, fragte er seine Frau: »Wann ist die Schule aus?«

»In einer Viertelstunde«, sagte sie und startete den Motor. »Ach, Floyd, ich hätte unserer Kleinen sagen müssen, dass …«

»*Du* kümmerst dich um die Kleine. Und *ich* mich um diese Flegel.«

Während Mrs. Patterson aufs Gaspedal trat, drehte sich ihr Mann kopfschüttelnd zu Ted Hanson um, der auf dem Rücksitz Platz genommen hatte. »Ich kapiere diese Bengel einfach nicht. Es ist doch eine ordentliche christliche Schule – und trotzdem haben manche Kids Vorurteile gegen andere Rassen. Die Juden und wir kriegen es dann ab, und …«

»Oh, Floyd«, jammerte seine Frau. »Floyd, ich muss mit den Leuten hier klarkommen … Du bist ja nie hier, du musst dich nicht mit ihnen herumschlagen. Ich …«

Just in dem Augenblick, als sie vor der Schule vorfuhr, läutete die Glocke. Schulschluss. Es handelte sich um ein modernes, auf einem Hügel gelegenes Gebäude; auf dem Rasen stand die Statue eines Heiligen, dahinter ein großes weißes Kreuz. »Da ist Jeannie«, sagte Mrs. Patterson.

»Ruf sie sofort her«, sagte Patterson.

»Jeannie! Hier sind wir, Schatz!«

Das kleine Mädchen – sie trug eine blaue Schuluniform

und eine blaue Schulmütze und hielt ihre Bücher vor sich in den Händen – lief den Weg hinunter auf sie zu.

»Jeannie«, sagte Floyd Patterson, während er sein Fenster herunterkurbelte. »Zeig mir die Jungs, die dir den Rock hochgezogen haben.«

Jeannie wandte sich um und ließ ihren Blick über die Schüler schweifen, die den Weg herunterkamen; dann wies sie auf einen hoch aufgeschossenen dünnen Jungen mit lockigem Haar, der von vier anderen Jungs begleitet wurde, alle im Alter zwischen zwölf und vierzehn Jahren.

»He«, rief Patterson ihn an. »Kann ich mal mit dir sprechen?«

Alle fünf Jungs kamen zum Wagen. Sie sahen Patterson direkt in die Augen. Er schien sie kein bisschen einzuschüchtern.

»Bist du der Bursche, der meiner Tochter den Rock hochgezogen hat?«, fragte Patterson den Jungen, auf den seine Tochter gezeigt hatte.

»Nein«, sagte der Junge schulterzuckend.

»Nein?«, sagte Patterson verblüfft.

»Er war's nicht, Mister«, sagte ein anderer Junge. »Wahrscheinlich war es sein kleiner Bruder.«

Patterson warf Jeannie einen Blick zu, doch seine Tochter schwieg, plötzlich unsicher geworden. Die fünf Jungen verharrten in ihrer Position, warteten ab, was Patterson jetzt unternehmen wollte.

»Und, äh, wo ist dein kleiner Bruder?«, fragte Patterson.

»He, Kleiner!«, rief einer der Jungen. »Komm mal hierher!«

Ein weiterer Junge gesellte sich zu ihnen. Er ähnelte seinem älteren Bruder. Seine kleine Himmelfahrtsnase war übersät von Sommersprossen; er hatte blaue Augen, dunkles lockiges Haar und schien von Patterson ebenso wenig beeindruckt wie sein Bruder.

»Hast du meiner Tochter den Rock hochgezogen?«

»Nein«, sagte der Junge.

»Nein?«, wiederholte Patterson frustriert.

»Nein, hab ich nicht. Ich hab ihn bloß mal angefasst.«

Die anderen Jungen standen um den Wagen herum und musterten Patterson; hinter ihnen versammelten sich weitere Schüler, und unweit entfernt erblickte Patterson etliche weiße Eltern, die neben ihren geparkten Autos standen. Nervös trommelte er mit den Fingern auf dem Armaturenbrett. Er konnte schlecht die Stimme erheben, ohne dabei eine unangenehme Szene heraufzubeschwören, aber auch nicht so einfach den Rückzug antreten. Schließlich senkte er die Stimme und sagte leise: »Hör zu, Junge. Ich will, dass du damit aufhörst. Ich werde mich nicht bei deiner Mutter beschweren – da würdest du ziemlichen Ärger kriegen –, aber mach's nicht noch mal, okay?«

»Okay.«

Die Jungen wandten sich gleichmütig ab und gingen zusammen die Straße hinunter.

Sandra Patterson sagte nichts. Jeannie öffnete die Autotür, rutschte neben ihren Vater, zog einen kleinen blauen Zettel hervor, den ihr eine der Nonnen mitgegeben hatte, und wollte ihn ihrer Mutter reichen. Doch Floyd Patterson schnappte ihn sich und las. Dann schwieg er einen Moment, ließ den Zettel sinken und verkündete mit leiser, schleppender Stimme: »Sie hat ihre Hausaufgaben in Religion nicht gemacht …«

Nun wollte Patterson schleunigst wieder weg. Er

wollte ins Camp zurück. Nachdem sie kurz beim Haus der Pattersons vorbeigefahren waren und den dreijährigen Floyd Patterson jr. abgeholt hatten, fuhr Sandra mit allen zusammen zum Flughafen. Jeannie und Floyd jr. nahmen im Passagierraum der Maschine Platz, während Mrs. Patterson den Wagen allein zum Camp steuerte; am Abend wollte sie mit den Kindern nach Scarsdale zurückfahren.

Um vier Uhr nachmittags war Floyd Patterson zurück im Camp. Schatten fiel auf das Clubhaus, den unkrautüberwucherten Tenniscourt und das große weiße Haus, vor dem nicht ein einziges Auto stand. Alles lag still und verlassen da; es war das Trainingscamp eines Verlierers.

Die Kinder liefen ins Clubhaus, um dort zu spielen; Patterson ging zu seinen Privaträumen hinüber, um sich zum Training umzuziehen.

»Was hätte ich mit diesen Bengeln anstellen sollen?«, fragte er. »Wie soll man solchen Jungs beikommen?«

Die Sache schien ihm immer noch auf der Seele zu liegen – die Unverfrorenheit der halbwüchsigen Jungs, die Erkenntnis, dass er irgendwie gescheitert war, die Vermutung, dass der Schulhof wahrscheinlich von Körperteilen übersät gewesen wäre, hätten dieselben Jungs Schindluder mit irgendwem aus Listons Familie getrieben.

Obwohl Patterson und Liston beide in Slums aufwuchsen und sich zunächst mit Diebstählen durchschlugen, war Patterson während seiner Schulzeit von einer frommen schwarzen Lehrerin gezähmt worden; später konvertierte er zum katholischen Glauben und entsagte dem Hass. Irgendwann kaufte er sich ein Wörterbuch und erweiterte sein Vokabular um Wörter wie *Versatilität* und *Enigma*. Und als er sich seinen Titel von Johansson zurückholte, wurde er zur großen schwarzen Hoffnung der Urban League.

Er war der lebende Beweis dafür, dass es nicht nur möglich ist, aus dem Slum zum erfolgreichen Sportler aufzusteigen, sondern sich obendrein zu einem intelligenten, sensiblen, gesetzestreuen Bürger zu entwickeln. Doch gleichzeitig schien Patterson dadurch ein Teil seiner Persönlichkeit abhanden gekommen zu sein; offenbar war ihm ein Teil seines Hungers, seines Zorns verlustig gegangen. Während er die Stufen zu seinem Apartment hinaufging, sagte er: »Ich wurde zum Inbegriff des guten Boxers … Nachdem Liston den Titel gewonnen hatte, hoffte ich, dass er ebenfalls seine gute Seite entdecken würde. Das hätte mich ein wenig meiner Verantwortung enthoben, und vielleicht hätte ich den bösen Buben in mir wiederentdecken können. Aber Liston änderte sich kein bisschen … Solange man gewinnt, hat es durchaus etwas für sich, der Gute zu sein. Aber wenn man verliert, nützt es einem gar nichts.«

Patterson zog Hemd und Hose aus und schob ein paar Bücher auf seinem Schreibtisch zur Seite, um Uhr, Manschettenknöpfe und Geldclip abzulegen.

»Lesen Sie viel?«

»Nein«, sagte er. »Nun ja, eigentlich habe ich in meinem ganzen Leben noch kein Buch zu Ende gelesen. Ich weiß nicht, warum. Aber irgendwie kommt es mir so vor, als ob mir kein heutiger Schriftsteller etwas vermitteln könnte; keiner von ihnen hat mehr durchgemacht als ich, und ich wüsste nicht, was ich von ihnen lernen sollte. Obwohl James Baldwin meiner Meinung nach mehr zu sagen hat als der Rest. Was macht Baldwin eigentlich?

Ich habe schon lange nichts mehr von ihm gehört.«

»Er schreibt an einem Drama. Anthony Quinn soll mitspielen, wenn es aufgeführt wird.«

»Quinn?«, fragte Patterson.

»Ja.«

»Quinn kann mich nicht leiden.«

»Wieso?«

»Ich hab's irgendwo gelesen oder gehört. Quinn soll gesagt haben, mein Fight gegen Liston sei eine Schande gewesen; Quinn hat irgendwas gesagt in der Art, dass er es besser gemacht hätte. Das kriege ich öfter zu hören – dass *irgendwer* es besser gemacht hätte! Tja, aber wenn diese Großmäuler zu einem Kampf antreten müssten, würden sie nicht mal die Stunden vorher durchstehen. Sie würden in der Nacht davor kein Auge zutun, zu saufen anfangen oder Drogen nehmen. Wahrscheinlich würde ihnen das Herz stehen bleiben. Wenn ich mit Anthony Quinn im Ring stünde, würde ich ihn fertig machen, ohne ihn auch nur einmal zu berühren. Ich würde einfach Druck auf ihn ausüben, ihn nicht in Ruhe lassen. Er würde umfallen, ohne dass ich ihn auch nur einmal angetippt hätte. Anthony Quinn – der ist doch schon ein alter Mann, nicht wahr?«

»Mitte vierzig.«

»Wie auch immer«, sagte Patterson. »Um auf Baldwin zurückzukommen – er scheint ein echt faszinierender Typ zu sein. Ich habe ihn im Fernsehen gesehen, und vor dem Fight gegen Liston in Chicago hat er mich beim Training besucht. Wenn Baldwin einem über den Weg läuft, denkt man: ›Wer ist denn der arme Trottel?‹ – er sieht einfach völlig normal aus, und genau denselben Eindruck mache *ich* auf Leute, die mich nicht kennen. Ich glaube, Baldwin und ich haben eine Menge gemeinsam. Irgendwann würde ich ihn gern mal wieder treffen und mich in aller Ruhe mit ihm austauschen.«

Patterson hatte Unterhose und Trainingshose angezogen; er bückte sich, um seine Sportschuhe zu schnüren, und nahm anschließend ein T-Shirt mit der Aufschrift *Deauville* aus einer Schreibtischschublade. Er besitzt etliche T-Shirts mit der gleichen Aufschrift, die er wie seinen Augapfel hütet. Sie stammen aus dem Deauville Hotel in Miami Beach, wo er vor seinem dritten Kampf gegen Ingemar Johansson im März 1961 trainierte.

Nie war Floyd Patterson beliebter gewesen als während jenes Winters, nie war er mehr bewundert worden. Er war von Präsident Kennedy empfangen worden, hatte eine 35000 Dollar teure, mit Juwelen besetzte Krone von seinem Manager geschenkt bekommen. Die Sportreporter verneigten sich vor einem wahren Champ – niemand wäre auf die Idee gekommen, dass Patterson sich einen falschen Bart und eine Sonnenbrille angeschafft hatte, um damit aus Miami Beach zu verschwinden, falls er seinen dritten Kampf gegen Johansson verlieren sollte.

Nachdem er bei ihrem ersten Aufeinandertreffen k.o. gegangen war, hatte sich Patterson, gedemütigt und zutiefst deprimiert, monatelang in eine abgelegene Hütte in Connecticut zurückgezogen; dort war er zu dem Schluss gelangt, dass er sich der Öffentlichkeit im Falle einer weiteren Niederlage nicht noch einmal stellen wollte. Deshalb besorgte er sich falsche Koteletten und einen falschen Bart, um so unerkannt seinen Umkleideraum verlassen zu können. Außerdem hatte er geplant, sich kurz unter die Menge zu mischen und lauthals über den Kampf zu beschweren, um anschließend im Dunkel der

Nacht zu verschwinden und sich von einem bereits wartenden Fahrer fortbringen zu lassen.

Obwohl sich herausstellte, dass weder nach dem zweiten und dritten Kampf gegen Johansson noch nach der darauf folgenden Schlägerei gegen einen obskuren Schwergewichtler namens Tom McNeeley irgendeine Form von Verkleidung notwendig war, brachte Patterson seine Camouflage trotzdem mit. Nach der ersten Niederlage gegen Liston trug er sie nicht nur während der 32-Stunden-Autofahrt von Chicago nach New York, sondern auch auf dem anschließenden Flug nach Spanien.

»Als ich in den Flieger stieg, hätte mich in tausend Jahren niemand erkannt«, sagte er. »Ich trug meinen falschen Bart, eine Sonnenbrille und einen Hut – und dazu habe ich gehinkt, um wie ein alter Mann auszusehen. Ich war allein unterwegs. Mir war völlig egal, wohin die Maschine ging; ich sah bloß die Tafel mit der Aufschrift ›Madrid‹ und habe mir gleich ein Ticket gekauft.

In Madrid bin ich dann unter dem Namen ›Aaron Watson‹ in einem Hotel abgestiegen. Vier oder fünf Tage habe ich dort verbracht. Tagsüber bin ich durch die ärmeren Viertel der Stadt gezogen und habe mir die Leute angesehen, die bestimmt gedacht haben, ich sei irgendein Verrückter, so lahm und abgewrackt, wie ich aussah. Gegessen habe ich in meinem Hotelzimmer. Obwohl ich einmal ein Restaurant aufgesucht und mir dort eine Suppe bestellt habe. Ich hasse Suppe. Aber ich dachte einfach, alte Leute essen so was. Und nach einer Woche begann ich allmählich wirklich zu glauben, ich sei ein anderer, ja, ich war regelrecht davon überzeugt. Und manchmal tut es verdammt gut, jemand anders zu sein.«

Patterson ließ sich nicht weiter darüber aus, wie es

ihm gelungen war, am Flughafen unter einem Namen einzuchecken, der nicht mit dem in seinem Pass übereinstimmte. Er sagte lediglich: »Mit Geld lässt sich alles regeln.«

Mittlerweile hatte sich Patterson eine schwarze Seidenrobe über die Trainingskluft gezogen und schritt in seinem Zimmer auf und ab. »Sie fragen sich bestimmt«, sagte er, »was einen Mann zu solchen Dingen treibt. Tja, genau das frage ich mich auch. Und die Antwort lautet: Ich weiß es nicht … aber ich denke, dass jeder Mensch tief in seinem Inneren mit einer bestimmten Schwäche zu kämpfen hat. Und wenn man allein ist, wird einem diese Schwäche nur noch mehr bewusst. Jedenfalls bin ich zu dem Schluss gekommen, dass der Grund dafür, dass ich mein Leben so und nicht anders führe und nie wirklich mit mir ins Reine gekommen bin, darin liegt … dass ich … dass ich ein Feigling bin.«

Er hielt inne. Regungslos stand er in der Mitte des Zimmers und dachte darüber nach, was er gerade gesagt hatte, während er sich wahrscheinlich gleichzeitig fragte, ob er es überhaupt hätte sagen sollen.

»Ich bin ein Feigling«, wiederholte er dann leise. »Auch wenn meine Fights damit wenig zu tun haben. Man kann nämlich ein Fighter – und ich meine, ein echter Sieger – und trotzdem ein Feigling sein. An dem Abend, als ich Ingemar seinen Titel wieder abgenommen habe, schlug mir das Herz bis zum Hals. Und ich erinnere mich noch an einen anderen Abend – ewig ist das her, ich war noch Amateur –, als ich gegen diesen Koloss antreten musste, Julius Griffin hieß er. Ich wog gerade mal 153 Pfund und fühlte mich wie gelähmt. Es gelang mir noch so eben, mich in die Mitte des Rings zu bewegen, und dann kam er auch schon auf mich zu, näher und näher … und von dem Moment an erinnere ich mich an gar nichts mehr. Ich habe keine Ahnung, was passiert ist. Ich weiß bloß, dass er schließlich vor mir auf den Brettern lag. Hinterher hat irgendwer zu mir gesagt: ›Mann, so was habe ich noch nie gesehen. Du bist einfach hochgesprungen und hast dreißig verschiedene Schläge abgefeuert.‹«

»Wann haben Sie zum ersten Mal gedacht, Sie wären ein Feigling?«

»Das war nach dem ersten Fight gegen Ingemar.«

»Und wie erkennt man diese Feigheit, von der Sie sprechen?«

»Daran, wie ein Boxer eine Niederlage erlebt. Ingemar zum Beispiel ist kein Feigling. Als er seinen dritten Kampf gegen mich verloren hatte, war er hinterher auf einer Party im Fontainebleau. Hätte ich verloren, wäre ich nicht hingegangen. Ich kapiere bis heute nicht, wie er das hinbekommen hat.«

»Und Liston? Steckt in ihm auch ein Feigling?«

»Das bleibt abzuwarten«, sagte Patterson. »Man muss sehen, was passiert, wenn er von einem anderen Boxer geschlagen wird. Als Sieger ist man immer obenauf. Erst in der Niederlage zeigt sich das wahre Gesicht eines Menschen. Wenn ich verliere, kann ich niemandem in die Augen sehen. Ich bringe es einfach nicht über mich, öffentlich zu sagen: ›Ich habe mein Bestes getan, es tut mir Leid‹ – was auch immer.«

»Können Sie keinen Hass mehr empfinden?«

»Ich habe nur einen einzigen anderen Boxer gehasst«, sagte Patterson. »Und zwar Ingemar während des zweiten Fights. Ich hatte ihn bereits ein ganzes Jahr lang gehasst – nicht weil er mich geschlagen hatte, sondern wegen seiner Prahlerei in der Öffentlichkeit, wegen der Show, die er im Fernsehen abgezogen hat mit seiner Rechten, seinem ›Donnerschlag‹, mit dem er mich auf die Bretter geschickt hat. Ich habe ihn unendlich gehasst, während ich bei mir zu Hause vor dem Fernseher saß. Aber Hass macht einen fertig. Er raubt einem den Seelenfrieden. Und ich habe ihn ein ganzes Jahr lang gehasst, weil er mir nicht nur alles genommen hatte, sondern es mir hinterher auch noch dauernd *unter die Nase reiben* musste. Als ich vor dem zweiten Fight in der Kabine stand, konnte ich es gar nicht erwarten, in den Ring zu steigen. Als er sich ein paar Sekunden verspätete, habe ich bloß gedacht: ›Der hält mich hin, der versucht mich zu verunsichern – aber dem werd ich's zeigen!‹«

»Und wieso hat das beim Rückkampf gegen Liston nicht geklappt?«

Patterson dachte einen Moment nach. »Also, wenn Sonny Liston jetzt hier hereinkäme und mir ins Gesicht schlagen würde, dann wäre es aus für ihn. Sie würden den Kampf Ihres Lebens sehen, schlicht und einfach, weil es ums Prinzip ginge. Ich würde vergessen, dass mir ein menschliches Wesen gegenübersteht. Ich würde vergessen, dass ich ein menschliches Wesen bin. Und dementsprechend würde ich auch fighten.«

»Wäre es möglich, dass es ein Fehler von Ihnen war, Profiboxer zu werden?«

»Was meinen Sie damit?«

»Nun ja, Sie sagen, Sie wären ein Feigling. Sie sagen, Sie könnten keinen Hass aufbringen, und heute Nachmittag in Scarsdale haben Sie bei diesen Schuljungs den Kürzeren gezogen. Glauben Sie nicht, dass Ihnen ein anderer Job vielleicht besser zu Gesicht stehen würde? Vielleicht Sozialarbeiter oder…«

»Wollen Sie fragen, warum ich weiterkämpfe?«

»Ja.«

»Sagen wir mal so«, fuhr er gleichmütig fort. »Erstens liebe ich das Boxen. Das Boxen hat mich dahin gebracht, wo ich heute bin. Genauso gut könnte ich Sie fragen, weshalb Sie schreiben oder ob Sie sich jedes Mal irgendwo verkriechen, wenn Sie eine schlechte Story abgeliefert haben. Nun gut, ich versuche Ihnen mal zu erklären, warum ich überhaupt Boxer geworden bin … Stellen Sie sich vor, Sie wären jemand, der endlose Tage in einem leeren Raum verbracht hat, ohne irgendetwas zu essen zu bekommen … und dann bringt man Sie in einen anderen Raum, wo es aussieht wie im Schlaraffenland – wer würde sich nicht das Erstbeste in den Mund stopfen, das ihm in die Finger gerät? Wer Hunger hat, ist nicht wählerisch, und so habe ich mich für das Nächstliegende entschieden. Boxen eben. Eines Tages war ich zufällig in einer Sporthalle, und dort habe ich gegen einen anderen Jungen geboxt. Ich habe ihn geschlagen. Dann habe ich gegen einen anderen Jungen geboxt. Und den ebenso geschlagen. Und so habe ich weitergemacht. Immer wieder gewonnen. Und das ließ nur einen Schluss zu: dass ich endlich etwas gefunden hatte, was ich wirklich konnte!

Nein, ich war kein Sadist«, fügte er schnell hinzu. »Aber es gefiel mir, andere auf die Bretter zu schicken, weil ich nichts anderes gelernt hatte. Und ob man Boxen nun als Sport betrachtet oder nicht – für mich war es der Sport schlechthin, schon allein deshalb, weil ich spürte, dass ich Aussicht auf Erfolg hatte. Und was erforderte dieser Sport? Dass man das eine oder andere Opfer brachte, das war schon alles. Für jemanden, der aus der Bedford-Stuyvesant-Siedlung in Brooklyn kommt, ist es leicht, Opfer zu bringen. Und so kämpfte ich weiter, bis ich eines Tages Champion im Schwergewicht wurde und Leute wie Sie kennen lernte, die mich immer wieder fragen, wie es mir gelingt, mich derart einzuschränken, auf so vieles zu verzichten. Sie machen sich einfach nicht klar, woher ich komme. Sie haben keine Ahnung, was für ein Leben ich führte, als alles anfing.

Damals war ich etwa acht Jahre alt, und alles, was ich besaß, hatte ich gestohlen. Ich stahl, um zu überleben, aber offenbar begann ich mich dafür zu hassen. Meine Mutter hat mir erzählt, dass ich manchmal auf ein Foto von mir zeigte und sagte: ›Den Jungen kann ich nicht leiden!‹ Und eines Tages entdeckte sie drei fette, mit dem Fingernagel oder irgendeinem Gegenstand gezogene X auf dem Bild – obwohl ich mich nicht erinnern kann, das getan zu haben. Ich erinnere mich aber, dass ich mich zu Hause wie ein Schmarotzer fühlte. Ich erinnere mich genau, wie mies ich mich fühlte, wenn mein Vater, der am Hafen als Schauermann arbeitete, abends nach Hause kam und so hundemüde war, dass er am Tisch einschlief, während meine Mutter das Essen zubereitete. Ich zog ihm immer die Schuhe aus und wusch seine Füße. Das war meine Aufgabe. Ich fühlte mich deshalb so mies, weil ich einfach nur zu Hause herumhing, nicht zur Schule ging, den ganzen Tag nichts tat, bis mein Vater von der Arbeit heimkam, und freitagabends fühlte ich mich noch schlechter als sonst – wenn mein Vater seine Lohntüte mitbrachte und jeden einzelnen Nickel auf den Tisch zählte, damit wir Kinder genug zu essen hatten. Ich konnte das nicht ertragen, bin dann immer weggelaufen und habe mich irgendwo versteckt. Und so verlegte ich mich aufs Stehlen. Ich kam immer erst nach Hause, wenn ich irgendwas geklaut hatte. Einmal bin ich in ein Bekleidungsgeschäft eingebrochen und habe da jede Menge Klamotten mitgehen lassen, um zwei Uhr morgens war's, und da stand ich, klein, wie ich war, und schleppte all diese Kleider mit mir herum, von denen ich glaubte, dass sie meiner Mutter passen würden, und nie im Leben wäre ich auf die Idee gekommen, dass ich den Cops mit all den Sachen auffallen würde, die ich auf meinem Kopf durch die Straßen trug. Aber natürlich fiel ich ihnen auf … und so wanderte ich in die Besserungsanstalt.«

Floyd Pattersons Kinder, die die ganze Zeit draußen gespielt hatten, wurden allmählich unruhig und begannen, nach ihm zu rufen; Jeannie hämmerte an seine Tür. Patterson griff nach seiner Ledertasche, in der sich die Boxhandschuhe, der Mundschutz und die Bandagen befanden, und ging mit den Kindern hinüber zum Clubhaus.

Er betätigte die Lichtschalter an der Wand neben dem alten Piano. Bernsteinfarbenes Licht erhellte den düsteren Raum, beleuchtete schlagartig den Ring. Floyd Patterson ging ein paar Schritte weiter, zog außerhalb des Rings seine Robe aus, streute sich Kolofonium auf die Schuhe und machte sich mit Seilspringen warm, ehe er vor dem speichelverklebten Spiegel mit Schattenboxen begann, flinke Kombinationen von Linken, Rechten, Linken, Rechten abfeuerte, jeder Haken begleitet von atemlosem Keuchen. Nachdem er sich die Boxhandschuhe übergestreift hatte, trat er vor den Sandsack am anderen Ende des Raums, und bald darauf widerhallte alles vom rhythmischen Takt seiner genau gezielten Schläge – rat-tat-tat-*tetteta*, rat-tat-tat-*tetteta*, rat-tat-tat-*tetteta!*

Die Kinder saßen auf pinkfarbenen Lederstühlen, die sie von der Bar geholt hatten, und sahen staunend zu; manchmal schlug er so vehement auf den Sandsack ein, dass sie unwillkürlich zusammenzuckten.

Und genau so würden sie sich wohl noch jahrelang an ihn erinnern: an eine dunkle, einsame, schweißglänzende Gestalt, die in der Ecke eines abgelegenen Hauses am Fuß eines Bergs auf einen Sandsack eindrosch, dort, wo sich einst die Gäste des Clubhauses amüsiert hatten – bis der Schuppen aus der Mode kam, die Farbe abzublättern begann und Schwarze Einzug gehalten hatten.

Während Floyd Patterson weiter linke und rechte Haken abfeuerte, so schnell, dass sich seine Bewegungen in einem braunen Nebel auflösten, glitt seine Tochter geräuschlos von ihrem Stuhl und schlich am Ring vorbei in den Nebenraum. Dort, jenseits der Bar und eines Dutzends runder Tische, befand sich die Bühne. Sie kletterte hinauf, trat hinter ein schon lange nicht mehr funktionierendes Mikrofon und rief, einen Ringansager imitierend: »Ladieeees and gentlemen … heute Abend präsentieren wir Ihnen …«

Irritiert blickte sie sich um. Als sie sah, dass ihr kleiner Bruder ihr gefolgt war, winkte sie ihn zu sich auf die Bühne und begann von Neuem: »Ladieeees and gentlemen … heute Abend präsentieren wir Ihnen … *Floydie Patterson.*«

Mit einem Mal verklangen die dumpfen Schläge aus dem Nebenraum. Einen Moment lang herrschte Stille. Dann sagte Jeannie, den Blick auf ihren Bruder gerichtet: »Komm schon hoch, Floydie!«

»Nein«, sagte er.

»Oh, jetzt mach schon.«

»*Nein*«, schrie er.

Dann schallte Floyd Pattersons Stimme aus dem anderen Raum hinüber: »Schluss jetzt … Noch eine Minute, dann gehen wir zusammen spazieren.«

Er begann wieder, auf den Sandsack einzudreschen – rat-tat-tat-*tetteta* –, und kurz darauf gesellten sich die Kinder zu ihm. »Daddy, warum schwitzt du so?«, unterbrach ihn Jeannie.

»Das ist bloß Wasser.« Er schlug weiter auf den Sandsack ein.

»Daddy«, fragte Floyd jr., »und wieso hast du eben Wasser auf den Boden gespuckt?«

»Um mich nicht dran zu verschlucken.«

Er wollte gerade an einen schwereren Sandsack gehen, als von draußen Motorgeräusche erklangen. Mrs. Patterson lenkte den Kombi die Straße hinauf.

Kurz darauf räumte sie ein wenig in Pattersons Wohnung auf, klopfte die Kissen aus und wusch die Teetassen ab, die er in die Spüle gestellt hatte. Eine Stunde später aß die Familie zu Abend und saß danach noch zwei Stunden zusammen, bis es zehn geworden war. Mrs. Patterson spülte, trocknete das Geschirr ab und brachte den Abfall hinaus – wo er in der Mülltonne bleiben würde, bis wieder Waschbären und Skunks zu Besuch kamen.

Nachdem sie den Kindern die Mäntel angezogen, sie zum Wagen geführt und ihrem Mann einen Abschiedskuss gegeben hatte, fuhr Mrs. Patterson schließlich über die Schotterstraße zum Highway. Patterson winkte, blieb noch einen Augenblick lang stehen und sah den Rücklichtern hinterher, ehe er sich abwandte und langsam zum Haus zurückging.

Das Verschwinden

In dem Wissen, dass es möglich ist, zu viel zu sehen, haben die Pförtner in New York eine außergewöhnliche Fähigkeit zur selektiven Wahrnehmung entwickelt. Sie wissen ganz genau, wann sie hinsehen müssen und wann man besser wegschaut, wann Neugierde am Platz ist und wann Teilnahmslosigkeit; mit frappierender Häufigkeit stehen sie immer gerade dann in der Lobby, wenn vor der Tür des ihnen anvertrauten Gebäudes ein Unfall passiert oder ein Streit im Gange ist, und sie sind gewöhnlich genau in dem Moment draußen auf der Straße und rufen ein Taxi, wenn Einbrecher durch die Lobby entkommen. Obwohl der gemeine Pförtner Schmiergeldzahlungen und Ehebruch aller Wahrscheinlichkeit nach missbilligt, kommt es doch immer wieder vor, dass er genau in dem Augenblick, wo der Hausverwalter dem Brandschutzinspektor Geld zusteckt, in eine andere Richtung schaut oder er gerade mit etwas anderem beschäftigt ist, wenn ein Bewohner des Hauses, dessen Frau nicht zu Hause ist, eine junge Dame zum Fahrstuhl geleitet – womit dem gemeinen Pförtner weder Heuchelei noch Feigheit unterstellt, sondern lediglich darauf hingewiesen werden soll, dass er einen stark ausgeprägten Sinn dafür hat, Verstrickungen aus dem Wege zu gehen. Außerdem ist zu vermuten, dass Pförtner wahrscheinlich durch Erfahrung gelernt haben, wie wenig einträglich es ist, sich als Augenzeuge der unziemlichen Aspekte des Lebens oder des Irrsinns des Großstadtlebens zur Verfügung zu stellen. In Anbetracht dieser Tatsachen überrascht es kaum, dass an einem verregneten Dienstag im Oktober kurz nach Mitternacht, als der Mafia-Boss Joseph Bonanno von zwei Revolvermännern vor dem Eingang des Luxusapartmenthauses auf der Park Avenue entführt wurde, der Pförtner grade in der Lobby stand und mit dem Fahrstuhlführer in ein Gespräch vertieft war und folglich überhaupt nichts gesehen hatte.

Alles war rasend schnell passiert. Bonanno, der von einem Restaurantbesuch zurückkehrte, war nach seinem Anwalt William P. Maloney aus einem Taxi ausgestiegen, der ihm voran durch den strömenden Regen zu der Markise über dem Eingang des Gebäudes eilte. Dann waren die Revolvermänner aus der Dunkelheit aufgetaucht, hatten Bonanno an den Armen gepackt und ihn zu einem in der Nähe wartenden Auto gezerrt. Bonanno hatte sich zwar gewehrt, doch ohne Erfolg. Er starrte die Männer mit einer Mischung aus Verblüffung und Zorn an – seit den Tagen der Prohibition war er nicht mehr so rüde behandelt worden, und damals war es die Polizei gewesen, die ihn nach einer Aussageverweigerung abgeführt hatte, doch nun waren es Männer aus seiner Welt, die ihn herumschubsten, zwei stämmige, eins achtzig große Männer in schwarzen Mänteln und Hüten, von denen einer nun sagte: »Komm schon, Joe, mein Boss will dich sehen.«

Bonanno, ein gut aussehender, grauhaariger Mann von neunundfünfzig Jahren, erwiderte nichts. Er hatte diesen Abend weder seine Leibwächter noch eine Pistole dabei, und selbst wenn auf der Straße überall Menschen gewesen wären, hätte er nicht um Hilfe gerufen, denn er betrachtete diesen Vorfall als eine Privatangelegenheit. Er bemühte sich, seine Fassung wiederzuerlangen und klar zu denken, während die Männer ihn fest im Griff hatten und über den Gehsteig schoben. Seine Arme waren taub, er zitterte vor Kälte und Nässe, da der Regen seinen grauen Seidenanzug durchweichte, und er konnte im feuchten Nebel der Park Avenue nichts weiter erkennen als die Rücklichter seines Taxis, das in Richtung Uptown davonfuhr. Das Einzige, was er hörte, war der schwere Atem der Männer, die ihn vorwärts schoben, und kurz darauf die eiligen Schritte von Maloney, der ihnen hinterhergerannt kam und rief: »Hey, was zum Teufel ist hier los?«

Einer der Revolvermänner wirbelte herum und blaffte ihn an: »Halt's Maul und verschwinde, aber schnell!«

»Na, hören Sie mal«, erwiderte Maloney, ohne anzuhalten, und fuchtelte mit den Armen in der Luft herum. »Ich bin Anwalt, und das ist mein Klient.«

Ein Schuss fiel. Die Kugel schlug kurz vor den Füßen des weißhaarigen Sechzigjährigen in den Gehsteig ein. Der Anwalt blieb stehen, zog sich zurück und duckte sich in den Eingang des Apartmenthauses. Die Männer stießen Bonanno auf den Rücksitz einer beigefarbenen Limousine, die mit laufendem Motor an der Ecke 36th Street stand, und befahlen Bonanno, sich auf den Boden zu legen. Er tat, wie ihm geheißen, und der Wagen rauschte in Richtung Lexington Avenue davon. Kurz darauf trat der Pförtner ins Freie, wo Maloney noch immer auf dem Gehsteig stand, doch es war zu spät, um noch irgendetwas zu erkennen. Später erklärte der Pförtner, nein, einen Schuss habe er auch nicht gehört.

Bill Bonanno war ein hoch gewachsener, dunkelhaariger Mann von einunddreißig Jahren, dessen Bürstenhaarschnitt und Button-down-Hemd noch immer den Collegestudenten erahnen ließ, der er in den Fünfzigern gewesen war. Er hatte sich in der letzten Zeit einen Schnurrbart wachsen lassen, um seine Identität zu kaschieren. Er saß in einer spärlich möblierten Wohnung und horchte angespannt auf das Läuten des Telefons. Doch er hob den Hörer nicht ab.

Es klingelte dreimal, dann hörte es auf, klingelte erneut und verstummte wieder. Dann klingelte es noch ein paarmal und hörte wieder auf. Es war Labruzzos Code. Er stand in einer Telefonzelle und signalisierte seinem Boss, dass er auf dem Weg zum Apartment war. Sobald er an dem Apartmenthaus ankam, würde er den Code an der Haustürklingel wiederholen, und Bonanno würde den Türöffner betätigen, um anschließend mit einer Pistole in der Hand am Türspion zu warten und sicherzugehen, dass es wirklich Labruzzo war, der aus dem Fahrstuhl trat. Das möblierte Apartment, das die beiden Männer sich teilten, lag im obersten Stockwerk eines Backsteinhauses in einer gutbürgerlichen Wohngegend, und da es am Ende eines langen Flures gelegen war, konnten die Männer genau im Blick behalten, wer mit dem einzigen Aufzug im Haus kam und ging.

Bill Bonanno und Frank Labruzzo waren nicht die Einzigen, die derartige Vorsichtsmaßnahmen getroffen hatten. Dutzende anderer Männer der Bonanno-Organisation hatten in den letzten Wochen ähnliche Apartments in Queens, Brooklyn und der Bronx bezogen und waren abgetaucht. Es war eine Zeit höchster Anspannung für alle von ihnen, denn sie rechneten jederzeit mit einer Konfrontation seitens rivalisierender Gangs, die versuchen würden, sie umzubringen, oder damit, dass Polizeibeamte sie verhaften und ihnen Fragen stellen würden bezüglich Gerüchten über Rachefeldzüge und Mordkomplotte, die derzeit in der Unterwelt kursierten. Die Regierung war aufgrund abgehörter Telefongespräche und anderer Lauschmaßnahmen zu dem Schluss gekommen, dass sich unter den obersten Bossen der Mafia ein Machtkampf entsponnen hatte und dass Joseph Bonanno, der sich über dreißig Jahre hinweg als ein mächtiger Don behauptet hatte, im Zentrum dieser Kontroverse stand. Die anderen Dons warfen ihm vor, aus exzessivem Ehrgeiz seinen Einflussbereich – der bereits Teile von New York, Kanada und des Südwestens umfasste – auf ihre Kosten ausdehnen zu wollen und dabei eventuell auch über – ihre – Leichen zu gehen. Die kürzliche Beförderung seines Sohnes Bill zur Nummer drei der Bonanno-Organisation hatte neben rivalisierenden Bandenführern auch einige Mitglieder von Bonannos dreihundert Mann starker Organisation in Brooklyn alarmiert und misstrauisch gemacht.

Der junge Bonanno galt als so etwas wie ein Exzentriker in der Unterwelt, ein privilegiertes Produkt von Eliteschulen und Universitäten, dessen Manieren und Methoden zwar keinen Mangel an Mut erkennen ließen, dafür allerdings geprägt waren vom draufgängerischen Geist eines Campus-Aktivisten. Er schien angeödet von dem System, unbeeindruckt von den umständlichen, indirekten Umgangsformen und der von der Alten Welt geprägten Finesse, die Bestandteil der Mafia-Tradition sind. Er sagte, was er dachte, ohne seinen Tonfall zu ändern, wenn er mit einem höherrangigen Mafioso redete, und seine jugendliche Selbstsicherheit schimmerte auch dann durch, wenn er in dem altmodischen sizilianischen Dialekt sprach, den er als kleiner Junge von seinem Großvater in Brooklyn gelernt hatte. Seine Größe von 1,85 Meter und sein Gewicht von fast 90 Kilo in Verbindung mit seiner aufrechten Körperhaltung und seinem wachen Verstand machten ihn zu einer imposanten Gestalt und unterstrichen die hohe Meinung, die er von sich selbst hatte – nämlich dass er mindestens auf gleicher, wenn nicht sogar auf höherer Stufe stand als alle anderen Männer, mit denen er Umgang pflegte, ausgenommen allenfalls sein Vater. In Gesellschaft seines Vaters schien Bill Bonannos selbstsichere Leichtigkeit ein wenig zu schwinden, und sein ganzes Verhalten wurde stiller und zögerlicher, gerade so, als fürchtete er, sein Vater würde all seine Worte und Gedanken einer genauen Prüfung unterziehen. Er schien seinem Vater gegenüber eine distanzierte Förmlichkeit an den Tag zu legen und nahm sich ihm gegenüber nicht mehr Freiheiten heraus, als er es im Umgang mit einem Fremden getan hätte. Andererseits war er stets bemüht, auf die Bedürfnisse seines Vaters einzugehen, und es schien ihm großes Vergnügen zu machen, ihm Freude zu bereiten. Es war nicht zu übersehen, dass sein Vater ihm Ehrfurcht einflößte, und obwohl er ihn früher – und eventuell noch immer – fürchtete, so verehrte er ihn doch.

Während der letzten Wochen war er selten von Joseph Bonannos Seite gewichen, doch gestern hatte Bill Bonanno in dem Bewusstsein, dass sein Vater mit seinen

Anwälten allein zu Abend essen und anschließend bei Maloney übernachten wollte, zusammen mit Labruzzo einen ruhigen Abend in der Wohnung verbracht, wo die beiden Fernsehen geschaut, Zeitungen gelesen und auf Neuigkeiten gewartet hatten. Ohne genau zu wissen, warum, hatte ihn dennoch ständig eine gewisse Unruhe geplagt. Einer der Gründe mochte ein Artikel in der *Daily News* gewesen sein, in dem zu lesen war, dass das Leben in der Unterwelt allmählich riskant wurde, und in dem weiterhin die Behauptung aufgestellt wurde, dass der alte Bonanno kürzlich die Ermordung zweier rivalisierender Dons – Carlo Gambino und Thomas (Three Finger Brown) Lucchese – geplant hatte, dieses Komplott allerdings aufgeflogen war, weil einer seiner Killer ihn hintergangen und eines der Opfer gewarnt hatte. Selbst wenn solche Berichte völlig aus der Luft gegriffen waren und vermutlich auf vom FBI abgehörten Telefongesprächen basierten, die allerdings nur Klatsch und Gerüchte auf den niederen Ebenen der Mafia wiedergaben, ließen sie Bill Bonanno nicht unberührt, denn er machte sich Sorgen, dass allein die Verbreitung solcher Nachrichten das Misstrauen unter den verschiedenen Gangs schürte, die mit dem Alltagsgeschäft der Mafia befasst waren, das aus illegalen Lotterien, Wettbüros, Kreditgeschäften, Prostitution, Schmuggel und Schutzgelderpressung bestand. Diese unerwünschte Publicity konnte außerdem dazu führen, dass ein Aufschrei durch die Reihen der Politiker ging, die Polizei ihre Verfolgungsmaßnahmen intensivierte und die Gerichte vermehrt Vorladungen ausstellten.

Gerichtliche Vorladungen waren in der Unterwelt mehr denn je gefürchtet, weil gerade ein neues Bundesgesetz verabschiedet worden war, das besagte, dass ein mutmaßlicher Krimineller, der zur richterlichen Vernehmung vorgeführt wurde, aussagen musste, wenn das Gericht ihm Immunität zusicherte, oder er andernfalls wegen Missachtung des Gerichts bestraft werden konnte. Dadurch waren die Angehörigen der Mafia gezwungen, sich so unauffällig wie möglich zu verhalten, wenn sie vermeiden wollten, jedes Mal vor Gericht zitiert zu werden, sobald sie in die Schlagzeilen gerieten. Das Gesetz behinderte außerdem den Kommunikationsfluss zwischen den Anführern und dem Fußvolk, weil die Männer an der Basis überaus vorsichtig agieren mussten, um Ärger und Polizisten aus dem Weg zu gehen und es infolge dieser Vorsicht häufig passierte, dass sie nicht zur vereinbarten Zeit an einem vereinbarten Ort waren, um einen Job zu erledigen. Oder nicht zu einem vorher abgesprochenen Zeitpunkt an einer bestimmten Telefonzelle sein konnten, um einen Anruf vom Hauptquartier entgegenzunehmen, das auf einen Lagebericht von ihnen wartete. In einer Geheimgesellschaft, in der Präzision eine zentrale Rolle spielt, zerrte die nun eintretende Störung der Kommunikationswege gehörig an den ohnehin schon arg strapazierten Nerven etlicher Mafiosi der obersten Ränge.

Die Bonanno-Organisation, die fortschrittlicher eingestellt war als die übrigen, was den von Bill Bonanno eingeführten modernen Geschäftsmethoden zu verdanken war, hatte ihre Kommunikationsprobleme zu einem gewissen Maß durch die Verwendung des Klingelcodes und durch Einrichtung eines telefonischen Auftragsdienstes gelöst. Der Auftragsdienst war auf den Namen eines fiktiven Mr. Baxter registriert – der Codename des jungen Bonanno –, und er war verbunden mit dem Privatanschluss der unverheirateten Tante eines der Mitglieder der Organisation. Diese Dame sprach kaum Englisch und war zudem noch schwerhörig. Im Verlauf eines Tages gingen hier die Anrufe von verschiedenen Schlüsselfiguren der Organisation ein, die sich unter abgesprochenen Decknamen meldeten und kryptische Botschaften hinterließen, um auf diese Weise mitzuteilen, dass sie in Sicherheit waren und die Geschäfte ihren geregelten Gang nahmen. Wenn eine Nachricht die Buchstaben IBM enthielt – »Ich schlage vor, Sie kaufen mehr IBM-Aktien« –, so bedeutete dies eine Rückmeldung von Frank Labruzzo, der früher einmal bei IBM gearbeitet hatte. Kam das Wort »Mönch« in einer Nachricht vor, so deutete dies auf ein anderes Mitglied der Organisation hin, das eine Tonsur hatte und häufig eine Mönchskutte als Verkleidung benutzte. Die Erwähnung des Wortes »Verkäufer« deutete auf einen Hauptmann der Bonannos hin, der nebenbei auch noch ein Juweliergeschäft betrieb, und mit »Blume« war ein Revolvermann gemeint, dessen Vater in Sizilien einen Blumenladen hatte. Die Mutter von »Mr. Boyd« wohnte irgendwo auf Long Island in der Boyd Street, während »Zigarre« einen Leutnant bezeichnete, des stets eine solche im Mund hatte. Joseph Bonanno selbst firmierte unter der Bezeichnung »Mr. Shepherd«.

Frank Labruzzo hatte das Apartment, das er mit Bill Bonanno teilte, unter anderem deswegen verlassen, um von einer nahe gelegenen Telefonzelle aus bei dem Auftragsdienst anzurufen; außerdem wollte er nachsehen, ob in den Nachmittagsausgaben der Zeitungen etwas über die Entwicklung der Lage zu lesen war, das eventuell von speziellem Interesse gewesen wäre. Wie üblich hatte er den Hund dabei, den sie in der Wohnung hielten.

Es war Bill Bonannos Idee gewesen, dass sämtliche Mitglieder der Organisation, die untergetaucht waren, in ihren Wohnungen Hunde halten sollten, was die Wohnungssuche zwar anfangs erschwert hatte, da etliche Vermieter mit der Haltung von Haustieren nicht einverstanden waren, andererseits, wie die Männer schließlich zugeben mussten, auch einige Vorteile mit sich brachte. Ein Hund wurde eher auf verdächtige Geräusche vor der Tür aufmerksam, und außerdem erregte man wesentlich weniger Verdacht, wenn man in Begleitung eines Hundes die Straße entlangspazierte.

Bonanno und Labruzzo mochten Hunde, und dies trug, neben vielen anderen Gemeinsamkeiten, dazu bei, dass die beiden Männer trotz der beengten Verhältnisse in dem Apartment gut zurechtkamen. Frank Labruzzo war ein ruhiger, unkomplizierter Mann von dreiundfünfzig Jahren. Seine Statur war leicht untersetzt, er trug eine Brille, und seine dunklen Haare wurden allmählich grau. Er war einer der führenden Offiziere der Bonanno-Organisation und gehörte darüber hinaus zum engen Familienkreis, denn seine Schwester Fay war Joseph Bonannos Frau und Bill Bonannos Mutter, und Labruzzo stand seinem Neffen in mancherlei Hinsicht näher als dessen eigener Vater. Das Verhältnis zwischen den beiden war völlig unkompliziert, weil unbelastet von Rivalitäten, Eitelkeiten oder Egoproblemen. Labruzzos persönlicher Ehrgeiz hielt sich in Grenzen, er war nicht wie Joseph Bonanno von stetem Machthunger getrieben, und ihm fehlte auch die Ruhelosigkeit, die dessen Sohn kennzeichnete – er war mit seiner Position als Nummer zwei zufrieden, weshalb ihm die Welt auch wesentlich weniger eng und klein erschien als den Bonannos.

Labruzzo hatte das College besucht und war einer Reihe von Beschäftigungen nachgegangen, jedoch nie über lange Zeit. Er hatte nicht nur bei IBM gearbeitet, sondern außerdem noch einen Kurzwarenladen betrieben, als Versicherungsmakler gearbeitet und war sogar Bestattungsunternehmer gewesen. Das Beerdigungsunternehmen hatte er zusammen mit Joseph Bonanno in Brooklyn betrieben. Es lag gerade mal einen Block entfernt von seinem Geburtshaus, in einer Gegend, wo sich zu Beginn des zwanzigsten Jahrhunderts tausende von Einwanderern aus Sizilien niedergelassen hatten. Hier hatte der alte Bonanno Fay Labruzzo kennen gelernt und um ihre Hand angehalten. Sie war die Tochter eines wohlhabenden Metzgers, der während der Prohibition Wein hergestellt hatte und der stolz darauf war, dass Bonanno sein Schwiegersohn wurde, obwohl die Hochzeit, die 1930 stattfinden sollte, um dreizehn Monate verschoben werden musste, weil gerade ein Bandenkrieg herrschte, in den neben hunderten von Neuankömmlingen aus Sizilien und Italien auch Bonanno verstrickt war. Dieser Krieg war die Fortsetzung regionaler Zerwürfnisse und Animositäten, die ihren Ursprung in altertümlichen Bergdörfern Italiens hatten und nun nach Amerika transplantiert wurden, weil die Akteure zwar ihre Heimat hinter sich gelassen hatten, deren Geist jedoch in ihnen weiterlebte. Sie hatten ihre alten Sitten und Gebräuche, ihre Fehden und Freundschaften, ihre Ängste und ihr Misstrauen mit nach New York gebracht, und nicht genug damit, dass sie sich selbst darin aufrieben, gaben viele von ihnen sie an ihre Kinder und manchmal auch Kindeskinder weiter. Und unter den Erben dieser Traditionen waren auch Frank Labruzzo und Bill Bonanno, die nun, Mitte der sechziger Jahre, zu Beginn des Weltraumzeitalters, einen Feudalkrieg führten.

Es erschien beiden Männern in gleichem Maße absurd und bemerkenswert, dass sie den insularen Gebräuchen der Welt ihrer Eltern nie entkommen waren, und sie hatten zu diesem Thema während der langen Stunden ihrer erzwungenen Zurückgezogenheit etliche Diskussionen geführt, die im Tonfall geprägt waren von Amüsement und Unbekümmertheit, manchmal jedoch auch von Bedauern und Bitterkeit. *Klar, wir trampeln immer noch auf den alten Pfaden herum*, hatte Bonanno einmal mit einem Seufzen erklärt und Labruzzos Zustimmung geerntet – sie waren Männer der Gegenwart, die sich, vergessen von der Zeit, an alte Traditionen klammerten. Was im Falle Bill Bonannos besonders erstaunlich war, denn er hatte Brooklyn schon in jungen Jahren verlassen und verschiedene Internate in Arizona besucht, wo er außerhalb der Familie aufgewachsen war. Er hatte Reiten gelernt und Rinder mit Brandzeichen versehen, er war mit blonden Mädchen ausgegangen, deren Väter Rancher waren. Und später als Student an der University of Arizona war er als Anführer eines Zuges von Kadetten der Reserve bei Footballspielen vor dem Absingen der Nationalhymne über das Spielfeld marschiert und hatte die amerikanische Flagge gehisst. Sein plötzlicher Wechsel vom Universitätscampus im Südwesten zurück nach New York in die gefährliche Welt seines Vaters war einer Reihe von bizarren Umständen geschuldet, auf die er allenfalls einen begrenzten Einfluss gehabt hatte. Sicherlich war 1956 seine Hochzeit mit Rosalie Profaci, der hübschen dunkeläugigen Nichte des millionenschweren Importeurs Joseph Profaci, ein Schritt in die Richtung seines Vaters gewesen, denn Profaci war darüber hinaus Mitglied des nationalen Rates der Mafia.

Als Bill Rosalie Profaci zum ersten Mal begegnete, ging sie zusammen mit seiner Schwester auf ein von Nonnen geleitetes Internat in Upstate New York. Zu diesem Zeitpunkt hatte er eine Freundin in Arizona, ein lebenslustiges amerikanisches Mädchen mit einem ausgeprägten Freiheitsdrang, während Rosalie zwar hübsch war, aber auch gleichzeitig prüde und behütet wirkte. Dass sich Bill und Rosalie überhaupt an Feiertagen und während der Sommermonate immer wieder begegneten, lag in erster Linie an ihren Eltern, die einander sehr nahe standen und die den beiden jungen Leuten bei jeder sich bietenden Gelegenheit – sie brauchten nur miteinander zu reden oder bei einer Feierlichkeit in der Nähe voneinander zu sitzen – auf subtile, aber nichtsdestotrotz wirkungsvolle Art zu verstehen gaben, wie sehr sie die Verbindung zwischen beiden begrüßten. Bei einem großen Familientreffen einige Monate vor der Verlobung von Bill und Rosalie nahm Joseph Bonanno seine zwanzigjährige Tochter Catherine beiseite und fragte sie, wie sie persönlich die Wahrscheinlichkeit einschätzte, dass Bill und Rosalie heirateten. Catherine, die durchaus einen eigenen Kopf hatte, antwortete darauf, dass sie Rosalie sehr gerne mochte, aber, wenn er ihre ehrliche Meinung hören wollte, sie nicht glaubte, dass Rosalie die Richtige für Bill war. Ihrer Ansicht nach fehlte ihr die Charakterstärke, um Bill als das zu akzeptieren, was er war und was er eventuell werden würde. Sie wollte gerade ihre Überlegungen weiter ausführen, als ihr Vater sie plötzlich mit der flachen Hand ins Gesicht schlug. Erschrocken und verwirrt stürzte sie zu Boden und rannte unter

Tränen aus dem Zimmer. Nie zuvor hatte sie ihren Vater so voller Zorn gesehen, seine Augen funkelten förmlich vor Wut. Später versuchte er zwar, sie zu trösten und sich so auf seine Art und Weise zu entschuldigen, doch sie verhielt sich ihm gegenüber mehrere Tage lang kühl und distanziert, obwohl sie mittlerweile erkannt hatte, dass ihr gar nicht bewusst gewesen war, wie wichtig ihm die Heirat zwischen Bill und Rosalie war. Und da auch Rosalies Vater und ihr Onkel diesen Wunsch teilten, fand die Hochzeit im Jahr darauf auch tatsächlich statt – ein Ereignis, das Catherine als eine Heirat der Väter betrachtete.

Die Hochzeit am 18. August 1956 war ein Fest, wie es selten vorkommt. Mehr als 3000 Gäste waren im Anschluss an die kirchliche Trauung in Brooklyn zum Empfang des Brautpaares im Ballsaal des Astor-Hotels gekommen, für den man weder Kosten noch Mühen gescheut hatte. Die renommiertesten Tanzorchester waren engagiert worden, und unter den Sängern, die an diesem Abend die Gäste unterhielten, waren The Four Lads und Tony Bennett. Ein Großhändler aus Brooklyn hatte eine Lastwagenladung Champagner und Wein spendiert, und die Fluggesellschaft Pan Am hatte sich anerboten, Tausende von Margeriten aus Kalifornien einzufliegen, die Lieblingsblumen von Rosalie, die aber zu jenem Zeitpunkt in New York nicht erhältlich waren. Die Gästeliste umfasste neben seriösen Politikern, Geschäftsleuten und Priestern die gesamte Führungselite der Unterwelt. Vito Genovese und Frank Costello waren da und saßen – worauf sie größten Wert gelegt hatten – an unauffälligen Tischen mit dem Rücken zur Wand. Albert Anastasia war ebenfalls unter den Gästen (im Jahr darauf wurde er im

Barbiersalon des Park-Sheraton-Hotels ermordet) genauso wie Joseph Barbara (dessen Grillparty für nahezu siebzig Mafiosi in seinem Haus in Apalachin, New York, drei Wochen nach dem Mord an Anastasia von der Polizei gestürmt wurde und landesweit Schlagzeilen machte, was endlose Untersuchungen nach sich ziehen sollte). Joseph Zerilli war mit seinen Männern aus Detroit gekommen, ebenso wie eine Delegation aus Chicago unter Leitung von Sam Giancana und Tony Accardo. Stefano Magaddino, dem korpulenten alten Don aus Buffalo und Cousin von Joseph Bonanno, wurde ein Ehrenplatz vor dem Podium zugewiesen, an dem neben ihm noch weitere Verwandte und enge Freunde der Bonannos und der Profacis saßen. Sämtliche vierundzwanzig halbunabhängigen Organisationen, die das nationale Syndikat bildeten, waren auf der Hochzeit vertreten, was bedeutete, dass aus allen Ecken des Landes, von Neu-England bis New Mexico, Delegationen angereist waren, wobei allein aus Los Angeles fast achtzig Mann gekommen waren.

Bill Bonanno, der lächelnd neben seiner Braut auf dem Podium saß und den Gästen zuprostete, die ihn wiederum beglückwünschten, fragte sich im Laufe des Abends immer wieder, was wohl passieren würde, wenn das FBI die Gästeliste in die Finger bekommen würde. Doch diese Gefahr war gering, da die Liste zum einen verschlüsselt war und zweitens bei Frank Labruzzo in guten Händen, dessen Männer den Eingang bewachten und die Gäste zu ihren Tischen geleiteten, weshalb ungebetene Gäste an jenem Abend auch ausblieben. Überhaupt herrschte im Jahre 1956 in der Öffentlichkeit keine große Besorgnis über die Mafia. Die Anhörungen des Kefauver-Ausschusses von 1951 lagen lange zurück und waren bereits vergessen, während das Apalachin-Fiasko erst im folgenden Jahr Schlagzeilen machen sollte. Und so verliefen die Hochzeit und der Empfang des Brautpaares reibungslos und ohne Zwischenfälle – mit Catherine Bonanno als Trauzeugin und Joseph Bonanno, der in seinem eleganten Cut über den Feierlichkeiten thronte wie ein mittelalterlicher Fürst, den anderen Dons zunickte und von Stolz erfüllt in korrekter Haltung mit den Frauen tanzte.

Nach der Feier, im Verlauf derer dem Brautpaar Umschläge mit Geldgeschenken in Höhe von insgesamt etwa 100 000 Dollar überreicht worden waren, flogen Bill Bonanno und seine Braut nach Europa in die Flitterwochen. Sie blieben ein paar Tage im Hotel Ritz in Paris und reisten dann weiter nach Rom, wo sie im Excelsior wohnten. Wo immer sie hinkamen, wurde ihnen besondere Aufmerksamkeit zuteil, und sie wurden stets rasch durch den Zoll geleitet. Schließlich flogen sie nach Sizilien, und als das Flugzeug am Flughafen von Palermo auf das Empfangsgebäude zurollte, bemerkte Bill Bonanno, dass sich hinter den Absperrungen eine große Menschenmenge versammelt hatte, unter der auch mehrere Carabinieri waren, die sich in der Nähe seines Onkel John Bonventre aufhielten, der einen grimmigen, angespannten Eindruck machte. Bonanno dachte zunächst, dass Bonventre, der in den USA einst als Unterführer in der Bonanno-Organisation gearbeitet hatte, aus Sizilien abberufen werden sollte, wo er geboren war und wo er sich ein Jahr zuvor wieder niedergelassen hatte, um dort seinen Ruhestand zu genießen, wobei er es allerdings nicht versäumt hatte, aus Amerika einen Vorrat an Toilettenpapier mitzunehmen, der bis an sein Lebensende reichen würde, denn die Produkte sizilianischer Herkunft waren ihm zu rau.

Nachdem das Flugzeug angehalten hatte und bevor die Türen geöffnet wurden, machte die Stewardess eine Ansage, dass Mr. und Mrs. Bonanno sich bitte melden möchten. Bill Bonanno hob langsam die Hand, und die Stewardess bat ihn und seine Frau, als Erste auszusteigen.

Er trat hinaus auf die Gangway in die heiße Sonne Siziliens, und es bot sich ihm ein Blick auf die Bergkämme in der Ferne, vor denen sich die hellbraunen Steinhäuser der vorgelagerten Dörfer ausbreiteten, und er spürte, dass die Blicke der Menge auf ihn gerichtet waren und sich eine allgemeine Unruhe und Gemurmel ausbreitete, je weiter er die Stufen hinabstieg. Die alten Frauen waren ganz in Schwarz gekleidet, die jungen Männer blickten mit finsterer Miene starr vor sich hin, überall tollten Kinder herum, und außerdem waren da noch die Carabinieri, die mit ihren prächtigen Uniformen und ihren glänzenden Säbeln aus der Menge herausragten. Und dann hellte sich Bonventres Miene auf, als er Bonanno und seine Frau erkannte, und er rannte, gefolgt von der Menge, mit ausgebreiteten Armen auf das frisch gebackene Ehepaar zu. Sekunden später waren sie umringt von Fremden, die sich an sie klammerten und küssten, was Rosalie sichtlich mit Unbehagen erfüllte, obwohl sie dies so gut es ging zu verbergen versuchte, während ihr Mann offensichtlich keine Probleme damit hatte, im Zentrum uneingeschränkter Bewunderung und Zuneigung zu stehen, denn er streckte seine langen Arme aus, um all die Hände zu berühren, die sich ihm entgegenreckten, beugte sich hinunter, um Frauen und Kinder zu umarmen, und schien die Woge der Sympathie und Bewunderung, die ihm entgegenbrandete, in vollen Zügen zu genießen. Die Carabinieri schauten dem Treiben eine kurze Zeit lang zu und bildeten dann eine Gasse durch die Menge zu einer Reihe im Halteverbot abgestellter Autos, in denen das Paar zu einer Reihe von Empfängen und Feierlichkeiten gebracht werden sollte, deren Höhepunkt der Besuch in Castellamare del Golfo am nächsten Tag darstellte, jenem Ort in Westsizilien, in dem Joseph Bonanno geboren war und wo die Bonannos über Generationen hinweg als *Uomini Rispettati* – Männer von Respekt – geherrscht hatten.

Rosalie hatte gehofft, dass sie auch Villabate, den Geburtsort ihres Vaters, besuchen würden, der unweit von Palermo in östlicher Richtung gelegen war, doch ihr Gatte hatte, ohne Gründe zu nennen, erklärt, dass dies nicht möglich sei. Was er ihr dabei verschwieg, war die Tatsache, dass sein Onkel ihm schon Minuten nach der Landung in Palermo eine Nachricht zugeflüstert hatte, die ihm selbst kurz zuvor aus den USA übermittelt worden war und die besagte, dass der alte Bonanno unter keinen Umständen wollte, dass das Paar Villabate besuchte. Dort lebten noch immer etliche entfernte Verwandte und Freunde von Profaci, die mit rivalisierenden Banden in blutigem Streit lagen, wobei es um die Kontrolle über bestimmte Unternehmungen ging. Im Verlauf dieser Auseinandersetzung war es in den letzten Tagen zu sieben Mordfällen gekommen, und man befürchtete, dass die Feinde der Profacis Bill Bonanno und seine Frau ins Visier nehmen könnten, um Blutrache für die Opfer aus ihren Reihen zu nehmen. Rosalie wiederholte ihren Wunsch, nach Villabate zu fahren, zwar noch mehrmals, aber es gelang ihrem Gatten mithilfe endloser Ausreden und etlicher anderweitiger Zerstreuungen, den Ausflug zu umgehen. Was er darüber hinaus mit Erleichterung registrierte, war die Tatsache, dass sie weder Fragen stellte noch überhaupt zu bemerken schien, dass ihnen während des gesamten ersten Tages in Palermo stets eine Gruppe schweigender Männer folgte, die ohne Zweifel bewaffnet waren und als Leibwächter für das frisch verheiratete Paar fungierten, weshalb sie sogar nachts vor der Tür des Hotels saßen, um sicherzustellen, dass ihnen in Sizilien nichts passierte.

Der Ausflug nach Castellamare del Golfo, das etwa hundert Kilometer westlich von Palermo gelegen war, stellte für Bill Bonanno den Höhepunkt des Sizilienaufenthaltes dar. Als er noch ein Junge war, hatte er zu Hause an den Wänden die gerahmten Fotografien vom Heimatort seines Vaters betrachtet, und später war er in Geschichtsbüchern und Reiseführern auf Stellen gestoßen, in denen der Ort erwähnt wurde. Dabei war ihm allerdings aufgefallen, dass diese Erwähnungen immer nur sehr knapp und oberflächlich gehalten waren, als ob die Autoren, mit wenigen Ausnahmen, nur schnell durch den Ort hindurchgefahren wären, möglicherweise eingeschüchtert durch einen früher veröffentlichten Bericht, wonach achtzig Prozent der männlichen Erwachsenen von Castellamare schon einmal im Gefängnis gesessen hätten.

Damit ging allerdings keine soziale Stigmatisierung einher, da die meisten Bewohner der Region das Gesetz für korrupt erachteten – lediglich dazu geschaffen, den Willen der Invasoren zu repräsentieren, die seit alters her versucht hatten, die Inselbewohner unter ihre Kontrolle zu bringen und das Land vermittels eines Besatzungsrechts auszubeuten. Castellamare hatte ebenso wie Sizilien insgesamt eine turbulente Geschichte durchlebt – nach dem, was Bill Bonanno gelesen hatte, war es sechzehn Mal erobert und wieder rückerobert worden: von den Griechen, den Sarazenen, den Normannen, den Spaniern, den Deutschen und den Engländern sowie verschiedenen Gruppierungen religiöser und weltanschaulicher Natur, die von den Kreuzrittern bis zu den Faschisten reichten. Sie alle waren nach Sizilien gekommen und hatten sich so verhalten, wie sich Männer fern von zu Hause verhalten; insofern war die Geschichte Siziliens auch ein langes Register der Sünden von Seefahrern.

Als die Autokolonne nach einer zweistündigen Fahrt über die engen Gebirgsstraßen entlang der Küste in Castellamare eintraf, spürte Bill Bonanno augenblicklich eine starke Vertrautheit mit der Landschaft, die über das bloße Wiedererkennen dessen hinausging, was er von Fotos kannte. Er fühlte sich eins mit all dem, was er sich über Jahre hinweg ausgemalt hatte und was er als kleiner Junge mit angehört hatte, wenn sein Vater mit anderen Männern am Sonntagnachmittag im Esszimmer gesessen und sie in Erinnerungen geschwelgt hatten. Es war ein hübscher Ort, ein stilles Fischerdorf, das sich am Fuß eines Berges entlangzog, und an der äußersten Landspitze stand auf einem zerklüfteten, von den Wellen umtosten Felsrücken die alte Festung, dem der Ort seinen Namen verdankte. Die Festung – vor etlichen Jahrhunderten errichtet von den Sarazenen oder den Aragoniern, darüber waren sich die Geschichtsbücher uneins – hatte den Bewohnern des Ortes einst als Aussichtspunkt gedient, um herannahende feindliche Schiffe auszumachen, doch nun war sie nur noch ein dem Zerfall preisgegebenes Bauwerk, das keinen Zweck mehr erfüllte, obwohl der ältere Bonanno und seine Freunde sich gern daran erinnerten, wie sie als Kinder in den Ruinen gespielt hatten.

In der Nähe der Festung entlang des schmalen Strandes waren die Fischer – windgegerbte, von der Sonne gebräunte Männer mit schwarzen Baskenmützen auf den Köpfen – so sehr damit beschäftigt, ihre Netze einzuziehen, dass sie die vorbeifahrende Wagenkolonne gar nicht bemerkten. Auf dem Dorfplatz in der Nähe einer 400 Jahre alten Kirche flanierten zahlreiche Männer, die Arme untergehakt und wild in der Luft herumfuchtelnd. Die steinernen Häuser, von denen die meisten zwei oder drei Etagen und Balkons an der Frontseite besaßen, standen dicht an dicht entlang der engen Kopfsteinpflasterstraßen, durch die das Hufklappern von Eseln hallte, die bunt bemalte Karren zwischen den zahlreichen Autos hindurchzogen. Hier und dort saßen Frauen in Gruppen vor den Häusern und sonnten sich, wobei die unverheirateten unter ihnen den Rücken zur Straße gewandt hielten, möglicherweise eine Sitte, die noch aus der Zeit von vor tausend Jahren herrührte, als die Araber Sizilien besetzt hatten.

Vor einem besonders prachtvollen Haus am Corso Garibaldi hatte sich eine Menschenmenge versammelt. Als sie die Wagenkolonne bemerkten, wichen sie auf den Gehsteig aus und warteten. Es waren ungefähr dreißig Menschen, die alle dunkel gekleidet waren mit Ausnahme der Kinder, von denen eines einen Blumenstrauß in Händen hielt. Sie standen vor dem Haus, in dem Joseph Bonanno geboren worden war, und betrachteten die Ankunft seines Sohnes als ein Ereignis historischen Ausmaßes. Welche Bedeutung die Familie Bonanno in Castellamare genoss, lässt sich daraus ablesen, dass die

Feierlichkeiten zur Taufe Joseph Bonannos 1905 das Ende eines blutigen Bandenkrieges zwischen den örtlichen Mafiosi und denen des Nachbarortes Alcamo markierten und dass Joseph Bonannos Vater Salvatore nach seinem Tod 1915 an einem Ehrenplatz am Fuße des Berges beerdigt worden war.

Nachdem die Begrüßung des Brautpaares abgeschlossen war und dieses sich den Umarmungen der Menge wieder entwunden hatte, folgten Kaffee und Kuchen mit den Cousins, Cousinen und *Compari*, bevor man gemeinsam zum Friedhof pilgerte. Dort, vor dem imposanten Grabstein, an dem ein Foto seines Großvaters angebracht war, bekam Bill Bonanno ein besseres Gespür für die Verbindung seines eigenen Vaters zur Vergangenheit. Der Mann auf dem Foto trug einen breiten buschigen Schnurrbart, seine Augen waren dunkel und durchdringend, und Bill Bonanno konnte nun nachvollziehen, was gemeint war, wenn von der Überzeugungskraft dieses Mannes die Rede war, der im Alter von nur siebenunddreißig Jahren gestorben war, was man angesichts der Ehrfurcht gebietenden Erscheinung kaum glauben konnte. Sein Großvater schien ein hoch gewachsener, schlanker Mann zu sein, was ihn von den übrigen Sizilianern unterschied und was vielleicht dadurch zu erklären war, dass die Bonannos ursprünglich nicht aus Sizilien stammten, sondern einige Jahrhunderte zuvor in Pisa gelebt hatten, von wo sie, wenn man Joseph Bonannos Schilderungen glauben konnte, nach einem Disput mit der herrschenden Familie hatten fliehen müssen. Bills Vater, in dessen Haus in den Vereinigten Staaten das Familienwappen hing – ein Schild, auf dem ein Panther dargestellt war –, hatte eine Familienchronik zusammengetragen, aus der angeblich hervorging, dass die Bonannos mit dem Baumeister des Schiefen Turms von Pisa, Carlo Bonanno, verwandt waren.

Nachdem Bill Bonanno im September 1956 von seiner Hochzeitsreise zurückgekehrt war, drängte er seinen Vater, ebenfalls eine Reise nach Castellamare zu unternehmen, was dieser ein Jahr später auch tat. Allerdings wurden die angenehmen Erinnerungen an diese Reise im Nachhinein teilweise getrübt durch die Ereignisse, die im Jahr 1957 noch folgen sollten, sowie durch die Entwicklungen im Verlauf der Jahre darauf. Die Ermordung Albert Anastasias und das Treffen in Apalachin brachten jede Menge unerwünschte Publicity, und im Jahre 1963 sagte der Mafia-Aussteiger Joseph Valachi vor dem US-Senat aus, dass Joseph Bonanno nicht nur sein Pate und Mentor gewesen sei, sondern das Oberhaupt einer der fünf »Familien« in New York sei und darüber hinaus dem neunköpfigen nationalen Rat der Mafia angehörte. Ebenfalls 1963 kam es zu ernsthaften Differenzen innerhalb der Bonanno-Organisation, bei denen es um Zwistigkeiten zwischen alten Freunden ging, die Castellamare vierzig Jahre zuvor verlassen hatten. Und nun im Oktober 1964 war Bill Bonanno ebenfalls in all diese Intrigen und Spannungen verstrickt und deshalb in einem Apartment untergetaucht.

Er hatte es gründlich satt, aber es gab wenig, das er hätte tun können. Schon seit mehreren Tagen hatte er weder Rosalie noch seine vier Kinder gesehen, und er fragte sich, wie es ihnen wohl gehen mochte. Er wünschte sich, dass das Verhältnis zwischen ihm und der Familie seiner Frau, den Profacis, sich in den letzten Jahren nicht so sehr verschlechtert hätte. Er und Rosalie waren nun seit sieben Jahren verheiratet, und seit ihrer Hochzeitsreise war viel passiert – zu viel. Er hoffte, dass es ihm gelingen würde, die Dinge wieder ins Lot zu bringen. Was sie beide brauchten, so dachte er, wäre ein Neuanfang, ein zweiter Anlauf unter besseren Vorzeichen, und als sie Anfang des Jahres, im Februar, umgezogen waren in ein Landhaus, das an einer ruhigen, von Bäumen gesäumten Straße in East Meadow auf Long Island gelegen war, hatte er schon geglaubt, dass dies ein erster Schritt in die richtige Richtung gewesen war. Arizona hatten sie endlich den Rücken gekehrt, nachdem das Leben dort vor allem für Rosalie aus einer Reihe von Gründen unerträglich geworden war – einer der Gründe war weiblich und lebte in Phoenix. Also waren sie zurückgekehrt an die Ostküste, wo sie zunächst ein paar Monate in der Villa von Rosalies Onkel Joe Magliocco in East Islip auf Long Island gewohnt hatten, bevor sie sich ein eigenes Haus gesucht hatten.

Die Villa lag auf einem ausgedehnten Grundstück, das im Schutz hoher Mauern und Bäume gelegen war und von scharfen Hunden und bewaffneten Männern bewacht wurde. Joe Magliocco, ein fetter Kraftprotz von über 130 Kilo Lebendgewicht, hatte nach dem Tod von Joseph Profaci im Jahr 1962 die Familiengeschäfte einschließlich der italienischen Lotterie in Brooklyn übernommen. (Rosalies Vater, Salvatore Profaci, war zu diesem Zeitpunkt schon tot – er war noch vor der Hochzeit bei einer Explosion ums Leben gekommen, die sich ereignet hatte, als er an der Maschine seines Motorbootes herumgeschraubt hatte.) Magliocco, ein impulsiver Mann mit nur begrenztem Organisationsvermögen, hatte mit der Leitung der

Familiengeschäfte eine Reihe von Problemen geerbt, wovon das schwerwiegendste in einer Revolte seitens jüngerer Mitglieder der Organisation bestand, die von den Gallo-Brüdern angeführt wurde. Die Kontroverse mit den Gallos war noch in vollem Gange, als Rosalie und Bill Bonanno 1963 bei Magliocco einzogen, und es entging ihnen nicht, dass Maglioccos Situation sich im Spätsommer und Herbst zunehmend verzweifelter gestaltete – Männer kamen und gingen zu den unmöglichsten Tageszeiten, die Hunde waren in ständiger Alarmbereitschaft und Magliocco stets in Begleitung seiner Leibwächter, auch wenn er nur kurze Spaziergänge auf dem Anwesen unternahm.

Eines Morgens im Dezember krabbelte Joseph, der zweijährige Sohn der Bonannos, durch das Esszimmer und patschte mit der Hand hinter die Porzellanvitrine, wo eine geladene Schrotflinte an die Wand gelehnt stand. Die Waffe ging los, und der Schuss riss ein Loch in die Decke und durchschlug den Fußboden des Schlafzimmers, in dem Magliocco gerade im Bett lag. Der fette Mann sprang auf und brüllte, und Rosalie, die sich gerade in einem anderen Teil des Hauses aufhielt und ihr Neugeborenes fütterte, bekam einen Schreikrampf. Das ganze Haus schien plötzlich vor Panik zu vibrieren, alle rannten hin und her und riefen wild durcheinander – bis schließlich der kleine Junge im Erdgeschoss entdeckt wurde, der, erschrocken, aber unversehrt, in seinem roten Schlafanzug auf dem Teppich saß, ein qualmendes Gewehr zu seinen Füßen. Zwei Wochen später starb Joe Magliocco an einem Herzinfarkt.

Ali in Havanna

Es ist ein warmer, windiger Winterabend in Havanna. Die Blätter der Palmen flattern in der Brise, und die bekanntesten Restaurants sind voll von Touristen aus Europa, Asien und Südamerika, denen unverdrossene Gitarristen erbarmungslos ihr Abendständchen bringen – »*Guan-tan-a-mera … guajira … Guan-tan-a-mera*«. Im Café Cantante trifft man auf lärmende Salsa-Tänzer, Mambo-Kings, grunzende Artisten mit freiem Oberkörper, die Tische mit den Zähnen stemmen, und Turban tragende Frauen in eng anliegenden Kleidern, die in Trillerpfeifen blasen, während sie ihre glitzernden Körper in erotischer Raserei kreisen lassen. Ob hier im Café oder in den Restaurants, Hotels und Bars, überall auf der Insel werden hemmungslos Zigaretten und Zigarren konsumiert. An der Ecke einer schwach beleuchteten Straße unweit der manikürten Rasenflächen des mit fünf Sternen ausgezeichneten Hotel Nacional stehen zwei Prostituierte, rauchen und plaudern miteinander. Beide Frauen sind Anfang zwanzig, haben einen kupferfarbenen Teint und tragen verschlissene Miniröcke und rückenfreie Oberteile; während sie sich unterhalten, beobachten sie zwei Männer – der eine schwarz, der andere weiß –, die vor dem geöffneten Kofferraum eines geparkten roten Toyota stehen und um den Preis für die Kisten mit Schwarzmarkt-Havannas feilschen, die sich in ebendiesem Kofferraum befinden.

Bei dem Weißen handelt es sich um einen Ungarn mit kantigem Kinn; er ist Mitte dreißig, trägt einen beigefarbenen Tropenanzug und eine breite gelbe Krawatte und gehört zu Havannas führenden Köpfen im florierenden illegalen Geschäft mit erstklassigen handgerollten kubanischen Zigarren, die unter ihrem lokalen und internationalen Marktpreis den Besitzer wechseln. Der Schwarze ist ein gut gebauter, allmählich erkahlender graubärtiger Mittfünfziger aus Los Angeles. Er heißt Howard Bingham, und egal, welchen Preis der Ungar nennt, stets schüttelt er den Kopf und sagt: »Nein, nein – das ist zu viel!«

»Sie haben sie doch nicht alle!« Der Ungar spricht Englisch mit leichtem Akzent, nimmt eine der Zigarrenkisten aus dem Kofferraum und hält sie Bingham unter die Nase. »Das sind Cohiba Esplendidos! Die besten, die's gibt! In den Staaten zahlen Sie für so eine Kiste tausend Dollar.«

»Ich nicht«, sagt Bingham. Er trägt ein Hawaiihemd; von seinem Hals baumelt eine Kamera. Er ist Fotograf und wohnt im Hotel Nacional, so wie auch sein Freund Muhammad Ali, mit dem er hierher gekommen ist. »Fünfzig Dollar, mehr ist nicht drin.«

»Sie haben sie wirklich nicht alle«, sagt der Ungar, schlitzt das Papiersiegel mit dem Fingernagel auf und öffnet den Kistendeckel, unter dem eine schimmernde Phalanx von Esplendidos mit Bauchbinde zum Vorschein kommt.

»Fünfzig Dollar«, sagt Bingham.

»Hundert Dollar«, beharrt der Ungar. »Und jetzt kommen Sie mal zu Potte! Nicht dass hier noch die Polizei aufkreuzt.« Der Ungar richtet sich auf und blickt über den Wagen in Richtung der palmengesäumten Rasenflächen und der mit Metallstreben verstärkten Laternen entlang der Straße, die zur prächtigen Einfahrt des Hotels führt, in der es von Autos und Menschen nur so wimmelt; als er sich umdreht, fallen ihm die beiden Prostituierten an der Ecke der unweit entfernten Seitenstraße ins Auge, die Zigarettenrauch in seine Richtung blasen. Er runzelt die Stirn.

»Jetzt machen Sie schon«, sagt er zu Bingham und hält ihm die Kiste hin. »Hundert Dollar.«

Howard Bingham raucht nicht. Er, Muhammad Ali und ihre Begleiter werden Havanna morgen wieder verlassen; sie halten sich hier im Rahmen einer fünftägigen humanitären Hilfsaktion auf und haben den vom US-Embargo betroffenen Krankenhäusern eine Flugzeugladung medizinischer Güter zur Verfügung gestellt; nun würde Bingham gern noch eine Kiste vorzüglicher Zigarren als Mitbringsel für seine Freunde in der Heimat erwerben. Aber hundert Dollar sind ihm immer noch zu viel.

»Fünfzig Dollar.« Bingham bleibt eisern, während er einen Blick auf seine Uhr wirft. Dann dreht er dem Ungarn den Rücken zu und marschiert davon.

»Okay, okay«, sagt der Ungar verdrossen. »Fünfzig.«

Bingham greift in die Tasche und holt das Geld hervor; der Ungar reißt es ihm aus der Hand, übergibt ihm die Kiste mit den Esplendidos und springt in den Toyota. Eine der Prostituierten nähert sich Bingham, doch der Fotograf eilt bereits zu seinem Hotel. Heute Abend gibt Fidel Castro einen Empfang für Muhammad Ali, und

Bingham bleibt nur noch eine halbe Stunde, um sich umzuziehen und rechtzeitig am Bus zu sein, der sie ins Regierungsviertel transportieren soll. Dem kubanischen Staatschef wird er eines seiner Fotos überreichen: ein vergrößertes, gerahmtes Porträt von Muhammad Ali und Malcolm X beim Spaziergang durch Harlem anno 1963. Malcolm X war damals siebenunddreißig, nur noch zwei Jahre entfernt von der Kugel, die ihn töten sollte; der einundzwanzigjährige Ali stand kurz davor, den Titel im Schwergewicht zu holen – in einem bemerkenswerten Fight in Miami gegen Sonny Liston, den haushohen Favoriten. Signiert ist das Foto mit den Worten: »Für Präsident Castro von Muhammad Ali«. Unter seinen Namen hat der frühere Champion ein kleines Herz gezeichnet.

Obwohl Muhammad Ali mittlerweile vierundfünfzig Jahre alt ist und vor mehr als fünfzehn Jahren als Profiboxer abgedankt hat, gehört er nach wie vor zu den berühmtesten Menschen dieses Planeten; man kennt ihn auf allen fünf Kontinenten, und während er – angetan mit einem grauen Anzug und einem weißen, bis oben hin zugeknöpften Baumwollhemd, zu dem er allerdings keine Krawatte trägt – durch die Lobby des Hotel Nacional zum Bus geht, nähern sich diverse Gäste und bitten ihn um ein Autogramm. Er leidet am Parkinson-Syndrom, und seine Hände zittern mittlerweile so sehr, dass es ihn etwa dreißig Sekunden kostet, seinen Namenszug zu schreiben; obgleich er sich ohne fremde Hilfe fortbewegt, geht er nur sehr langsam, während Howard Bingham und Yolanda, Alis vierte Frau, stets in seiner Nähe bleiben.

Bingham und Ali haben sich vor fünfunddreißig Jahren in Los Angeles kennen gelernt, kurz nachdem der Boxer ins Profilager gewechselt war und noch bevor er seinen »Sklavennamen« (Cassius Marcellus Clay) abgelegt und sich den Black Muslims angeschlossen hatte. Im Lauf der Jahre wurde Bingham zu seinem engsten Freund. Er hat alle Phasen von Alis Leben fotografisch dokumentiert: seinen dreimaligen Aufstieg und Fall als Schwergewichtschampion; seinen dreijährigen, 1967 verhängten Ausschluss vom Profiboxsport, als er sich geweigert hatte, der US-Armee während des Vietnamkriegs zu dienen (»Ich habe kein Problem mit dem Vietcong«); seine vier Ehen; seine neun Kinder (darunter ein adoptiertes und zwei uneheliche); die unzähligen öffentlichen Auftritte rund um den Globus – in Deutschland, England, Ägypten (wo er mit einem Sohn Elijah Muhammads auf dem Nil segeln ging), Schweden, Libyen, Pakistan (wo er afghanische Flüchtlinge umarmte), Japan, Indonesien, Ghana (wo er ein Dashiki trug und mit Präsident Kwame Nkrumah vor den Kameras posierte), Zaire (wo er George Foreman schlug), Manila (wo er Joe Frazier schlug) … und nun, am letzten Abend seiner Kuba-Reise 1996, ist er unterwegs zu einem Treffen mit einem alternden Kämpen, den er schon seit langem bewundert – einem Mann, der sich trotz des Unwillens von neun amerikanischen Präsidenten, der CIA, der Mafia und diversen militanten kubanoamerikanischen Splittergruppen vierzig Jahre lang ganz oben an der Spitze gehalten hat.

Bingham wartet neben der offenen Tür des Busses, der den Hoteleingang blockiert; Ali aber verweilt noch unter den Gästen in der Lobby, während Yolanda beiseite tritt, um seinen Bewunderern nicht im Weg zu stehen.

Sie ist eine große hübsche Frau von achtunddreißig Jahren, hat ein strahlendes Lächeln und einen von

Sommersprossen übersäten hellen Teint, der ihre nicht rein schwarze Herkunft preisgibt. Ein loses Tuch bedeckt ihren Kopf und ihre Schultern; sie trägt lange Handschuhe und ein maßgeschneidertes farbenprächtiges Kleid, das über ihre Knie reicht. Sie trat vom katholischen Glauben zum Islam über, als sie Ali heiratete, einen sechzehn Jahre älteren Mann, mit dem sie gewisse familiäre Bande vereinten, die in ihre Teenagerzeit im heimatlichen Louisville zurückreichen; ihre Mutter und Alis Mutter waren enge Freundinnen gewesen und gemeinsam zu so manchem von Alis Kämpfen gereist. So war auch Yolanda in Alis Dunstkreis geraten und hatte nicht nur seine Fighter-Seite, sondern auch seine weiblichen Wegbegleiterinnen kennen gelernt, seine Geliebten, seine Ehefrauen, die Mütter seiner Kinder; auch während der siebziger Jahre, als sie zuerst Psychologie an der Vanderbilt University studierte und später ein Betriebswirtschaftsstudium an der UCLA abschloss, blieb sie mit ihm in Verbindung. Und schließlich – während sich Alis Boxerkarriere dem Ende zuneigte, seine dritte Ehe scheiterte und sich sein ohnehin labiler Gesundheitszustand verschlechterte – trat sie ebenso beiläufig wie selbstverständlich in sein Privatleben, wie sie nun darauf wartet, wieder ihren Platz an seiner Seite einzunehmen.

Sie weiß, dass er das Bad in der Menge genießt. Kaum merklich funkeln seine Augen, sein Gesicht ist beinahe unbewegt, und kein Wort dringt über die Lippen des einst sprachgewandtesten aller Champions. Doch das Gehirn hinter der Parkinson'schen Maske funktioniert einwandfrei, und wie immer ist Ali ganz bei der Sache: Auf die Karten und Zettel, die ihm seine Bewunderer reichen, schreibt er stets seinen vollen Namen. »Muhammad Ali«. Er gibt sich nicht mit einem Zeit sparenden »Ali« oder seinen bloßen Initialen zufrieden. Er hat sein Publikum nie mit halben Sachen abgespeist.

Das Publikum am heutigen Abend besteht aus Menschen aus Lateinamerika, Kanada, Afrika, Russland, China, Deutschland und Frankreich. Im Hotel wohnen momentan allein 200 französische Reiseveranstalter, die von der Regierung eingeladen worden sind, um den expandierenden Tourismus auf der Insel zu fördern (letztes Jahr waren es 745000 Besucher, die etwa eine Milliarde Dollar ins Land brachten). Unweit entfernt stehen ein italienischer Filmproduzent mit seiner Freundin und der ehemalige japanische Wrestler Antonio Inoki, der Ali 1976 bei einem Kampf in Tokio eine schwere Knieverletzung zufügte (ihn aber vorgestern Abend herzlich in der Hotelbar umarmte, als sie dort dem kubanischen Pianisten Chucho Valdés lauschten, der Jazzstandards auf einem Flügel russischer Provenienz zum Besten gab); nicht zuletzt lässt sich in der Menge unschwer auch der hoch aufragende dreiundvierzigjährige kubanische Schwergewichtsheld Teófilo Stevenson ausmachen, der dreimalige olympische Goldmedaillengewinner von 1972, 1976 und 1980, der – zumindest auf dieser Insel – ebenso populär wie Ali oder Castro ist.

Auch wenn Stevensons Reputation auf seiner früheren Power und Geschicklichkeit im Ring beruht (auch wenn er nie gegen Ali gekämpft hat), ist er ebenso berühmt dafür, nicht den Angeboten der professionellen Box-Promoter und dem Ruf des Yankee-Dollars erlegen zu sein – obwohl er alles andere als den Eindruck eines armen Mannes macht. Er bewegt sich zwischen seinen Landsleuten wie ein riesiger kubanischer Pfau, hält hohe Positionen in der Sportpolitik inne und erfreut sich genügend weiblichen Interesses, um mittlerweile vier Damen geehelicht zu haben, die lebender Beweis für seinen eklektischen Geschmack sind.

Seine erste Frau war Tanzlehrerin. Seine zweite war Ingenieurin. Seine dritte war Ärztin. Seine vierte und jetzige Frau ist Strafverteidigerin. Sie heißt Fraymari und ist eine mädchenhaft zierliche Dreiundzwanzigjährige mit olivfarbenem Teint, die ihrem Gatten gerade mal bis zur Mitte seines bestickten Guayabera reicht – einem eng anliegenden kurzärmligen Hemd, das seinen athletischen Rumpf betont, seine breiten Schultern und die langen dunkelhäutigen, muskulösen Arme, mit denen er seine Gegner einst daran hinderte, seine attraktiven Latin-Lover-Züge zu entstellen.

Stevenson pflegte stets in aufrechter Haltung zu kämpfen, die er bis heute beibehalten hat. Wenn jemand mit ihm spricht, blickt er auf sein Gegenüber hinunter, ohne dabei je den Kopf zu senken. Sein ehernes Kinn scheint im rechten Winkel an seinem kerzengeraden Rücken festgeschraubt zu sein. Er ist ein stolzer Mann, der sich darin gefällt, seine Statur zur Schau zu stellen. Doch hört er genau zu, insbesondere wenn jene reizende kleine Anwältin das Wort an ihn richtet, mit der er verheiratet ist. Gerade erinnert ihn Fraymari daran, dass sie sich beeilen sollten. Höchste Zeit, in den Bus zu steigen; bestimmt wartet Fidel schon.

Stevenson richtet den Blick auf sie und zwinkert ihr zu. Er hat verstanden. Schließlich ist er Alis offizieller Begleiter während seines Aufenthalts auf der Insel. Bei einem Besuch der Vereinigten Staaten vor zwei Jahren war er Alis Gast; und obwohl er nur ein paar Brocken Englisch beherrscht und Ali kein Spanisch spricht, kann man in ihrer Körpersprache große Ähnlichkeit erkennen.

Stevenson bahnt sich den Weg durch die Menge und legt den rechten Arm sanft um die Schultern seines Gefährten. Dann führt er Ali langsam, aber entschlossen zum Bus.

Der Weg zu Fidel Castros Palast der Revolution führt über eine Nostalgiemeile alter amerikanischer Automobile, die mit knapp dreißig Stundenkilometern dahintuckern – noch aus der Zeit vor dem Embargo stammende Ford-Coupés und Plymouth-Limousinen, DeSotos und LaSalles, Nashes und Studebakers sowie verschiedenste Fahrzeugkreuzungen, zusammenmontiert aus Cadillac-Kühlergrills, Oldsmobile-Achsen und Buick-Stoßdämpfern, geflickt mit Benzintonnenblech und angetrieben von Motoren, die mit Küchenutensilien und Rasenmäherteilen aus der Zeit vor Batista repariert worden sind und die Disziplin des Reparierens auf Kuba zu einer hohen Kunst verfeinert haben.

Bei den Vehikeln etwas neueren Datums handelt es sich selbstredend um Fabrikate, die nicht aus den Vereinigten Staaten stammen: um polnische Fiats, russische Ladas, deutsche Motorroller, chinesische Fahrräder – und nicht zuletzt auch den frisch importierten, auf Hochglanz polierten und klimatisierten japanischen Reisebus, in dem nun Muhammad Ali sitzt und durch ein geschlossenes Fenster hinaus auf die Straße blickt. Gelegentlich hebt er die eine Hand, um einen der winkenden Passanten, Radler oder Autofahrer zu grüßen, die den Bus wiedererkennen, der unzählige Male in den Fernsehnachrichten gezeigt worden ist – auf dem Weg zu all den Kliniken und Sehenswürdigkeiten, die Ali und seine Entourage während ihres terminreichen Aufenthalts besucht haben.

Im Bus hat Ali wie immer eine Reihe für sich allein; er nimmt beide Sitze links hinter dem kubanischen Busfahrer ein. Yolanda sitzt auf der rechten Seite, ein Stückchen weiter vorn, gleich neben dem Fahrer, zwei Handbreit vor der Frontscheibe. Hinter ihr sitzen Teófilo Stevenson, Fraymari und Bingham, der Fotograf. Hinter Ali sitzt ein amerikanischer, 300 Pfund schwerer Drehbuchautor namens Greg Howard, der ebenfalls zwei Sitze okkupiert. Wenngleich Ali und er sich erst seit ein paar Monaten kennen – Howard recherchiert für einen Film über das Leben des Boxers –, hat Howard sich fest als persönlicher Vertrauter des ehemaligen Champs etabliert; als solcher gehört er zu den wenigen, die während dieses Trips Alis Stimme vernommen haben. Ali spricht so leise, dass es unmöglich ist, ihn zu verstehen, wenn er sich unter Leute begibt, weshalb seine öffentlichen Verlautbarungen stets postwendend von Yolanda, Bingham oder Teófilo Stevenson verbalisiert werden – und zuweilen gar von dem korpulenten Drehbuchautor.

»Ali in seiner Zen-Periode«, hat Greg Howard Alis Schweigen mehr als einmal in Worte gefasst. So wie auch Ali bewundert er, was er bislang auf Kuba gesehen hat – »Kein Rassismus weit und breit« –, und als Schwarzer identifiziert er sich schon lange mit Alis Unzufriedenheit und Protesthaltung. In seiner Abschlussarbeit für die Universität Princeton analysierte er die Rassenunruhen in Newark 1967, und momentan arbeitet er an einem

Hollywood-Skript über die schwarzen Baseball-Ligen vor dem Zweiten Weltkrieg. Sein kommendes Werk über Ali sieht er in einer Linie mit *Gandhi*.

Die zwei Dutzend Sitze hinter den Plätzen, die stillschweigend für Alis engste Vertraute reserviert worden sind, nehmen der Generalsekretär des Kubanischen Roten Kreuzes und die Vertreter der amerikanischen Hilfsorganisationen ein, die Medikamente und medizinische Geräte im Wert von 500000 Dollar gespendet haben, sowie zwei kubanische Dolmetscher und ein Dutzend Vertreter der amerikanischen Medien, darunter der CBS-TV-Kommentator Ed Bradley mit seinen Aufnahmeleitern und seiner Kameracrew.

Ed Bradley ist ein charmanter, aber reservierter Individualist, dessen linkes Ohr seit einem Jahrzehnt im Fernsehen ein kleiner runder Ring schmückt – was Bradley nach einigen weniger schmeichelhaften Kommentaren von Kollegen wie Mike Wallace und Andy Rooney zu folgender Replik veranlasste: »Es ist *mein* Ohr.« Außerdem ist Bradley für seine Schwäche für Zigarren bekannt; und während er es sich im Mittelteil des Busses neben seiner aus Haiti stammenden Freundin bequem macht, nutzt er die Laisser-faire-Einstellung des kommunistischen Regimes, was Tabak betrifft, voll aus und pafft eine Cohiba Rusto, für die er im Tabakwarenladen des Nacional den vollen Preis bezahlt hat – eine Zigarre, der nun eine kostspielige Duftwolke entströmt, die der Nase seiner Freundin (die selbst gelegentlich Zigarren raucht) schmeichelt, allerdings auf wenig Gegenliebe bei den dahinter sitzenden zwei Damen stößt, die einer kalifornischen Hilfsorganisation angehören.

Tatsächlich haben sich die beiden Frauen gerade noch über die Rauchgewohnheiten unzähliger Menschen unterhalten, denen sie hier in Havanna über den Weg gelaufen sind; besonders enttäuscht zeigten sie sich, als sie wenige Stunden zuvor feststellen mussten, dass die Kinderklinik, die sie besuchten (und die obendrein Hilfsgüter erhalten hat), von drei dem Tabak verfallenen Kinderärzten geleitet wird. Als eine der beiden Amerikanerinnen, eine Blondine aus Santa Barbara, einen der Zigaretten rauchenden Ärzte indirekt dafür tadelte, dass er mit so schlechtem Beispiel vorangeht, musste sie sich belehren lassen, dass die Gesundheitsstatistiken der Insel hinsichtlich Alter, Kindersterblichkeit und genereller Leistungsfähigkeit im Vergleich zu amerikanischen Statistiken weit besser aussehen und dass die Einwohner von Havanna höchstwahrscheinlich weniger gesundheitsgefährdet sind als die Bürger von Washington. Andererseits räumte der Doktor ein, dass Rauchen selbstverständlich nicht gut für die Gesundheit sei – schließlich hat Fidel selbst das Rauchen aufgegeben, wenngleich »einige Bürger«, wie er leicht untertrieben hinzufügte, seinem guten Beispiel bedauerlicherweise nicht gefolgt seien.

Nichts, was der Doktor sagte, konnte die Dame aus Santa Barbara beschwichtigen. Doch ging sie weder während der Pressekonferenz in der Klinik auf Konfrontationskurs, noch verlangte sie während der vielen Busfahrten von Ed Bradley, er möge seine Zigarre ausmachen. »Mr. Bradley verunsichert mich«, vertraute sie ihrer Sitznachbarin an. Gleichwohl tat er nichts Verbotenes auf dieser Insel, die der Doktor »die Wiege des besten Tabaks der Welt« genannt hatte. Die einzige amerikanische Zeitschrift, die man an fast allen kubanischen Zeitungsständen erhält, ist *Cigar Aficionado.*

Der Bus passiert die Plaza de la Revolución und hält vor einem Checkpoint nahe den großen Glastüren, die ins marmorne Foyer eines in den fünfziger Jahren errichteten Gebäudes führen – dem Zentrum der einzigen kommunistischen Festung in der westlichen Hemisphäre.

Als sich die Bustür öffnet, beugt sich Greg Howard vor, ergreift den weit über hundert Kilo schweren Ali an Armen und Schultern und hilft ihm auf; als Ali sich hochgekämpft hat, reckt er die Hände nach hinten, ergreift die ausgestreckten Hände des fast drei Zentner wiegenden Drehbuchautors und zieht ihn in stehende Position. Keiner der beiden Männer lässt sich bei dieser Prozedur – die die Woche hindurch an ausnahmslos jeder Haltestelle durchexerziert worden ist – anmerken, dass er die Hilfe des anderen in Anspruch genommen hat, obwohl Ali durchaus bemerkt, dass sich einige Passagiere über den *pas de deux* amüsieren, und es sich nicht nehmen lässt, seinen Freund gelegentlich ein wenig durch den Kakao zu ziehen. Bei einem Besuch des im sechzehnten Jahrhundert erbauten Morro-Kastells – wo der ehemalige Champ Teófilo Stevenson über eine hundertsiebzehnstufige Wendeltreppe nach oben gefolgt war, um von dort den Panoramablick über den Hafen von Havanna zu genießen – hatte er unten im Hof den verloren dastehenden Greg Howard erspäht. Obwohl er genau wusste, dass Howard aufgrund seiner Leibesfülle keine Chance hatte, die schmale Treppe zu erklimmen, begann Ali plötzlich, mit den Armen zu wedeln und ihm zu bedeuten, er solle doch zu ihnen nach oben kommen.

Castros Sicherheitsleute, die Listen mit den Namen der Buspassagiere dabeihaben, führen Ali und die anderen durch die Glastüren und zu zwei Aufzügen; nach einer kurzen Fahrt mit dem Aufzug werden die Gäste durch einen Flur und schließlich in einen großen Empfangsraum mit weißen Wänden geleitet, in dem sie erfahren, dass Fidel Castro sich in Kürze zu ihnen gesellen wird. Der Raum hat hohe Decken, ist mit einer braunen Ledersitzgruppe und Topfpalmen in allen Ecken nur spartanisch eingerichtet. Neben einem Sofa steht ein Tisch mit zwei Telefonen, das eine grau, das andere rot. Über dem Sofa hängt ein Ölgemälde, auf dem das westlich von Havanna gelegene Viñales-Tal abgebildet ist; auf dem runden Tisch vor dem Sofa steht eine groteske Stammesfigur, die jener Statue ähnelt, die Ali ein paar Tage zuvor an einem Schmuckstand auf der Plaza Vieja in Augenschein genommen hat, als er dort mit der Gruppe unterwegs war. Bei dieser Gelegenheit hatte er Howard Bingham etwas ins Ohr geflüstert, woraufhin dieser Alis Worte dann laut wiederholte: »Joe Frazier.«

Nun steht Ali in der Mitte des Raums, flankiert von Bingham, der unter dem Arm das gerahmte Foto hält, das er Castro überreichen will. Teófilo Stevenson und Fraymari stehen den beiden gegenüber. Die kleine, zartgliedrige Fraymari hat scharlachroten Lippenstift aufgetragen und ihr Haar matronenhaft hochgesteckt in dem Wunsch, die Jugend ihrer dreiundzwanzig Jahre vergessen zu machen und erwachsener zu erscheinen, doch in der Gesellschaft der drei erheblich älteren, größeren und massigeren Männer wirkt sie eher wie ein magersüchtiger Teenager. Alis Gattin und Greg Howard mischen sich mal hier, mal dort unter die anderen Geladenen, die sich in gedämpftem Ton entweder auf Englisch oder Spanisch unterhalten, manche mithilfe der Dolmetscher. Alis Hände zittern unkontrolliert; da seine Begleiter mittlerweile aber an diesen Anblick gewöhnt sind, beachtet ihn lediglich das neben der Tür postierte Sicherheitspersonal.

Unweit der Tür wartet auch das vierköpfige CBS-Kamerateam auf Castro; Ed Bradley steht bei den Kameramännern, unterhält sich mit ihnen und seinen zwei Aufnahmeleitern, wenngleich diesmal ohne Zigarre. Weit und breit gibt es keinen Aschenbecher! Höchst ungewöhnlich hier auf Kuba – möglich, dass es sich um ein Politikum handelt. Vielleicht haben sich die Ärzte in der Kinderklinik die Missbilligung der blonden Dame aus Santa Barbara zu Herzen genommen und Castros Lakaien Bescheid gegeben, die ihrer amerikanischen Wohltäterin nun mit einer versöhnlichen Geste begegnen.

Da die Sicherheitsleute die Gäste nicht gebeten haben, Platz zu nehmen, bleiben alle stehen – zehn Minuten lang, zwanzig Minuten lang, dann eine volle halbe Stunde. Teófilo Stevenson verlagert sein Gewicht von einem Fuß auf den anderen, während er über die Köpfe der anderen zur Tür starrt, durch die Castro eintreten soll – vorausgesetzt, dass er noch auftaucht. Die Erfahrung hat Stevenson gelehrt, dass man bei Castro nie wissen kann. Stets gibt es Krisen irgendwelcher Art auf Kuba, und schon lange geht das Gerücht auf der Insel, dass Castro Nacht für Nacht an anderen Orten schläft. Die Identität seiner Bettgespielinnen ist selbstredend Staatsgeheimnis. Vor zwei Tagen durften Stevenson, Ali und die anderen bis Mitternacht im Hotel Biocaribe (auch hierher hatte Bingham das gerahmte Foto mitgebracht) ausharren, wo ein Empfang mit Castro stattfinden sollte. Der aber ließ sich nicht blicken, und weitere Erklärungen wurden nicht abgegeben.

Mittlerweile ist es fast neun Uhr. Ali zittert ohne Unterlass. Keiner hat zu Abend gegessen. Beim Smalltalk gehen allmählich die Themen aus. Ein paar Gäste würden gern rauchen. Das Regime hat darauf verzichtet, eine Bar einzurichten. Es handelt sich um eine Cocktailparty ohne Cocktails. Es gibt nicht einmal Kanapees oder Erfrischungsgetränke. Gesteigerte Unruhe macht sich breit – bis plötzlich ein kollektiver Seufzer der Erleichterung ertönt. Der allseits bekannte Mann mit dem Bart betritt den Raum, angetan mit seiner Guerillakluft. Mit fideler, hochtönender Stimme spricht er in seinen Bart und verkündet: *»Buenas noches!«*

In noch höherem Tonfall wiederholt er sein *»Buenas noches«*, winkt dabei nach links und rechts, während er auf seinen Ehrengast zueilt, und plötzlich wird Alis ausdrucksloses Gesicht halb von Castros wallendem grauen Bart verdeckt, als der *Comandante* seinen Gast mit einer sanften Umarmung begrüßt.

»Ich freue mich, Sie zu sehen«, lässt Castro dem ehemaligen Champion über die ihn begleitende Dolmetscherin ausrichten, einer hübschen hellhäutigen Frau mit kultiviertem englischen Akzent. »Ich freue mich wirklich sehr, Sie zu sehen«, fährt Castro fort, während er einen Schritt zurücktritt, um Ali in die Augen zu sehen; dabei hält er weiter dessen zitternde Arme fest. »Ich danke Ihnen für Ihren Besuch.« Dann lässt Castro ihn los und wartet auf eine Antwort. Ali sagt nichts. Seine Miene bleibt wie üblich starr und huldvoll, und trotz des Blitzlichtgewitters um ihn herum blinzelt er nicht ein einziges Mal. Als sich sein Schweigen weiter hinzieht, wendet sich Castro an seinen alten Freund Teófilo Stevenson und täuscht einen Haken vor. Der kubanische Boxchampion richtet den Blick auf ihn und registriert mit großen Augen Castros Lächeln. Im selben Moment fällt dem kubanischen Staatschef die zierliche Brünette an Stevensons Seite ins Auge.

»Wer ist denn die junge Dame, Stevenson?«, fragt Castro laut in deutlich anerkennendem Tonfall. Doch bevor Stevenson darauf etwas erwidern kann, entgegnet sie, einen Anflug juristischer Verschnupftheit in der Stimme: »Wollen Sie damit sagen, dass Sie sich nicht an mich erinnern?«

Castro scheint verblüfft. Er lächelt vage, versucht seine Verwirrung zu überspielen. Mit fragendem Blick wendet er sich an die kubanische Boxlegende, doch Stevenson sieht bloß starr geradeaus, wohl wissend, dass Castro Fraymari bereits bei früheren Empfängen kennen gelernt hat, wenngleich sich der kubanische Staatschef bedauerlicherweise nicht mehr erinnern kann; ebenso bedauerlich ist allerdings, dass Fraymari sich nun wie eine Staatsanwältin aufführt.

»Sie haben meinen Sohn in den Armen gehalten, noch bevor er ein Jahr alt war!«, erinnert sie ihn, während Castro weiter grübelt. Die Menge merkt auf; die Fernsehkameras laufen.

»Bei einem Volleyballspiel?«, fragt Castro zögernd.

»Nein, nein«, mischt sich Stevenson ein, ehe Fraymari darauf antworten kann, »das war meine Exfrau. Die Ärztin.«

In gespielter Missbilligung schüttelt Castro den Kopf. Bevor er sich abwendet, gibt er Stevenson allerdings noch folgenden Rat: »Sie sollten Namensschildchen für Ihre Frauen anfertigen lassen.«

Castro konzentriert seine Aufmerksamkeit wieder auf Muhammad Ali. Er mustert Alis Miene.

»Wo ist denn Ihre Frau?«, fragt er leise. Ali antwortet nicht. Alle wenden die Köpfe, bis Howard Bingham Yolanda am anderen Ende des Raums erspäht und ihr bedeutet, sich zu Castro zu gesellen.

Ehe das geschieht, tritt Bingham vor und überreicht Castro das Foto, das Ali und Malcolm X anno ’63 in Harlem zeigt. Castro hebt es in Augenhöhe und betrachtet es einige Sekunden lang. Als die Aufnahme gemacht wurde, war Castro in Kuba seit fast vier Jahren an der Macht. Damals war er siebenunddreißig, 1959, als er den von den USA gestützten Diktator Fulgencio Batista besiegte, wobei die Chancen weitaus schlechter standen als bei Alis späterem Sieg über den vermeintlich unbesiegbaren Sonny Liston. Tatsächlich hatte Batista bereits 1956 Castros Tod verkünden lassen. Castro, der sich zu jener Zeit an einem geheimen Ort in den Bergen aufgehalten hatte, war damals dreißig Jahre alt und trug noch keinen Bart, ein frustrierter, von Jesuiten erzogener Rechtsanwalt, der aus einer Großgrundbesitzer-Familie stammte und scharf auf Batistas Job war. Mit zweiunddreißig hatte er ihn. Batista war gezwungen, in die Dominikanische Republik zu fliehen.

Zu jener Zeit war Muhammad Ali noch Amateurboxer. Seine große Stunde schlug 1960, als er bei den Olympischen Spielen in Rom eine Goldmedaille für die USA errang. In den späten Sechzigern agierten er und Castro auf der Weltenbühne als Gegner des amerikanischen Establishments – und nun, in der Dämmerung ihres

Lebens, an diesem Winterabend in Havanna, treffen sie zum ersten Mal aufeinander: der stumme Ali und der auf seiner Insel isolierte Castro.

»*Que bien!*«, sagt Castro zu Howard Bingham, ehe er das Foto seiner Dolmetscherin zeigt. Dann stellt Bingham ihm Alis Frau vor. Nachdem sie sich über die Dolmetscherin begrüßt haben, fragt er sie erstaunt: »Sie sprechen kein Spanisch?«

»Nein«, sagt sie leise. Sie beginnt, das linke Handgelenk ihres Mannes zu streicheln, an dem er eine 250 Dollar teure Schweizer Armeeuhr trägt, die sie ihm geschenkt hat. Es ist das einzige Schmuckstück, das er trägt.

»Aber Sie haben doch spanisch gesprochen, als ich Sie die Woche im Fernsehen gesehen habe«, fährt Castro verwundert fort, ehe ihm aufgeht, dass ihre Stimme offenbar synchronisiert war. »Leben Sie in New York?«

»Nein, in Michigan.«

»Kalt«, sagt Castro.

»Sehr kalt«, erwidert sie.

»In Michigan sprechen bestimmt nicht viele Leute Spanisch, oder?«

»Nein, nicht viele«, sagt sie. »Aber in anderen Staaten schon. In Kalifornien, New York und« – sie hält kurz inne – »Florida.«

Castro nickt. Er braucht ein paar Sekunden, um sich eine neue Frage auszudenken. Smalltalk war noch nie die Stärke dieses Mannes, dessen Reden bombastische Monologe darstellen, die Stunden dauern können. Und nun steht er hier, in einem Raum mit dutzenden von Kameraleuten und Pressefotografen, ein Talkmaster mit einem sprachlosen Ehrengast. Doch Fidel Castro lässt nicht locker, fragt Alis Frau, was ihre Lieblingssportart ist.

»Ich spiele gelegentlich Tennis«, sagt Yolanda und fragt zurück: »Spielen Sie auch Tennis?«

»Tischtennis«, antwortet er, fügt dann aber eilig hinzu, dass er in seiner Jugend ebenfalls im Ring aktiv war. »Ich war Feuer und Flamme fürs Boxen...«, beginnt er sich zu erinnern, doch ehe er den Satz beenden kann, erspäht er die langsam hochkommende Rechte Alis, die sich direkt auf sein Kinn zubewegt! Überschwänglicher Jubel hallt durch den Raum, während Castro in Richtung Stevenson ausweicht. *»Asesorame!«*, ruft er. »Hilf mir!«

Stevenson streckt die langen Arme aus, packt Ali von hinten an den Schultern und drückt sie sanft; als er ihn wieder loslässt, bauen sich die beiden Ex-Champions voreinander auf und spielen im Zeitlupentempo Posen kämpfender Preisboxer nach – Tänzeln, Täuschen, Schlagen, Ducken –, alles, ohne einander zu berühren, begleitet von drei Minuten währendem Beifall, dem Klicken der Kameras und einer gewissen Erleichterung unter Alis Freunden, da er sich nun ganz offensichtlich entschlossen hat, mit ihnen an einem Strang zu ziehen. Ali spricht immer noch kein Wort; seine Miene ist nach wie vor unergründlich, doch wirkt er nun nicht mehr so unnahbar, so unzugänglich, und er windet sich auch nicht aus Stevensons Umarmung, als dieser Castro eilfertig von einem Schaukampf erzählt, den er und Ali vor ein paar Tagen vor hunderten von Fans und einigen aufstrebenden Inseltalenten bestritten haben.

Stevenson lässt dabei nicht durchblicken, dass es sich letztlich bloß um eine weitere Fotosession für die Presse handelte, bei der sie in Straßenkleidung ein bisschen

Hobby-Sparring ohne erheblichen Körperkontakt betrieben hatten. Dann aber war Stevenson aus dem Ring geklettert, auf dass sich Ali einer doch etwas größeren Herausforderung stelle: zwei verkürzten Runden gegen zwei junge Kampfhähne im Grundschulalter, die eindeutig nicht gekommen waren, um sich bei einer Kindervorstellung vorführen zu lassen. Sie waren gekommen, um den Champ auf die Bretter zu schicken. Ihre kriegerischen kleinen Körper, die heißen Fäuste und behelmten Köpfe waren beseelt von Kampfeslust und Ehrgeiz; und während sie vehement loslegten, wilde Schwinger austeilten und zum frenetischen Gegröle ihrer Freunde und Verwandten großspurig hin und her tänzelten, konnte man sich nur allzu gut vorstellen, wie sie sich einst gegenüber ihren Enkelkindern brüsten würden: Eines schönen Tages im Winter '96 habe ich Muhammad Ali ausgeknockt! Allerdings war Ali, jedenfalls an diesem Tag, immer noch zu schnell für sie. Er wich ihnen aus, verlagerte sein Gewicht, tänzelte auf seinen spitzen schwarzen Lederschuhen und bewies einmal mehr, dass sein Körper pure Bewegung war – die Krankheit verlor sich in seinem *Shuffle*, in den Haken seines *Butterfly Sting*, die einen halben Meter über den Köpfen seiner hitzigen Angreifer hinwegpfiffen, den wieselflinken *Dips* seines *Rope-a-dope*, mit dem er George Foreman in Zaire zermürbt hatte, in seinem für alle Zeiten unvergesslichen Stil, der seinem anwesenden Freund und Fotografen Freudentränen in die Augen steigen ließ und den übergewichtigen Drehbuchautor dazu veranlasste, einen Schlachtruf auszustoßen, der sich im Johlen der spanischsprachigen Menge verlor: »Ali ist topfit! Ali ist topfit!«

Teófilo Stevenson hebt Alis rechten Arm hoch über Castros Kopf; mehrere Minuten lang posiert das Trio im Blitzlichtgewitter, während die Pressefotografen ihre Bilder schießen. Dann bemerkt Castro, dass Fraymari ein paar Meter abseits steht und sie beobachtet. Sie lächelt nicht. Castro nickt ihr zu. Er bedeutet einem der Fotografen, ein Bild von Fraymari und ihm zu machen. Die Spannung löst sich aber erst, nachdem sich auch ihr Gatte dazugesellt hat und Castro rasch nachfragt, wie es ihrem gemeinsamen Sohn geht, der noch nicht ganz zwei Jahre alt ist.

»Lässt sich schon absehen, ob er mal so groß und stark wird wie sein Vater?«, fragt Castro.

»Ich schätze schon«, sagt Fraymari und sieht dabei zu ihrem Gatten auf. Wenn sie mit Castro redet, muss sie ebenfalls den Kopf recken, da der kubanische Staatschef über 1,80 m groß ist und fast genauso kerzengerade dasteht wie ihr Ehemann. Nur der 1,88 m große Ali, der mit Bingham rechts von ihrem Gatten steht (und ihm bezüglich Hautfarbe, Kopfform und Ziegelfrisur frappierend ähnelt), wirkt kleiner, als er tatsächlich ist, was – krankheitsbedingt – an seinen hängenden Schultern liegt.

»Was wiegt der Kleine denn?«, fährt Castro fort.

»Mit einem Jahr hat er schon sechsundzwanzig Pfund gewogen«, sagt Fraymari. »Drei Pfund mehr als andere Kinder seines Alters. Mit neun Monaten konnte er schon laufen.«

»Sie stillt ihn immer noch«, sagt Teófilo Stevenson mit zufriedener Miene.

»Muttermilch ist eben ausgesprochen nahrhaft«, stimmt Castro zu.

»Manchmal verwechselt der Kleine meine Brust mit

der seiner Mutter«, sagt Stevenson. Er könnte noch hinzufügen, dass sein Sohn Alis Sonnenbrille mit einem Beißring verwechselt hat. Der Kleine hat überall Bissspuren auf den Bügeln hinterlassen, als er während einer Busfahrt auf Alis Brille herumkaute.

Während sich ein CBS-Richtmikro zu ihnen herabsenkt, zeigt Castro auf Stevensons Bauch und sagt: »Und was bringen Sie auf die Waage?«

»Ungefähr 107 Kilo.«

»Siebzehn mehr als ich«, sagt Castro und fährt missmutig fort: »Ich esse sehr wenig. Sehr, sehr wenig. Meine Diät wird nie genau bemessen. Ich nehme in etwa fünfzehnhundert Kalorien zu mir – weniger als dreißig Gramm Protein am Tag.«

Castro klopft sich mit der Hand auf den tatsächlich relativ flachen Bauch. Sollte er einen Spitzbauch haben, wird dieser von seiner maßgeschneiderten Uniform bestens kaschiert. Für einen Siebzigjährigen scheint er in bester Verfassung zu sein. Sein Teint ist gesund und straff, sein Blick lebhaft und wachsam und sein glänzendes graues Haupthaar voll wie eh und je. Wie sehr er auf sein Erscheinungsbild Acht gibt, zeigt sich von seinen manikürten Fingernägeln bis zu seinen bestens gepflegten Stiefeln, deren Hochglanzpolitur ganz bestimmt nicht von der Spucke eines seiner Lakaien stammt. Nur sein Bart scheint zu einem anderen Mann, zu einer anderen Ära zu gehören. Der Bart ist auffällig lang und struppig. Strähnige weiße Haare verflechten sich mit ausgeblichenen schwarzen Zotteln, hängen vor seiner Uniform wie ein verschlissenes Sterbehemd. Es ist der Bart, den er sich damals in seinem Unterschlupf in den Bergen hat wachsen lassen. Castro streicht sich pausenlos darüber, als wolle er so den früheren Glanz seiner Barttracht wiederbeleben.

Nun richtet Castro den Blick auf Ali.

»Haben Sie Hunger?« Er hat völlig vergessen, dass Ali bislang keinen Ton von sich gegeben hat.

»Wo ist denn Ihre Frau?«, fragt Castro dann laut. Howard Bingham ruft nach ihr, da Yolanda sich erneut entfernt hat.

Als sie sich zu ihnen gesellt, zögert Castro einen Augenblick. Er ist sich nicht ganz sicher, mit wem er es zu tun hat. Ihm wurden inzwischen dutzende von Gästen vorgestellt, ganz abgesehen davon, dass diese sich wegen des Gedrängels der Fotografen dauernd neu im Raum verteilen; daher weiß Castro nicht genau, ob die Frau neben ihm Muhammad Alis Gattin, Ed Bradleys Freundin oder irgendeine andere Dame ist, die keinen bleibenden Eindruck bei ihm hinterlassen hat. Nachdem er sich bei der Ehefrau des einen der mehrfach verheiratet gewesenen Ex-Champions bereits einen Fauxpas erlaubt hat, wartet Castro auf einen Fingerzeig seiner Dolmetscherin. Bloß kommt keiner. Glücklicherweise muss er sich über weibliche Wählerstimmen keine Gedanken machen – um überhaupt keine Wählerstimmen, um genau zu sein –, doch gibt er trotzdem einen erleichterten Seufzer von sich, als Yolanda sich noch einmal als Alis Gattin vorstellt.

»Ah, Yolanda«, wiederholt Castro. »Ein Name, wie er einer Königin gebührt.«

»Bei uns zu Hause bin ich das ja auch«, erwidert sie.

»Und ist Ihr Gatte ein guter Esser?«

»Ja. Vor allem mag er gern Süßes.«

»Ich lasse Ihnen gern ein wenig von unserer guten

kubanischen Eiscreme nach Michigan schicken«, sagt Castro. Ohne eine Antwort ihrerseits abzuwarten, fährt er fort: »In Michigan ist es sehr kalt, nicht wahr?«

»Ja«, erwidert sie, ohne sich anmerken zu lassen, dass sie bereits über das Winterwetter in Michigan geplaudert haben.

»Und wie hoch liegt der Schnee dort?«

»Unsere Gegend ist vom Blizzard verschont geblieben.« Yolanda spricht von einem Sturm, der im Januar über Michigan hinweggefegt ist. »Aber ein bis anderthalb Meter Schnee sind keine Seltenheit.«

Teófilo Stevenson unterbricht die beiden und erzählt, dass er im vergangenen Oktober in Michigan war.

»Oh.« Castro zieht eine Augenbraue hoch. Er erwähnt, dass er zur selben Zeit ebenfalls in den USA war (beim fünfzigsten Jahrestag der UN). Er fragt, wie lange Stevenson drüben war.

»Neunzehn Tage war ich dort«, sagt Stevenson.

»Neunzehn Tage!«, wiederholt Castro. »Länger als ich.« Castro murrt, dass seine Aufenthaltsgenehmigung auf fünf Tage beschränkt war und er New York nicht verlassen durfte.

»Nun ja, *Comandante*«, erbietet sich Stevenson spontan, auch wenn er dabei ein wenig herablassend klingt, »wenn Sie wollen, zeige ich Ihnen gelegentlich mal die Videos, die ich dort gemacht habe.«

Stevenson scheint sich in Gegenwart des kubanischen Staatschefs ausgesprochen wohl zu fühlen. Der mag dessen Ungezwungenheit vielleicht sogar gewohnheitsmäßig ermutigt haben, doch offenbar ist ihm der Umgangston der Boxlegende doch eine Spur zu jovial, weshalb er ihm kurzerhand einen gekonnten Dämpfer verpasst.

»Haben Sie Ihre Frau«, fragt Castro kühl, »eigentlich mit in die USA genommen? Die Anwältin?«

Stevenson erstarrt. Sein Blick schweift zu seiner Gattin, die jedoch den Blick abwendet.

»Nein«, sagt Stevenson. »Ich bin allein geflogen.«

Abrupt verlagert Castro seine Aufmerksamkeit auf die andere Seite des Raums, wo sich die CBS-Kameracrew in Stellung gebracht hat. Er fragt Ed Bradley: »Und was machen Sie so?«

»Wir drehen einen Film über Ali«, erklärt Bradley. »Wir sind mit nach Kuba geflogen, um ihn auf seiner Reise zu begleiten, und ...«

Bradleys Stimme verliert sich in plötzlich aufbrandendem Gelächter und Applaus. Als sie sich umdrehen, stellen sie fest, dass Muhammad Ali erneut jedermanns Aufmerksamkeit auf sich gelenkt hat. Er reckt die zitternde linke Faust in die Luft; doch statt eine Boxerpose einzunehmen, zieht er mit einem Mal langsam, ja, geradezu dramatisch aufreizend den Zipfel eines roten Seidentaschentuchs zwischen Zeigefinger und Daumen hervor.

Als er das Taschentuch komplett zutage gefördert hat, lässt er es ein paar Augenblicke lang in der Luft baumeln, kommt immer näher, wedelt damit vor der Stirn des schreckerstarrten Castro herum. Ali scheint wie von Dämonen besessen. Starren Blickes fixiert er Castro und die anderen, während nicht das geringste Anzeichen darauf hindeutet, dass der donnernde Applaus überhaupt an seine Ohren dringt. Dann stopft er das Taschentuch mit den spitzen Fingern seiner Rechten zurück in die geballte Faust, um seinem Publikum im selben Moment auch schon die offene Handfläche zu präsentieren – und siehe da, das rote Taschentuch ist verschwunden.

»Wo ist es?«, ruft Castro, ganz offensichtlich bass erstaunt. Er tritt auf Ali zu, inspiziert dessen Hände und wiederholt: »Wo ist es? Wo haben Sie es versteckt?«

Alle, die die Woche über mit Ali unterwegs waren, wissen genau, wo er das Taschentuch versteckt hat. Sie haben ihn dutzende von Malen dabei beobachtet, wie er seinen Trick vor Patienten und Ärzten zum Besten gegeben hat, ebenso wie vor unzähligen Touristen in der Hotellobby oder während seiner Spaziergänge durch die Stadt. Bei jeder Vorführung enthüllte er anschließend, was dahintersteckte. In seiner Faust verbirgt er einen fleischfarbenen Gummidaumen, in dem das Taschentuch steckt, das er schließlich mit den Fingern der anderen Hand zutage fördert; und wenn er es zurückschiebt, stopft er es tatsächlich wieder in den Gummidaumen, den er schließlich über seinen rechten Daumen stülpt. Wenn er dann die Faust öffnet, erblicken die Uneingeweihten unter seinen Zuschauern nur die bloßen Handflächen. Das Geheimnis seiner Magie bringt ihm stets zusätzlichen Beifall von den Wissenden ein.

Nachdem Ali auch Castro den Trick erklärt hat, reicht er Castro den Gummidaumen, worauf dieser so begeistert reagiert wie den ganzen Abend noch nicht: »Lassen Sie es mich auch mal versuchen – das ist ja eine außergewöhnliche Nummer!« Nachdem Howard Bingham – der den Trick ebenfalls von Ali gelernt hat – ein paar Minuten mit Castro geübt hat, führt dieser das Kunststück mit Geschick und Schwung vor, womit er nicht nur seinen Ehrgeiz als Zauberer unter Beweis stellt, sondern obendrein die Gäste zu neuerlichen Beifallsstürmen hinreißt.

Seit Alis kleiner Einlage sind mittlerweile zehn Minuten verstrichen. Es ist bereits 21.30 Uhr, und Ed Bradley, dessen Unterhaltung mit Castro vorhin unterbrochen wurde, macht sich Sorgen, dass der kubanische Staatschef womöglich den Raum verlassen wird, ehe Bradley ihm die vorbereiteten Fragen stellen kann. Bradley tritt zu Castros Dolmetscherin und sagt mit betont deutlicher Stimme: »Würden Sie ihn bitte fragen, ob er … Alis Karriere aktiv verfolgt hat?«

Die Dolmetscherin wiederholt die Frage. Castro wendet sich den CBS-Kameras zu und erwidert: »Ja, ich erinnere mich noch, wie damals über einen möglichen Kampf zwischen den beiden« – er nickt in Richtung von Stevenson und Ali – »gesprochen wurde. Außerdem erinnere ich mich an seinen Fight in Afrika.«

»In Zaire«, hebt Bradley den Schauplatz von Alis Sieg über George Foreman hervor. Dann fährt er fort: »Wie groß war sein Einfluss hier auf Kuba? Immerhin war er ja auf seine Weise ebenso revolutionär wie …«

»Immens«, sagt Castro. »Er wurde bewundert und verehrt – als Sportler, als Boxer, als Mensch. Wir haben immer große Stücke auf ihn gehalten. Obwohl ich nie geglaubt hätte, ihn eines Tages persönlich treffen zu dürfen – was für eine edle Geste von ihm, uns mit Medikamenten zu versorgen und unsere Polikliniken zu besuchen. Es ist mir eine große Freude, ihn endlich kennen zu lernen, seine Gesellschaft genießen zu dürfen. Aus seiner Persönlichkeit sprechen Kraft und Warmherzigkeit.«

Castro redet, als befände sich Ali gar nicht im Raum, obwohl er nur ein paar Schritte entfernt steht. Ali hält seine starre Fassade weiter aufrecht, selbst als Stevenson ihm auf Englisch ins Ohr flüstert: »Muhammad, Muhammad, warum du nicht sprechen?« Dann dreht sich Stevenson zu dem hinter ihm stehenden Journalisten um: »Aber er sprechen. Mit mir er sprechen.« Stevenson verstummt, als Castro einen Blick zu ihm hinüberwirft, während er sein Gespräch mit Bradley fortsetzt: »Wie schön, dass er und Stevenson sich bereits kennen gelernt haben.« Nach einer Pause fügt Castro hinzu: »Gut, dass sie nie gegeneinander angetreten sind.«

»Er ist sich da nicht so sicher«, sagt Bradley mit lächelndem Blick auf Stevenson.

»Ich finde, zwischen den beiden besteht eine wunderbare Freundschaft«, beharrt Castro freundlich.

»Sie fühlen sich einander verbunden«, sagt Bradley.

»Ja«, sagt Castro. »Das ist wahr.« Er blickt zu Ali, dann zu Stevenson, als würde er nach einer tiefgehenderen Antwort suchen.

»Und wo wird der Film gezeigt?«, fragt er Bradley schließlich.

»In meiner Sendung. *Sixty Minutes.*«

»Wann?«

»In circa vier Wochen«, sagt Bradley und informiert Castros Dolmetscherin: »Das ist die Sendung, in der der *Comandante* schon mehrmals von Dan Rather interviewt worden ist. Damals, als es noch seine Sendung war.«

»Und wer macht sie jetzt?«, will Castro wissen.

»Ich«, erwidert Bradley.

»Sie«, sagt Castro, während er einen verstohlenen Blick auf Bradleys Ohrring wirft. »Also sind Sie jetzt... der Boss?«

Bradley zeigt sich als Medienstar ohne Illusionen. »Ich bin bloß Arbeitnehmer.«

Schließlich werden doch noch Tabletts mit Kaffee, Tee und Orangensaft herbeigeschafft, wenngleich die Getränke gerade mal für Ali, Yolanda, Howard Bingham, Greg Howard, die Stevensons und Castro ausreichen – obwohl Castro den Kellner wissen lässt, dass er nichts trinken möchte.

Castro bedeutet Ali und den anderen, mit ihm auf die andere Seite des Raums zu wechseln und sich um den runden Tisch zu versammeln. Die Kameracrews und die restlichen Gäste folgen, rücken so nahe wie möglich an die Hauptdarsteller des Abends heran. Dennoch macht sich allmählich Unruhe breit. Die Gäste stehen sich nun schon seit anderthalb Stunden die Beine in den Bauch. Es ist fast 22 Uhr. Es hat nichts zu essen gegeben, und den meisten ist sonnenklar, dass sie auch nicht mit Getränken zu rechnen brauchen. Selbst den Ehrengästen, die Platz genommen haben und an eisgekühlten Gläsern oder warmen Tassen nippen, ist sichtlich der Spaß vergangen. Muhammad Ali hat die Augen geschlossen. Er ist eingeschlafen.

Yolanda sitzt neben ihm auf dem Sofa, tut aber so, als würde sie nichts bemerken, ebenso wie Castro, obwohl er Ali direkt gegenübersitzt, flankiert von seiner Dolmetscherin und den Stevensons.

»Wie groß ist Michigan eigentlich?« eröffnet Castro die nächste Fragerunde mit Yolanda, womit er sich zum dritten Mal einem Thema widmet, das sie bereits bis zur Erschöpfung erörtert haben. Allein Castro scheint sich noch dafür zu interessieren.

»Genau weiß ich es gar nicht«, sagt Yolanda. »Wir wohnen in einem winzigen Dorf mit etwa zweitausend Einwohnern.«

»Fliegen Sie morgen zurück nach Michigan?«

»Ja.«

»Um wie viel Uhr?«

»Um halb drei.«

»Über Miami?«, fragt Castro.

»Ja.«

»Und wohin fliegen Sie dann von Miami aus?«

»Nach Michigan.«

»Wie lange dauert der Flug?«

»In Cincinnati müssen wir umsteigen – ungefähr anderthalb Stunden.«

»Flugzeit?«, fragt Castro.

Muhammad Ali öffnet die Augen und schließt sie wieder.

»Flugzeit«, wiederholt Yolanda.

»Von Miami nach Michigan?«, fährt Castro fort.

»Nein«, erklärt sie abermals geduldig. »Erst müssen wir nach Cincinnati. Es gibt keine direkte Verbindung.«

»Sie müssen also die Maschine wechseln?«, fragt Castro.

»Ja«, sagt sie und fügt genauigkeitshalber hinzu: »Von Miami nach Cincinnati, und dann von Cincinnati nach South Bend, Indiana.«

»Von Cincinnati nach …«

»South Bend«, sagt sie. »Das ist der nächste Flugplatz.«

»Und«, fährt Fidel fort, »der liegt am Stadtrand?«

»Ja.«

»Haben Sie eine Farm?«

»Nein«, sagt Yolanda. »Nur ein paar Felder. Die haben wir aber verpachtet.«

Dann erwähnt sie, dass Teófilo Stevenson bei seinem US-Trip auch diesen Teil des Mittelwestens besucht hat. Stevenson merkt auf, als sein Name fällt.

»Ich war in Chicago«, sagt er zu Castro.

»Ach, Sie haben die beiden zu Hause besucht?«, fragt Castro.

»Ja, schon«, berichtigt Yolanda Stevenson, »aber nicht in Chicago, sondern bei uns in Michigan.«

»Ich habe sie in ihrem Haus auf dem Land besucht«, sagt Stevenson, kann sich aber nicht verkneifen, noch einen draufzusetzen. »Ich habe ein Video von meinem Besuch. Ich führ's Ihnen gern mal vor.«

Castro scheint ihm nicht zuzuhören. Er wendet sich wieder Yolanda zu, fragt sie, wo sie geboren wurde, welche Schulen sie besucht hat, wann sie geheiratet hat und um wie viele Jahre sie jünger ist als ihr Ehemann.

Nachdem er erfahren hat, dass Yolanda sechzehn Jahre jünger als Ali ist, wendet sich Castro zu Fraymari und flachst mit gespielt mitleidiger Miene, dass sie ja mit einem sogar zwanzig Jahre älteren Mann verheiratet sei.

»*Comandante!*«, fällt ihm Stevenson ins Wort. »Ich bin in Topform. Sport hält einen fit bis ins hohe Alter. Mit Sport lebt man nicht nur länger, sondern bleibt immer auf der Höhe.«

»Oh, da schlagen wohl zwei Seelen in Ihrer Brust«, fährt Castro fort und richtet den Blick auf Fraymari – sowie auf den CBS-Kameramann, der vortritt, um Castro näher ins Visier zu nehmen. »Eine Juristin, die ihren Gatten nicht anklagen darf.« Fraymari ist alles andere als begeistert über die allgemeine Aufmerksamkeit, Castro dafür umso mehr; eben noch war ihm das Interesse des Publikums entglitten, doch nun ist es ihm wieder sicher, und er scheint nicht lockerlassen zu wollen, egal, ob das auf Kosten der Harmonie zwischen Stevenson und Fraymari gehen sollte. Ja, fährt Castro fort, leider hatte Fraymari das Pech, einen Mann zu ehelichen, »der einfach nicht sesshaft werden kann ... Im Gefängnis wäre er wohl am besten aufgehoben.«

»*Comandante*«, unterbricht ihn Stevenson in launigem Tonfall, mit dem er offenbar sowohl seine Anwaltsgattin besänftigen will als auch den ehemaligen Anwalt, der nun das Land regiert. »Ja, lassen Sie mich einsperren!« Wenngleich, wie er sofort hinzufügt, seine Frau schon dafür sorgen wird, dass er die eheliche Treue einhält, »da sie mich bestimmt in einen Knast stecken lässt, in dem nur sie Besuchserlaubnis erhält.«

Alle Umstehenden lachen. Ali wird erneut wach. Castro und Stevenson scherzen weiter, bis Yolanda sich plötzlich aufrichtet. »Wir müssen aufbrechen«, sagt sie.

»Ach ja«, sagt Castro. »Sie wollen sicher noch zu Abend essen.«

»Ja, Sir«, sagt sie. Ali und Howard Bingham erheben sich. Yolanda bedankt sich bei Castros Dolmetscherin und fügt hinzu: »Sagen Sie ihm bitte, dass er jederzeit willkommen bei uns ist.« Die Dolmetscherin zitiert Castro mit den Worten, dass er sich bei seinen US-Besuchen leider stets auf New York beschränken muss. »Aber die Zeiten ändern sich.«

Die anderen Geladenen sehen zu, wie Yolanda und Ali sich ihren Weg durch die Menge bahnen; Castro folgt den beiden hinaus auf den Korridor. Als der Aufzug kommt, hält einer der Sicherheitsmänner die Tür auf. Castro streckt die Hand aus, um den beiden Lebewohl zu sagen – und erst jetzt bemerkt er, dass er Alis Gummidaumen in der Hand hält. Er zieht eine bedauernde Miene und will ihn Ali zurückgeben, doch Howard Bingham weist ihn höflich zurück. »Nein, nein«, sagt er. »Ali möchte, dass Sie ihn behalten.«

Castros Dolmetscherin versteht Binghams Worte nicht sofort.

»Er möchte, dass Sie ihn behalten«, wiederholt Bingham.

Bingham folgt Ali und Yolanda in den Aufzug. Bevor sich die Tür schließt, lächelt Castro, winkt noch einmal zum Abschied und starrt verblüfft auf den Gummidaumen in seiner Hand. Dann steckt er ihn in die Tasche.

Vogueland

An jedem Arbeitstag schreitet morgens eine Gruppe eleganter und faltenfreier Frauen, die sich gegenseitig mit »Dear« oder »Dahling« anreden, durch den Eingang des Graybar Building in Manhattan. Sie sind in der Lage, in Kursivschrift Konversation zu treiben und auf Französisch zu fluchen, und rauschen kurz darauf mit dem Fahrstuhl hinauf in die neunzehnte Etage, wo sie hinter ihre Schreibtische im Büro der *Vogue* gleiten – jenem Magazin, das seit geraumer Zeit den Gipfel der Kultiviertheit repräsentiert für jenen Teil der amerikanischen Damenwelt, der schon immer davon geträumt hat, mit einer Coiffure von Kenneth, gewandet von Balenciaga und beschuht von Roger Vivier durchs Leben zu schreiten oder eingehüllt in makellosen Nerz unter dem Bogen des Arc de Triomphe hin und her zu schaukeln.

Seit Sappho hat es niemanden gegeben, der die Frauen auf ein solches Podest gehoben hätte wie die Herausgeber von *Vogue*. Mit beinahe jeder Ausgabe präsentieren sie atemberaubende Göttinnen, deren Vollkommenheit mit jedem Umblättern noch überwältigender erscheint. Das *Vogue*-Model vollführt elegante Sprünge eingehüllt in mokkafarbene Seide, oder es steuert eine Teakholz-Ketsch durch die Kleinen Antillen. Oder sie posiert, ein

Bein abgespreizt und ein strahlendes Lächeln auf dem Gesicht, mitten auf der Fahrbahn vor dem Eiffelturm, der aussieht, als wäre er ihr von Dior auf den Leib geschneidert, während schnittige Renaults um Haaresbreite an ihr vorbeizischen, zwei Gendarmen ihr im Hintergrund zuzwinkern und ganz Paris verliebt ist in sie und ihr Abendkleid aus Mousseline de Soie.

Bei anderen Gelegenheiten steht das *Vogue*-Model ganz in Schwarz gewandet (»passt zu jeder Jahreszeit«) auf der Queensborough Bridge, während ihr eine weiße Katze den Rücken hinaufklettert, die sie vermutlich kurz darauf in ihrem Apartment zurücklassen wird, wenn sie nach Puerto Rico jettet, um mit Pablo Casals zu »lunchen« – neugierig beäugt von den eingeborenen Frauen, die mit nackten Babys auf dem Arm die Hügel der Umgebung säumen und lächelnd ihren glänzenden Rock aus Tussahseide (mit Nantucket-Krepp-Optik) bewundern und ihr schier zu Füßen liegen, wenn sie in Spike bewehrten Schuhen über den Neun-Loch-Golfplatz im Inneren der Festung El Morro schlendert.

Während die Models in *Vogue* einfach nur überwältigend sind, strahlen die Prominenten, die auf den Fotos des Magazins abgelichtet sind, neben gutem Aussehen, Vitalität und Ausdauer auch noch Reichtum, Lebensfreude und Witz aus, handelt es sich allem Anschein nach um Leute, die in mehr Komitees sitzen als ein Kongressabgeordneter, mehr Ahnung von Flugzeugen haben als Wolfgang Langewiesche – Menschen, die in den Spielcasinos von Cannes und Montreal genauso zu Hause sind wie in den Country Clubs abseits der Metropolen. Sie sind unberührt von so profanen Problemen wie Alter, Falten oder Schuppen, sondern ebenso wie die Models und Kleider (um im schmeichlerischen Ton der *Vogue*-Bildunterschriften zu bleiben): »hinreißend«, »vornehm«, »zart«, »sprühend vor Witz« und »umwerfend«.

So wurde in einer Ausgabe von *Vogue* beispielsweise Mrs. Loel Guinness, deren Foto laut Bildunterschrift kurz vor einem Wochendausflug von Lausanne nach Palm Beach gemacht worden war, als »unterhaltsam, vital und humorvoll« bezeichnet, während in einer anderen Ausgabe Mrs. Columbus O'Donnel attestiert wurde, sie »sprühe vor Geist und guter Laune«, und Königin Sirikit von Thailand als »vornehm und prächtig gelaunt« tituliert wurde. *Vogue* zufolge ist die Herzogin von Dalkeith einfach »entzückend« und hat eine ebensolche Ausstrahlung wie Lady Caroline Somerset, deren »sanfte Schönheit geheimnisvoll wie der Mondschein« schimmert, wohingegen Mrs. Mary Vanderbilt, letztes Jahr noch »eine gertenschlanke Brünette mit sanftem, gewinnenden Lachen« und einem »direkten, einfach entwaffnenden Blick«, sich in diesem Jahr zu einer »Schönheit« gewandelt hat, »die sich hohe Ziele gesetzt hat« – im Augenblick bestehen ihre Ziele offensichtlich darin, nach Paris zu jetten, um von dem »neuen Stern der Kunstszene« Kees van Dongen ihr Porträt malen zu lassen und am gleichen Abend wieder zurück nach New York zu fliegen, wofür sie laut *Vogue* »gerade mal 23 Stunden und 45 Minuten investieren« muss.

Sollte einmal der außergewöhnliche Fall eintreten, dass eine der von *Vogue* gepriesenen Damen nicht mit »einzigartiger Schönheit« glänzen kann – möglicherweise, weil sie schlicht unattraktiv ist –, dann zeichnet sie sich garantiert durch »Klugheit« aus, oder sie »ist durchdrungen von Weisheit« beziehungsweise gemahnt an Frauenfiguren aus Klassikern der Weltliteratur. Madame Helene Rochas »wirkt wie eine Heldin aus einem Roman von Stendhal«. Und sollte die *Vogue* einmal eine Frau erwähnen, die nicht dem *Vogue*-Typ entspricht, wie beispielsweise Ingrid Bergman, die nur wenig Geld für Produkte der Kosmetikindustrie aufwendet, so wird ihr gleich eine Nase angedichtet, die »recht großzügig dimensioniert« ist.

Die Nasen der Heroinen aus der *Vogue* sind lang und schmal, ebenso wie die Nasen von vielen der Redakteurinnen – bestens geeignet, um sie über die jüngere und im Allgemeinen bei weitem nicht so kultivierte Verwandtschaft des *Glamour Magazine* zu rümpfen, das ebenso im Condé Nast Verlag erscheint und dessen Redaktionsräume gleichfalls im neunzehnten Stock des Graybar Building liegen. Die beiden Belegschaften auseinander zu halten fällt nicht sonderlich schwer, denn zum einen sind die *Jeunnes Filles* von *Glamour* zu einem hohen Prozentsatz mit Nasen ausgestattet, die in der *Vogue* als »stupsnäsig« abqualifiziert würden, und zum anderen, weil sie dazu neigen, in Collegegirl-Kleidern herumzulaufen, die mit Broschen verziert sind, und einen im Fahrstuhl anlächeln und »Hi« sagen.« Eine Dame von der *Vogue* bezeichnete das Personal von *Glamour* einst als »diese aufgeräumten *Hi*-Menschen«.

Es wird berichtet, dass vor einigen Jahren einmal eine frisch angestellte Sekretärin mit großen Augen das Büro einer Redakteurin betrat, um ein Päckchen abzuliefern, und beim Eintreten den Fehler beging, »Hi« zu sagen – worauf die Redakteurin den Schilderungen zufolge zusammenzuckte, bevor sie in schnippischem Tonfall bemerkte: »Solche Ausdrücke benutzen wir hier nicht!«

»Bei *Glamour* versucht natürlich jede, sich zur *Vogue* hochzuarbeiten und sich einzureihen in die Riege der strengen Wächter über Klasse und Stil«, erklärt die Autorin Eve Marriam, die früher als Redakteurin des Modehefts von *Glamour* beschäftigt war. »Doch es kommt selten vor, dass so etwas wirklich passiert. *Vogue* muss da sehr vorsichtig sein. Die Aufsteigerin könnte ja unter Umständen das Wort *niedlich* verwenden anstelle von *bezaubernd,* oder es könnte ihr herausrutschen, dass jemand eine *Party* gibt anstatt ein *Dinner.* Oder sie könnte einem Veloursleder-Mantel attestieren, dass er *ideal für den Wochenendausflug ins Grüne* ist anstatt *eine willkommene Ergänzung der Garderobe fürs Landhaus*. Möglich auch, dass sie davon spricht, ein *Schmuckgeschäft* zu betreten und nicht eine *Bijouterie.* Oder einen solchen Fauxpas begehen, wie in Kategorien von *Schnäppchen* oder *preiswert* zu denken, während man bei *Vogue* von einem *Investment* spricht oder einem *Coup.* Nicht auszudenken wäre das Entsetzen, würde eine solche Aufsteigerin eine *Abendrobe* als *Ballkleid* bezeichnen – ganz und gar maladroit.«

Man muss nur den Fahrstuhl verlassen und die neunzehnte Etage betreten, um zu erfahren, welche Atmosphäre in der Welt von *Vogue* herrscht. Die Böden sind schwarz und mit Sternen übersät, und das großzügige Vorzimmer geschmackvoll ausgestattet mit einer »entzückenden, heiteren« Empfangsdame mit britischem Akzent – vermutlich passend zu der Redaktionspolitik des Magazins, etliche Worte in ihrer englischen Schreibweise zu drucken : *colour, honour, jewellery und marvellous* (ausgesprochen MAA-vellous!)

Hinter der Empfangsdame erstreckt sich ein geschwungener Korridor, der zu den Redaktionsräumen der *Vogue* führt. Im ersten Raum, dem Büro der Redakteurin des Kosmetikressorts, duftet es nach Parfüm und Puder, Verjüngungscremes und anderen Quellen der Jugend. Jenseits davon liegen hinter einer weiteren Biegung ein halbes Dutzend weiterer Redaktionsräume, die um den großen *Fashion Room* herumgruppiert sind. Von neun Uhr morgens bis fünf Uhr nachmittags hallen diese Räume wider von den schrillen, ausgelassenen Stimmen einer halben Hundertschaft Frauen und dem unablässigen Klingeln der Telefone, während gleichzeitig langbeinige Silhouetten vorbeihuschen, deren Absätze voller *Elan* durch die Räume klacken. In einer Ecke befühlt die Textilien-Redakteurin Seidenmuster, in einer anderen überlegt die Schuh-Redakteurin, was die nächste Saison an »umwerfenden« Modellen bringen wird, während die für die Auswahl der Models zuständige Dame vor einem Aktenschrank steht und Karteikarten durchblättert, die so hochgeheime Angaben darüber enthalten, welche Models für Anzeigen für Korsetts zur Verfügung stehen, welche die besten Beine haben, welche lange, spirrige Finger haben (ideal für Aufnahmen von Handschuhen) und welche kleine, hübsche Hände haben (ideal um kleine, teure Parfümflaschen größer erscheinen zu lassen).

Aus dem nahe gelegenen Büro einer Redakteurin namens Carol Phillips (»feingliedrig, humorvoll, eine vollendete Schönheit«) dringen die von vornehmem Gekicher unterlegten Äußerungen anderer Geschmackslenkerinnen aus der *Vogue*-Zentrale, die mit auswärts gestellten Füßen und in die Hüften gestemmten Händen vor dem Schreibtisch von Mrs. Phillips Aufstellung bezogen haben. Da sich ihr Redeschwall unweigerlich mit dem Palaver mischt, das aus den anderen Räumen über den Flur hallt, fällt es dem lang gedienten Redakteur des Moderessorts, Baron de Gunzburg, oftmals nicht leicht, sich auf das Kreuzworträtsel der *London Times* zu konzentrieren, die er sich allmorgendlich durch einen Boten vom internationalen Presse-Stand am Times Square abholen lässt. Der Baron, den die Damen bei *Vogue* mit »Nickiie« anreden und der die Sieben auf europäische Art mit einem Strich in der Mitte schreibt, war früher Tänzer einer russischen Ballettkompanie und kann sogar darauf verweisen, bereits einmal in einem Film mitgespielt zu haben – einer deutschen Produktion mit dem Titel *Der Vampir.* (In diesem Film spielte er einen Dichter, der zwei Wochen in einem Sarg zubringen musste, bevor er die Gelegenheit bekam, den Vampir zu töten; heutzutage sieht man den Baron so gut wie nie ohne schwarze Krawatte, und es wird berichtet, dass er eines Tages den Aufzug eines Gebäudes auf der 7th Avenue betrat, ohne sein Ziel anzugeben, worauf der Fahrstuhlführer ihn zu jener Etage beförderte, wo ein Schneider, der auf Uniformen für Bestattungsunternehmen spezialisiert war, sein Atelier hatte.)

Ein Stockwerk über dem Baron residiert in einem der wenigen Büros auf der zwanzigsten Etage die Leitartiklerin Allene Talmey, die seitens des Chefredakteurs Frank Crowninshield schon einmal als »Soufflé von Brechstangen« bezeichnet wurde, und hämmert ihre berühmte Kolumne »Die Leute reden über…« in die Maschine – eine Sammlung von Themen und Gegenständen, über die sie und andere *Vogue*-Damen reden und der Ansicht sind, dass jedermann darüber reden sollte. Sie schreibt:

DIE LEUTE REDEN ÜBER … die immer häufiger notwendige Verwendung des griechischen Wortes Battologie, was so viel bedeutet wie eitles Geplapper, fruchtlose Wiederholung des ewig Gleichen, nachzulesen beispielsweise bei Matthäus 6:7 …

DIE LEUTE REDEN ÜBER … die Taufgeschenke für die Tochter des großen österreichischen Dirigenten Herbert von Karajan …

DIE LEUTE REDEN ÜBER … Takraw, ein wundervoll anzusehendes Spiel …

DIE LEUTE REDEN ÜBER … Kolibris …

DIE LEUTE REDEN ÜBER … die östliche Hälfte der Welt …

Während einige der *Vogue*-Kritiker behaupten, dass das literarische Credo der Zeitschrift zusammen gefasst werden könnte unter dem Motto »Im Zweifelsfall – Colette noch mal drucken«, muss nichtsdestotrotz ins Feld geführt werden, dass *Vogue* auch schon einige exzellente Autoren gedruckt hat wie beispielsweise Marianne Moore, Jacques Barzun, Rebecca West und Allene Talmey. Wobei man der Vollständigkeit halber ein Zitat des ehemaligen *Vogue*-Art-Directors Femy Agha hinzufügen muss, der in seiner unvergleichlichen Art einmal sagte: »Allene ist wirklich wundervoll, aber ich habe ihr schon hundertmal gesagt, sie ist wie ein Pianist in einem Bordell. Sie mag noch so gut spielen können, aber es kommt nun mal niemand, um sich die Musik anzuhören. Und genauso ist es bei der *Vogue*, niemand kauft sie wegen der großartigen Literatur, man kauft sie, um sich Kleider anzuschauen.«

Unter den Ersten, die die neuen Kleider zu sehen

bekommen, ist der Baron de Gunzburg, der sich nun, nachdem er sein Kreuzworträtsel beendet hat, im Modezentrum auf der 7th Avenue eingefunden hat, wo er sich auf einem schicken Sofa im Präsentationsraum des Modeschöpfers Herbert Sondheim zurücklehnt, um sich eine exklusive Vorschau auf dessen Frühjahrskollektion anzusehen. Neben dem Baron sitzt Mildred Morton, eine weitere Redakteurin aus dem Hause *Vogue* (»blond, klassisches Profil, leicht gelangweilt hochgezogene Augenbraue«).

»Sie sind die Ersten auf der ganzen Welt, die diese Kleider zu sehen bekommen«, erklärt der eher kleine, aber dafür umso fülligere Mr. Sondheim mit einer Stimme, die sich anhört wie knirschender Kies, während er sich die Hände reibt und über beide Ohren strahlt.

Einen Augenblick später taucht hinter einem Vorhang ein blondes Model auf, das auf den Baron und Mrs. Morton zustolziert und »Nummer 628« haucht.

Der Baron notiert die Nummer in seinem Notizblock von Hermès und schaut ihr nach, wie sie eine Pirouette vollführt und wieder hinter dem Vorhang verschwindet.

»Das ist Pomecia«, erklärt Mr. Sontheim.

»Teuer?«, fragt Mrs. Morton.

»Pomecia-Baumwolle kostet etwa zwei Dollar fünfzig pro Yard«, antwortet Mr. Sontheim.

»Nummer 648«, sagt ein zweites Model, diesmal mit brünetten Haaren, als sie an Mr. Sontheim vorbeigleitet, um anschließend einen Knicks zu machen und sich vor dem Baron um die eigene Achse zu drehen.

»Furchtbar elegant«, sagt der Baron und betastet mit professionellem Gespür das Pomecia des Abendkleides. »Die geschlitzte Jacke ist einfach wunderbar.«

Mrs. Morton zieht ihre rechte Augenbraue in die Höhe.

»Fahren Sie diesen Winter weg?«, fragt der Baron Mr. Sondheim.

»Aller Wahrscheinlichkeit nach«, antwortet dieser. »Nach Palm Beach.«

Der Baron scheint nicht sonderlich beeindruckt.

»Nummer 624«, annonciert das brünette Model und lässt nach vollführtem Knicks ihr Kleid herumwirbeln.

»Pomecia ist ein wunderbares Material«, erklärt Mr. Sondheim wieder ganz geschäftsmäßig. »Außerdem ist es knitterfrei.«

»Die anderen zwei haben dir besser gefallen, stimmt's, Nickiie?«, fragt Mrs. Morton.

Der Baron schweigt. Das Model vollführt eine erneute Drehung und bleibt mit dem Rücken zu ihm stehen.

»Welche Nummer ist das?«, fragt der Baron in knappem englischen Tonfall.

»*Numma* 639«, erwidert sie über die Schulter. Der Baron schreibt sie auf und blickt dem Mädchen nach, wie es hinter dem Vorhang verschwindet, von wo das Geklapper von Kleiderbügeln nach vorne dringt.

Fünf Minuten später hat Mr. Sondheim seine Kollektion vorgeführt, und der Baron reicht ihm eine Liste mit den Nummern der Modelle, von denen *Vogue* Exklusivfotos abdrucken möchte. Mr. Sondheim ist nur allzu gerne bereit, diesem Ansinnen nachzugeben, denn die Präsentation von Modellen einer Kollektion im redaktionellen Teil der *Vogue* stellt quasi eine Garantie für erfolgreiche Verkäufe dar.

Das Ganze nahm seinen Anfang am 17. Dezember 1892, als der »stille, von den Mitgliedern seines Herrenclubs wegen seiner freundlichen Art hoch geschätzte« Arthur Baldwin Turnure (Princeton Jahrgang '76), Ehemann einer der ersten Damen in Amerika, die dem Golfspielen frönten, das *Vogue Magazine* gründete. Im Jahre 1895 sorgte er für eine Sensation, als er in seiner Zeitschrift die Kleider sowie die Unterwäsche präsentierte, die Miss Consuelo Vanderbilt anlässlich ihrer Hochzeit mit dem Herzog von Marlborough in Auftrag gegeben hatte.

Im Jahre 1909 wurde *Vogue* von Condé Nast aufgekauft und entwickelte sich in der Folgezeit zur unangefochtenen Nummer eins unter den Modezeitschriften, an die kein Konkurrenzprodukt auch nur annähernd herankam. *Harper's Bazaar*, der stets etwas weniger konservative Mitbewerber – »wenn's drauf ankommt, lassen sie auch Strass durchgehen«, wie eine Dame aus der *Vogue*-Fraktion erklärte –, scheitert daran, dass er seinen Lesern, wie Mary McCarthy es formuliert hat, nicht so viel »demokratischen Snobismus« bieten kann wie *Vogue*.

Vor einigen Jahren kam Miss McCarthy, die im Auftrag des *Reporter* eine ziemlich eingehende Untersuchung über Modezeitschriften für Frauen durchgeführt hat, zu dem Schluss, dass je weniger glamourös die Magazine sich gerierten – wie *Charm*, *Glamour*, *Mademoiselle* – umso mehr Augenmerk auf die Probleme des Alltagslebens der Leserinnen gerichtet wurde: »Leben und Leiden des B.G. (Business Girl), Missgunst seitens Vorgesetzter, Selbstbewusstsein, Einsamkeit, Unsicherheit, sexuelle Ängste, schüchterne Freundlichkeit dem Chef gegenüber, endlose Abende vor dem Spiegel mit der Pinzette in der Hand, verzweifelte Versuche, an Samstagabenden soziale Kontakte aufzubauen (›Veranstalten Sie eine Party und laden Sie absolut jeden ein, den Sie kennen‹), der stete Kampf um das Erlangen einer Identität in der trostlosen Einöde des Bürolebens.«

In einer anderen Studie zum Thema Frauenzeitschriften – diesmal im Auftrag des Magazins *Social Forces* – kamen die Soziologen Bernard Barber vom Barnard College und Lyle S. Lobel, der damals an der Harvard University forschte, zu dem Schluss, dass gerade die in der *Vogue* propagierten Prestigesymbole »Kultiviertheit und Geschmack« bei den respektablen, eher konservativ eingestellten Leserinnen des *Ladies Home Journal* auf Ablehnung stießen, da diese Leserschaft eine Abneigung gegen Extravaganz, »High Style« und alles hegt, was sich als »gewagt« oder »ungewöhnlich« bezeichnen ließe.

Allerdings thront nach Aussagen der Soziologen oberhalb des ultraschicken Levels von *Vogue* eine noch stärker beneidete Klasse von Frauen: die modischen Extravaganzen völlig gleichgültig gegenüberstehenden Damen des »alten Geldadels«.

»Auf dieser obersten Stufe besteht überhaupt nicht das Bedürfnis, den Status über Konsum zu definieren«, schrieben Barber und Lobel, »weshalb sich die Frauen dieser Schicht eine gewisse Unabhängigkeit von den wechselnden Strömungen der Moden bewahren können. Sie können es sich leisten, ihre qualitativ hochwertigen Kleider auch über mehrere Jahre hinweg zu tragen …, selbst wenn es sich um eine exzentrische Garderobe handelt wie bei den alten Damen auf der Beacon Street in Boston.«

Die von der *Vogue* repräsentierte Schicht beschreiben sie wie folgt: »In der sozialen Klasse direkt unterhalb der des ›Old Money‹ finden wir die Schicht der ›High

Fashion‹, die sich an Paris orientiert und eine Vorreiterrolle auf dem Stilsektor übernimmt. Die Frauen dieser Schicht sind sich der Existenz der Klasse oberhalb von ihnen sehr wohl bewusst und versuchen möglicherweise, Zugang zu ihr zu gewinnen, indem sie Reichtum mit ›unaufdringlicher Eleganz‹ kombinieren. Das ›Modebewusstsein‹ dieser Gruppe von Frauen unterstreicht die *Pose* angeborener Eleganz, selbstsicherer Distinguiertheit und einer mühelos erworbenen Überlegenheit.«

Bevor die *Vogue* allerdings ihre Pose selbstgewisser Distinguiertheit und Eleganz in Szene setzen kann, muss sie auf ihre entsprechenden High-Fashion-Models zurückgreifen und sie von Modefotografen ablichten lassen. Und an diesem speziellen Nachmittag fand der Fototermin im Studio des renommierten Fotografen Horst Horst statt, das in seinem Penthouse untergebracht ist, von dem man einen atemberaubenden Blick über den East River hat. Während Horst Horst seine verschiedenen Kameras aus deutscher, japanischer und schwedischer Produktion einstellt, befestigt sein chinesischer Boy riesige Bögen himmelblauen Kartons an den Wänden, um einen sommerlich wirkenden Hintergrund zu kreieren. In der Mitte des Raumes steht vor einer Kiste voller Blumen ein Plüschhocker, dessen Bezug in einem warmen Haselnusston gehalten ist, auf dem das Model später sitzen wird. Im angrenzenden Raum, der als Ankleidekabine fungiert, wartet die *Vogue*-Mitarbeiterin Mrs. Simpson auf das Model Dorothea McGowan und beschäftigt sich derweil mit einer Stickarbeit nach einer Vorlage von Matisse.

»Ohne *das* würde ich verrückt werden«, sagt sie über ihre Stickarbeit.

In einer anderen Ecke des Ankleidezimmers ist die *Vogue*-Ausstatterin damit beschäftigt, ein halbes Dutzend Chiffonkleider von Galanos zu bügeln, die das Model bei den Aufnahmen tragen wird. Nach zehn Minuten rauscht, mit Lockenwicklern auf dem Kopf, ein hoch gewachsenes, blasses Mädchen zu Tür herein – Dorothea McGowan. Sie streift sofort ihren Mantel ab, entwirrt ihre Haare und stürzt sich vor den Spiegel, um ihre leinwandartige Haut mit einem japanischen Pinsel zu bearbeiten.

»Welche Schuhe, Mrs. Simpson?«, fragt sie.

»Probier die roten, Liebes«, antwortet Mrs. Simpson, ohne von ihrem Matisse aufzublicken.

»Sind wir so weit?«, ruft Horst aus dem anderen Raum.

Durch die gekonnte Anwendung von Pinsel und Farbe auf ihrem Gesicht gelingt es Dorothea, sich innerhalb weniger Minuten von dem blassen, schlaksigen Mädchen aus Brooklyn, als das sie zur Tür hereinmarschiert kam, in eine elegante Frau undefinierbaren Alters zu verwandeln, die mittlerweile für ihr siebtes *Vogue*-Titelbild posiert. Voller Selbstvertrauen schreitet sie ins Studio, stellt sich mit leicht gespreizten Beinen fünf Meter entfernt von Horst auf, spannt ihre Wadenmuskeln an, stemmt die Hände in die Hüften und macht sich bereit für ihre Affäre mit der Kamera.

Horst Horst streicht mit beiden Händen über sein Kamerastativ, geht in die Hocke und will gerade loslegen, als Mrs. Simpson, die das Ganze von der Seitenlinie aus überwacht wie eine Anstandsdame, plötzlich »Halt« ruft, um anschließend die tranceartige Stimmung völlig zu ruinieren, indem sie hinzufügt: »Ihre Nägel sehen furchtbar aus.«

»Wirklich?«, fragt Dorothea, mit einem Mal wieder ganz das Mädchen aus Brooklyn und keine Spur mehr von selbstbewusster Frau.

»Ja. Hast du deine Nägel dabei?«

Das Model geht zurück in die Garderobe, um ihre falschen Fingernägel anzukleben, und kehrt dann wieder vor die Kamera zurück. Mrs. Simpson zieht sich zufrieden mit ihrer Stickarbeit in den angrenzenden Raum zurück, und der chinesische Boy stellt einen Ventilator vor Dorothea auf, der das Chiffonkleid gegen den schlanken, sehnigen Körper bläst.

Dorothea wirft den Kopf in den Nacken.

»Oh, das ist so ein wunderbares Gefühl, wenn der Ventilator einen so anbläst«, kichert sie.

»Mach was mit deinem Bein«, sagt Horst.

Sie winkelt es ein wenig nach hinten ab und öffnet den Mund. Horsts Kamera macht *klick.* Sie lehnt sich gegen den Hocker, macht einen Schmollmund. Horst lässt die Kamera erneut klicken.

»Ahh, das ist gut«, sagt Horst. »Mach das noch mal« *(klick)*.

Dorothea lächelt. *(Klick)* Sie öffnet den Mund. *(Klick)* Weiter, sie formt mit ihren Lippen ein »O«. *(Klick)*

»Der Hut fliegt gleich weg.« Sie kichert.

»Nur lächeln, nicht grinsen«, sagt er. *(Klick)* »Mach den Hals lang.«

Sie reckt sich. *(Klick)*

»Das ist mein Mädchen«, sagt er. *(Klick)*

»Jawolllll«, sagt er. *(Klick)*

Und dann fällt sie von selbst, ohne dass er ihr irgendwelche Anweisungen geben müsste, in verschiedene Posen, die sämtlich vom Klicken der Kamera untermalt werden: Mal schaut sie zickig, mal blasiert, mal verliebt und mal ernst wie eine Jungfrau von Vassar. Und Horst, der mit seiner Kamera richtig in Fahrt kommt, quittiert alles mit einem »Jawolll« *(klick)*, »Jawolll« *(klick)*, »Jawolll« *(klick)*.

»Was sind das für Blumen?«, fragt Dorothea schließlich und nimmt den ganzen Schwung aus der Angelegenheit.

»Azaleen«, erklärt Horst und zündet sich eine Zigarette an. Dorothea streift einen mächtigen Strassring von einem Finger ihrer rechten Hand und steckt ihn auf die andere. »Weißt du was? Wenn man einen Ring von einem Finger abzieht und auf einen anderen aufsteckt, hat man immer noch das Gefühl, als wäre er noch auf dem ersten Finger.«

Horst Horst schaut sie mit leichter Verwunderung an. Dann geht Dorothea in den Nebenraum, um ein anderes Kleid anzuziehen. Und der chinesische Boy, der eine Figur hat wie ein Wettkampfschwimmer, schaltet den Ventilator aus und ersetzt den blauen Hintergrund durch einen rosafarbenen. Als Dorothea zurückkehrt, ist auch Mrs. Simpson zur Stelle, um sie noch einmal zu begutachten.

»Dorothea«, sagt Mrs. Simpson, »da hinten am Nacken stehen noch ein paar Haare raus.«

»Ohh«, sagt Dorothea und befühlt ihren Nacken.

Dann, als sie sich umdreht, um in die Garderobe zurückzugehen, bemerkt sie den rosafarbenen Hintergrund, und auf ihrem Gesicht macht sich Begeisterung breit.

»Ohhhh«, ruft sie. »Endlich mal Rosa … für mich … Rosa, ROSA!«

Joe Louis: Der King in der Mitte seines Lebens

»Hi, Sweetheart«, rief Joe Louis, als er seine Frau erspähte, die am Flughafen von Los Angeles auf ihn wartete.

Sie lächelte, kam auf ihn zu und wollte sich gerade auf die Zehenspitzen stellen, um ihn zu küssen, als sie unvermittelt innehielt.

»Joe«, sagte sie, »wieso trägst du denn keine Krawatte?«

»Ach, Sweetie«, sagte er schulterzuckend. »In New York bin ich die ganze Nacht um die Häuser gezogen, und da hatte ich keine Zeit…«

»Die ganze Nacht?!«, unterbrach sie ihn. »Und wenn du hier bist, machst du nichts außer schlafen, schlafen, schlafen!«

»Sweetie«, sagte Joe Louis mit einem müden Grinsen. »Ich bin ein alter Mann.«

»Ja«, sagte sie. »Aber sobald du in New York bist, läufst du wieder deiner Jugend hinterher.«

Gemächlich schlenderten sie durch den Flughafen zu ihrem Wagen, gefolgt von einem Gepäckträger, der Joes Sachen schleppte. Mrs. Louis, die dritte Frau des achtundvierzigjährigen Ex-Boxers, holt ihn stets vom Flughafen ab, wenn er von seinen Geschäftsreisen nach New York zurückkehrt, die er in seiner Rolle als Vizepräsident einer rein schwarzen PR-Agentur unternimmt. Sie ist eine lebendige, angenehm dralle Frau in den Vierzigern, von Beruf Strafverteidigerin im Staat Kalifornien. Ehe sie Joe kennen lernte, war sie nie mit einem Profiboxer in Berührung gekommen. Zuvor war sie mit einem Berufskollegen verheiratet gewesen, Mitglied der Phi-Beta-Kappa-Verbindung – einem Mann, der sich ihrer Meinung nach »dauernd mit Büchern statt mit dem Leben« beschäftigte. Nach ihrer Scheidung schwor sie, nur noch einen Mann zu ehelichen, der sich »mit dem Leben statt mit Büchern« beschäftigte.

Joe wurde ihr 1957 von einer Freundin vorgestellt; zum Erstaunen ihrer Anwaltskollegen heiratete sie ihn zwei Jahre später. »Wie zum Teufel hast du bloß Joe Louis kennen gelernt?«, fragten sie immer wieder, und gewöhnlich erwiderte sie: »Wie zum Teufel hat Joe Louis bloß *mich* kennen gelernt?«

Am Wagen angekommen, gab Joe dem Gepäckträger ein Trinkgeld und hielt seiner Frau die Wagentür auf. Dann fuhr er ein paar Kilometer durch stille, von Palmen gesäumte Straßen und bog schließlich in eine lange Auffahrt ein, die zu einer imposanten, 75000 Dollar teuren Zehn-Zimmer-Villa im spanischen Stil führt. Mrs. Louis hat das Haus vor ein paar Jahren gekauft und mit Mobiliar im Louis-XV-Stil eingerichtet – und acht Fernsehern. Ihren Freunden gegenüber erklärte sie, Joe sei fernsehsüchtig, und fügte hinzu, dass er sogar im Badezimmer einen Fernseher hat, über der Wanne; der Fernseher ist so aufgestellt, dass Joe das Programm auch beim Duschen in einem strategisch platzierten Spiegel verfolgen kann, wenn er über den Duschvorhang späht.

»Fernsehen und Golf«, sagte Mrs. Louis, während sie die Koffer zusammen mit ihrem Gatten ins Haus schleppte. »Das ist Joe Louis, wie er leibt und lebt.« Dabei klang keine Bitterkeit in ihrer Stimme mit, und als sie ihren Gatten kurz darauf auf die Wange küsste, wirkte sie plötzlich viel weniger formell als am Flughafen. Nachdem sie seinen Mantel an der Garderobe aufgehängt hatte, setzte sie den Teekessel auf.

»Kekse, Honey?«, fragte sie.

»Nee«, sagte er. Mit hängenden Schultern saß er am Frühstückstisch; seine Lider wirkten müde. Eilends begab sie sich ins obere Stockwerk, zog die Überdecke von dem riesigen Bett im Schlafzimmer, und fünf Minuten später schlief Joe Louis tief und fest. Mrs. Louis lächelte, als sie in die Küche zurückkehrte.

»Vor Gericht bin ich Strafverteidigerin«, sagte sie, »aber zu Hause bin ich *ganz und gar Frau.*« Ihre Stimme klang kehlig, fast verführerisch. »Bei mir kriegt ein Mann alles, bei mir ist er *König* – wenn er mich richtig anfasst«, fügte sie hinzu, während sie sich ein Glas Milch einschenkte.

»Ich bringe Joe jeden Morgen das Frühstück ans Bett«, sagte sie. »Dann schalte ich Channel 4 ein, damit er sich die Nachrichten ansehen kann. Dann gehe ich runter und hole ihm die *Los Angeles Times.* Und dann mache ich mich auf zum Gericht.

Um elf«, fuhr sie fort, »ist er dann drüben im Hillcrest Country Club, und wenn er achtzehn Löcher spielt, ist er so gegen drei damit fertig, und dann fährt er meist noch rüber in den Fox Hills Country Club, um dort noch mal achtzehn zu spielen. Aber wenn er den Ball nicht richtig trifft, macht er nach achtzehn Löchern Schluss, kauft sich einen Eimer Golfbälle und übt stundenlang Abschlag. Und er kauft nicht irgendwelche normalen Bälle – nein, nicht Joe Louis –, er kauft Spezialbälle, die besten, die's gibt, für 1,25 Dollar den Eimer. Wenn er richtig sauer ist, verbraucht er dann vier, fünf Eimer Bälle – das kostet dann satte fünf Dollar!

Aber manchmal ist er völlig aus dem Häuschen, wenn er abends zurückkommt. Dann sagt er: ›Sweetie, endlich hab ich den Bogen raus! All die Jahre spiele ich Golf, und erst jetzt kapiere ich, was ich die ganze Zeit falsch gemacht habe.‹

Kann aber auch sein«, sagte sie, »dass er am nächsten Tag völlig entnervt nach Hause kommt und sagt: ›Ich hab's satt, endgültig satt!‹ Und wenn ich dann sage: ›Aber gestern hast du doch gesagt, du hättest den Bogen raus, Honey‹, dann sagt er: ›Ja, hatte ich, aber jetzt klappt überhaupt nichts mehr!‹

Wenn es dann am Tag darauf regnet und ich frage: ›Sweetheart, bei dem Regen gehst du doch wohl nicht zum Golfen, oder?‹, dann sagt er: ›Bin ich aus Zucker? Einem echten Golfer macht das nichts aus.‹ Und dann zieht er auch schon wieder los.«

Joe Louis' derzeitige Frau Martha unterscheidet sich von seinen beiden ersten Gattinnen so grundlegend wie er sich von ihrem Phi-Beta-Kappa-Ehemann.

Joes erste Frau, Marva, eine schicke Chicagoer Stenotypistin, die er 1935 zum ersten Mal und 1946 ein zweites Mal ehelichte, gehörte zu seiner Protz-&-Prunk-Ära, jenen Jahren, in denen der Löwenanteil seiner fünf Millionen Dollar Preisgelder für Schmuck, Juwelen,

Pelze, Auslandsreisen, kostspielige Wetten, großzügige Trinkgelder und teure Klamotten draufging. Anno 1939 hatte er sich bereits zwanzig Anzüge, sechsunddreißig Hemden und zwei Smokings gekauft, beschäftigte dann aber obendrein noch zwei Schneider, die Klamotten nach seinen eigenen Ideen anfertigten, wie zum Beispiel changierende grüne Schlabberhosen, Anzugjacken ohne Revers und mit Leder gefütterte Kamelhaarjacken. Wenn er nicht gerade trainierte oder im Ring stand – den Titel hatte er 1937 mit seinem K.o. über James J. Braddock errungen –, zog Joe Louis mit Marva (»Ich brachte sie zum Lachen«) um die Häuser oder zockte beim Golfen um 1000 Dollar pro Loch, eine Spielvariante, in die ihn die Sportreporter Hype Igoe und Walter Stewart 1936 eingeweiht hatten. »Von dem Geld, das er Joe abgenommen hatte, hat sich einer der Zocker ein Haus in Kalifornien gebaut«, wusste ein alter Freund des Boxers zu berichten.

Joes zweite Frau, die Kosmetikerin und Visagistin Rose Morgan, mit der er von 1955 bis 1958 verheiratet war, ist eine kurvenreiche Schönheit, die ihren Beruf mit Leib und Seele ausübt und sich nicht zuletzt deshalb weigerte, sich die Nächte mit Joe um die Ohren zu schlagen. »Ich habe versucht, ihm ein Zuhause zu geben«, sagte sie. »Ich habe ihm gesagt, er könne nicht länger den ganzen Tag verschlafen und nachts auf die Piste gehen. Als er mich fragte, wieso, habe ich geantwortet, ich würde mir Sorgen machen und könne sonst nicht einschlafen. Darauf meinte er, er würde einfach abwarten, bis ich eingeschlafen sei. Tja, ich blieb bis vier Uhr morgens auf – und schließlich schlief *er* ein.« Darüber hinaus ernüchterte sie es, als Joe 1956 als Wrestler zu touren begann, um so seine Steuerschulden in Höhe von einer Million Dollar zu begleichen. »Für mich war Joe so etwas wie der Präsident der Vereinigten Staaten«, sagte Rose. »Würden Sie dem Präsidenten der Vereinigten Staaten gern beim Tellerwaschen zugucken? Genauso war das für mich, als ich Joe beim Wrestling zusehen musste.«

Joes dritte Frau hat zwar nichts von dem augenfälligen Sexappeal seiner beiden früheren Gattinnen; dennoch war ihr mehr Erfolg beschieden, teils weil sie klüger ist als ihre Vorgängerinnen, nicht zuletzt aber auch, weil Joe reif für die Zähmung war, als er sich in Martha verliebte. Sie scheint alles Mögliche für ihn zu sein, eine Kombination aus Anwältin, Köchin, Geliebter, Pressedame, Steuerberaterin und Zimmermädchen – alles außer Caddie. Und sie war erkennbar erfreut, als die mit ihr befreundete Sängerin Mahalia Jackson neulich Joes berstend volle Kleiderschränke begutachtete und bemerkte: »Tja, Martha, sieht ganz so aus, als wolle er sich endlich häuslich niederlassen – zum ersten Mal in seinem Leben befinden sich all seine Sachen unter einem Dach.«

Es scheint Martha nichts auszumachen, dass sie Joe auf dem absteigenden Ast erobert hat – inzwischen wiegt er 108 Kilo, kriegt eine Glatze, hat längst nicht mehr so viel auf der Tasche wie früher und besitzt auch nicht mehr die schnellen Reflexe, mit denen er einst zugeschlagen oder den nächsten Scheck eingesteckt hat. »Joe hat wirklich Seele. Er ruht in sich«, sagt sie und fügt hinzu, dass er sie ebenso liebt wie sie ihn. Sonntags geht Joe sogar mit ihr zur Kirche, und auch im Gericht taucht er manchmal auf, um ihr bei den Verhandlungen zuzusehen. Obwohl er weder raucht noch trinkt, besucht Joe gelegentlich den einen oder anderen Nachtclub, um sich Auftritte der vielen Musiker und Sänger anzusehen, die er zu seinen Freunden zählt; seine Gattin ist sich durchaus der Tatsache bewusst, dass viele Frauen Joe Louis nach wie vor sexuell attraktiv finden und ganz und gar nichts dagegen hätten, die Nacht mit ihm zu verbringen. »Wenn es solchen Frauen gefällt, sich auf den Nebenstraßen im Leben eines Mannes zu tummeln«, so Martha, »dann wünsche ich ihnen alles Gute. Aber ich bin seine Ehefrau, und wenn ich auftauche, sollten sie schleunigst das Feld räumen.«

Darüber hinaus weiß Martha, dass Joe freundschaftliche Beziehungen zu seinen Exfrauen pflegt – die nach der Scheidung bei der Wahl ihrer zukünftigen Ehemänner ins gegensätzliche Extrem verfielen. Nach der Trennung von Joe heiratete Marva einen Chicagoer Arzt, Rose einen Rechtsanwalt. Wenn Joe in Chicago ist, ruft er Marva (die Mutter seiner beiden Kinder) des Öfteren an und lädt sie gelegentlich zum Dinner ein. Ebenso läuft es mit Rose, wenn er in New York weilt. »Joe Louis löst sich nie wirklich von einer Frau«, so Martha mehr amüsiert als gekränkt. »Er fügt seinem Leben bloß eine neue hinzu.« Tatsächlich hat Joe seine drei Frauen sogar miteinander bekannt gemacht und ist hocherfreut darüber, dass sie blendend miteinander auskommen. Seine erste Frau stellte er seiner derzeitigen Gattin beim Titelkampf zwischen Patterson und Johansson in New York vor, und bei einer anderen Gelegenheit sorgte er dafür, dass seine zweite Frau seiner jetzigen die Haare ondulierte – gratis.

All das hatte mir Joe Louis ein paar Stunden zuvor während unseres gemeinsamen Flugs von Los Angeles nach New York (wo ich ihm durch halb Manhattan gefolgt war und ihm bei seiner Arbeit als PR-Mann über die Schulter gesehen hatte) erzählt. »Ich habe Rose vorher angerufen«, hatte er mir offenbart, »und ihr gesagt: ›Hör zu, Rose Morgan, von meiner Frau nimmst du kein Geld.‹ Und sie antwortete: ›Klar, Joe, sowieso nicht.‹ Rose ist einfach wunderbar.«

Er schüttelte den Kopf.

»Wissen Sie, ich habe drei der tollsten Frauen der Welt abgekriegt. Mein einziger Fehler war, dass ich mich habe scheiden lassen.«

»Warum haben Sie es dann getan?«

»Oh«, sagte er. »Damals wollte ich frei sein, und manchmal wollte ich einfach nur allein sein. Ich war total neben der Spur. Ich bin wochenlang nicht nach Hause gekommen, einfach so – oder habe tagelang im Bett rumgelegen und ferngesehen.«

So wie er sich die Schuld am Scheitern seiner beiden ersten Ehen gibt, steht er auch für seine anderen Probleme ein – etwa die Unfähigkeit, sein Geld zusammenzuhalten, oder die nicht bezahlten Steuern. Während seines letzten Aufenthalts in New York sagten ein paar alte Freunde aus der Boxszene: »Joe, würdest du heute fighten, würdest du doppelt so viel wie damals kassieren, mit Pay-TV und allem.« Joe Louis aber schüttelte bloß den Kopf und erwiderte: »Kein Problem. Damals habe ich fünf Millionen gemacht, bin Pleite gegangen und hatte eine Million Steuerschulden. Heute würde ich zehn Millionen machen, ebenfalls Pleite gehen und mich hinterher mit zwei Millionen Steuerschulden herumschlagen.«

Solche Bonmots – simpel, aber doch vermischt mit einem geradezu absurden Sinn für Humor – bekam ich des Öfteren zu hören, während ich Joe Louis in New York begleitete. Und darüber war ich durchaus mehr als nur ein bisschen erstaunt.

Ob zu Recht oder zu Unrecht: Ich hatte erwartet, dieser Held in seinen mittleren Jahren sei kaum mehr als ein Abglanz jenes reichlich beschränkten Champions, den Don Dunphy ehedem im Rundfunk ein ums andere Mal nach dem x-ten Sieg über die x-te große weiße Hoffnung interviewt hatte; weshalb ich davon ausging, dass der achtundvierzigjährige Joe Louis immer noch den Titel als wahrscheinlich maulfaulster Athlet seit Dummy Taylor hielt – dem legendären Pitcher der Giants, der allerdings stumm gewesen war.

Natürlich kannte ich Joe Louis' berühmte Sprüche – wie etwa den über Billy Conn: »Er kann rennen, aber er kann sich nicht verstecken.« Oder die Antwort des Soldaten Joe Louis im Zweiten Weltkrieg auf die Frage, wie es für ihn sei, umsonst, sprich: ohne Gage, in den Kampf ziehen zu müssen: »Wieso umsonst? Ich kämpfe für mein Vaterland.« Aber ich hatte auch gelesen, dass Joe Louis ein äußerst naiver Zeitgenosse war – so naiv, dass er sich 1960 bereit erklärt hatte, PR für Fidel Castro zu machen. Des Weiteren hatte ich erst kürzlich Zeitungsfotos gesehen, auf denen Joe vor einem Gerichtsgebäude mit Hulan E. Jack posierte, dem ehemaligen Manhattaner Stadtrat, der zu vertuschen versuchte, dass er den Umbau seiner Wohnung mit Bestechungsgeldern finanziert hatte. Und Senator John L. McClellan hatte einst die Vermutung geäußert, dass Louis für seine zweistündige Anwesenheit beim Korruptionsprozess gegen James R. Hoffa 2500 Dollar erhalten hatte; obgleich alles dementiert wurde, war der einst als »Ehre für die Menschheit« bezeichnete Joe Louis nun übel in Misskredit geraten.

Zu meiner Erleichterung stellte ich also unerwartet fest, dass Joe Louis ein mit allen Wassern gewaschener Geschäftsmann war, der sich von niemandem die Butter vom Brot nehmen ließ, und obendrein ein Mann mit Sinn für recht subtilen Humor. Als ich am Idlewild Airport mein Touristenklasse-Ticket umtauschen musste, um während unseres Flugs nach Los Angeles neben Joe in der ersten Klasse sitzen zu können, fragte ich ihn, wie die Fluggesellschaft eigentlich dazu kam, dafür einen Aufschlag von fünfundvierzig Dollar zu verlangen. »Die erste Klasse ist ganz vorn in der Maschine«, antwortete er. »Und wer ganz vorn sitzt, ist eher in L. A.«

Am Vortag war ich Zeuge gewesen, wie Joe Louis ein paar TV-Bossen, die einen Film über sein Leben machen wollten, ein paar Extradollars aus dem Arm geleiert hatte.

»He«, sagte Joe, der sich sorgfältig jedes einzelne Wort in seinem unterschriftsreifen Vertrag ansah, »hier steht, dass Sie mir Hin- und Rückflug und das Hotel bezahlen – aber was ist mit den Ausgaben, die ich hier vor Ort habe?«

»Aber Mr. Louis«, sagte einer der TV-Bosse, »von Spesen war nie die Rede.«

»Und wer zahlt mein Essen?« Joe Louis klang stocksauer.

»Aber, aber ...«

Joe Louis erhob sich und legte demonstrativ den Federhalter beiseite. Der Vertrag wäre nicht zustande gekommen, hätte der Direktor des Senders nicht schließlich eingelenkt: »Okay, Joe, ich denke, da lässt sich was machen.«

So weit beruhigt, unterzeichnete Joe den Vertrag, schüttelte allen die Hände und verließ das Büro.

»Tja«, sagte er draußen auf der Straße, »die Runde habe ich gewonnen.«

Dann fügte er hinzu: »Ich weiß, was ich wert bin, und darunter mach ich's nicht.« Er sagte, die Produzenten des Films *Requiem for a Heavyweight* hätten ihm eine Rolle als Ringrichter angeboten, ihn aber mit einer Gage von 500 Dollar plus fünfzig Dollar Tagesspesen abspeisen wollen. Obwohl er nur fünfundvierzig Sekunden auf der Leinwand zu sehen gewesen wäre, blieb Louis steif und fest dabei, sein Auftritt sei 1000 Dollar wert. Die Produzenten meinten, das sei zu viel. Ein paar Tage später aber riefen sie wieder an. Und Louis bekam seine 1000 Dollar.

Obwohl seine Probleme mit der Steuer seine gesamten Ersparnisse – inklusive zweier Treuhandfonds, die er für seine Kinder eingerichtet hatte – aufgezehrt haben, denkt Joe Louis nicht daran, sich seinen Stolz nehmen zu lassen. Er weigerte sich, die erkleckliche Summe anzunehmen, die hunderte von Bürgern für ihn gesammelt hatten, obwohl er der Steuer immer noch zigtausende schuldet und das Geld gut hätte gebrauchen können. Im letzten Jahr verdiente Joe weniger als 10000 Dollar, den Großteil davon als Ringrichter bei Wrestling-Events (der Abend bringt zwischen 750 und 1000 Dollar) oder Werbeauftritten. Großes Geld hat er zuletzt 1956 eingesackt, als er für seine Wrestling-Auftritte eine Garantie von 100000 Dollar jährlich erhielt. Er gewann all seine Kämpfe – außer jenen, bei denen er wegen Gebrauchs seiner Fäuste disqualifiziert wurde –, doch endete seine Karriere bald darauf, als der 135-Kilo-Cowboy Rocky Lee eines Abends versehentlich mit den Füßen auf seiner Brust landete, ihm dabei eine Rippe brach und ein paar seiner Herzmuskeln quetschte.

Heute ist Joe Louis als Matchmaker bei der von ihm gegründeten Box-Promotion-Firma United World Boxing Enterprises tätig, und ein Chicagoer Milchhersteller wirbt immer noch mit seinem Namen; von finanzieller Bedeutung aber ist lediglich seine Beteiligung an der New Yorker PR-Agentur Louis-Rowe Enterprises, Inc., einer florierenden Firma an der West Fifty-seventh Street, die schwarze Entertainer wie Louis Armstrong und den neuen Sänger Dean Barlow vertritt; die Agentur würde wohl insbesondere auf Kuba profitable Geschäfte machen, wäre da 1960 nicht jener Aufruhr um Joe Louis gewesen, als er Fidel Castro als PR-Klienten angenommen hatte und verlauten ließ: »Auf der ganzen Welt gibt es keinen zweiten Ort wie Kuba – ein Land ohne jede Rassendiskriminierung, wo man als Schwarzer die Winterferien ohne Belästigungen verbringen kann.«

Joe ist kein Rassist, doch liegt ihm der Kampf der Schwarzen um Gleichberechtigung sehr am Herzen, und dabei nimmt er – vielleicht zum ersten Mal in seinem Leben – kein Blatt vor den Mund. Joe Louis kann nach wie vor nichts Falsches daran finden, Kuba damals als Ferienland für schwarze amerikanische Bürger ausgerufen zu haben, und weist unumwunden darauf hin, dass er den 287 000-Dollar-Vertrag mit dem kubanischen Fremdenverkehrsbüro aufgelöst hatte, *bevor* die Vereinigten Staaten ihre diplomatischen Beziehungen zum Castro-Regime einstellten. Auch wenn er weiterhin die Überzeugung hegt, dass Castro für das kubanische Volk weit, weit besser ist als die United Fruit Company.

Wie mir auffiel, schlägt Joe Louis beim Zeitung lesen keineswegs sofort den Sportteil auf; ihn interessieren andere Nachrichten, etwa ein Bericht darüber, dass mit

Lieutenant Commander Samuel Gravely jr. zum ersten Mal in der Geschichte der US-Marine ein Schwarzer ein Kriegsschiff befehligt. »Die Zeiten ändern sich langsam zum Besseren«, sagte Louis. Ebenso fiel mir auf, wie er eines Nachmittags, als er mit der TV-Fernbedienung nach der Übertragung eines Golfspiels suchte, zufällig bei einer Sendung hängen blieb, in der die Rede eines ghanaischen Abgeordneten übertragen wurde; Joe Louis hörte sich die Rede bis zum Ende an, ehe er auf das Golfturnier umschaltete.

Obwohl der zweite Fight gegen Max Schmeling von amerikanischen Zeitungen als Vergeltungskampf angekündigt wurde, in dem Joe Louis die so genannte »Herrenrasse«, die Schwarze als »Untermenschen« betrachtete, in ihre Schranken weisen wollte, sagt der ehemalige Champion, dass es sich dabei schlicht um eine Publicity-Nummer handelte, um Fronten aufzubauen. Louis sagt, er sei Schmeling absolut nicht feindlich gesonnen gewesen, wenngleich ihm einer von Schmelings Freunden, der mit Nazi-Armbinde im Fightcamp herumstolzierte, alles andere als sympathisch war. Empört sei er aber vielmehr über das Verhalten von Eastern Air Lines; bis heute hat er der Fluggesellschaft nicht vergeben, dass sie ihm anno '46 nach einem Kampf den Limousinenservice von einem Hotel in New Orleans zum Airport verweigerte. Louis, der die Maschine verpasst hätte, wäre er nicht eigenhändig zum Flughafen gefahren, beschwerte sich schriftlich bei Eddie Rickenbacker, dem Vorstandsvorsitzenden von Eastern Air Lines. »Er hat mir nie geantwortet«, erinnerte er sich.

Seitdem ist Joe Louis nie wieder mit Eastern Air Lines geflogen, auch wenn es zuweilen bequemer gewesen wäre;

er hat Freunden geraten, die Fluglinie zu boykottieren, und glaubt, dass sich dies in den vergangenen sechzehn Jahren auch auf den Profit der Betreiber ausgewirkt hat.

Eines der erklärten Ziele von Joe Louis und seinem PR-Kompagnon Billy Rowe besteht darin, die Bosse im Big Business davon zu überzeugen, dass eine Vernachlässigung der schwarzen Konsumenten sich nachteilig auf den Umsatz auswirkt; andererseits kann dieser Markt äußerst profitabel sein. Die Louis-Rowe-Agentur führt dabei ins Feld, dass schwarze Amerikaner jedes Jahr zweiundzwanzig Milliarden Dollar für Konsumgüter ausgeben, mehr als achtzehn Prozent des US-Reisemarkts abdecken und allein die in Harlem lebenden Schwarzen jeden Tag 200 000 Dollar für Sportwetten und Lotteriespiel ausgeben.

Und die Schwarzen würden noch mehr Geld ausgeben, so Louis und Rowe, wenn die US-Industrie ihre Werbebudgets für den afroamerikanischen Markt aufstocken und Werbekampagnen speziell auf die schwarzen Konsumenten ausrichten würde – das heißt, in Zeitungen und Magazinen mit schwarzer Leserschaft Anzeigen mit schwarzen Models zu schalten, um so bestimmte Markenseifen, Markenbiere und so weiter an den Mann zu bringen. Diese Botschaft verbreiten Rowe und Louis immer wieder, wenn sie bei Werbeagenturen in der Madison Avenue, bei Versicherungen, Aktiengesellschaften und Veranstaltern von Pferderennen vorsprechen; Rowe, ein überaus zungenfertiger Geschäftsmann, der sich wie ein Broadway-Künstler stylt und Nat King Cole ähnelt (aber besser aussieht), beherrscht die meisten Meetings, während Louis den einen oder anderen lockeren Spruch einfließen lässt.

Billy Rowe ist siebenundvierzig, war früher stellvertretender Polizeichef von New York – nach wie vor hat er stets eine Pistole dabei – und residiert in einem Büro, dass um einiges größer und schicker ist als Joes. Während in Joes Büro nur eine Auszeichnung an der Wand hängt – eine »State of Michigan Hall of Fame«-Urkunde –, ist eine der Wände in Billy Rowes Geschäftsraum mit achtzehn Ehrenplaketten und -urkunden gepflastert, darunter eine Belobigung für seine Jugendarbeit vom Minisink Men's Guidance Council, Briefe des Gouverneurs und zwei Goldpokale, die gar nicht ihm gehören. Bescheidenheit ist nicht seine größte Stärke.

Mr. Rowe, der draußen in New Rochelle in einer Vierzehn-Zimmer-Villa (mit vier Fernsehern) wohnt, kommt gewöhnlich eine volle Stunde vor Louis ins Büro und hat bereits die Tages- und Wochentermine vor sich liegen, wenn Joe – meist so gegen elf Uhr – in die Agentur schlendert und dem Mädchen an der Rezeption zuzwinkert.

»Hey, Dad«, sagte Rowe zu Louis, »am Dreizehnten haben wir einen Termin beim Bürgermeister. Eigentlich sollte das Treffen schon früher stattfinden, aber er hat Ärger mit dem Gouverneur.«

Joe Louis nickte, gähnte, riss aber urplötzlich die Augen auf, als ihm die üppige Nachtclubsängerin Ann Weldon ins Auge stach, die durch den Gang auf ihn zukam. Wortlos schlängelte sie sich an ihm vorbei.

»Komm nicht noch näher«, sagte Joe Louis, »sonst muss ich dich heiraten.«

Mit wiegenden Hüften ging sie davon.

»Hey, Dad«, sagte Rowe. »Isst du heute bei Lindy's zu Mittag?«

»Ja.«

»Und wer zahlt?«

»Die Jungs von Yonkers Raceway.«

»Wenn das so ist«, sagte Rowe, »komme ich mit.«

Eine Stunde später verließen Rowe und Louis das Büro und quetschten sich in den überfüllten Aufzug; die Leute grinsten, als sie Joe Louis erkannten.

»Hi, Champ«, sagte dann jemand, und ein anderer: »Hallo, Joe.«

»Aber nicht hier drin boxen«, sagte der Liftboy.

»Quatsch«, sagte Joe. »Hier kann ich ja nicht abhauen.«

»Joe«, sagte ein Mann und schüttelte ihm die Hand. »Du siehst aus, als wärst du in Topform.«

»Höchstens in Topform für ein Steak«, sagte Joe Louis.

»Joe«, sagte ein anderer. »Dein Kampf gegen Billy Conn – mir kommt's vor, als sei er erst gestern gewesen. Die Zeit vergeht wie im Flug, nicht wahr?«

»Stimmt«, sagte Louis. »Das tut sie, was?«

Und in diesem Stil ging es weiter, als Joe den Broadway hinunterging; Taxifahrer winkten ihm zu, Busfahrer hupten, und dutzende von Passanten sprachen ihn an, erinnerten sich, wie sie einst 200 Kilometer weit gefahren waren, um ihn kämpfen zu sehen, wie sie sich in der ersten Runde zwischendurch eine Zigarette angesteckt und dabei verpasst hatten, wie Louis seinen Gegner von einer Sekunde auf die andere platt gemacht hatte; ein anderer wiederum erinnerte sich, wie er denselben Kampf mit ein paar Freunden im Radio angehört hatte, und als er kurz in die Küche ging, um Eis für die Drinks zu holen, stand plötzlich einer seiner Kumpels in der Tür und sagte: »Alles vorbei! Louis hat ihn mit dem ersten Schlag ausgeknockt.«

Am meisten staunte wohl Joe Louis selbst, dass sie ihn nicht vergessen hatten – insbesondere als er seit seinem fatalen Comeback 1951, bei dem er von Rocky Marciano ausgeknockt wurde, keinen Kampf mehr bestritten hat. Zwei Jahre zuvor war Louis unbesiegt zurückgetreten, nachdem er seinen Titel fünfundzwanzig Mal verteidigt hatte, öfter als jeder andere Champion zuvor.

Im Lindy's wieselten sofort die Kellner um ihn herum, führten ihn und Rowe zu einem Tisch, an dem bereits ein Angestellter von Yonkers Raceway auf sie wartete. Noch bevor sie ihren Lunch halb verzehrt hatten, versuchte Joe die Konten der Rennbahnbetreiber anzuzapfen, indem er sagte, dass eine ordentliche PR-Kampagne von Rowe-Louis mehr Schwarze als je zuvor auf die Ränge bringen würde. Ihr Gesprächspartner erwiderte, er würde ihre Anregungen der Geschäftsleitung unterbreiten und sich dann wieder bei ihnen melden.

»Joe, wir sollten uns auf die Socken machen«, sagte Rowe mit Blick auf seine Uhr. »Wir haben noch einen Termin bei Joe Glaser. Glaser hat so viel Geld, dass ihm die Bank dafür Lagerkosten berechnet.« Er lachte über seinen Witz und sagte: »Den Spruch musst du bringen, wenn du Glaser die Hand schüttelst.«

Fünf Minuten später wurden Louis und Rowe von Glasers Assistentinnen in dessen brandneues, feudal eingerichtetes Büro geleitet. Mr. Glaser, Talentscout von Beruf, klopfte Joe den Rücken und sagte mit dröhnender Stimme: »Joe Louis ist ein verdammt feiner Kerl, wie man ihn kein zweites Mal findet!«

Und Billy Rowe sagte, da er nicht widerstehen konnte: »Joe Glaser hat so viel Geld, dass ihm die Bank dafür Lagerkosten berechnet.«

Alle lachten, bis auf Joe Louis, der Rowe schräg von der Seite ansah.

Nach ihrem Gespräch mit Glaser hatten Louis und Rowe einen Termin bei der Investors Planning Corporation of America, wo sie empfahlen, mehr Genossenschaftsanteile an Schwarze zu verkaufen; anschließend besuchten sie die Werbeagentur Cobleigh & Gordon, wo sie über ein Infoblatt für Schwarze sprachen, das Rowe und Lewis herausbringen wollen. Danach gingen sie ins Toots Shor's und zum Abschluss zum Dinner ins La Fonda del Sol, wo sich zwei von Rowe dazugeladene Nachtclub-Starlets aus Harlem zu ihnen gesellten.

»Oh, Joe«, sagte die eine, während hinter ihr eine spanische Gitarre erklang, »als du im Ring gestanden hast, war ich noch ein kleines Mädchen. Bei uns zu Hause saßen dann alle um das Radio herum – und ich durfte kein Wort sagen.«

Joe zwinkerte ihr zu.

»Joe«, sagte die andere, »wärst du so nett, die Speisekarte für meinen Sohn zu signieren?«

Joe Louis grinste leicht anzüglich, zog seinen Hotelzimmerschlüssel aus der Tasche und ließ ihn am Zeigefinger hin und her baumeln, ehe er ihn ihr über den Tisch zuschob.

»Und wenn du deinen Sohn mal für ein Stündchen vergisst?«, sagte er.

Obwohl alle lachten, war sie keineswegs sicher, ob Joe bloß einen Scherz gemacht hatte.

»Wenn ich's täte«, sagte sie schamhaft, »würde er es bestimmt verstehen – irgendwann, wenn er älter ist.« Sie schob den Schlüssel zurück. Joe gab ein enttäuschtes Schnauben von sich und signierte die Speisekarte.

Nach dem Dinner wollten Joe Louis und die anderen noch ein paar Nachtclubs in Harlem aufsuchen; ich verabschiedete mich, da ich mit Louis' zweiter Frau verabredet war. Rose Morgan wohnt in einem großen, geschmackvoll eingerichteten City-Apartment mit Blick über das Polo-Grounds-Stadion; früher wohnten hier Joe und seine erste Frau Marva.

Rose Morgan war höchst elegant gekleidet und perfekt frisiert, als sie mir die Tür öffnete; der japanische Hausanzug verlieh ihr eine gewisse exotische Note. Sie führte mich über einen dicken Teppich zu einem bumerangförmigen weißen Sofa. Die Beine übereinander geschlagen, die Arme in die Seiten gestemmt, sagte sie: »Oh, ich weiß selbst nicht, was an Joe so Besonderes war. Es fing einfach an zu prickeln, wenn er mich ansah.«

Die Ehe mit Joe war allerdings nicht ganz so aufregend wie die Zeit, zu der er ihr den Hof gemacht hatte. Rose schüttelte den Kopf. »Wenn ich um halb sieben oder sieben von der Arbeit kam, saß Joe vor dem Fernseher und aß Äpfel. Aber inzwischen«, fuhr sie nach einer Pause fort, »sind wir sehr gute Freunde. Erst gestern habe ich ihm einen Brief geschrieben – ich habe ein paar alte Sachen von ihm gefunden und ihn gefragt, ob er sie zurückhaben will.«

»Was denn für Sachen?«

»Ich habe noch den Mantel, den er bei seinen ersten Kämpfen getragen hat«, sagte sie. »Seine Schnürschuhe und einen Film von seinem ersten Kampf gegen Billy Conn. Hätten Sie Lust, ihn zu sehen?«

Im selben Moment kam Roses Mann – der Anwalt – mit ein paar Freunden aus Philadelphia herein. Roses Gatte ist ein kleiner, beleibter und betont gepflegter Mann, der zuerst alle miteinander bekannt machte und dann vorschlug, gemeinsam noch ein paar Drinks zu nehmen.

»Ich wollte gerade den Film von Joes Kampf zeigen«, sagte Rose.

»Machen Sie sich keine Umstände«, sagte ich.

»Aber überhaupt nicht«, sagte Rose. »Ich würde den Film gern selbst mal wieder sehen.«

»Stört es Sie, wenn wir uns den Film ansehen?«, fragte ich Roses Mann.

»Nein, nein, gar nicht«, erwiderte er leise. Es war ihm anzumerken, dass er nur höflich sein wollte und lieber auf die Vorführung verzichtet hätte. Doch Rose war nicht mehr aufzuhalten; im Nu hatte sie den Projektor aus einem Schrank geholt. Bald darauf war das Licht gelöscht, und der Kampf begann.

»Joe Louis war der größte Boxer aller Zeiten«, sagte einer der Männer aus Philadelphia, während das Eis in seinem Glas leise klirrte. »In jenen Tagen gab es für uns Schwarze nichts Größeres als Gott und Joe Louis.«

Joe Louis' Furcht einflößende, stoische Miene – zwanzig Jahre jünger – bewegte sich über die Leinwand auf Conn zu; wenn er nach Conn schlug, schien dieser regelrecht zu schlottern.

»Joe hat keine Schläge vergeudet«, sagte einer der Besucher, der auf dem Sofa Platz genommen hatte.

Rose schien völlig aus dem Häuschen, Joe in seinen Glanztagen zu sehen; jedes Mal, wenn Conn einen Treffer einsteckte, stöhnte sie leise auf.

In den mittleren Runden zeigte Billy Conn eine durchaus ansprechende Leistung, doch als auf der Leinwand »Runde 13« aufblitzte, sagte einer: »Jetzt verkalkuliert sich Conn – weil er versucht, Joe auf die Bretter zu schicken.« Roses Mann gab nach wie vor keinen Ton von sich und nippte an seinem Scotch.

Als Louis einen Treffer nach dem anderen landete, stöhnte Rose bei jedem Schlag wiederum unterdrückt auf, bis Conns bleicher Körper schließlich gegen die Seile prallte und zu Boden sackte.

Billy Conn versuchte, sich wieder aufzurappeln; der Ringrichter stand über ihm und begann ihn auszuzählen. Conn kämpfte sich auf ein Bein, dann auf das andere, und schließlich stand er wieder – doch der Ringrichter hielt ihn zurück. Es war zu spät.

Nur Roses Mann war mit der Entscheidung nicht einverstanden.

»Conn ist rechtzeitig wieder hochgekommen«, sagte er, »aber der Ringrichter hat ihn nicht wieder rangelassen.«

Rose Morgan sagte nichts – trank nur den Rest ihres Drinks aus.

Die Brücke

1
Die Boomer

Sie fahren mit dicken Autos in die Stadt, schlafen in möblierten Zimmern. Sie bestellen Bier zum Whiskey, und sie stellen Frauen nach, die sie bald wieder vergessen haben. Sie bleiben immer nur kurze Zeit an einem Ort, gerade so lange, bis sie die Brücke gebaut haben, dann geht es weiter in die nächste Stadt, zur nächsten Brücke, wo sie wieder alles Mögliche zusammenfügen – außer ihr eigenes Leben.

Im Gegensatz zu ihren Brücken sind sie nicht fest im Boden verankert. Sie sind eine Mischung aus Zirkusartisten und Nomaden – leichtfüßig in der Höhe, doch am Boden ruhelos; beinahe so, als hätten sie auf der schier endlosen Straße unter ihnen einfach nicht so viel Bodenhaftung und Gleichgewicht wie auf einem zwanzig Zentimeter breiten Stahlträger, der 300 Meter über dem Meer in der Luft zu schweben scheint.

Wenn es keine Brücken zu bauen gibt, arbeiten sie auf Wolkenkratzern, Highways und Staudämmen oder irgendetwas anderem, wo der ganze Mann gefordert ist und Überstundenzuschläge winken. Kein Ort, der nicht infrage käme für sie, und wenn sie dafür 1000 Meilen in vierundzwanzig Stunden fahren müssen – auch gut. Hauptsache, sie sind rechtzeitig da, wenn irgendwo ein neuer Bauboom ausbricht. Boom-Städte üben eine magische Anziehungskraft auf sie aus, deswegen nennt man sie auch »Boomer«.

Boomer sind meist groß und immer kräftig. Ihre Gesichter und Hände sind gerötet von Sonne und Wind. Manche von ihnen, deren Aufgabe es ist, Nieten und Bolzen zu erhitzen, haben eine Haut, die aussieht wie angekokelt. Einige ihrer Kollegen, die die Bolzen in den Stahl treiben, sind schwerhörig, und diejenigen, die die glühenden Bolzen in kleinen Metalltrichtern auffangen, haben Blasen und Brandnarben am ganzen Körper als Erinnerung an die Male, wo sie daneben gegriffen haben. Manche von den Schweißern haben auch nachts im Schlaf noch leuchtende Blitze vor Augen. Die Schienbeine derjenigen, die die Stahlträger zusammenfügen, sind zerfurcht von tiefen Narben, die sie sich zugezogen haben, wenn sie an Pfeilern und Masten entlangrobben. Viele Boomer haben verstümmelte Hände oder Finger durch abgerutschte oder außer Kontrolle geratene Stahlträger verloren. Die meisten sind schon einmal abgestürzt und haben sich ein oder zwei Gliedmaßen gebrochen. Alle haben dem Tod schon mal ins Auge geblickt.

Sie sind stolz auf das, was sie tun, und sie reden gerne darüber. Abends tönen sie in Bars herum und bauen ganze Brücken noch einmal, und manchmal, wenn sie sich auf den Nachhauseweg machen, ruft der Barmann ihnen hinterher: »He, Jungs, jetzt schleppt mal das ganze Stahlgerümpel raus!«

Sie üben eine gewisse Anziehungskraft auf Frauen mit lockeren Moralvorstellungen aus, die sich wiederum zu ihnen hingezogen fühlen, weil sie Geld haben und ihre Ehefrauen, wenn sie welche haben, weit weg sind. Von der Zuneigung jener Damen zeugte ein schwimmendes Bordell unter einer der Brücken in St. Louis oder die Tatsache, dass im Rotlichtbezirk von Paducah umgedrehte Bauhelme als Blumentöpfe dienten.

An den Wochenenden fahren manche der Boomer hunderte von Kilometern zu ihren Familien, wo sie sich gesittet und tolerant benehmen und sämtliche Anspielungen auf ihr wildes Junggesellendasein auf der Baustelle weit von sich weisen, außer wenn sie manchmal mit einer Mischung aus Stolz und Scham im Flüsterton davon sprechen, immer in der Angst, dass ihre Frauen etwas davon mitbekommen könnten und dadurch der Anschein eines geregelten Ehelebens vernichtet werden könnte.

Wie die meisten Männer würde auch der Boomer gern auf allen Hochzeiten tanzen.

Manchmal kommt es vor, dass seine Familie ihm nachreist und in kleinen Hotels oder Wohnwagensiedlungen unterkommt, aber eigentlich ist das kein Leben für Frauen und Kinder.

Das Kind eines solchen Boomers wird aller Wahrscheinlichkeit nach in vierzig Bundesstaaten gelebt und ein Dutzend High Schools besucht haben, bevor es einen Abschluss macht, beziehungsweise *falls* es einen Abschluss macht, denn obwohl der Vater Stein und Bein schwört, dass er auf gar keinen Fall einen Boomer zum Sohn will, tritt gewöhnlich haargenau das ein. Es passiert – vermutlich weil er es im Grunde seines Herzens eben doch wollte, und das ist auch der Grund dafür, warum

Boomer an den Wochenenden zu Hause so große Töne spucken und mit whiskeygeschwängerten Worten eine wunderbare Welt heraufbeschwören, der kein Sohn widerstehen kann, weil diese Welt erfüllt scheint von allem, was er sich wünscht: Abenteuer, dicke Autos, jede Menge Geld – manchmal 350 bis 450 Dollar pro Woche –, die Aussicht auf lange Pokerpartien an Regentagen, wenn die Brücke zu rutschig ist, die Aussicht darauf unterwegs zu sein zusammen mit Indianern, die sich in großer Höhe so behände bewegen wie Spinnen, mit Männern aus Neufundland, die so flink und unberechenbar sind wie die See, von deren Küste sie stammen, und mit rastlosen Rebellen aus dem Süden, die der Armut ihrer Dörfer zu entkommen versuchen, indem sie Bolzen und Nieten in die Brücken des Landes treiben.

Und alle schaffen sie etwas Großes, Dauerhaftes, etwas, das man Jahre später noch besichtigen kann, um dann zu sagen: »Siehst du die Brücke da drüben, mein Junge – in das gottverdammte Ding hab ich, als ich noch jünger war, zwölfhundert Nieten an einem Tag reingejagt.«

Sie erzählen ihren Söhnen nur von den schönen Seiten, über die schlechten gehen sie hinweg; selten nur sprechen sie davon, wie Männer in großer Höhe manchmal vor Angst erstarren und sich mit geschlossenen Augen an Stahlträgern festklammern oder dass sie nach dem Abstieg drei Drinks brauchen, um das Nervenflattern zu vertreiben; nein, sie schwärmen von Glanz und Gloria, von den Überstunden und nicht von den Wochen der Arbeitslosigkeit; sie erinnern sich daran, wie sie mithalfen, die Golden Gate Bridge hochzuziehen oder das Empire State Building und wie ihre Väter 1902 auf der Williamsburg Bridge arbeiteten, als die Stahlträger noch von pferdebetriebenen Schwerlastkränen in die Höhe gezogen wurden.

Ihre Schilderungen klingen so, als würde in ihrer Welt der Wilde Westen weiterleben, was in gewisser Weise auch zutrifft, denn die Boomer sehen sich in der Tradition der Pioniere, sie betrachten sich als die letzten Exemplare amerikanischer Helden, die mit Sack und Pack durch die Lande ziehen, auch wenn es gerade mal noch etwa tausend von ihnen gibt, die so ungebunden sind, dass sie überall hingehen, wo etwas gebaut wird. Und wenn sie dann in der Stadt eintreffen, wo gerade der Bauboom ausgebrochen ist, feiern sie kurz ihr Wiedersehen in Bars und reden über alte Zeiten und alte Gesichter: über Cicero Mike beispielsweise, der für Capone Schnapsladungen gefahren hat und erst neulich von einer Brücke in der Nähe von Chicago in den Tod gestürzt ist; oder über Al Deal, den Indianer, der im Westen gleich drei Frauen hatte und jeden Morgen mit einem eleganten Seidenhemd auf der Baustelle erschien. Und über Riphorn Red, dessen Koffer mit Zwanzig-Dollar-Scheinen beklebt war und der eines Nachts auf einem Friedhof ausgerastet ist. Dann gab es noch Nutley Kid, der lange italienische Zigarren rauchte, Kautabak kaute, sich in der Klospülung die Hände wusch und zum Lunch Bier und Milch trank – ohne den Kautabak aus dem Mund zu nehmen. Und dann war da noch Eiswasser-Charley, der an kalten Wintertagen oben auf der Brücke die Lehrjungen ganz nach unten schickte, damit sie ihm heißes Wasser holten. Und wenn sie dann zurückkamen, war das Wasser natürlich kalt, und er spie es aus und schrie nur »Eiswasser, Eiswasser« und schickte sie wieder runter.

Und dann gab es da noch Whitey Howard, der nur ein Bein hatte und eines Tages auf einer Eisenbahnbrücke den Zug nicht kommen hörte, so dass er in letzter Sekunde von den Gleisen springen und sich am Rand festhalten musste, wobei sein Holzbein abfiel, was Whitey für den Rest seines Lebens nutzte, sich damit zu rühmen, wie er sein linkes Bein zwei Mal verloren hatte.

Manchmal reihen sich solche Erzählungen endlos aneinander, sie sitzen da und trinken und erinnern sich an undramatische Begebenheiten und Dinge, in denen Leute eine Rolle spielen, die außer den Boomern niemand kennt – Leute, die der Rest der Menschheit allenfalls aus großer Entfernung zu sehen bekommt. Und dann fangen sie ein Kartenspiel an, und es ist nur das erste von hunderten, die in dieser Boom-Stadt gespielt werden, während die Brücke gebaut wird. Eine Brücke, die die meisten Boomer niemals überqueren werden, denn noch bevor die Brücke fertig gestellt ist, etwa sechs Monate bevor sie für den Verkehr geöffnet wird, fängt es manche von ihnen schon wieder an zu jucken und sie müssen weiterziehen. Die Herausforderung verschwindet. Und die Überstunden werden auch immer weniger. Und sie beginnen sich zu fragen: »Wohin als Nächstes?« Und genau diese Frage stellten sie sich zu Frühlingsbeginn 1957, doch einige Boomer hatten schon die Antwort: New York.

In New York waren mehrere Brücken geplant. Einige der Projekte lagen upstate, aber New York City allein plante, während der Jahre 1958 bis 1964 fast 600 000 000 Dollar für Baumaßnahmen auszugeben, unter anderem für den zweigeschossigen Ausbau der George Washington Bridge, den Bau der Throgs Neck Bridge über den

Long Island Sound und schließlich, was für einen Boomer eine Herausforderung wie keine andere darstellte, für den Bau der größten Hängebrücke der Welt, die Verrazano-Narrows-Bridge.

Die geplante Spannweite des Mittelstücks der Verrazano-Narrows, die Brooklyn und Staten Island verbinden sollte (gegen die vergeblichen Proteste tausender Bewohner auf beiden Seiten), betrug 1298 Meter und damit dreißig Meter mehr als die der Golden Gate Bridge und 155 Meter mehr als die der Mackinac Bridge im Norden Michigans in der Nähe zur kanadischen Grenze.

Zur Mackinac-Brücke, die an der Nahtstelle zwischen Lake Michigan und Lake Huron die Städte St. Ignace und Mackinaw City verbindet, hatte es zwischen 1954 und 1957 die Boomer gezogen. Und auch wenn sie sich nun in Scharen aufmachten, um sich dem großen Zug nach Osten anzuschließen, so gab es doch einige unter ihnen, denen der Abschied von Michigan schwer fiel, denn es hatte wohl kaum jemals einen Ort gegeben, wo man so exzessiv feiern konnte wie in dem ehemals verschlafenen Nest St. Ignace.

Bevor die Boomer einfielen, war St. Ignace eine beschauliche Kleinstadt gewesen, deren 2500 Einwohner dem Alkohol allenfalls in Maßen zusprachen und ansonsten im Winter zur Jagd und im Sommer zum Angeln gingen. Sie verdienten ihr Geld mit kleinen Läden, in denen Touristen ihren Bedarf decken konnten, oder auf den Fähren nach Mackinaw City, das acht Kilometer entfernt am gegenüberliegenden Ufer der Wasserstraße zwischen dem Lake Michigan und dem Lake Huron gelegen ist. Die örtliche Polizei jedenfalls hatte ein ruhiges Leben. Ursprünglich war die Gegend von friedlichen

Indianern bevölkert gewesen, später waren französische Trapper dazugekommen und schließlich Missionare und Pelzhändler. 1954 herrschte hier noch immer Sauberkeit und Sittsamkeit, es gab nur ein einziges Hotel, das Nicolet, benannt nach Jean Nicolet, dem nachgesagt wird, dass er als erster Weißer 1634 die Wasserstraße von Mackinac mit einem Kanu durchfahren und den Lake Michigan entdeckt hat.

Folglich wurde das Nicolet Hotel und insbesondere dessen Bar zum Hauptquartier der Boomer auserkoren, und es dauerte nicht lange, bis es sich in einen rauchgeschwängerten Schauplatz von Raufereien und Partys verwandelte, wo auf dem Fußboden gewürfelt und gezockt wurde und wo sich Mädels aus Kanada und Detroit einfanden. Wäre St. Ignace nicht so eine freundliche, nette Stadt gewesen, wären die Boomer wohl alle im Knast gelandet, und die Brücke wäre nie fertig gestellt worden.

Aber die Bewohner von St. Ignace standen dem Brückenbau wohlwollend gegenüber. Sie konnten sehen, wie hart die Männer arbeiteten und gönnten ihnen ihren Spaß am Feierabend. Besonders die Ladenbesitzer waren sehr erfreut darüber, dass nun sechs- oder siebenhundert Männer mehr die Gehsteige dieser Kleinstadt am Lake Michigan bevölkerten – zumal einige von ihnen zwischen 300 und 500 Dollar die Woche verdienten und manche es ebenso schnell wieder ausgaben.

Auch die örtliche Polizei wollte nicht in den Ruf mangelnder Gastfreundlichkeit kommen, und so ließ sie die Poker- und Würfelpartien unbehelligt. Die einzige Razzia, die in Erinnerung geblieben ist, wurde von der Michigan State Police durchgeführt, die, als sie die Hotelbar stürmte, neben etlichen Boomern auch einen ihrer Kollegen beim illegalen Glücksspiel erwischte. Der einzige, der an jenem Abend verhaftet wurde, war derjenige Brückenarbeiter, der am meisten gewonnen hatte. Da dessen Spielgewinn konfisziert worden war, konnte er die hundert Dollar Strafe nicht zahlen und wanderte ins Gefängnis, wo er im weiteren Verlauf der Nacht eine Pokerpartie in seiner Zelle startete, hundert Dollar gewann und damit seine Strafe abzahlte. Am nächsten Morgen war er pünktlich bei der Arbeit auf der Brücke.

Zu behaupten, dass bis auf die Angehörigen der Staatspolizei sämtliche Bewohner von St. Ignace die Boomer entweder hofierten oder zumindest stillschweigend tolerierten, ist allerdings eine leichte Übertreibung. Denn es gab einige Familien, die ihren Töchtern mit Erfolg verboten, sich mit Boomern einzulassen. Und es gab unter den jungen Männern der Stadt etliche, denen die Boomer ein Dorn im Auge waren, obwohl dies in erster Linie darauf zurückzuführen sein mochte, dass sie diese um ihre dicken Autos und ihr Geld beneideten, und weniger darauf, dass es unter den Boomern vergleichsweise wenige Abstinenzler und Keuschheitsfanatiker gab. Wobei es allerdings falsch wäre zu behaupten, dass es unter ihnen nicht auch stille, bescheidene Charaktere gab – insgesamt mögen es vielleicht sechs oder sieben gewesen sein, zu denen unter anderem Ace Cowan gehörte (dessen Frau mit ihm nach Michigan gekommen war) oder Johnny Atkins, der eines Abends im Nicolet ein Dutzend doppelte Martinis trank und dann still und zufrieden in die Nacht entschwand, ohne Ärger zu machen oder auch nur angetrunken zu wirken.

Und dann gab es noch Jack Kelly, ein hoch gewachsener, einhundert Kilogramm schwerer Mann, Sohn eines Segelmachers aus Philadelphia, der sich in all den Jahren harter Arbeit umgeben von Lärm auf irgendwelchen Brücken seine freundliche Art bewahrt hatte, obwohl ihn im Lauf der Zeit so viele Werkzeug, Nieten und Schrauben am Kopf getroffen hatten, dass er fünfundfünfzig Stiche in der Kopfhaut hatte. Und schließlich gab es auf der Mackinac noch einen weiteren Mann, der allgemein respektiert wurde – Art »Drag-up« Drilling, der Bauleiter. Er war ein regelrechter Veteran, der aus Arkansas stammte und in den dreißiger Jahren nach Westen gezogen war, um auf der Golden Gate und der Oakland Bridge zu arbeiten, und der seinen Spitznamen der Tatsache verdankte, dass er stets damit drohte, er würde lieber »seinen Kram einpacken und weiterziehen«, als unter einem Bauleiter zu arbeiten, der weniger von Brücken verstand als er.

Also zog er von Stadt zu Stadt, von Brücke zu Brücke – nie zufrieden, bis er schließlich der Mann war, der auf der Brücke das Kommando hatte. Dies war auf der Mackinac der Fall, und er hoffte, dass er 1962 auf der Verrazano-Narrows wieder Chef sein würde. Während der Zeit des Umherreisens war Drag-up Drilling Vater eines Sohnes namens John geworden, der von seinem Vater zwar dessen herzliche Art und seinen Südstaatencharme geerbt hatte, in dem allerdings auch ein wahrer Teufel schlummerte, schließlich war er erst neunzehn, als er sich dem Trupp auf der Mackinac anschloss, und er hatte sich wie seine Kollegen vorgenommen, in St. Ignace einen bleibenden Eindruck zu hinterlassen.

John Drilling war 1937 während der letzten Arbeitstage seines Vaters auf der Bay Bridge in Oakland geboren worden. In den nächsten neunzehn Jahren zog er mit seinem Vater von Baustelle zu Baustelle, lebte in einundvierzig Bundesstaaten, besuchte zwei Dutzend Schulen, flirtete mit Mädchen, von denen er eine schließlich heiratete, mit der er vier Monate zusammenlebte. An seinem Benehmen war nichts Rohes oder Ungehobeltes, er legte großen Wert auf ein gepflegtes Äußeres und modische Kleidung, doch wie viele Boomer-Nachkommen litt auch er unter dem »Zugvogel-Fieber«, wie es die Älteren unter den Brückenarbeitern nennen.

Auf Frauen wirkte dies in einigen Fällen besonders interessant, während es für andere ein Quell der Frustration war – fasziniert waren davon jedoch die meisten. Schon in seiner ersten Woche in St. Ignace bemerkte er bei einem Stopp an einer Tankstelle ein Auto voller Mädchen, worauf er die leicht unbeholfene Masche des Jungen, der neu in der Gegend ist, herauskehrte und mit ausgesuchter Höflichkeit das Hübscheste von ihnen ansprach. Dieses Mädchen – eine wahre Schönheit schwedischer Abstammung, dessen Freund gerade zur Armee eingezogen worden war – zeigte sich nicht abgeneigt, und so entspann sich eine unvergessliche Romanze, die so lange anhielt, bis die nächste begann.

Als er sich von seinem Lohn auf der Mackinac Bridge einige tausend Dollar zusammengespart hatte, schrieb er sich für kurze Zeit an der Universität in Arkansas ein und kaufte einen Impala für 2700 Dollar, den er eines Nachts in der Ola, Arkansas, zu Schrott fuhr, was ihm ernsthafte Schwierigkeiten eingetragen hätte, wäre nicht das Mädchen, mit dem er in jener Nacht ausgegangen war, die Tochter des Richters gewesen.

John Drilling hatte also allen Grund, mit seinem Dasein zufrieden zu sein. Von allen Arbeitern auf der Mackinac Bridge, die später zur Verrazano-Narrows weiterziehen sollten, war er derjenige, dem das Glück am meisten hold war – mit einer Ausnahme vielleicht: sein Freund Robert Anderson.

Anderson hatte in erster Linie deshalb mehr Glück gehabt, weil er älter war, mehr hinter sich hatte und schon häufiger überlebt hatte, ohne dabei sein sonniges Gemüt und seinen unbeirrbaren Optimismus zu verlieren. Er war vierunddreißig Jahre alt, als er auf der Mackinac anfing. Er hatte zwei Ehen hinter sich, die erste hatte zwölf Jahre, die zweite gerade mal zwei Wochen gehalten. Er war in Autounfälle verwickelt gewesen, von herunterfallendem Werkzeug getroffen worden, selber abgestürzt, einmal sogar fast fünfzehn Meter tief, doch die einzige sichtbare Verletzung, die er davongetragen hatte, war der Verlust von Zeige- und Mittelfinger seiner linken Hand, die er dennoch uneingeschränkt benutzen konnte.

Eines Tages stand Anderson auf dem Nordturm der Mackinac, als plötzlich die Laufplanke unter ihm aus ihrer Verankerung riss und mit ihm 600 Meter weit auf dem Hauptkabel in die Tiefe herunterrauschte. Anderson hielt sich krampfhaft fest wie auf einer Achterbahn, und als die Planke am Ankerblock angelangt war, wo die Neigung der Kabel immer flacher wird, stieg er seelenruhig ab und machte sich wieder an den Aufstieg nach oben. Sein Glück war, dass die Mackinac Bridge von David B. Steinmann entworfen worden war, der auf der Landseite lange, sanft ansteigende Kabelverankerungen bevorzugte. Wäre die Brücke von O. H. Ammann entworfen worden, der eher zu kurzen und massiven Verankerungen neigte, wie er sie auch für die Verrazano-Narrows Bridge plante, so wäre Andersons Ritt auf der Planke wesentlich steiler verlaufen und er am Ende wahrscheinlich in den Ankerblock gekracht und zu Tode gekommen. Aber Anderson hatte einfach Glück gehabt.

Abseits der Brücke erfreute sich auch Anderson wie so viele Boomer großer Beliebtheit bei den Frauen. Die ständigen Umzüge während seiner Kindheit als Sohn eines Boomers, die dauernden Wechsel von Ort zu Ort und die Flexibilität, die mit einem solchen Leben zwangsläufig einhergeht, verliehen ihm eine lässige Aura der Ungebundenheit und die Fähigkeit, sich überall zu Hause zu fühlen. Einmal, es war in Mexiko, wohnte er in einem Bordell. Die Prostituierten mochten ihn so sehr, dass sie sich um ihn stritten, weil er so gute Manieren hatte und sie behandelte wie Damen. Schließlich bot die Chefin des Etablissements ihm an, als ständiger Gast in ihrem Haus Quartier zu beziehen, und so aß Anderson jede Nacht mit den Damen zu Abend und stand morgens mit ihnen auf dem Flur in der Schlange vor der Dusche.

Trotz seiner Größe von einem Meter achtzig, seinen breiten Schultern und seiner aufrechten Haltung ist Bob Anderson kein sonderlich gut aussehender Mann, doch mit seinen leuchtenden wachen Augen, seinem freundlichen runden Gesicht und seinem einnehmenden Lächeln ist er in gewisser Weise ein Tom Jones der Brückenbranche: geschmeidig und geschickt, galant und stets auf der Suche nach dem Vergnügen und heißblütigen Frauen, dabei jedoch nie verschlagen oder schmierig.

Auch am Spieltisch hat er das Glück auf seiner Seite – wobei dies vermutlich auf die Lektionen seines Onkels

Manuel aus Oklahoma zurückzuführen ist, einem Gitarre spielenden Glücksritter und Gauner, der einmal beim Poker einen ganzen Rummel gewonnen hatte. Im Allgemeinen hat Anderson für Würfeln nichts übrig, doch als eines Abends im Nicolet auf dem Boden der Herrentoilette ein Spiel im Gang war und er aufgefordert wurde mitzumachen, sagte er nicht nein.

»O Mann, war ich besoffen an dem Abend«, erzählte er einige Tage später in seinem behäbigen Südwest-Singsang einem Freund. »Ich war so besoffen, dass ich kaum noch was erkennen konnte. Aber ich hab einfach die Würfel rollen lassen, und es kamen immer nur Siebener und Elfer, Siebener und Elfer. *Heiiiland-Sakra*, so ging das die ganze Nacht. Ich hab in einer Tour gewonnen und gesoffen und noch mehr gewonnen. Irgendwann kamen immer mehr Leute rein, weil sie von draußen den Krach im Klo gehört haben – Touristen, sogar Frauen, alle haben sie sich ins Herrenklo gequetscht und zugeschaut, wie ich andauernd Siebener und Elfer gewürfelt habe.

Als ich am nächsten Morgen aufgewacht bin, hatte ich einen wahnsinnigen Kater, aber auf meinem Schreibtisch lag ein ganzer Haufen Geld. Und als ich in meine Taschen griff, waren die völlig ausgestopft mit Geldscheinen – zusammengeknüllt wie trockene Blätter. Ich hab sie alle gezählt, und es waren insgesmt über 1000 Dollar. Und auf der Brücke ging's noch weiter – andauernd kam irgendwer an und meinte: ›Hey, Bob, da hast den Fünfziger wieder, den du mir gestern gepumpt hast‹ oder ›Hier hast du deinen Hunderter wieder‹, und ich hatte keinen blassen Schimmer, dass ich überhaupt jemand was gepumpt hatte. *Heilandsakra*, was war das für ein Abend!«

Als Bob Anderson schließlich dem Job auf der Mackinac Bridge und St. Ignace den Rücken kehrte, hatte er 5000 Dollar gespart, für die er sich, weil ihm nichts Besseres einfiel, ein Rundreise-Ticket nach Tanger, Paris und die Schweiz kaufte, wo er alles Geld, wie er selbst sagte, »für Suff und Puff« verjubelte, bevor er ohne einen Penny in der Tasche den Rückflug antrat, nach St. Ignace fuhr und eine zauberhafte, schlanke Brünette heiratete, die ihm die ganze Zeit über einfach nicht aus dem Kopf gegangen war.

Nicht lange danach packte er all sein Hab und Gut sowie seine frisch gebackene Ehefrau ins Auto und machte sich ebenso wie John und Drag-up Drilling, Ace Cowan, Jack Kelly und die anderen Veteranen der Mackinac Bridge auf die lange Fahrt nach Osten, um in New York sein Glück zu versuchen.

2
Panik in Brooklyn

»Du Hurensohn!«, rief der alte italienische Schuster, der im Türrahmen eines Maklerbüros in Brooklyn stand und die Männer, die im hinteren Teil des Raumes an ihren Schreibtischen saßen, anstarrte. »Du Hurensohn«, wiederholte er, als niemand aufblickte.

»Hey«, blaffte einer der Männer zurück und sprang von seinem Stuhl auf. »Mit wem reden Sie überhaupt?«

»Mit Ihnen«, sagte der schmächtige Schuster, der mit zornigen, blutunterlaufenen Augen im Türrahmen lehnte, als wäre er betrunken. »Sie nehme mir weg meine Lade … Sie gebe mir nix, Sie …«

»Jetzt hören Sie mal zu«, sagte der Mann vom Maklerbüro und ging schnellen Schrittes auf den Schuster zu. Er musterte ihn von oben herab und schaute ihn scharf an. »So einen Tonfall dulden wir hier nicht. Ich rufe jetzt die Polizei …«

Er schnappte sich das nächste Telefon in Griffweite und begann zu wählen. Der Schuster sah ihm einen Augenblick lang dabei zu, als sei es ihm völlig egal, dann zuckte er mit den Achseln, machte langsam kehrt und trottete ohne ein weiteres Wort zur Tür hinaus auf die Straße.

Der Makler legte den Hörer auf und schaute ihm nach. Er machte sich nicht die Mühe, ihm hinterherzulaufen. Er hatte nicht die geringste Lust, sich weiter mit ihm abzugeben. Weder mit dem Schuster noch mit all den anderen Querulanten, die in letzter Zeit andauernd hier auftauchten und sich lautstark beschwerten, Petitionen unterschrieben oder Drohungen ausstießen – gerade so, als hätte der *Makler* die Idee gehabt, die Verrazano-Narrows Bridge zu bauen. Und den breiten Highway, der zur ihr hinführte und der in Brooklyn quer durch den Stadtteil Bay Ridge verlaufen würde, genau dort, wo derzeit 7000 Menschen wohnten, wo – einschließlich einer Schusterwerkstatt – 800 Häuser standen, die nun im wahrsten Sinne des Worte platt gemacht und unter einer glatten Piste aus Beton begraben werden sollten.

Aber es war nicht seine Idee oder die seiner Kollegen – ausgedacht hatten sich das Ganze Robert Moses und seine Triborough Bridge and Tunnel Authority. Sie waren auf die Idee gekommen, die Brücke und die dazugehörigen Highways zu bauen, während die Grundstücksmakler, die lediglich im Auftrag von Moses' Behörde handelten, den Zorn unmittelbar zu spüren bekamen, weil sie – und nicht Robert Moses – es waren, die den Menschen ins Gesicht sagen mussten: »Zieht aus euren Häusern aus – wir müssen eine Brücke bauen.«

Manche Leute, speziell die Älteren, verfielen daraufhin in Panik. Etliche von ihnen wandten sich voller Verzweiflung an die Vertreter der Behörde oder beteten zu Gott, ihnen ihr Zuhause nicht wegzunehmen. Häuser, in denen ihre Kinder geboren worden waren, in denen ihre Ehemänner gestorben waren. Bei anderen wiederum wandelte sich die Panik in Zorn, dies waren *ihre* Häuser, und niemand sonst konnte Anspruch darauf erheben, und wenn Mr. Moses es tun wollte, dann musste er schon selbst vorbeikommen und sie an den Haaren herauszerren.

Manche nahmen die Nachricht wortlos auf. Sie warteten schweigend darauf, in die Liste der Verschwundenen aufgenommen zu werden, um anschließend auf die Ankunft des Möbelwagens zu warten wie auf den Tod. Mit dem Geld, das die Behörde ihnen für ihre alten Häuser zahlte, zogen sie nach Florida, Arizona oder in ein anderes Haus in Brooklyn. Fast schien es ihnen egal zu sein, wo sie landeten, sie waren alt, und die neuen Häuser sahen alle gleich aus.

Der alte Schuster, er war schon fast siebzig, kehrte in seinen Geburtsort Cosenza in Süditalien zurück, wo er noch ein Stück Ackerland besaß, das er zu verkaufen hoffte. Er war zweiundzwanzig Jahre alt gewesen, als er Cosenza verlassen hatte, um nach Amerika auszuwandern, und nun, im Jahre 1959, schien es ihm, als hätte es sich kaum verändert. Noch immer trotteten Esel und Ziegen die schmalen Straßen entlang, balancierten Bauersfrauen Tonkrüge auf dem Kopf, und einige ältere Männer trugen schwarze Schleifen am Revers oder Binden am Ärmel ihrer Jacken zum Zeichen, dass sie den Tod eines Angehörigen betrauerten. Und noch immer standen die gleichen weißen Steinhäuser verstreut an den sattgrünen Berghängen – Häuser, in denen Generationen gelebt hatten.

Bei seiner Ankunft wurde er von Verwandten empfangen, die er längst vergessen hatte, und sie hießen ihn willkommen wie einen Helden. Doch es dauerte nicht lange, da begannen sie, ihm von ihren Krankheiten, ihrer Armut und ihren Problemen zu erzählen, und er wusste, was als Nächstes kommen würde. Also erzählte er ihnen von *seinen* Problemen, und er ließ kaum etwas aus. Er berichtete, wie er mit der Miete für seinen Schusterladen in Brooklyn in Rückstand geraten war, wie die Behörde ihn ohne einen Penny Abfindung auf die Straße gesetzt hatte und wie er schließlich wieder in Italien gelandet war – und all das wegen einer verdammten Brücke, die die Amerikaner zu allem Überfluss auch noch nach einem italienischen Entdecker benennen wollten, von dem weder er noch seine Familie je gehört hatten: Giovanni da Verrazano, der, unter französischer Flagge segelnd, 1524 die New York Bay entdeckt hatte. Der Schuster hielt ihnen einen schier endlosen Vortrag, fuchtelte mit den Händen in der Luft herum, damit sie auch ja mitbekamen, worum es ihm ging – und einen oder zwei Tage später kümmerte er sich um den Verkauf des Ackerlands.

Auf Staten Island war der Widerstand gegen die Brücke nicht zu vergleichen mit dem in Brooklyn, wo mehr als doppelt so viele Leute und Gebäude von dem Bauprojekt betroffen waren. Es gab sogar eine starke Fraktion von Befürwortern, die schon lange davon geträumt hatten, dass eines Tages eine Brücke gebaut würde, die den Stadtbezirk Staten Island enger an den Rest von New York City anbinden würde. Staten Island war immer der am meisten isolierte und ignorierte der fünf Bezirke gewesen; um von hier aus nach Manhattan zu gelangen, musste man eine fünf Meilen weite Fahrt mit der Fähre unternehmen, die eine halbe Stunde dauerte.

Für die übrigen New Yorker und die Touristen mochte die Überfahrt auf der Staten-Island-Fähre zwar ein Vergnügen sein – »eine Luxuskreuzfahrt zum Preis von einem Cent pro Meile« –, doch kaum jemand stieg auf der anderen Seite aus. Was gab es denn auch groß zu sehen? Sechzig Prozent der 142 Quadratkilometer großen Insel waren 1958 noch gar nicht komplett erschlossen. Die meisten der 225000 Bewohner lebten in Einfamilienhäusern. Es war der ödeste Bezirk New Yorks, und wenn ein New Yorker Polizist bei seinen Vorgesetzten in Ungnade gefallen war, kam es nicht selten vor, dass er nach Staten Island versetzt wurde.

Der ländliche Charakter Staten Islands ging zurück auf die Briten, die bei der Besiedlung 300 Jahre zuvor den Schwerpunkt eher auf Landwirtschaft als auf Handwerk und Produktion legten, und etliche der Bewohner hätten es auch befürwortet, dass es so blieb, wie es war – ruhig und abgelegen. Doch als am letzten Tag des Jahres 1958 nach jahrelangen Debatten und Zweifeln die endgültige Entscheidung zugunsten des Baus der Verrazano-Narrows Bridge gefällt wurde, verloren die Anhänger des Althergebrachten immer mehr an Boden, während bei der Mehrzahl der Bewohner von Staten Island Jubelstimmung herrschte. Angeödet von der Provinzialität ihrer Umgebung, hatten sie schon lange darauf gewartet, dass sich endlich etwas ändern würde, und nun hofften sie, die Brücke würde einen Boom auslösen – und plötzlich bekamen sie, was sie wollten.

Die Ankündigung des Brückenbaus ließ die Grundstückspreise in die Höhe schießen. Ein kleines Stück Land, das 1958 noch für 1200 Dollar zu haben war, kostete 1959 bereits 6000 Dollar, und der Preis für größere Parzellen stieg im Verlauf eines Vormittags von 100000 auf 200000 Dollar. Grundstücke, die mit Steuerschulden belastet waren, wurden kurzerhand von der Stadt gepfändet. Große Immobilienfirmen aus Brasilien, Italien und der Schweiz machten sich, angelockt von riesigen Gewinnerwartungen, auf der Insel breit. An allen Ecken und Enden wurde geplant und gebaut, und obwohl es Klagen und Beschwerden gegen Bauunternehmer wegen der miesen Qualität ihrer billig hochgezogenen Häuser gab (ein Vorarbeiter war so beschämt über die schlampige Arbeit, zu der er von seinen Auftraggebern angewiesen war, dass er erst nach Einbruch der Dunkelheit die Baustelle verließ), tat dies dem Boom in Staten Island keinen Abbruch oder ließ die Brücke in einem weniger strahlenden Licht erscheinen.

Die Brücke war Anfang 1959, noch bevor auch nur ein Arbeiter eine Hand gerührt hatte, zu einem Symbol der Hoffnung geworden.

»Wir sind nun auf dem Weg, unsere Isolation zu überwinden«, verkündete Albert V. Maniscalco, der Bezirkspräsident von Staten Island, während andere politische Funktionäre immerhin zugestanden, dass die Brücke, was immer sie auch bringen mochte, zumindest keinen

Schaden anrichten konnte. Aber welchen Schaden gab es hier denn anzurichten? »In der ganzen Geschichte von Staten Island hat noch nie irgendwas funktioniert«, erklärte einer der Bewohner, der Ehemann der Opernsängerin Eileen Farrell. Und dann zählte er die verschiedenen Projekte auf, die man in der Vergangenheit angegangen war: eine Operntruppe, ein halbprofessionelles Footballteam, eine Hunderennbahn, eine Boxarena, eine Rennstrecke für die Midget-Car-Serie, ein Basketballteam. Alles war im Sande verlaufen. »Das Einzige, das diese Insel retten kann«, sagte er, »wäre, wenn eine Menge neuer Leute hierher ziehen.«

In Brooklyn hingegen lagen die Dinge anders. Für die Bewohner von Bay Ridge, fast ausschließlich Weiße aus der Mittelschicht, war die Welt in Ordnung – es ging ihnen verhältnismäßig gut, und der Zuzug neuer Bewohner war weder notwendig noch erwünscht. Man war zufrieden, mit dem, was man hatte. Bay Ridge liegt im westlichen Teil Brooklyns auf einer Anhöhe zwischen der Upper und der Lower New York Bay, und man hat von hier einen hervorragenden Ausblick über die Narrows, einen anderthalb Kilometer breiten Meeresarm, der die beiden Buchten miteinander verbindet und den sämtliche Schiffe von und nach New York passieren. Unter den ersten Siedlern waren tausende Skandinavier, größtenteils Dänen, die Bay Ridge deswegen mochten, weil es nahe am Wasser gelegen war und hier immer eine milde Brise wehte. So kam es, dass sich Bay Ridge im neunzehnten Jahrhundert zu einer der begehrtesten Wohngegenden Brooklyns entwickelte.

1959 war dies nicht mehr der Fall, mit Ausnahme des

direkt am Meer gelegenen Teiles mit seinen von Bäumen gesäumten Alleen, den gepflegten Rasenflächen und imposanten Häusern, von denen eines Charles Atlas bewohnte.

Der Rest von Bay Ridge unterschied sich fast nicht mehr von den anderen Wohngegenden in Brooklyn, mit dem einen Unterschied, dass hier kaum Schwarze lebten. Die weißen Bewohner von Bay Ridge waren größtenteils katholisch. Manche der Gemeinden hatten mehr als 12000 Mitglieder und wurden von zu Wohlstand gekommenen Iren und aufstrebenden Italienern finanziert, die ihren Einfluss – zumeist auf der Seite der Republikaner – auch in der Politik geltend machten. Es gab zwar noch eine Menge Schweden und Dänen und darüber hinaus etliche syrische Ladenbesitzer sowie alte italienische Einwanderer (Freunde des Schusters), die sich gerade so über Wasser hielten, doch das Leben in Bay Ridge wurde in erster Linie bestimmt von den Iren und den jüngeren Italienern der zweiten und dritten Generation. Diese wohnten, wenn sie es noch nicht zu genügend Geld gebracht hatten, um sich eines der Häuser am Meer zu leisten, zumeist in kleineren Reihenhäusern aus Backstein in schmalen, baumgesäumten Straßen, wo sie sich Tag für Tag einen Kampf um die knappen Parkplätze lieferten. Auf den Straßen herrschte reges Leben, es gab jede Menge Ladengeschäfte im Erdgeschoss von zweistöckigen Wohnhäusern, und an nahezu jeder Straßenecke lag eine Kneipe. Dann gab es noch das Hamilton House, wo man gepflegt dinieren konnte – vorausgesetzt, man trug Anzug und Krawatte –, und einen in einer Seitenstraße gelegenen schummrig beleuchteten Nachtclub, an dessen Bar stets eine kurvenreiche, aber nicht faltenfreie platinblonde Schönheit saß, die immer eine Zigarette, aber nie Feuer hatte.

In Bay Ridge war also zu Beginn des Jahres 1959 alles im Lot. Es war zwar nicht mehr schick, aber sauber, und die meisten Leute wollten nicht, dass sich irgendetwas änderte, neue Leute zuzogen oder der Verkehr zunahm. Und was sie auf gar keinen Fall wollten, war eine Brücke. Als sich die Nachricht herumsprach, dass eine solche gebaut würde, waren die Lokalpolitiker wie vor den Kopf gestoßen. Einige Frauen brachen in Tränen aus, etliche weigerten sich schlicht, es für bare Münze zu nehmen. Man hatte so was ja schon öfter gehört, erklärten sie und verwiesen auf diverse Anläufe in der Vergangenheit: 1888 hatte es schon einmal Pläne für einen Eisenbahntunnel zwischen Brooklyn und Staten Island gegeben. 1923 war unter Bürgermeister Hylan sogar schon mit Tiefbauarbeiten für einen Tunnel begonnen worden, auf dem Autos und Züge nach Staten Island verkehren sollten, und das Resultat war eine halbe Million Dollar weniger in der Stadtkasse für ein Loch in der Erde, das nirgendwohin führte.

Und was die Brücke anging, so wurde davon schon seit über zwanzig Jahren geredet, und jedes Mal war es beim Reden geblieben, erklärten sie. 1950 war schon mal diskutiert worden, dass eine Brücke zwischen Staten Island und Brooklyn eine gute Sache wäre, aber andererseits, was wäre, wenn es einen Krieg gäbe und die Russen das Ding in die Luft jagen würden? Säßen dann nicht die Schiffe der amerikanischen Flotte, die an den Docks im New Yorker Hafen ankerten, in der Falle weil die Trümmer der Brücke die Ausfahrt versperrten? Dann, im Jahr darauf, wurden wieder Überlegungen einen Tunnel nach

Staten Island betreffend angestellt, und die Idee mit der Brücke wurde wieder ausgegraben, und es wurde debattiert und debattiert, ohne dass etwas dabei herausgekommen wäre. Folglich, so sagten sie sich 1959, würde es auch diesmal wahrscheinlich wieder bei leeren Worten bleiben und nur heiße Luft fabriziert werden – also kein Grund zur Sorge.

Allerdings war diesen Leuten entgangen, dass sich seit 1957 die Debatten geändert hatten. Die Diskussionen wurden mit größerer Ernsthaftigkeit geführt, und Robert Moses setzte sich mit zunehmendem Elan für das Projekt ein. Selbst der Chef der New Yorker Feuerwehr war so überzeugt davon, dass die Pläne umgesetzt würden, dass er 1957 bei der Stadtplanungsbehörde 379000 Dollar für den Bau und weitere 250000 Dollar für die Ausstattung einer neuen Feuerwache auf Staten Island beantragt hatte. Es war den Skeptikern auch entgangen, dass Joseph T. Sharkey, einer der mächtigsten Politiker in Brooklyn, bereits 1958 die Brücke für unvermeidbar erachtete, nachdem er Robert Moses im Stadtrat ein letztes Mal verbissen attackiert und lautstark geäußert hatte, dass er zu viel Macht anhäufe und nur auf seine Ingenieure statt auf den Willen der Bevölkerung hören würde. Die Skeptiker bekamen auch nichts davon mit, dass, während sie noch dachten, all das Gerede über die Brücke wäre nur heiße Luft, eine Gruppe von Ingenieuren sich bereits um einen Zeichentisch versammelt hatte und weithin unbemerkt ein großes Stück von Brooklyn markierte, das für die große Zufahrtsstraße zur Brücke dem Erdboden gleichgemacht werden würde – wobei einer der Ingenieure zu seinem Entsetzen feststellen musste, dass seinen Planungen auch das Haus seiner eigenen Schwiegermutter zum Opfer fallen würde. Als er ihr davon erzählte, brach sie in Tränen aus und schrie ihn an, dass er den Plan eben ändern sollte, worauf er erwiderte, da ließe sich nichts machen, die Brücke wäre unvermeidlich. Sie starb, ohne ihm verziehen zu haben.

Die Brücke war unvermeidlich – und es war unvermeidlich, dass die Bewohner von Bay Ridge sie hassen würden. In ihren Augen war die Brücke nicht ein Symbol des Fortschritts, sondern ein Sinnbild der Zerstörung, ein enormes Seeungeheuer, das sich aus dem Wasser erheben würde, um 800 Häuser zu verschlingen und 7000 Menschen in Bay Ridge dazu zu zwingen, sich eine neue Bleibe zu suchen: Hausfrauen, Barmänner, ein Schlepperkapitän, Ärzte, Anwälte, ein Zuhälter, Abstinenzler, Trinker, Sekretärinnen, ein ehemaliger Halbschwergewichtsboxer, eine Ex-Revuegirl von den Ziegfeld Follies, ein Zahnarzt, der gerade 15000 Dollar für eine neue Praxisausstattung ausgegeben hatte, ein Vegetarier, ein Bankangestellter, ein stellvertretender Schuldirektor und ein heimliches Liebespaar – ein geschiedener Mann im Alter von einundvierzig und eine unglücklich verheiratete Frau, die auf der gegenüberliegenden Straßenseite wohnte. Sie trafen sich jeden Nachmittag in seinem Apartment, liebten sich und machten sich Gedanken darüber, was nun passieren sollte – ob sie ihrem Mann wohl je reinen Wein einschenken und ihn und ihre Kinder verlassen würde. Und nun kam wie aus heiterem Himmel diese Brücke, und die ganze Nachbarschaft würde verschwinden, und ihre stillen Nachmittage würden der Vergangenheit angehören. Es war 1959, und sie hatten keine Ahnung, was sie unternehmen sollten.

Doch es gab auch andere, die etwas unternahmen. Die

Zornigen. Sie traten dem »Komitee zur Rettung von Bay Ridge« bei und versuchten Robert Moses Widerstand zu leisten, bis die Bulldozer vor der Tür standen. Sie unterschrieben Petitionen, hielten Reden und schrien: »Die Brücke – wer braucht sie überhaupt?« Zeitungsreporter machten Fotos von ihnen und Interviews, zitierten ihre leidenschaftlichen Appelle, und Robert Moses schäumte vor Wut.

Er schrieb Leserbriefe an die Zeitungen, in denen er darlegte, dass die Reporter die Wirklichkeit verzerrt darstellten, dass sie Lügen verbreiteten und nur die negativen Aspekte herausstellten, dass die Menschen in Bay Ridge ihr Zuhause verloren. Die positiven Aspekte würden völlig unberücksichtigt bleiben. Die meisten Leute in Brooklyn konnten allerdings wenig Positives daran finden, und so klammerten sie sich mit Vehemenz an ihre Häuser. Doch im Lauf des nächsten Jahres gaben die meisten auf. Einer nach dem anderen zog weg. Die Lichter in den einzelnen Häusern verloschen ein letztes Mal, dann kamen am nächsten Morgen die Möbelwagen und dann die Bulldozer des Abrisskommandos. Die Wände stürzten ein, das Dach sackte in sich zusammen, und alles verschwand unter einer dicken Staubdecke. Für den Nachbarn, der nebenan noch die Stellung hielt, ein bitterer Anblick, und so kam es, dass eines Tages auch er nachgab und fortzog, und dann der nächste, und nach ihm wiederum der nächste. Und so ging es Häuserblock für Häuserblock, überall in der Gegend, bis schließlich selbst die Entschlossensten nachgaben, denn wenn erst einmal ein ganzer Straßenzug nahezu vollständig zerstört ist und man allein im Chaos zurückbleibt, steigen allmählich nie geahnte Ängste in einem auf: die Angst, allein zu sein in einer Gegend, die langsam vor sich hin stirbt, die Furcht vor Banden von Jugendlichen und Landstreichern, die durch die Trümmer ziehen, Fenster zerschlagen und alles mitgehen lassen, was nicht niet- und nagelfest ist – Türen, Zäune, Ziersträucher oder zerbrochene Bilderrahmen und zurückgelassene Liebesbriefe. Die Angst vor Herumtreibern und Pennern, die sich in leer stehenden Wohnungen oder Hausfluren einnisteten; die Angst vor den Ratten, von denen es hieß, dass sie bald aus den zertrümmerten Spülbecken und Abwasserleitungen gekrochen kämen, weil, so wurde behauptet, selbst die Ratten in Bay Ridge, Brooklyn, enteignet wurden.

Eine der letzten Standhaften war eine überaus hübsche zweiundvierzigjährige Frau mit braunen Haaren und braunen Augen namens Florence Campbell. Sie harrte noch aus, als das Liebespaar und der Zahnarzt schon längst gegangen waren, ebenso wie Bessie Gros Dempsey, das ehemalige Revuegirl, die 350 Federhüte und kistenweise Fotoalben einzupacken hatte. Florence Campbell blieb noch, nachdem der verrückte kleine Mann weggezogen war, den man allein in einem leeren Apartmenthaus entdeckt hatte und der niemals die Bulldozer im Haus gehört hatte und nichts davon wusste, dass eine Brücke gebaut wurde.

Florence Campbell hielt es länger aus als Freddy Fredericksen, der ehemalige Preisboxer, der nur zweimal in seiner Karriere verloren hatte, und länger als Mr. und Mrs. John G. Herbert, die Eltern von siebzehn Kindern – obwohl Florence Campbells Umzug bei weitem nicht so aufwändig gewesen wäre wie der der Herberts. Diese mussten zwölf mal hin- und herfahren, um ihre ganzen Möbel, die Fahrräder, Schlitten, das Geschirr und ihre

Hunde in das neue Haus zu verfrachten, das gerade mal etwas über eine Meile entfernt gelegen war. Zwölf Wagenladungen und sechzehn Stunden – und als sie schließlich alles ausgeräumt hatten, stellte Mr. Herbert, der auf einer Schiffswerft der Marine arbeitete, fest, dass die Katze fehlte. Also schickte er am nächsten Morgen zwei seiner Söhne zu ihrem alten Haus, und sie entdeckten die Katze unter der Veranda. Außerdem fanden sie dort noch eine alte Axt, und so verbrachten sie die folgende Stunde damit, alles, was sie konnten, in dem alten Haus zu zertrümmern: Sie zerschlugen die Fensterscheiben, die Wände, die hölzernen Fußböden, ihr altes Schlafzimmer, die Küchenregale, das Geländer auf der Veranda, wo sie die Sommerabende verbracht hatten – sie wechselten sich ab und schlugen alles zu Klump, ohne genau zu wissen, warum. Das Einzige, was sie wussten, war, dass es ein gutes Gefühl war, sich auszutoben, seine Wut herauszulassen, und gleichzeitig war es auch traurig. Als sie zu erschöpft waren, um weiterzumachen, holten sie die Katze unter der zertrümmerten Veranda heraus und verließen ihr altes Zuhause zum letzten Mal.

Im Falle von Florence Campbell reichte nicht einmal ein Mord, um sie zu veranlassen, ihr Zuhause aufzugeben. Seit ihrer Scheidung hatte sie zusammen mit ihrem Sohn in dieser geräumigen Wohnung gelebt, für die sie vierundsechzig Dollar Monatsmiete bezahlte. Etwas Ähnliches zu einem erschwinglichen Preis zu finden war schwierig. Der Makler, der ihr eine Ersatzwohnung suchen sollte, hatte die Geduld mit ihr verloren, weil sie seine Vorschläge als zu teuer abgelehnt hatte, und sich seit geraumer Zeit nicht mehr bei ihr gemeldet. Also musste sie sich selbst darum kümmern, und so machte sie sich nachts, wenn sie von ihrer Arbeit als Buchhalterin im Whitehall Club in Manhattan zurückkehrte, eben selbst auf die Suche.

Eines Morgens bemerkte sie einen seltsamen Geruch in ihrer Wohnung. Sie dachte, dass ihr Sohn am Tag zuvor nach der Schule vielleicht angeln gewesen wäre und seinen Fang in den Speiseaufzug gepackt hatte, doch er verneinte. Als der Geruch am nächsten Tag noch schlimmer geworden war, rief sie die Polizei an. Die Beamten trafen bald darauf ein und entdeckten, dass der einzige andere Mieter im Haus, ein älterer Herr, der im Erdgeschoss wohnte, drei Tage zuvor seine Frau mit einem Schrotgewehr erschossen hatte und nun benommen und schweigend neben der Leiche inmitten einer Batterie leerer Whiskeyflaschen saß.

»Tun Sie mir einen Gefallen, Lady«, hatte der Polizeibeamte zu ihr gesagt, »ziehen Sie hier weg.«

Sie stimmte ihm zu, doch ihre Suche blieb nach wie vor ergebnislos. Verwandte, bei denen sie hätte einziehen können, hatte sie nicht – und auch keine Freunde in der Gegend, denn diese waren alle weggezogen. Wenn sie um Mitternacht von ihrer Wohnungssuche zurückkehrte, kam es häufig vor, dass der Flur dunkel war – irgendwer klaute andauernd die Glühbirnen – oder dass sie über irgendeinen betrunkenen Stadtstreicher stolperte, der auf dem Gehsteig vor der Haustür seinen Rausch ausschlief.

Einige Nächte nach der ersten Begegnung mit dem Polizisten wachte sie auf, weil sie vor der Tür schlurfende Schritte hörte und jemand mit den Fäusten gegen die Wand trommelte. Ihr Sohn, dessen Schlafzimmer neben ihrem lag, sprang auf, schnappte sich eine Schrotflinte, die er in seinem Schrank aufbewahrte, und rannte hinaus auf den Flur. Dort war es stockdunkel, weil wieder mal jemand die Glühbirne gestohlen hatte. Ihr Sohn stolperte, und Florence Campbell stieß einen Schrei aus.

Ein unbekannter Mann rannte die Treppe hinauf aufs Dach. Sie rief die Polizei an. Die Beamten kamen schnell, doch sie konnten niemanden auf dem Dach entdecken. Wieder riet ihr der Sergeant, so schnell wie möglich wegzuziehen, und sie nickte unter Tränen und schluchzte, sie hätte nun auch genug. Am nächsten Morgen konnte sie aus Nervosität nicht zur Arbeit gehen, und so suchte sie eine nahe gelegene Bar auf und erzählte dem Barmann, was passiert war. Daraufhin erwiderte dieser ganz aufgeregt, dass eine Querstraße weiter eine Wohnung frei wäre, die achtundsechzig Dollar im Monat kostete. Sie rannte zu der angegebenen Adresse, bekam die Wohnung – auch wenn der Vermieter nicht verstand, dass sie, nachdem er ihr zugesagt hatte, in Tränen ausbrach.

3

Nur die Besten kommen durch

Am Beginn herrschte – wie stets, wenn eine Brücke entsteht – Stille. Es begann mit Untersuchungen des Meeresgrunds, der Analyse von Proben und der Ausfertigung von Diagrammen. Und als es am 16. Januar 1959 endlich laut wurde, konnte man weder auf Staten Island noch in Brooklyn den Lärm hören.

Es begann mit dem Geräusch einer Dampframme, die ein Rohr von neunzig Zentimeter Durchmesser in den Untergrund einer kleinen Insel vor der Küste von Brooklyn trieb. Auf der Insel lag eine alte, zerfallene Festung namens Fort Lafayette, die im Bürgerkrieg als Militärgefängnis gedient hatte und nun abgerissen wurde, um einem der beiden gigantischen Brückenpfeiler Platz zu machen.

Dass niemand die ersten Geräusche der Brücke hörte, lag zum einen an der gedämpften Lautstärke und zum anderen daran, dass die Insel knapp 200 Meter von Brooklyn entfernt gelegen war. Doch selbst wenn die Entfernung weniger groß gewesen wäre, hätte der Lärm der Bohrungen kaum die lautstarken Proteste der Menschen auf der anderen Seite übertönt, die angesichts der Tatsache, dass ihre Grundstücke immer noch nicht offiziell von der Stadt beschlagnahmt waren, die Hoffnung nicht aufgegeben hatten, den Bau der Brücke verhindern zu können. Doch am 30. April erklärte das oberste Bezirksgericht in Brooklyn unter Vorsitz von Richter J. Vincent Keogh – der später wegen Bestechlichkeit in einem anderen Fall zu einer Gefängnisstrafe verurteilt werden sollte – die Zwangsenteignungen durch die Stadt für rechtens, und 400 Bewohner von Bay Ridge fügten sich schweigend in ihr Schicksal.

Laut wurde es erst wieder am 14. August, als anlässlich der Grundsteinlegung Politiker, begleitet von den festlichen Klängen einer Militärkapelle, in der glühenden Sommerhitze ihre Plattitüden über einen Festplatz schmetterten – wobei man in weiser Voraussicht darauf geachtet hatte, dass diese Zeremonie auf Staten Island stattfand. In Brooklyn hatte Senator William T. Conklin auf die Frage eines Reporters, der ihn um eine Stellungnahme gebeten hatte, nur knapp geantwortet: »Hier wird kein Grundstein, sondern allenfalls ein Stein des Anstoßes gelegt.« Um dann langsam und voller Emotionen hinzuzufügen: »Jeder Vertreter der Öffentlichkeit, der an dieser Zeremonie teilnimmt, wird in Zukunft untrennbar mit dem Schmerz in Verbindung gebracht werden, der den Menschen in dieser Gegend im Namen des Fortschritts zugefügt wurde.«

Nelson Rockefeller, der Gouverneur des Staates New York, war zur Feier eingeladen worden, hatte aber ein Telegramm geschickt, in dem erklärt wurde, dass er aufgrund eines anderen Termins verhindert sei. Stattdessen beauftragte er den Sprecher des Abgeordnetenhauses, Joseph Carlino, mit der Verlesung seiner Ansprache. Carlino erschien jedoch ebenfalls nicht zu den Feierlichkeiten, so dass Robert Moses Rockefellers Grußbotschaft selbst verlesen musste.

Als Mr. Moses die großen Hoffnungen für die Zukunft zum Ausdruck brachte, tauchte über ihm am Himmel ein Propellerflugzeug auf, das von der Handelskammer von Staten Island gechartert worden war und ein Werbebanner hinter sich herzog, auf dem zu lesen war: »Nennt sie Staten Island Bridge!« Der Name Verrazano – der von der Italienischen Historischen Gesellschaft und ihrem Gründer John N. LaCorte propagiert wurde – stieß bei vielen deswegen auf entschiedene Ablehnung, weil sie nicht wussten, wie man ihn buchstabiert. Ein Teil der Iren war grundsätzlich dagegen, eine Brücke nach einem Italiener zu benennen, und gebrauchte stattdessen den Namen »Spaghetti-Steg«, während wieder andere weniger komplizierte Namen favorisierten: »Gateway Bridge«, »Freedom Bridge«, »Neptune Bridge«, »New World Bridge« oder »The Narrows Bridge«. Eine der letzten schriftlichen Äußerungen von Ludwig Bemelmans war ein Leserbrief an die *New York Times*, in dem er der Hoffnung Ausdruck verlieh, dass man auf den Namen »Verrazano« zugunsten eines »romantischeren« und »ehrfurchtgebietenderen« Namen verzichten würde, und er schlug vor, sie »Commissioner Moses Bridge« zu nennen. Doch die Italienische Historische Gesellschaft, die sich auf eine Vielzahl von emotionalisierten Wählern unter ihren Mitgliedern stützen konnte, ließ sich nicht beirren, und so kam es nach Monaten zäher Verhandlungen, im Verlauf derer auch so manche Drohung ausgesprochen wurde, zu einem Kompromiss: Die Brücke sollte »Verrazano-Narrows Bridge« heißen.

Derjenige, der die ganze Zeit über am wenigsten Lärm um die Brücke machte, war der Mann, der sie konstruierte – Othmar H. Ammann, ein schlanker, korrekter älterer Herr mit gestärktem Hemdkragen, der, obwohl bereits achtzig, als der bedeutendste Brückenkonstrukteur der Welt galt. Sein alles überragendes Meisterwerk – und das, obwohl er bereits dutzende von Arbeiten vorweisen konnte, war die George Washington Bridge, von der er seit ihrer Fertigstellung im Jahre 1931 selbst so begeistert war, dass er jedes Mal den Kopf leicht neigte und die Hand zum Salut erhob, wenn er und seine Frau auf der Fahrt von Upstate New York in die Stadt den Hudson River entlangkamen und sahen, wie sich die Brücke einem silbernen Regenbogen gleich in der Ferne über den Fluss erhob und New York mit New Jersey verband.

»Diese Brücke ist für ihn so etwas wie sein erstgeborenes Kind«, erklärte seine Frau einmal, »und es war eine schwierige Geburt, aber er wird sie immer am liebsten haben.« Und Othmar Ammann, der sich ansonsten mit

Bemerkungen sein Gefühlsleben betreffend eher zurückhielt, beschrieb einmal die Wirkung, die die Brücke auf ihn hatte, mit den Worten: »Es ist so, als hätten Sie eine wunderschöne Tochter, und Sie sind der Vater.«

Doch mit der Verrazano-Narrows Bridge, stand er nun einer noch größeren Aufgabe gegenüber. Um ihre gewaltige Konstruktion in den Griff zu bekommen, musste Ammann sogar die Erdkrümmung in seine Berechnungen mit einbeziehen. Der Abstand zwischen den beiden 211 Meter hohen Türmen musste, weil beide exakt im rechten Winkel zur Erdoberfläche stehen würden, an den Turmspitzen vier Zentimeter mehr betragen als an der Basis.

Zwar würden in der Verrazano-Narrows-Brücke etwa 170 000 Tonnen Stahl verbaut – drei Mal so viel, wie beim Bau des Empire State Building verwendet wurde – doch wusste Ammann, dass sie niemals zur Ruhe kommen, sondern sich stets leicht im Wind wiegen würde. Die Stahlkabel würden sich bei Hitze zusammenziehen und bei Kälte ausdehnen, und die Fahrbahn wäre deshalb im Sommer knapp vier Meter näher an der Wasseroberfläche als im Winter. An klaren Sommertagen, wenn über Stunden hinweg ausschließlich eine Seite der Konstruktion den Sonnenstrahlen ausgesetzt wäre, würde sich das gesamte Gebilde leicht verziehen, so dass die aufgeheizte Seite ein wenig tiefer lag als die im Schatten liegende. Folglich, so wusste Ammann, würden im Verlauf der Bauarbeiten sämtliche Vermessungsarbeiten, bei denen es auf äußerste Präzision ankam, bei Nacht durchgeführt werden müssen.

Schon seit Beginn seiner Karriere nach dem Abschluss seines Bauingenieur-Studiums am Eidgenössischen Polytechnikum in Zürich im Jahre 1902 hatte Ammann Fehler erfolgreich vermieden. Bereits als Student ein umsichtiger Perfektionist, hatte er aufmerksam verfolgt, wie die Schöpfungen anderer Konstrukteure emporwuchsen und zusammenstürzten, hatte er registriert, wie ein winziger Fehler in den Berechnungen den Ruf eines Ingenieurs für den Rest seines Lebens ruinieren konnte – und er war fest entschlossen, dass ihm etwas Derartiges niemals passieren durfte.

Othmar Hermann Ammann wurde am 26. März 1879 in Schaffhausen am Rhein als Sohn eines Fabrikanten geboren. Die Wurzeln der Familie lassen sich in Schaffhausen bis ins zwölfte Jahrhundert zurückverfolgen. Seine Vorfahren waren Ärzte, Kleriker, Anwälte und Regierungsmitglieder, doch ein Ingenieur war bisher noch nie unter ihnen gewesen, und seinen Enthusiasmus für Brücken teilten auch nur wenige.

In Schaffhausen hatte es schon immer eine Brücke über den Rhein gegeben, die berühmteste unter ihnen ist vielleicht die im achtzehnten Jahrhundert von dem Schweizer Hans Ulrich Grubenmann gebaute 120 Meter lange Holzkonstruktion, die 1799 von den Franzosen zerstört wurde. Doch an ihrer Stelle waren nun andere Brücken entstanden, und schon als Junge betrachtete Othmar Ammann Brücken als Symbol der Herausforderung und als Monumente der Schönheit.

1904 kam Ammann, nachdem er eine Zeit lang als Zeichner in einem Ingenieurbüro in Deutschland gearbeitet hatte, in die USA, wo der Brückenbau, der über Jahrzehnte hinweg ein Schattendasein geführt hatte, gerade eine Renaissance erlebte. Amerikanische Brücken wurden zusehends größer und sicherer, amerikanische

Ingenieure waren kühner und waghalsiger als irgendwo sonst in der Welt.

Es gab zwar immer noch Unfälle, doch bei weitem nicht mehr in dem Maße wie Mitte des neunzehnten Jahrhunderts, als pro Jahr nicht weniger als 40 Brücken einstürzten, was gleichbedeutend damit war, dass von vier Brücken, die gebaut wurden, nur drei stehen blieben. Im Allgemeinen lag dies daran, dass die Brückenbauer nicht genau über die Grenzen der Belastbarkeit ihrer Konstruktionen Bescheid wussten, doch es gab auch Fälle, wo die ausführenden Baufirmen auf minderwertige Baustoffe zurückgriffen, um zu sparen. Viele der Brücken jener Tage, auch die Eisenbahnbrücken, bestanden aus Holzbalken. Andere waren aus Gusseisen, einem neuen Material, von dem niemand genau wusste, welchen Belastungen es standhalten würde, bis zwei Katastrophen in Ohio und Schottland seine Schwächen offenbarten.

Die erste ereignete sich während eines nächtlichen Schneegestöbers im Dezember 1877, als ein Zug, in westlicher Richtung aus New York kommend, die Ashtabula-Brücke in Ohio überfuhr und die eisernen Träger der Konstruktion unter seiner Last zerbröselten, worauf die Eisenbahnwaggons einer nach dem anderen in den eisigen Fluss stürzten. Zweiundneunzig Menschen kamen ums Leben. Zwei Jahre später brach die Firth-of-Tay-Brücke in Schottland unter der Last eines Zuges zusammen, der aus einer Lokomotive und sechs Passagierwaggons sowie einem Bremswaggon bestand. Das Unglück ereignete sich an einem stürmischen Sonntagabend, fünfundsiebzig Menschen wurden getötet, und religiöse Fanatiker erklärten, dies sei die Strafe dafür, dass die Eisenbahngesellschaft Züge am Sonntag verkehren ließ.

Die Bauingenieure fanden allerdings bald heraus, dass es nicht daran lag, sondern am Gusseisen, und so beförderten diese beiden Vorfälle die Bereitschaft, sich auf Stahl als Baustoff einzulassen, dessen Belastbarkeit fünfundzwanzig Prozent größer war als die von Gusseisen, und läuteten damit den Beginn einer Epoche ein, die einen nachhaltigen Einfluss auf den jungen Othmar Ammann haben sollte.

Die Epoche bezog ihr Selbstvertrauen aus zwei spektakulären Ereignissen: die Fertigstellung der ersten Stahlbrücke der Welt, einer Dreifachbogenkonstruktion über den Mississippi bei St. Louis, geplant und erbaut von James Buchanan Eads im Jahre 1874, sowie 1883 die Einweihung der Brooklyn Bridge, der ersten großen Hängebrücke, die von Kabeln aus Stahl gehalten wurde und die, geplant von John Roebling und nach dessen tragischem Tod fertig gestellt von seinem Sohn Washington Roebling, die Zukunft des amerikanischen Brückenbaus bestimmen sollte. Die Erkenntnisse, die nach dem Prinzip von Trial and Error während des Baus dieser Brücken gewonnen wurden, legten die Grundlagen, auf denen die Ingenieure des zwanzigsten Jahrhunderts aufbauten. Die Roeblings und James Buchanan Eads waren die ersten Helden des amerikanischen Stahl-Zeitalters.

James B. Eads stammte aus Indiana und hatte eine großspurige, leicht anmaßende Art. Seine ersten Meriten als Ingenieur verdiente er sich bei einer Bergungsfirma, die untergegangene Dampfschiffe vom Grunde des Mississippi hob. Als einer der Ersten, der das Flussbett mithilfe eines Taucheranzugs erkundete, erkannte er schon zu Beginn der Planungen für das Fundament der Brücke in St. Louis, dass der Grund des Mississippi nicht genügend Stabilität aufwies, weil er infolge der unberechenbaren und starken Strömungen ständig in Bewegung war.

Also setzte er als Erster auf dem amerikanischen Kontinent einen so genannten Druckluftcaisson ein – ein luftdichter Senkkasten, der es erlaubte, dass die Bauarbeiter unter Wasser ihre Arbeit verrichteten, ohne durch wechselnde Wasserstände behindert zu werden. Im Verlauf der Arbeiten sank der Caisson immer tiefer, je weiter die Arbeiter den Schlick und Sand des Flussbettes abtrugen, bis das Fundament schließlich auf den tiefer gelegenen felsigen Schichten des Untergrunds Halt fand, wobei eine von Eads selbst erfundene Pumpe, die Kies, Sand und Schlick aus der Tiefe absaugte und nach oben beförderte, einen entscheidenden Beitrag zum Gelingen dieser diffizilen Arbeiten leistete.

Bevor die Brücke jedoch fertig gestellt war, sollten allerdings 352 Männer von einer bis dahin unbekannten Krankheit heimgesucht werden, die schließlich zwölf Männer das Leben kostete und zwei weitere für den Rest ihres Lebens zu Krüppeln machte: die Caisson- oder Taucherkrankheit. Allerdings gelang es Eads' Arzt, Dr. Jaminet, der selbst mit in den Caisson hinabstieg und zeitweilig ebenfalls unter Lähmungserscheinungen litt, genügend Erkenntnisse zu sammeln, um in den folgenden Jahren Gegenmaßnahmen zu entwickeln.

Als die St.-Louis-Brücke fertig gestellt war, ließ Eads, um ihre Stabilität unter Beweis zu stellen, vierzehn Lokomotiven über die drei Bögen der Brücke rollen, bevor ein zwanzig Kilometer langer Festzug über das Bauwerk paradierte. Präsident Grant beobachtete das Spektakel von einer Zuschauertribüne aus, General Sherman trieb den letzten Nagel auf der Illinois-Seite ins Holz einer Eisenbahnschwelle, und Andrew Carnegie, der das Projekt durch den Verkauf von Aktien finanziert hatte, machte sein erstes Vermögen. Die Brücke war der Grundstein sowohl für die Entwicklung von St. Louis zur bedeutendsten Stadt am Ufer des Mississippi als auch für das Entstehen eines kontinentalen Eisenbahnnetzes und damit ein Symbol für die »Eroberung des Westens«, als das sie dann auch 1898 auf einer Briefmarkenserie mit diesem Motto verewigt wurde. James Buchanan Eads wurde 1920 als erster Ingenieur in die amerikanische Ruhmeshalle aufgenommen.

Er starb allerdings als verbitterter Mann, nachdem sich ein von ihm erdachtes Projekt einer Brücke über den Isthmus von Tehuantepec zerschlagen hatte.

Johann August Roebling wurde 1806 in Mühlhausen als Sohn eines Tabakhändlers geboren, der selbst sein bester Kunde war, und es ist in erster Linie der Sparsamkeit und dem Ehrgeiz seiner Mutter zu verdanken, dass er eine hervorragende Ausbildung auf dem Gebiet der Architektur und Ingenieurwissenschaften in Berlin erhielt. Nach Abschluss seines Studiums war er im Auftrag der preußischen Regierung als staatlicher Straßen- und Brückenbauingenieur tätig.

Dort boten sich wenige Möglichkeiten, neue Wege zu gehen, und so wanderte er im Alter von fünfundzwanzig Jahren nach Amerika aus und arbeitete bald darauf als Bauingenieur für Kanalbau- und Eisenbahngesellschaften. Nachdem er festgestellt hatte, dass die Hanfseile, an denen die Kanalschiffe gezogen wurden, häufig rissen, begann Roebling, Versuche mit haltbareren Fasern anzustellen, und bald darauf verstärkte er die Hanfstränge mit Eisendraht – eine Idee, die ihm und seiner Familie in späteren Jahren Wohlstand und Reichtum einbringen sollte, denn aus ihr entwickelte sich die Roebling Company in Trenton, New Jersey, der bis heute größte Hersteller von Drahtseilen und Kabeln auf der Welt.

In jenen Tagen konzentrierte sich Roebling allerdings auf sein unmittelbares Ziel, die Konstruktion von Hängebrücken. Schon während seines Studiums in Deutschland hatte er kleinere Hängebrücken gesehen, jedoch waren diese an Eisenketten aufgehängt, und so überlegte Roebling, ob man Hängebrücken nicht länger, stabiler und eleganter bauen könnte, wenn man Stahlseile verwendete, und ob sie eventuell sogar stabil genug waren, um dem Gewicht von Eisenbahnzügen standzuhalten.

Die Gelegenheit, dies herauszufinden, bot sich ihm 1851, als er den Auftrag erhielt, eine Hängebrücke über den Niagara-Fluss kurz vor den berühmten Wasserfällen zu bauen. Diese Möglichkeit ergab sich, nachdem der ursprüngliche Baumeister das Projekt nach einem finanziellen Disput mit der Brückenbaufirma verlassen hatte. Jener Architekt war ein brillanter, aber völlig unberechenbarer und waghalsiger Mann namens Charles Ellet, der, als er mit dem Problem konfrontiert war, das erste Seil ans andere Ufer des Niagara zu schaffen, eine Belohnung von fünf Dollar an denjenigen Jungen auslobte, der es schaffte, einen Drachen über den Fluss steigen zu lassen. Später konstruierte er eine Lastengondel, in der er sich selbst über die tosenden Wasser des Niagara zog, um kurz darauf das Gleiche noch einmal zu vollführen, nur diesmal in Begleitung seines Pferdes, worauf sich ein allgemeines Geschrei unter den Zuschauern an beiden Ufern erhob und einige Frauen ohnmächtig dahinsanken.

Nach dem Weggang Ellets verliefen die Arbeiten um einiges ruhiger, doch mit seiner methodischen Arbeitsweise gelang es John Roebling, den Auftrag zu erledigen. »Ingenieurskunst«, so formulierte es der Fachautor und Brückenhistoriker Joseph Giess, »ist die Kunst der Effizienz, und der Erfolg eines Bauprojekts kann häufig an der Abwesenheit dramatischer Ereignisse gemessen werden.«

1855 wurde Roeblings 275 Meter lange Brücke fertig gestellt, und am 6. März des gleichen Jahres rollte ein 300 Tonnen schwerer Zug darüber hinweg – es war der erste Zug, der jemals eine Brücke überquerte, die an Stahlseilen aufgehängt war. Der Erfolg dieses Unternehmens trug Roebling in den darauf folgenden Jahren weitere Aufträge ein, bis er sich 1867 an seine gewaltigste Aufgabe machte: die Brooklyn Bridge.

Der Bau dieser Brücke sollte dreizehn Jahre dauern, und am Ende sollten sowohl John Roebling als auch sein Sohn ihr zum Opfer gefallen sein.

An einem Sommermorgen im Jahre 1869 stand John Roebling auf einem Pier in Manhattan, um die Arbeiten an einem der Pfeiler zu beobachten, als eine Fähre versuchte, am Pier anzulegen, der er keinerlei Beachtung schenkte. Bei diesem Manöver wurde sein Fuß zwischen der Kaimauer und einem andockenden Schleppkahn eingeklemmt und zerquetscht. In der Folge dieser Verletzung infizierte er sich mit Tetanus und starb zwei Wochen darauf im Alter von dreiundsechzig Jahren.

Washington Roebling nahm nach dem Tod seines Vaters dessen Stelle ein. Er war damals zweiunddreißig Jahre alt und erster stellvertretender Konstruktionsleiter der Brücke; in den Jahren zuvor hatte er bereits mehrere Brückenprojekte seines Vaters überwacht, und im amerikanischen Bürgerkrieg war er technischer Offizier auf Seiten der Union gewesen. Außerdem hatte er als einer der ersten Luftaufklärer in General Grants Armee von Bord eines Ballons aus die Bewegungen der Truppen von General Lee bei der Invasion Pennsylvanias ausspioniert.

Als er den Bau der Brooklyn Bridge übernahm, fasste er den Entschluss, zur Errichtung der Fundamente, die auf der Brooklyn zugewandten Seite fünfzehn Meter und auf der Manhattan-Seite fünfundzwanzig Meter tief unter Wasser liegen würden, Druckluftcaissons zu verwenden, wie sie auch James Eads schon bei seiner Brücke über den Mississippi eingesetzt hatte. Roebling arbeitete unermüdlich. Zu jeder Tages- und Nachtzeit war er in den Caissons, bis er schließlich zusammenbrach. Als man ihn an die Oberfläche brachte, war er für den Rest seines Lebens gelähmt. Er war zu diesem Zeitpunkt fünfunddreißig Jahre alt.

Doch Washington Roebling ließ sich davon nicht abhalten. Assistiert von seiner Frau Emily, leitete er weiterhin den Fortgang der Bauarbeiten von seinem Krankenbett aus; mittels eines Fernglases beobachtete er von seinem Fenster in Brooklyn aus die Baustelle, um dann durch seine Frau, die sich die Fachsprache angeeignet hatte und in technischen Dingen durchaus beschlagen war, seine Anweisungen an die Bauleiter weitergeben zu lassen.* Washington Roebling war der erste Brücken-

* Laut einer anderen Quelle hatte sie Ingenieurwesen studiert. *A. d. Ü.*

bauer, der Stahlkabel verwendete – diese waren leichter und stabiler als die Eisendrahtkabel, die sein Vater beim Bau der Niagara-Brücke benutzt hatte. Dennoch ließ er jeden der 5180 Drähte zum Schutz gegen Rost zusätzlich galvanisieren. Der erste Draht wurde 1877 über den East River gezogen, und in den nächsten sechsundzwanzig Monaten wanderten 10 360-mal die kleinen Kabelspinnräder, die aussahen wie die Speichenräder eines Fahrrads ohne Reifen, die Leitkabel entlang von einem Ufer zum anderen, um bei jeder Fahrt einen Doppelstrang Draht herüberzutransportieren, die, wenn sie zusammengesponnen waren, die vier Hauptkabel bilden sollten, an denen das 530 Meter lange Mittelfeld sowie die beiden jeweils 310 Meter langen Seitenfelder aufgehängt würden. Diese Technik des Kabelspinnens und sogar die Verwendung einer Kuhglocke, um die Arbeiter vor dem Herannahen des Transportrades zu warnen, wird noch heute eingesetzt. Sie fand in modernisierter Fassung auch Verwendung, als O. H. Ammann in den sechziger Jahren des zwanzigsten Jahrhunderts die Kabel für die Verrazano-Narrows Bridge verlegen ließ.

Die Brooklyn Bridge wurde am 24. Mai 1883 eröffnet. Washington Roebling und seine Frau verfolgten die Feierlichkeiten vom Fenster ihres Hauses aus mit Ferngläsern. Es war ein großer Tag für New York – die Geschäfte hatten geschlossen, die Häuser waren mit Girlanden geschmückt, Kirchenglocken läuteten, Dampfschiffe ließen ihre Nebelhörner und Pfeifen ertönen. Von den Forts im Hafen und den in der Nähe der Brücke ankernden Kriegsschiffen der Marine krachten Salutschüsse, und schließlich erschienen in offenen Kutschen die Ehrengäste: Präsident Chester A. Arthur, der Gouverneur des Staates New York, Grover Cleveland, und die Bürgermeister sämtlicher Städte und Ortschaften der Umgebung. Im späteren Verlauf des Abends zog eine Festparade nach Brooklyn bis vor Roeblings Haus, wo ihm der Präsident noch einmal persönlich gratulierte.

Bis zum heutigen Tag ist die Brooklyn Bridge die berühmteste Brücke der USA, nicht zuletzt deshalb, weil sie bis 1903, als zwischen Brooklyn und Manhattan die Williamsburg Bridge über den East River eingeweiht wurde, auch die längste Hängebrücke der Welt war. Im Verlauf des Brückenbooms des zwanzigsten Jahrhunderts sollten zwar noch weitere neunzehn dazukommen, die sie in der Länge überragten, doch keine warf einen vergleichbar langen Schatten. Dichter hatten sie gepriesen, Ästheten hatten sie bewundert – sogar auf Selbstmörder übte sie eine magische Anziehungskraft aus. Ihre über die Dächer der Wohnblocks von Brooklyn aufragenden Türme machten einen solch nachhaltigen Eindruck auf einen Jungen namens David Steinmann, dass er beschloss, in die Fußstapfen der Roeblings zu treten, und später einer der herausragendsten Brückenkonstrukteure der Welt wurde. Bis zu seinem Tod im Jahre 1960 sollte er der Einzige sein, der in der Lage war, Ammann Konkurrenz zu machen.

Schon im Alter von vierzehn Jahren hatte es Steinmann geschafft, sich von der New Yorker Brückenbaubehörde eine Genehmigung ausstellen zu lassen, die es ihm erlaubte, sich auf der Baustelle der Williamsburg Bridge frei zu bewegen. Steinmann nutzte diesen Passierschein, um mit den Vorarbeitern zu sprechen, sich Notizen zu machen, und er träumte von den Brücken, die er eines Tages bauen würde. Nachdem er 1906 einen Prädikatsabschluss am New Yorker City College gemacht hatte, nahm er sein Studium der Ingenieurwissenschaften an der Columbia-Universität auf, das er 1911 mit einer Doktorarbeit zum Thema Hängebrücken und ihre Fundamente abschloss. Im Verlauf der nächsten Jahre arbeitete er als Planungsberater bei der Konstruktion der Florianopolis-Brücke in Brasilien, der Mount-Hope-Bridge in Rhode Island sowie der Henry-Hudson-Bogenbrücke in New York und der Grand Mère in Quebec. Es war Dr. Steinmann, der den Auftrag erhielt, 1948 die Brooklyn Bridge zu renovieren, und der bei der Ausschreibung zum Bau der Mackinac Bridge den Vorzug vor Ammann erhielt, der dann allerdings bei der Verrazano-Narrows Bridge, die Steinmann ebenfalls gerne gebaut hätte, die Nase vorn hatte.

Die beiden Männer verband keine persönliche Freundschaft, vielleicht weil sie zu viele Gemeinsamkeiten hatten und deswegen Vergleiche nahezu zwangsläufig angestellt wurden: Beide waren in ihren Anfangsjahren Assistenten des mittlerweile verstorbenen Gustav Lindenthal, der die Hell Gate und die Queensborough Bridge in New York geplant hatte. Beide waren ehrgeizig und hatten einen gewissen Hang zur Eitelkeit, doch während Steinmann eine schillernde Figur der New Yorker Gesellschaft war, der die öffentliche Aufmerksamkeit auch um den Preis der Kontroverse suchte, Gedichte schrieb und Bücher veröffentlichte, erschien Ammann eher distanziert und kühl, ein Schweizer Gentleman aus vornehmem Hause, dem immer noch eine gewisse Steifheit anhaftete. Dass sie ihr Leben lang Konkurrenten bleiben sollten, lag in der Natur ihres Metiers: Der Brückenbau ist eine Branche, die auf allen Ebenen vom Wettbewerb geprägt ist. Die Stahlgesellschaften stehen im Konkurrenzkampf miteinander bei der Abgabe der Gebote, selbst die Lehrlingsstellen in den Baukolonnen sind heiß umkämpft, und die Baukolonnen selbst – Nietensetzer, Stahlmonteure und Kabelspinner – liegen miteinander in dauerndem Wettstreit, wer das höchste Pensum schafft, und später in den Kneipen und Bars geht es dann darum, wer die meisten Biere trinken und die lautesten Töne spucken kann. Doch während auf den niedrigeren Ebenen, unter den Bauarbeitern, die Konkurrenzverhältnisse klar und deutlich zutage treten, wirken sie auf den höheren Ebenen, unter den Ingenieuren, eher subtil und unter der Oberfläche.

Manche der Ingenieure werkeln ein Leben lang unauffällig vor sich hin und beneiden ihre Konkurrenten, während andere nur auf die Fehler ihrer Mitbewerber warten, um daraus Kapital zu schlagen. Sobald sich an irgendeiner Brücke ein Unglück ereignet, kommen scharenweise Konstrukteure und Techniker, die mit dem Projekt eigentlich nichts zu tun haben, und versuchen herauszufinden, was die Katastrophe verursacht hat, um dann ihre eigenen Brücken auszubessern in der Hoffnung, ein ähnliches Unglück dadurch zu verhindern. Daran ist nicht das Geringste auszusetzen, doch sollte man sich davon nicht über den wahren Charakter des Konkurrenzkampfes hinwegtäuschen lassen: Wenn eine Brücke einstürzt, ist der Konstrukteur, der sie geplant hat, so gut wie tot. In der Brückenbaubranche herrscht auf allen Ebenen ein steter Kampf ums Überleben, und niemand hat sich in diesem Kampf länger behaupten können als O. H. Ammann.

Ammann gehörte zu jener Kommission von Fachleuten, die 1907 den Einsturz der Auslegerbrücke über den Sankt-Lorenz-Strom bei Quebec untersuchten. Sechsundachtzig Arbeiter, viele davon Indianer, die gerade erst am Beginn ihrer Ausbildung standen, wurden beim Einsturz der Brücke in die Tiefe gerissen, fünfundsiebzig von ihnen ertranken. Der Ingenieur, dessen Karriere mit diesem Ereignis ein Ende fand, hieß Theodore Cooper und war einer der angesehensten Brückenbauer Amerikas. Jahre zuvor hatte er bei einem Bauprojekt von James Eads noch großes Glück gehabt, als er über dreißig Meter tief in den Mississippi gestürzt war, doch war er nahezu unverletzt geblieben und hatte seine Arbeit noch am selben Tag wieder aufgenommen.

1907 gelangte die Mehrzahl der an der Untersuchung beteiligten Ingenieure allerdings zu der Einsicht, dass Theodore Cooper nicht genügend über die Belastungen wusste, die auf eine Auslegerbrücke einwirkten. Niemand aus der Untersuchungskommission hatte genügend Kenntnisse auf diesem Gebiet. Man kann über die Ursachen, die zum Einsturz einer Brücke geführt hatten, erst dann letzte Erkenntnisse gewinnen, wenn sie tatsächlich eingestürzt ist. »Diese Brücke ist eingestürzt, weil sie nicht stabil genug war«, witzelte C.C. Schneider, eines der Kommissionsmitglieder. Und danach kehrten sie alle wieder in ihre Büros zurück und brüteten über ihren eigenen Plänen und Konstruktionen, um herauszufinden, ob ihnen nicht ähnliche Fehler unterlaufen waren.

Eine Brücke, die auf diese Art und Weise vielleicht gerettet wurde, war Gustav Lindenthals Queensborough Bridge über den East River in New York, die kurz vor ihrer Fertigstellung stand. Nach einer erneuten Begutachtung kam man zu dem Ergebnis, dass die Brücke der veranschlagten Belastung nicht standhalten würde. Folglich wurde die Anzahl der Schnellbahngleise auf dem oberen Brückendeck von vier auf zwei reduziert und zum Ausgleich dafür einen Block weiter entfernt auf Höhe der 16. Straße in Manhattan für vier Millionen Dollar zusätzlich ein U-Bahn-Tunnel gebaut.

Im November 1940 stürzte die Tacoma Narrows Bridge in die Fluten des Puget Sound im Staate Washington, und wieder gehörte O. H. Ammann der Fachkommission an, die der Ursache des Unglücks auf den Grund gehen sollte. Der Ingenieur, der dafür verantwortlich gemacht wurde, war L. S. Moisseiff, der bis dahin in den USA einen hervorragenden Ruf genossen hatte.

Moisseiff war zuvor an der Konstruktion der Manhattan Bridge in New York beteiligt gewesen und hatte als Berater neben etlichen anderen Projekten am Bau der Ambassador Bridge in Detroit und der Golden Gate Bridge in San Francisco mitgewirkt. Als er seine Planung für eine extrem schlanke zweispurige Brücke über den Puget Sound vorstellte, hatte niemand Einwände erhoben. Sicher, sie mochte auf den ersten Blick überaus grazil und zerbrechlich wirken, doch ging der damalige Trend hin zu eleganten, luftig anmutenden Hängebrücken – ein Trend, der teilweise zurückging auf David Steinmann, der seine Mount Hope Bridge über die Narraganesett Bay mit einem lindgrünen Anstrich versehen und Lichtgirlanden an den Kabeln anbringen ließ. Selbst die Auffahrten wurden mit Hecken und Rosen gesäumt, was mit 70000 Dollar Extrakosten für Begrünung zu Buche schlug.

Was darüber hinaus noch eine Rolle spielte, war die

sich in der Vorkriegszeit immer stärker ausbreitende Tendenz zur Kosteneinsparung, und eine Möglichkeit, beim Brückenbau Kosten und Material zu sparen, ohne die ästhetische Wirkung zu beeinträchtigen – und wie man damals glaubte, ohne Abstriche bei der Sicherheit zu machen –, bestand darin, für die Fahrbahn und das Tragwerk massive Metallplatten zu verwenden anstatt eines Fachwerks, durch das der Wind ungehindert hindurchwehen konnte. Und es lag teilweise an diesen massiven Platten, dass an Tagen, wenn Windböen auf die solide Fahrbahn trafen, die Tacoma-Narrows-Brücke ins Schlingern geriet und auf und ab schaukelte. Doch diese Schwingungen hielten sich in Grenzen, niemand war ernstlich beunruhigt, im Gegenteil, für manche Autofahrer wurde sie gerade deshalb zu einer Attraktion, und so bekam die Brücke ihren Kosenamen: »Galloping Gertie«.

Am 7. November 1940, vier Monate nach der Inbetriebnahme, wehte der Wind mit etwa sechzig Stundenkilometern durch den Puget Sound, und die Brücke bäumte sich heftiger auf als zuvor. Die Fahrbahn hob und senkte sich um mehr als einen Meter, und die Behörden beschlossen, die Brücke für den Verkehr zu sperren. Eine weise Entscheidung, denn im weiteren Verlauf des Tages wurden die Schwingungen immer heftiger, das Tragwerk hob sich auf der einen Seite in die Höhe, während es auf der anderen nach unten kippte, wobei der Pendelausschlag fast zehn Meter betrug, die Fahrbahn neigte sich um fünfundvierzig Grad, und schließlich – gegen elf Uhr morgens – riss das Mittelstück der Brücke aus seiner Verankerung und stürzte krachend in den Puget Sound.

Die Untersuchungskommission der Ingenieure befand, dass die Gründe, die zu diesem Unglück geführt hatten, zum einen darin zu suchen waren, dass die Brücke aufgrund ihrer grazilen Konstruktion zu flexibel geraten war, was sich durch zusätzliche Fachwerkstreben hätte vermeiden lassen, doch sie erwähnte außerdem einen neuen Faktor, über den bisher wenig bekannt war, nämlich das Phänomen der »aerodynamischen Instabilität«.

Dies hatte zur Konsequenz, dass kurz darauf Brücken in Amerika und überall in der Welt im Lichte dieser Erkenntnisse untersucht und verstärkt wurden. An der Golden Gate Bridge wurden Umbauarbeiten vorgenommen, die drei Millionen Dollar verschlangen. An der ebenfalls überaus flexiblen Bronx-Whitestone Bridge in New York – auch sie eine Konstruktion von Moisseiff, an deren Planung und Bau O.H. Ammann übrigens in verantwortlicher Position mitgewirkt hatte – stanzte man Löcher in die Stahlplatten ihres Tragwerks und verstärkte es durch zusätzliche Gitterträger. Etliche weitere Brücken, die zuvor zerbrechlich und grazil gewirkt hatten, wurden durch zusätzliche Fachwerkkonstruktionen versteift, und selbst zwanzig Jahre später, als Ammann die Verrazano-Narrows Bridge entwarf, wirkten die Erkenntnisse aus dem Einsturz der Tacoma-Brücke noch nach: Obwohl das untere Deck der Brücke zu diesem Zeitpunkt noch nicht benötigt wurde, da das sechsspurige Oberdeck problemlos das zu erwartende Verkehrsaufkommen würde bewältigen können, ließ er es dennoch gleich zu Anfang mitbauen – etwas, das er bei der George Washington Bridge 1930 noch unterlassen hatte. Über das sechsspurige Unterdeck der Verrazano-Narrows Bridge wird vielleicht in den ersten zehn Jahren kein einziges Auto fahren, doch zu ihrer Stabilität trägt es schon vom ersten Tag an bei.

Moisseiffs Fähigkeiten waren nach dem Einsturz der Tacoma-Brücke nicht mehr gefragt. Er machte nie auch nur den Versuch, die Schuld an dem Ereignis auf andere Ingenieure oder seine Finanziers abzuwälzen, sondern fügte sich schweigend in seinen Niedergang, wobei es wenig tröstlich für ihn gewesen sein mag, dass nach seinem Abtreten als einer der einflussreichsten Brückenkonstrukteure Amerikas das Ingenieurwissen einen immensen Schub bekam, was den Bau immer größerer Brücken ermöglichte, für die jedoch andere den Ruhm ernten sollten.

Und so geschieht es, dass Konstrukteure wie Leon Moisseiff und Theodore Cooper mit ihren Brücken untergehen, während andere wie Ammann und Steinmann auf der Welle des Erfolgs segeln, wobei sich zumindest Ammann stets über die Wankelmütigkeit des Schicksals im Klaren ist.

Eines Tages, nach Abschluss der Entwürfe für die Verrazano-Narrows-Brücke, sinnierte er laut in seinem New Yorker Apartment im zweiunddreißigsten Stock des Hotel Carlyle darüber, warum er und seine Brücken bis dato von Katastrophen verschont geblieben waren, und er kam zu dem Schluss, dass er einfach Glück gehabt hatte.

»*Glück gehabt?!*«, mokierte sich seine Frau, die einzig und allein Ammanns überlegenen Intellekt für seinen Erfolg verantwortlich macht.

»Ich habe Glück gehabt«, wiederholte er leise, aber mit einer solchen Bestimmtheit in seinem Ton, dass sie nichts darauf zu entgegnen wagte.

4
Punks und Pusher

Eine Brücke zu bauen ist wie Krieg; es herrscht ein Kasernenhofton, und das Personal ist nach einer militärischen Hierarchie organisiert. Ganz unten, vergleichbar mit dem einfachen Rekruten, stehen die Lehrlinge – »Punks« genannt. Sie klettern mit Eimern voller Bolzen und Nieten die Trittleitern hinauf, lernen durch Zuschauen und Handlangerdienste und werden gelegentlich zum Kaffee- oder Wasserholen nach unten geschickt, wofür sie allerdings nur selten ein Dankeschön ernten. Innerhalb von zwei oder drei Jahren werden die Punks zu regulären Brückenarbeitern, die in der Lage sind, Nieten zu erhitzen, aufzufangen und einzulochen, Stahlträger in die Höhe zu hieven, zu schweißen oder zu montieren, wobei es vor allem Letzteres ist, das bei den Lehrlingen am höchsten im Kurs steht. Die Stahlmonteure stehen ganz oben auf der Brücke, so weit, dass es Minuten dauert, bevor ihre Schweißtropfen den Boden erreichen, und wenn die Kräne neuen Stahl hinaufhieven, ist es die Aufgabe der Monteure, die Bauteile von Hand zu packen, in die richtige Position zu manövrieren, sie mit Bolzen und Hämmern provisorisch zu befestigen, damit die Nietensetzer-Trupps den Rest erledigen.

Die Stahlmonteure sind so etwas wie Trapezkünstler, nur mit dem Unterschied, dass sie sich ihre Bühne für jede Vorführung in Schwindel erregender Höhe neu zusammenbauen, und genau das ist es, was ihre Arbeit so gefährlich macht. Dies und die Tatsache, dass sie manchmal zur Effekthascherei neigen, um den Alten mal zu zeigen, wie man so was richtig macht – und so kommt es vor, dass sie zu sehr auf den Kabeln herumschaukeln, auf unbefestigten Trägern balancieren oder an windigen Tagen zu schnell über die Träger laufen, anstatt mit gegrätschten Beinen vorwärts zu rutschen; doch manchmal riskieren sie zu viel, und sie bezahlen dafür mit dem Leben.

Sobald die Stahlträger montiert sind, ist es die Aufgabe des Nietensetzer-Trupps, sie dauerhaft zu verbinden. Die schnellen, vier Mann starken Trupps bieten einen faszinierenden Anblick. Die Eleganz, mit der sie die Nieten durch die Gegend schleudern, ähnelt der von Baseballspielern, allerdings liegt ihr Pensum bei über 1000 Stück pro Tag. Jeder kennt die Bewegungen des anderen, manche sind bereits seit Jahren gemeinsam unterwegs und bilden ein festes Team. Der erste Mann in der Reihe ist der »Heizer«, der den ganzen Tag lang schwitzend auf der Brücke steht, vor sich ein mit glühenden Kohlen gefülltes Gerät, das aussieht wie ein Würstchengrill, auf dem er die Nieten erhitzt, bis sie rot glühend sind, allerdings wiederum nicht *so* rot, dass sie sich vor Hitze verbiegen oder Blasen schlagen. Der Heizer muss ein guter Koch sein, ein Meister seines Fachs, der sich vorstellen muss, er würde Würstchen grillen und nicht Nieten, denn die anderen drei in seiner Mannschaft sind sehr eigenwillige Kunden.

Sobald eine Niet rot ist – aber nicht zu rot –, schnappt der Heizer sie mit einer Zange und schleudert sie über eine Entfernung von fünfundzwanzig bis fünfunddreißig Meter punktgenau zum nächsten Mann in der Kette, dem »Fänger«, der sie mit einem metallenen Handschuh aus der Luft fischt. Der »Fänger« reicht die Niet weiter an den »Stecher«, der mit einem langen zylindrischen Werkzeug, das nach dem anatomischen Stolz eines Hengstes benannt ist, die Niet in das vorgeschriebene Loch schiebt und sie dort festhält, bis der vierte Mann, der »Nietensetzer«, das noch weiche vordere Ende von der anderen Seite aus mit seinem Presslufthammer platt geklopft hat. Nach dem Abkühlen der Niet ist die Verbindung dann so dauerhaft wie die Brücke selbst.

Jede Mannschaft – egal ob Nietentrupp, Monteurtrupp oder Windentrupp – steht unter Aufsicht eines Vormannes, genannt »Pusher«. (Eines Abends wurde in einer Bar in Brooklyn ein Indianer namens Mike Tarbell, der als Pusher arbeitete, von zwei Polizisten in Zivil verhaftet, die seine Berufsbezeichnung mitgehört hatten, und Tarbell verbrachte drei Tage in Untersuchungshaft, was ihn 175 Dollar Lohn kostete, bis er den Richter davon überzeugen konnte, dass sein Geschäft nicht der Vertrieb von Drogen, sondern das Antreiben von Brückenarbeitern war.)

Der Pusher treibt, ähnlich wie ein Armeekorporal, der sich seine Beförderung zum Sergeant verdienen will, seine Mannschaft zu Höchstleistungen an, denn er weiß, dass seine Kollegen überall auf der Brücke genauso verfahren. Jeder will, dass sein Team das schnellste und beste ist, weil sie alle wissen, dass die Baufirma täglich Buch führt über die Arbeitsleistungen jeder einzelnen Truppe. Die Sachbearbeiter in den Büros wissen ganz genau, welches Team die höchste Tonnage an den Winden hatte, welche Mannschaft am meisten Kabel gesponnen und welche die meisten Nieten versenkt hat – und wenn der Pusher ehrgeizig ist und darauf hofft, eines Tages befördert zu werden, muss er seinen Leuten einiges abverlangen.

Doch er darf auch nicht zu viel verlangen, denn wenn es zu Unfällen kommt –, möglicherweise sogar mit tödlichem Ausgang – ist der Pusher derjenige, dem die Baugesellschaft die Hölle heiß macht. Denn einerseits fördert diese den Wettbewerb unter den Mannschaften, da es in ihrem Interesse ist, dass die Brücke möglichst schnell fertig wird und sich der Verkehr darauf staut, denn dies bedeutet klingende Münzen in den Kassenhäuschen, andererseits ist sie bemüht zu vermeiden, dass Unglücks- oder Todesfälle den Terminplan durcheinander bringen, die Firma in die Schlagzeilen gerät oder die Versicherungsprämien in die Höhe schießen. Der Pusher sitzt also zwischen zwei Stühlen, und wenn er Pech hat und es zu einem Todesfall in seiner Gruppe kommt, kann es sein, dass man ihm die Schuld gibt und ihn degradiert, während ein anderer Arbeiter zum Pusher befördert wird. Wenn er allerdings Glück hat und sein Trupp schnell *und* sauber arbeitet, kann er es sogar zum stellvertretenden Bauleiter bringen, und er wird ein »Walkin' Boss«.

Der Walkin' Boss, von denen es auf einer großen Brücke, an der vier- bis fünfhundert Männer arbeiten, meistens vier gibt, hat das Kommando über einen Bauabschnitt. Der erste ist zuständig für den Abschnitt von der Kabelverankerung bis zum Turm, der nächste beaufsichtigt das Teilstück vom Turm bis zur Mitte der Brücke, der dritte den Abschnitt von der Mitte bis zum zweiten Turm, und der vierte führt das Kommando über die Sektion vom zweiten Turm bis zum anderen Ankerblock. Der Walkin' Boss geht den ganzen Tag die Brücke auf und ab, hoch und runter, stolziert, stets ein misstrauisches Funkeln in den Augen, über die Laufplanken wie ein Kampfhahn und passt auf, dass die Pusher ihren Leuten Dampf machen, die Punks tun, was man ihnen sagt, und die Stahlmonteure sich auf den Kabeln nicht aufführen wie Trapezartisten.

Das Hauptanliegen des Walkin' Boss ist es, *den Boss* zu beeindrucken, sprich den Bauleiter oder Superintendent, der vergleichbar ist mit einem Feldwebel. Der Superintendent ist gemeinhin der zäheste, härteste und darüber hinaus auch der beste Brückenbauer auf der ganzen Baustelle, und weil er außerdem die größte Klappe von allen hat, lässt er an dieser Erkenntnis auch jeden teilhaben. Er verbringt den Tag in erster Linie damit, in einer Bretterbude am Ufer, die als Baubüro dient, mit Ingenieuren, Architekten und anderen Vertretern der Brückengesellschaft zu diskutieren. Die Walkin' Bosse auf der Brücke repräsentieren ihn und halten ihn auf dem Laufenden, doch zwei- oder dreimal am Tag verlässt der Superintendent seine Hütte, um die Baustelle in Augenschein zu nehmen, und wenn er die Brücke entlangschreitet, scheint mit einem Mal alles zu erstarren. Die Männer wirken ganz vertieft in ihre Arbeit, und die Punks scheinen ganz versteinert.

Der Superintendent, den man ausgesucht hatte, um die Arbeit an den Kabeln der Verrazano-Narrows Bridge zu beaufsichtigen, war ein eins achtzig großer Mann von neunundfünfzig Jahren namens John Murphy, den man hinter seinem Rücken wegen seines aufbrausenden Temperaments auch »Hard Nose«, also etwa »Harter Hund« oder »Kampfstier«, nannte.

Er war ein breitschultriger, stämmiger Mann mit einer schmalen, markanten Nase und einem energischen Kinn, blauen Augen und weißem Haar, das sich bereits lichtete, doch das hervorstechendste äußere Merkmal an ihm war sein rotes Gesicht – es war so rot, dass man gar nicht bemerkt hätte, wenn er je errötete, was er selten tat. Sein raues, rotes Gesicht – das Resultat von vierzig Jahren Arbeit in windiger Höhe und brennender Sonne auf über hundert Brücken und Wolkenkratzern in ganz Amerika – verlieh Murphy das Aussehen eines Mannes, der stets kochte vor Wut, und das war auch meist der Fall.

Er war, wie so viele Boomer, in einem kleinen Kaff zur Welt gekommen, wo sich hinter dem Ortsrand nur endlose Weite ausdehnt – in seinem Fall hieß es Rexton, hatte 300 Einwohner und lag in New Brunswick in Kanada. Im Frühling 1919 wurde der Ort von einer Grippeepidemie heimgesucht, die beide Eltern sowie einen Onkel und zwei Cousins des damals sechzehnjährigen Murphy hinwegraffte und ihn mit der Verantwortung für fünf jüngere Geschwister zurückließ. Also arbeitete er als Flößer in Maine, und als es mit dieser Branche bergab ging, zog er weiter nach Pennsylvania und wechselte zum Brückenbau, wo er sich wegen seiner jugendlichen Furchtlosigkeit erste Meriten als Monteur verdiente, bis er schließlich in den Jahren 1930 und 1931 als bester Stahlmonteur der George Washington Bridge galt. Seitdem hatte er einen Job nach dem anderen bekommen, war bis nach Alaska vorgestoßen, wo eine Brücke über den Tanana River gebaut wurde, und hatte sich von dort aus auf Brücken- und Hochhausbaustellen wieder in östliche Richtung zurückgearbeitet.

Im Jahr 1959 arbeitete er als Superintendent beim Bau des Pan Am Building, einem neunundfünfzig Stockwerke hohen Wolkenkratzer in Manhattan, und danach bot ihm die American Bridge Company den Posten als Boss auf der Verrazano an, jene Firma, die im Auftrag der United States Steel für die Brückenaufhängung und die Kabel verantwortlich war.

Als Hard Nose Murphy zu Beginn des Frühjahrs 1962 auf der Baustelle eintraf, war der zwar undramatische und langwierige, aber essenzielle Teil der Arbeit, die Errichtung der Fundamente, bereits erledigt, und die beiden Türme wuchsen allmählich auf ihre endgültige Höhe von 230 Meter.

Der Bau der Fundamente, der von der J. Rich Steers Inc. und der Frederick Snare Corporation durchgeführt worden war, mochte für jemanden, der auf hohen Stahlgerüsten herumturnte, nur einen geringen ästhetischen Reiz ausüben, es war aber eine überaus schwierige und anspruchsvolle Aufgabe, da die beiden Caissons, die in den Narrows versenkt wurden, zu den größten gehörten, die je gebaut wurden. Sie bestanden aus Beton und waren sechsundsiebzig Meter lang und dreiundvierzig Meter breit. Auf der Oberseite hatten beide je sechsundsechzig runde Aushublöcher mit einem Durchmesser von fünfeinhalb Metern, so dass sie aus der Ferne aussahen wie zwei riesige Stücke Schweizer Käse.

Zum Bau des Caissons, der den Sockel des Turmes auf der Staten-Island-Seite tragen sollte, waren 36000 Kubikmeter Beton benötigt worden, und bevor der Senkkasten schließlich in fünfunddreißig Meter Tiefe auf festem Untergrund ruhte, mussten über 60000 Kubikmeter Schlamm, Schlick und Sand mit Baggerschaufeln, die an Kränen hingen, durch die Öffnungen abtransportiert worden. Auf der Brooklyn-Seite lag der Caisson für den Brückenturm sechsundfünfzig Meter unter dem Wasserspiegel, hier waren fast 64000 Kubikmeter Beton verbaut worden, und man musste 110000 Kubikmeter Schlick und Sand vom Meeresboden abtragen.

Die landseitigen Fundamente, auf denen die Brücke ruhte, bestanden aus zwei dreieckigen Betonblöcken, die jeweils so hoch waren wie ein zehnstöckiges Haus und in deren Inneren die Enden der Kabelstränge verankert waren. Diese beiden Ankerblöcke, gebaut von der Arthur A. Johnson Corporation und der Peter Kiewit Sons' Company, halten dem 120000 Tonnen starken Zug der Brückenkabel stand.

Es hatte etwas mehr als zwei Jahre gedauert, die vier Fundamente zu errichten, obwohl rund um die Uhr gearbeitet wurde, was bei der Straßenreinigung wenig Anklang fand und auch bei der Bevölkerung zu Protesten führte. So fand am 29. März 1961 ein Protestmarsch von 200 Anwohnern auf Staten Island statt, die dem Bezirksstaatsanwalt von Richmond County, John M. Braisted Jr., eine Erklärung vorlegten, wonach die Bauarbeiten zwischen sechs Uhr abends und sechs Uhr morgens über tausend Menschen im Umkreis von einer Meile den Schlaf raubten. In Bay Ridge auf der Brooklyn-Seite wimmelte es wegen der Arbeiten an der Zufahrtsstraße zur Brücke ebenfalls von Baukränen, Baggern, Planierraupen und Lastwagen, und die Beliebtheit von Robert Moses wurde nicht unbedingt gesteigert, als bekannt wurde, dass er einen Bauauftrag über zwanzig Millionen Dollar ohne Ausschreibung an eine Firma vergeben hatte, in der sein Schwiegersohn arbeitete. Sämtliche an der Transaktion Beteiligten stritten unverzüglich ab, dass es dabei nicht mit rechten Dingen zugegangen war.

Doch als Hard Nose Murphy auf der Baustelle antrat, wendeten sich die Dinge allmählich zum Besseren. Die

Brücke erhob sich endlich aus dem Wasser, und die Leute hatte nun etwas zu *sehen* – eine sichtbare Rechtfertigung für den ganzen nächtlichen Lärm –, und an den Nachmittagen säumten einige ältere Männer aus Brooklyn das Ufer, um mit anzusehen, wie die roten Türme immer weiter in die Höhe wuchsen.

Die Türme waren segmentweise in Stahlwerken gefertigt worden, und diese Teilstücke wurden nun auf Lastkähnen zur Baustelle geschafft. Die Harris Structural Company hatte den Staten-Island-Turm angefertigt, während der Brooklyn-Turm von der Firma Bethlehem gebaut worden war – beide nach Plänen von O. H. Ammann. Nachdem die Turmsegmente an ihrem Standort eingetroffen waren, wurden sie von Schwimmkränen, die am Fuß der Türme ankerten, in die Höhe gehievt. Als die ersten drei Etagen von jedem Turmsockel vollendet waren, ersetzte man die Schwimmkräne durch so genannte »Creepers«, Kletterkräne mit einer Tragkraft von etwa hundert Tonnen, die sich auf seitlich an den Pfeilern angebrachten Schienen in die Höhe schoben. Beim Abschluss der Arbeiten an den Türmen befanden sich die Kräne 231 Meter über der Wasseroberfläche.

Auch wenn die Errichtung von Türmen ein gewisses Risiko enthält, so unterscheidet sich der Vorgang nicht wesentlich vom Bau eines Hochhauses oder eines Leuchtturms. Nach dem dritten oder vierten Abschnitt ist die Prozedur weitgehend die gleiche, bis das obere Ende erreicht ist. Die wahre Kunst und Dramatik des Brückenbaus beginnt erst, wenn die Türme stehen, denn dann müssen die Männer die Kluft zwischen den Türmen überwinden, die Kabel spinnen und das Tragwerk über dem Wasser verbinden.

Dies sollte nun Murphys Problem sein, und als er am einem Morgen im Mai 1962 in einem der Boote der Harris Company saß und in aller Ruhe mit ansah, wie am Staten-Island-Turm gerade der zehnte Abschnitt errichtet wurde, sagte er zu einem der Ingenieure an Bord: »Wissen Sie, jedes Mal, wenn ich eine Brücke in diesem Stadium sehe, muss ich unwillkürlich daran denken, was alles an Problemen auf uns zukommt: all die Fehler, Flüche, Schweiß und Tod. Und das alles hört nicht auf, bis das Ding fertig ist…«

Der Ingenieur nickte mit dem Kopf, und dann schauten beide wieder zu, wie die Kräne ihre Muskeln spielen ließen, um riesige Metallteile in die Höhe zu hieven.

5
Katz und Maus mit Benny

Nachdem die Brückenpfeiler im Winter 1962 fertig gestellt waren, sollten die Kabelspinnarbeiten beginnen, und mit ihnen die Fehler, Flüche, Schweiß und Tod, die Murphy vorausgesehen hatte.

Die Kabelarbeiten begannen im März 1963. 600 Männer waren damit beschäftigt, doch Benny Olson, der dreißig Jahre lang als bester Kabelleger Amerikas gegolten hatte, war nicht unter ihnen. Er saß am Boden fest. Als er davon erfuhr, hatte er drei Tage lang getobt, geflucht und gezetert, doch es hatte nichts genützt. Er war sechsundsechzig Jahre alt – und damit zu alt, um in 200 Meter Höhe auf schmalen Laufplanken herumzuturnen und dabei auch noch gelegentlich vor Kabelrollen oder zerreißenden Drähten in Deckung zu gehen.

Also schickte man ihn vier Meilen flussaufwärts in die Nähe von Bayonne, New Jersey, in ein Stahlwerk, das zur Brückenbaufirma gehörte, gab ihm die Aufsicht über ein Werkzeuglager und wies ihm eine Gruppe Punks zu, die er herumkommandieren konnte. Doch es verging kein Tag, an dem Olson nicht den Fluss hinunterschaute, wo in der Ferne die Brückenpfeiler aufragten, und in diesen Momenten konnte er die Geräusche, die Ausblicke, ja die Empfindungen spüren, die eine Brücke ausstrahlt, kurz bevor die Männer sich daranmachen, die Stahldrähte über das Wasser zu spannen. Und wie die meisten wusste auch Benny Olson, dass er es gewesen war, dem die Kabelexperten ihr Wissen verdankten, dass er es gewesen war, der neue Arbeitstechniken entwickelt und inspiriert hatte. Er war sechsundsechzig und eine lebende Legende, untrennbar verbunden mit Geschichten und der Geschichte von über einem Dutzend Brücken zwischen Staten Island und San Francisco.

Benny Olson war ein drahtiger kleiner Mann. Er wog knapp sechzig Kilo und war 1,70 Meter groß. Sein Schädel war größtenteils kahl, nur am Hinterkopf sprossen noch einige Strähnen, die ihm bis über den Kragen fielen. Er hatte eine lange Nase und kleine blaue Augen, die hinter einer Nickelbrille hervorlugten. Alle nannten ihn »Benny, die Maus«. In seiner langen Karriere war er Pusher, Walkin' Boss und Superintendent gewesen. Er glich seine wenig imposante Statur dadurch aus, dass er wesentlich größere Männer zurechtstutzte, indem er sie mit endlosen rüden Beschimpfungen überzog, wenn er sie zu Perfektion und Tempo bei der Arbeit am Kabel antrieb. Wer ihn provozierte, der wurde gefeuert, selbst wenn es sich um jemanden aus seiner engsten Familie handelte. Und in der Tat hatte Benny Olson einmal sogar seinen eigenen Bruder gefeuert. Das war 1928 auf einer Brücke in Poughkeepsie gewesen; Bennys Bruder Ted hatte nicht schnell genug auf eines seiner Kommandos reagiert, und damit war er weg vom Fenster.

»Alle mal herhören, ihr Idioten«, hatte sich Benny Olson danach an die übrigen Männer auf der Brücke gewandt, »hier wird gemacht, was ich sage, ist das klar? Und wer sich nicht dran hält, fliegt ebenfalls, klar?«

Nur sehr wenige Männer wagten es je, ihm zu widersprechen oder sich mit ihm anzulegen, denn erstens respektierten sie ihn als Brückenbauer, der geschickter und schneller als irgendwer sonst die Drähte vom Transportrad fischte und von dem man sich jede Menge Tricks und Kniffe abschauen konnte, und zweitens war Olson, wenn er in Wut geriet, nicht nur völlig unberechenbar, sondern auch potenziell gefährlich.

In Philadelphia beispielsweise war Folgendes passiert: Olson stand mit seinem Auto, das er erst kurz zuvor gekauft hatte, an einer roten Ampel, als eine alte Klapperkiste, in der eine Gruppe junger Schwarzer saß, mit quietschenden Bremsen von hinten auf ihn auffuhr. Blitzschnell, doch ohne ein Wort sprang Olson aus seinem neuen Wagen und griff nach der Axt, die er auf dem Rücksitz liegen hatte. Dann schritt er auf das Auto mit den Jungs zu, baute sich davor auf und hob, immer noch ohne ein Wort zu sagen, die Axt mit beiden Händen in die Höhe, um sie mit voller Wucht auf den Kotflügel zu schmettern und den Frontscheinwerfer abzutrennen. Nach zwei weiteren Hieben war auch der andere Scheinwerfer amputiert und eine tiefe Kerbe in die Motorhaube getrieben. Er schwang die Axt noch einmal im Bogen, wonach auch die Antenne gekappt war, und dann ging er zurück zu seinem Wagen und fuhr davon. Die Jungs in ihrer Klapperkiste saßen nur mit aufgerissenen Mündern da – paralysiert vor Angst und unfähig zu glauben, was ihnen gerade passiert war.

Der Grund für Olsons Anwesenheit in Philadelphia war der Bau der Walt Whitman Bridge, und die Punks, die man für die Arbeiten angeheuert hatte, wurden unaufhörlich von Olson malträtiert. Speziell die Größeren hatten ziemlich unter ihm zu leiden, und einen hatte er ganz besonders auf dem Kieker: einen 1,88 Meter großen, hundert Kilo schweren italienischen Lehrling namens Dominick. Jedes Mal wenn Olson ihn sah, nannte er ihn »Dumpfsack« oder im besten Falle »blöder, fetter Ochse«.

Schon der bloße Anblick von Olson auf der Planke reichte aus, um Dominick in Angst und Schrecken zu versetzen, denn er war ein überaus nervöser und sensibler Charakter, und Olson machte ihn so fahrig und zittrig, dass er nicht einmal eine Zigarette anzünden konnte. Eines Tages passierte es dann – Olson hatte Dominick mit einer fünf Minuten dauernden Hasstirade überzogen, als der massige Italiener plötzlich tiefrot anlief, auf Olson zustürmte und ihn an seinem dürren Hals packte. Dann hob er ihn in die Höhe, trug ihn zum Rand der Planke und hielt ihn über den Fluss.

»Du *kleine Drreecksack*«, schrie Dominick, »ich werrfe dich runterr.«

Vier von den anderen Arbeitern kamen angerannt, hielten Dominick an den Armen fest, zogen ihn zurück und redeten auf ihn ein, dass er sich beruhigen sollte. Schließlich lockerte Dominick seinen Griff, und Olson kam frei. Er sagte kein Wort, sondern rieb sich nur den Hals und strich sein Hemd glatt. Dann schlenderte er die Planke entlang, und als er etwa fünfzehn Meter weit weg war, drehte er sich abrupt um und brüllte voller Wut: »Weißt du was? Du bist wirklich ein verdammter, blöder, fetter Bastard.« Dann drehte er sich wieder um und setzte seinen Weg die Planke hinauf fort.

Schließlich beschlossen ein paar von den Punks auf der Walt Whitman Bridge, es Olson heimzuzahlen. Eine einfache Methode, ihn zu ärgern, bestand darin, die Kabelspinnräder zu stoppen, was leicht zu bewerkstelligen war, denn man musste nur einen der zahlreichen Kippschalter umlegen, die überall entlang der Planke installiert waren, um jederzeit das Rad anhalten zu können, falls sich ein Unfall ereignete oder es Komplikationen gab.

Also setzten sie ihren Entschluss in die Tat um, und zunächst war Olson perplex. Er stand an einem Ende der Brücke, und alles lief wie am Schnürchen, bis plötzlich am anderen Ende eines der Kabelräder stehen blieb.

»Hey, was zum Teufel ist mit dem Rad los?«, brüllte er, doch keiner hatte eine Ahnung. Also rannte er den ganzen Weg die Planken entlang in Richtung Rad, und just in dem Augenblick, als er keuchend und japsend dort ankam, setzte es sich wieder in Bewegung – einer der Punks am anderen Ende der Brücke hatte den Schalter wieder umgelegt. Dieses Spielchen ging manchmal stundenlang, sie nannten es »Katz und Maus spielen mit Benny«. Einige von den Punks trieben es so weit, dass sie nachts um drei aus irgendeiner Bar in Bennys Hotelzimmer anriefen und brüllten: »Eins, zwei, drei, wer hat das Rad?« Dann hängten sie auf.

Benny Olson fand das überhaupt nicht komisch. Den

ganzen Tag lang hetzte er hinter dem Rad her wie ein wild gewordener Schimpanse, bis er eines Tages auf eine Idee kam, die dem Spiel ein jähes Ende setzte. Mithilfe eines der Ingenieure ließ er sich eine Schalttafel bauen, auf der jedem der Schalter auf der Brücke ein rotes Lämpchen zugeordnet war. Wenn also einer der Punks das Rad ausschaltete, ließ sich klar erkennen, wo das passiert war. Zusätzlich hatte Olson einen der Brückenarbeiter extra dazu abgestellt, die Schalttafel im Auge zu behalten. Dieser erhielt die offizielle Bezeichnung »Singvogel«. Wenn das Rad nun also stehen blieb, musste Olson nichts weiter tun, als zum Telefon zu greifen und zu sagen: »Wer hat am Rad gedreht, Singvogel?« Worauf der Singvogel ihm den betreffenden Schalter nannte, und Olson, der genau wusste, wer von den Punks in der Nähe war, konnte nun leicht den Schuldigen dingfest machen. Doch Oslons Erfindung hatte weiter reichende Folgen, als nur einem Jungenstreich ein Ende zu setzen; es entstand ein völlig neuer Arbeitsplatz. Seit dem Bau der Walt Whitman Bridge wurde auf jeder Brückenbaustelle ein »Singvogel« beschäftigt, der den ganzen Tag nichts anderes zu tun hat als die Schalttafel im Auge zu behalten und den Standort der Kabelräder während der Luftspinnphase des Brückenbaus zu beobachten. Auch auf der Verrazano-Narrows Bridge gab es einen Singvogel, doch er hatte wenig zu tun, denn nun, da Benny Olson nicht mehr dabei war und es niemanden mehr gab, den man hätte ärgern können, hatte auch das Katz-und-Maus-Spiel seinen Reiz verloren. Abgesehen davon waren die Kabelspinner auf der Verrazano ernsthafte Typen, die im harten Konkurrenzkampf mit ihren Kollegen lagen und keine Zeit für solche Spielchen hatten. Es war Frühjahr

1963, und alle waren viel mehr daran interessiert, dass die Planken zwischen den Türmen und den Verankerungen hochgezogen würden und von da an die Spinnräder so schnell wie nur möglich von einem Ende zum anderen zischten. Wie oft die Räder jeweils zwischen den beiden Ankerblocks hin- und hergewandert waren, wurde in Hard Nose Murphys Büro genau registriert, und jeder Trupp war täglich darum bemüht, eine Marke aufzustellen, an die die anderen Teams nicht herankamen.

Doch bevor das Kabelspinnen beginnen konnte, mussten die Männer sich ihre Arbeitsplattform bauen. Diese bestand aus zwei knapp sieben Meter breiten Laufplanken aus Metallgitter, die sich wie zwei parallel verlaufende, längliche Spinnennetze in Form einer Hängematte, insgesamt über anderthalb Kilometer lang, auf jeder Flanke der Brücke erstreckten. Gehalten wurden die Laufplanken von jeweils zwölf horizontalen Drahtseilen mit einer Stärke von etwas über fünf Zentimetern. Das Problem bestand nun darin, diese Seile über die Brückentürme zu verlegen – bei kleineren Brücken konnte man mit Pfeil und Bogen eine Führungsleine ans andere Ufer schießen oder, wie Charles Ellet, einem Jungen fünf Dollar dafür zahlen, dass er seinen Drachen über den Fluss fliegen ließ.

Im Falle der Verrazano wurden die Drahtseile von einem Schleppkahn übers Wasser gezogen und anschließend, während der Schiffsverkehr zeitweilig unterbrochen war, von den Kränen an der Spitze der Brückenpfeiler in die Höhe gehievt. Dann wurden sie an den über einen Kilometer voneinander entfernt stehenden Türmen festgezurrt und schließlich noch mit den Ankerblocks an Land verbunden, wobei sie den gleichen bogenförmigen Verlauf nahmen, dem später auch die Kabeltrassen der Brücke folgen sollten. Sobald dies passiert war, wurden die Plankensegmente in die Höhe gezogen. Jedes dieser Segmente war zusammengefaltet wie eine Ziehharmonika, und sobald es die Turmspitze erreichte, hakten die Arbeiter auf der Kranplattform die seitlichen Halterungen an den Halteseilen ein und gaben dem Ganzen einen Stoß, woraufhin sich die Planke unter der Last ihres Eigengewichts auffaltete und in die Tiefe rutschte wie ein Teppich, der auf einer Treppe ausgerollt wird.

Sobald sämtliche Segmente des Plankengangs Kante an Kante aneinander saßen, wurden sie miteinander verbunden und durch Querstreben weiter verstärkt. Dann kam noch ein Handlaufseil – das »Geländer« – dazu sowie hölzerne Querstreben, die den Männern auf den steilen Abschnitten mehr Halt geben sollten.

Nachdem die beiden Plankengänge angebracht waren, wurde über jedem in etwa fünf Metern Höhe eine Reihe weiterer Seile angebracht – die so genannten »Zugstrippen«, die, angetrieben von Dieselmotoren auf den Ankersockeln, die Kabelräder auf der Brücke hin- und herwandern ließen.

Die vier Spinnräder hatten einen Meter Durchmesser und ein Gewicht von mehreren Zentnern. Sie wanderten jeweils paarweise oberhalb der beiden Planken entlang, wobei jedes Rad zwei Drähte transportierte, die in separaten Führungsrillen saßen. Für eine Strecke über die gesamte Brücke benötigten sie knapp zwölf Minuten, was einer Durchschnittsgeschwindigkeit von dreizehn Stundenkilometern entspricht, obwohl das Tempo an den abwärts verlaufenden Passagen manchmal bei zwanzig

Stundenkilometern lag. Während die Räder über ihre Köpfe hinwegzischten, griffen die Männer die Drähte und hängten sie in die betreffenden Haken und Rollen entlang der Planke ein; sobald das Rad am Ankerblock angelangt war, nahmen die Männer dort den Draht vom Rad, hängten ihn ebenfalls in seiner Verankerung ein und luden das Rad erneut, um es so schnell wie möglich wieder in die entgegengesetzte Richtung loszuschicken.

Nachdem das Rad 428 Drähte über die Brücke transportiert hatte, wurden die Einzeldrähte zu einem Strang zusammengefasst, und sobald 26018 Drähte – oder einundsechzig Kabelstränge – gespannt waren, wurden diese mit hydraulischen Winden in eine zylindrische Form gepresst, und es entstand eine Kabeltrasse. Jedes einzelne der vier Kabel auf der Verrazano-Narrows Bridge hatte einen Durchmesser von einem Meter bei einer Länge von 2400 Metern und bestand aus 58000 Kilometern bleistiftdickem Draht. Das Gesamtgewicht der vier Kabel betrug fast 35000 Tonnen. An jedes der Kabel sollten später 262 vertikale Hängerkabel von bis zu 135 Metern Länge angebracht werden, an denen das Brückendeck in über siebzig Metern Höhe über dem Wasser aufgehängt würde, so dass, egal wie sehr sich die Kabel in der Sommerhitze auch ausdehnen würden, die *Queen Mary* immer bequem darunter hindurchpassen würde.

Am 7. März 1963 begannen die Räder zu rollen, und von diesem Tag an entspann sich ein verbissener Wettbewerb zwischen den Trupps, die jeweils auf einer Planke arbeiteten. Diese Rivalität betraf sowohl die Trupps von der Frühschicht wie auch jene von der Nachmittagsschicht. Es ging dabei darum, wer die beiden Räder im

Laufe des Tages häufiger hin- und herrollen ließ, und so kam es zu einem erhitzten Rennen, und die Planken verwandelten sich in eine lärmerfüllte Rennbahn, auf der die Männer mit geballten Fäusten die Räder anbrüllten, die wie mechanische Hasen auf einer Hunderennbahn von einer Seite zur anderen wirbelten.

»Komm schon, beweg dich«, wurde gebrüllt, während das Rad knirschend über ihren Köpfen vorbeizog und den Draht zum anderen Ufer hin abspulte. »Beeilung, nicht so lahmarschig, weiter, weiter«, riefen sie auf dem anderen Steg, wo sie mit dem gleichen Eifer und Ernst bei der Sache waren, und wehe, ihr Rad – ihr Glücksstern, ihre Hoffnung – geriet in Rückstand.

Der Rhythmus der Bewegungen auf der gesamten Länge der Planke folgte dem Tempo des Rades, das blitzschnelle Fassen nach dem Draht und das Einhängen in die Führungshaken – und dennoch hatten sie alle das Rad der Konkurrenz im Blick und hofften, dass die Dieselmotoren am Brückenende, die *ihr* Rad antrieben, nicht schlappmachen würden und die Männer an den Ankerblocks beim Aufziehen eines neuen Drahtes bloß keine Zeit vergeudeten. Wettkämpfe wie dieser hatten Olsons Ruf in seinen jungen Jahren begründet. Er stand damals meist auf der Planke unmittelbar vor der Seilverankerung und trieb seinen Trupp an, wobei er all jene mit übelsten Flüchen bedachte, die nicht schnell genug den Draht aus der Luft fischten oder ihn zu langsam auf das Rad aufspannten oder nicht mit genügend Ernst bei der Sache waren. Olson war wie der Trommler auf einer Galeere, der seinen Rudersklaven die Schlagzahl vorgab.

Am Mittwoch, dem 19. Juni wurden in Hard Nose Murphys Büro zum ersten Mal fünfzig Runden für einen der Kabelspinnertrupps notiert, was bei der Riege der Ingenieure, die sich hier über das Rennen auf dem Laufenden hielten, einiges Erstaunen hervorrief. Am 26. Juni schaffte es ein weiterer Trupp, diese Leistung zu egalisieren. Zwei Tage später riss sich mitten im Rennen ein Rad aus seiner Verankerung und polterte die Planke hinunter genau auf einen Arbeiter namens John Newberry zu. Er erstarrte vor Angst. Wenn das Rad ihn traf, würde er möglicherweise von der Brücke gestoßen, falls er zu weit auswich, konnte es passieren, dass er das Gleichgewicht verlor und herunterfiel. Also rührte er sich nicht vom Fleck und wartete ab, welche Richtung es einschlagen würde. Er hatte Glück, das Rad trudelte an ihm vorbei, und er konnte ihm mit einer Drehung, die einem Matador alle Ehre gemacht hätte, ausweichen. Das Rad kippte ein paar Meter weiter zur Seite und blieb auf der Planke liegen. Erleichtert atmete Newberry auf, doch der Rest seines Trupps war sauer, denn nun lag die andere Mannschaft uneinholbar vorne und sie konnten das Rennen des Tages vergessen.

Am 16. Juli schaffte ein Team einundfünfzig Runden, und der Rekord hatte Bestand, bis eine andere Mannschaft am 22. Juli gleichzog. Ein paar Tage später hatte die Truppe unter Bob Anderson, dem Boomer mit der unwiderstehlichen Ausstrahlung auf die Damenwelt an der Mackinac Bridge, es dank Präzision und Eifer eine Stunde vor Schichtende auf siebenundvierzig Runden gebracht, so dass sie, wenn sie in der verbleibenden Arbeitszeit noch sechs Runden schafften, bei einem Endresultat von dreiundfünfzig landen würden, falls nichts dazwischenkam.

»Schneller, schneller«, trieb Anderson seine Leute auf

der Planke an, die wie gebannt dem Rad hinterherschauten, das ihnen den Rekord bescheren sollte.

Sie sahen zu, wie es geschmeidig an den Führungsseilen über ihren Köpfen entlangglitt zum ersten Brückenpfeiler, dann hinab und wieder hoch zum zweiten Pfeiler, danach schneller abwärts bis zur Verankerung, wo schnell neuer Draht aufgezogen wurde und das Rad erneut – »Mach schon, mach schon!« – die steile Steigung zum Turm erklomm … und sich nicht weiter rührte.

»Scheiße«, schrie einer der Punks.

»Was zum Teufel ist los?«, brüllte Anderson.

»Die Maschine ist im Arsch«, rief schließlich jemand.

»Diese verdammten Idioten!«, sagte der Punk.

»Komm, wir gehen runter und mischen die Pisser ordentlich auf«, rief ein anderer von den Punks, und es war ihm so ernst, dass er sich schon auf den Weg nach unten machte.

»Regt euch ab«, sagte Anderson kopfschüttelnd mit einem resignierten Blick auf das stehen gebliebene Rad. »Ich gehe mal runter und sehe nach, was sich machen lässt.«

Er ging hinab zum Ankerblock. Dort erfuhr er, dass es länger als eine Stunde dauern würde, die Maschine zu reparieren. Also trottete Anderson zurück zu seinen Männern, überbrachte ihnen die Nachricht, und als sie an jenem Abend mit schweißnassen Augenbrauen, ihre Helme unter den Arm geklemmt, die Planke hinunterstiegen, sahen sie aus wie ein geschlagenes Footballteam, das sich vom Spielfeld schleicht. In den verbleibenden zwei Monaten gelang es keinem Team mehr, die Marke von einundfünfzig Runden zu überbieten, doch im September, als die Trupps damit begannen, die 900 Kilo schweren, sattelförmigen Eisenarmierungen an den Kabeln anzubringen, an denen die vertikalen Hängerseile für das Fahrdeck festgemacht werden sollten, begann ein neuer Wettlauf: Diesmal ging es darum, wer die meisten Armierungen mit Schrauben an ihrer Position anbringen konnte, und nun wurde es gefährlich. Nicht nur, dass andauernd Schrauben von der Brücke fielen, die auf den Decks der unter der Brücke hindurch fahrenden Schiffe landen und dort jemanden erschlagen konnten, nein, die Armierungssättel selbst waren äußerst schwer zu manövrieren, und wenn einer von ihnen herunterfiel …

»Herrgott noch mal, Joe, jetzt zieh schon die Bolzen ab, damit wir das Miststück festmachen können«, brüllte der Pusher in Richtung Joe Jacklets, der vorsichtig an einer Armierung herumhantierte.

Der Pusher hatte mitbekommen, dass die andere Mannschaft auf der Planke bereits die Sicherungsbolzen einer Armierung abgezogen hatte und dabei war, den Metallsattel an seiner endgültigen Position zu befestigen, während seine eigene Mannschaft im Rückstand lag.

»Immer mit der Ruhe«, erwiderte Joe Jacklets. »Ich glaub' nicht, dass das Ding schon hält.«

»Es hält.«

Also zog Joe Jacklets den letzten Sicherungsbolzen der zweiteiligen Armierung ab, und sobald er ihn draußen hatte, kippte die eine Hälfte – mit einem Gewicht von knapp über 400 Kilo – vom Kabel und fiel von der Brücke.

»Großer Gott!«

»Ohhhhh!«

»Herrgottimhimmel!«

»Neeeiiiiiin!«

»Mein Gott!«

Der gesamte Trupp reckte die Helme über den Rand der Planke und sah mit an, wie die knapp eine halbe Tonne schwere Armierung in Richtung Wasser schoss wie eine Bombe. Sie sahen auch, wie ein kleines Rennboot über die Wellen dahinzischte, und zwar genau dort, wo in wenigen Augenblicken die Armierung aufprallen würde. Mit offenen Mündern und angehaltenem Atem verfolgten sie das Geschehen, unfähig, auch nur ein Wort zu sagen. Dann gab es ein lautes, knallendes Geräusch, und sie sahen, wie sich auf dem Wasser ein gewaltiger Pilz bildete und eine enorme Fontäne fünfzehn Meter hoch in die Luft emporstieg.

Dann tauchte unterhalb der Fontäne das Boot wieder auf. Es war unversehrt, der Mann am Steuer duckte sich unter der Gischt und beeilte sich, so schnell wie möglich Abstand zu gewinnen.

»Da hat einer aber schwer Glück gehabt«, sagte einer der Männer auf der Planke und schüttelte den Kopf.

Einen Augenblick lang herrschte Stille. Alle starrten einfach nur auf das Wasser unter ihnen. Es schien fast, als sträubten sie sich dagegen, wieder an ihre Arbeit auf der Planke zurückzukehren und, was noch schlimmer war, später Hard Nose Murphy entgegenzutreten, der garantiert fuchsteufelswild sein würde. Also stierten sie etwa zwei Minuten lang auf das Wasser, sahen zu, wie die Blasen immer weniger wurden und die kreisförmigen Wellen sich immer weiter von der Stelle entfernten, wo die Armierung aufgeprallt war. Und dann tauchte unter ihnen das riesige graue Deck des Flugzeugträgers Wasp auf, der mit majestätischer Ruhe durch den Wellenkranz glitt.

»Großer Gott«, sagte Joe Jacklets und schüttelte erneut den Kopf.

»Du verdammter Idiot«, murmelte der Pusher.

»Was soll das heißen? Ich hab dir gesagt, das Ding hält nicht.«

»Von wegen, einen Scheiß hast du gesagt, du ...«

Jacklets stierte den Pusher an. Er konnte es nicht fassen, aber er wusste, dass es keinen Zweck hatte, sich mit ihm anzulegen – er würde so bald wie möglich seinen Lohn kassieren und danach zur Gewerkschaft gehen und zusehen, dass er einen anderen Job bekam.

Doch bevor er sich aus dem Staub machen konnte, versammelte sich auch schon die ganze Mannschaft auf der Planke. Manche stießen Flüche aus, andere grinsten, weil die Situation gar zu lächerlich war.

»Was habt ihr Knallköppe zu lachen?«, fragte der Walkin' Boss.

»Ach, komm schon, Leroy«, sagte einer der Männer. »Man wird ja mal lachen dürfen.«

»Genau, Leroy, kein Grund zur Aufregung. Ganz verloren ist das Ding ja nicht, weil wir wissen ja, wo es ist, oder?«

»Haargenau«, sagte ein anderer. »Wir wissen wo es is' – da unten im Wasser.«

Der Walkin' Boss machte sich nicht die Mühe zu antworten. Er hatte die Angelegenheit jetzt schon satt, denn schließlich war *er* es, der nachher bei Murphy antreten musste.

Die Männer von der Konkurrenz auf der anderen Planke standen grinsend da und winkten herüber. Schließlich rief einer der Jüngeren: »Hey, wir haben zehn Armierungen geschafft. Wie viele habt ihr?«

»Neuneinhalb«, kam die Antwort.

Nun brach allenthalben Gelächter aus, doch als die Männer nach Schichtende von der Brücke kletterten und sich gut gelaunt auf den Weg in Johnny's Bar machten, trottete Joe Jacklets gesenkten Hauptes davon.

Der Absturz der Armierung war zwar alles andere als ein Glücksfall, doch wenigstens war der Zeitpunkt – Freitag, der 20. September – gut gewählt, denn am Wochenende ruhten die Arbeiten auf der Brücke, und so konnte man versuchen, das Bauteil noch vor dem Montag mit Tauchern zu bergen. Das Problem war, dass es kein Duplikat gab und das Werk, wo es hergestellt worden war, bestreikt wurde, man also keine andere Wahl hatte, als auf die Taucher zu vertrauen. Doch deren Suche blieb sowohl am Samstag als auch am Sonntag ohne Erfolg. Zwar fanden sie jede Menge andere Teile – Bolzenschießer, Schraubenschlüssel, Schrauben und einen riesigen Eimer. Gut möglich, dass es derjenige war, der mit vier Schlagschraubern im Wert von jeweils 800 Dollar ins Wasser gefallen war.

Aber selbst wenn, die Teile und Werkzeuge waren mittlerweile unbrauchbar – entweder hatten sie den Aufprall aus großer Höhe nicht unbeschädigt überstanden, oder das Wasser hatte ihnen zu sehr zugesetzt. Was sich in den Augen der Taucher jedenfalls bestätigte, war das alte Sprichwort: »Einem Brückenbauer fällt alles Mögliche runter, nur kein Geld.«

Was wiederum auch nicht ganz korrekt war. Selbst Geld fällt ihnen manchmal runter. Fünf-Dollar-Scheine, Zehner, ja sogar Zwanziger werden an windigen Freitagen von der Brücke geweht – Freitag ist Zahltag. Und während der Monate des Kabelspinnens, in denen Überstunden an der Tagesordnung waren, erhielten die Männer ihren Lohn *auf* der Brücke ausgezahlt – von vier Buchhaltern, die auf den Planken entlangliefen und in Filmkamerataschen mehr als 200000 Dollar in bar mit sich herumtrugen. Das Geld war in einzelnen Umschlägen abgepackt, auf denen jeweils der Name des Arbeiters stand und dessen Empfang der Brückenbauer quittieren musste. Einige der Männer rissen ihren Umschlag, gleich nachdem sie die Quittung unterschrieben hatten, noch oben auf der Brücke auf, um nachzuzählen – und bei solchen Gelegenheiten kam es vor, dass ihnen ein paar Scheine fortgeweht wurden. Andere rissen nur eine Ecke des Umschlages ab, hielten ihn fest in der Hand und blätterten nur die Kanten der Banknoten durch, während wieder andere den Umschlag ohne nachzuzählen in ihre Tasche stopften. Und dann gab es welche, die so in ihre Arbeit vertieft waren – das Rennen zwischen den Trupps war schließlich voll im Gange –, dass sie, wenn der Buchhalter mit Quittung, Bleistift und Umschlag bei ihnen auftauchte, nur hastig ihren Namen auf die Quittung kritzelten und dann wieder an ihre Arbeit gingen, ohne den Umschlag in Empfang zu nehmen.

Einmal erlaubte sich bei einer solchen Gelegenheit ein Buchhalter namens Johnny Cothran einen Scherz und ging einfach mit einem Umschlag, in dem über 500 Dollar steckten, weiter – nur um zu sehen, wie weit er damit kommen würde. Er war gerade mal sieben Meter weit weg, als er hörte, wie der Mann ihm hinterherrief: »Hey!«

Cothran drehte sich um. Er rechnete fest damit, angeschnauzt zu werden, aber stattdessen sagte der Mann nur: »Sie haben Ihren Bleistift vergessen.« Cothran nahm den Bleistift und gab dem Mann seinen Umschlag. »Danke«, sagte der und stopfte ihn sich geistesabwesend in die Tasche, um sich gleich darauf wieder ganz dem Rennen zu widmen.

Am Montag, dem 23. September, kurz vor Mittag wurde die Armierung in mehr als dreißig Meter Wassertiefe entdeckt. Die Kräne schwenkten zu der Stelle und hievten das Teil aus dem Wasser. Ein Aufatmen schien über die ganze Brücke zu gehen, und selbst Murphy, der drei Tage lang ununterbrochen Flüche ausgestoßen hatte, beruhigte sich wieder. Zwei Tage später war ihm allerdings schon wieder zum Haareraufen zumute. Am 25. September um 15.15 Uhr ließ irgendwer auf der Planke eine knapp achtzehn Zentimeter lange Schraube fallen, die, nachdem sie fast vierzig Meter tief gefallen war, einen Arbeiter namens Berger Hanson unterhalb des linken Auges ins Gesicht traf und sich zehn Zentimeter tief in seinen Kopf bohrte.

Berger hatte unter der Brücke gestanden und nach oben geschaut, als es passierte. Hätte er woanders hingesehen, wäre die Schraube gegen seinen Helm geprallt, und er wäre mit einem Kratzer davongekommen. So allerdings drückte ihm die Schraube das Auge aus der Höhle und zertrümmerte ihm den Kiefer, bevor sie schließlich in seiner Kehle stecken blieb.

Er wurde eilends ins Victory Memorial Hospital in Brooklyn gebracht und von dem Chirurgen Dr. S. Thomas Coppola behandelt, der sich um sämtliche Brückenarbeiter kümmerte, die bei der Arbeit verletzt wurden. Dr. Coppola entfernte rasch die Schraube und stoppte die

Blutungen; dann rückte er die Kieferknochen zurecht, klammerte sie zusammen und nähte die Wunde zu.

»Wie fühlen Sie sich?«, fragte Dr. Coppola.

»Okay«, sagte Berger.

Dr. Coppola war sprachlos.

»Haben Sie keine Schmerzen?«

»Nein.«

»Soll ich Ihnen irgendwas geben – ein oder zwei Aspirin?«

»Nein danke, geht schon.«

Ein paar Monate später, nachdem sein Gesicht durch plastische Chirurgie wieder hergestellt war und er sich erholt hatte, kehrte Berger wieder auf die Brücke zurück.

Berger war nicht der einzige Brückenarbeiter, von dessen stoischer Gelassenheit Dr. Coppola beeindruckt war. Unter seinen Patienten waren viele von ihnen, die ihn immer wieder aufs Neue erstaunten.

»Diese Leute sind die faszinierendsten Menschen, die mir je begegnet sind«, erklärte Dr. Coppola kurz darauf einem Kollegen. »Sie sind kräftig und zäh, halten alle möglichen Schmerzen aus, und sie sind voller Stolz und genießen das Leben in vollen Zügen. Dieser Berger zum Beispiel ist schon fünfmal dem Tod von der Schippe gesprungen, und dabei ist er erst neununddreißig … Aber eins kann ich Ihnen sagen: Das ist eine Welt für sich, und da ist nur Platz für junge Männer.«

In der Tat ist die Brücke eine Welt für sich, in der nur Platz ist für junge Männer, und alte Männer wie Benny Olson verlassen sie nur unwillig und erfüllt von Bitterkeit und Sehnsucht und Abscheu darüber, in ein Materiallager auf der anderen Seite des Flusses abgeschoben zu werden – ein Lager, wo die alten Männer nicht in Schwierigkeiten geraten und jüngere Männer wie Larry Tatum sie überwachen.

Auf Larry Tatum, einen breitschultrigen, hoch gewachsenen Mann von siebenunddreißig Jahren, war Hard Nose Murphy bereits vor Jahren aufmerksam geworden. Wegen seiner Unerschrockenheit hatte er ihn damals schon als einen »Aufsteiger« eingeschätzt, ein junges Talent, das es in der Hierarchie der Brückenarbeiter einmal weit bringen würde.

Tatum hatte mit gerade mal siebzehn als Schweißer angefangen, war danach Nietensetzer gewesen, dann Stahlmonteur und schließlich Pusher. Er war mehrfach abgestürzt, doch immer wieder zurückgekommen, und er hatte nie seinen Mut und seine Begeisterung verloren. Seine vier jüngeren Brüder waren in der gleichen Branche – drei von ihnen standen derzeit auf der Brücke unter Murphys Kommando, einer hatte ebenfalls unter Murphy auf dem Pan Am Building gearbeitet und war bei einem Absturz ums Leben gekommen. Larry Tatums Vater, Lemuel Tatum, hatte in den zwanziger Jahren seine Laufbahn als Boomer begonnen, doch nun, wo er auf die siebzig zuging, arbeitete auch er im Materiallager unter dem Kommando seines Sohnes, des Aufsteigers, und sah mit an, wie dieser mehr und mehr in die Rolle des Walkin' Boss hineinwuchs, so dass er in naher Zukunft mit einer Beförderung an die Spitze rechnen konnte und Superintendent würde.

Obwohl er es sich nicht anmerken ließ, hatte Larry Tatum doch gemischte Gefühle dabei, die ganzen alten Männer herumzukommandieren – Männer, die teilweise einen legendären Ruf hatten wie Benny die Maus, oder Lemuel Tatum und noch ein paar Dutzend weitere, die nun mit der Reparatur und Wartung von Werkzeugen beschäftigt waren oder damit, die Stahlelemente für die Brückenfelder auf die Lastkähne zu verladen, mit denen sie demnächst zur Baustelle transportiert werden sollten. Aber abgesehen von Olsons unvorhersehbaren Ausbrüchen verlief die Arbeit mit den alten Männern im Allgemeinen reibungslos, denn sie machten keine großen Worte, sondern erwiesen sich als überaus kooperativ, wobei besonders einer herausragte: der ehemalige Boxweltmeister im Schwergewicht, James J. Braddock.

Früher hatte er den Beinamen »Cinderella Man« – der Aschenputtel – getragen, weil er jahrelang als Hafenarbeiter gearbeitet hatte, bevor er Weltmeister geworden war und insgesamt nahezu eine Million Dollar verdient hatte, bis er sich nach seiner Niederlage gegen Joe Louis 1938 aus dem Boxgeschäft zurückgezogen hatte.

Nun war Braddock fast sechzig und wieder zurück im Hafenviertel. Seine Hauptaufgabe bestand in der Wartung des Schweißgerätes. Seine Kleidung war ölverschmiert, seine Fingernägel schwarz und seine Arme so schmutzig, dass man kaum noch die Tätowierungen erkennen konnte, die er sich 1921 auf der Bowery hatte machen lassen, als er sechzehn war und gerne über die Stränge schlug.

Nun verdiente Braddock 170 Dollar die Woche als Abschmierer, und wer Braddock nicht kannte, wäre versucht gewesen zu sagen: »Wie gewonnen, so zerronnen. Jetzt ist er pleite – genauso wie Joe Louis.«

Doch Braddocks Geschichte taugte nicht für ein rührseliges Melodram über einen gescheiterten Boxer. Wenn er aufrecht und mit breiter Brust über das Werksgelände schritt, strahlte er noch immer Stolz und Würde aus, auch wenn er nicht mehr so schnell war wie früher. Er verrichtete eine ehrliche Arbeit und fühlte sich wohl dabei.

»Was soll's«, sagte er, »ich habe immer schon geschuftet. Bevor ich Boxer wurde, war ich Hafenarbeiter, und jetzt, wo ich das Geld brauche, arbeite ich halt wieder. Harte Arbeit hat mir schon immer Spaß gemacht. Daran ist nichts auszusetzen.«

Er hatte in Manhattan auf der West 49th Street ein Restaurant besessen, das Pleite gegangen war, wobei er 15000 Dollar verloren hatte, danach hatte er zehn Jahre lang ein Geschäft für Bootsbedarf geführt, bis er auch dieses schließen musste. Doch, so erzählt er, ihm gehört noch immer das Haus in North Bergen, New Jersey, das er nach dem Kampf gegen Joe Louis für 14000 Dollar gekauft hatte, und er ist nach dreiunddreißig Jahren immer noch glücklich verheiratet. Außerdem hat er seine Gesundheit und das Verlangen, körperlich hart zu arbeiten, und zwei Söhne, die ebenfalls hart arbeiten.

Jay, der eine der beiden, ist zweiunddreißig Jahre alt, wiegt 150 Kilo und ist 1,95 Meter groß. Er arbeitet in einem Elektrizitätswerk in Jersey City, während der ein Jahr jüngere Howard, der nur 110 Kilo wiegt, dafür allerdings knapp über zwei Meter groß ist, beim Straßenbau arbeitet.

»Sie brauchen also kein Mitleid mit mir zu haben«, erklärt James J. Braddock, der ehemalige Cinderella Man, während er über eine der großen Maschinen gebeugt an einer Zigarette zieht. »Mitleid ist bei mir völlig fehl am Platz.« Doch auch er gibt zu, dass der Brückenbau nur etwas für junge Männer ist.

Und unter all diesen unverdrossenen jungen Männern, die im Herbst 1963 unter Hard Nose Murphy auf der Verrazano-Narrows Bridge arbeiteten, schienen nur wenige so geeignet für die Arbeit und glücklicher mit ihrem Job als die beiden Männer, die gemeinsam auf dem Kabel kurz hinter dem Turm auf der Brooklyn-Seite in 130 Meter Höhe über dem Wasser arbeiteten.

Einer der beiden war sehr klein, der andere sehr groß. Der kleine Mann, gerade mal 1,70 Meter groß und nur sechzig Kilo schwer, dafür aber sehnig und zäh, hieß Eddie Ianielli. Die Anderen nannten ihn »The Rabbit« – der Hase – weil er mit halsbrecherischem Tempo von Träger zu Träger sprang und über die Drähte und Kabel huschte. Es herrschte die allgemeine Auffassung, dass der siebenundzwanzigjährige Ianielli seinen dreißigsten Geburtstag wohl kaum erleben würde.

Der große Junge hieß Gerard McKee. Er war ein gut aussehender, 1,90 Meter großer junger Mann, der etwa neunzig Kilo wog und vor Gesundheit nur so strotzte. Er war Rettungsschwimmer auf Coney Island gewesen, hatte eine stille, sanfte Art, die bei Frauen gut ankam, und auch die Männer auf der Brücke fanden ihn sofort sympathisch, auch wenn er nicht so freundlich und direkt war wie Ianielli.

Am Morgen des 9. Oktober, einem Mittwoch, kletterten die beiden wie üblich das Kabel hinauf, und kurz darauf saßen sie, vom Boden aus kaum zu sehen und umgeben vom Klappern und Rasseln der Bolzenschießer, Schlagschrauber und Hämmer, mit gesenkten Köpfen auf dem Kabel und zogen Schrauben und Muttern fest.

Doch noch bevor der Morgen zu Ende war, sollte die Aufmerksamkeit aller auf die beiden gerichtet sein.

6
Tod auf der Brücke

Es war ein grauer, windiger Morgen. Um Viertel vor sieben verließen Gerard McKee und Edward Ianielli ihre Häuser in zwei verschiedenen Ecken von Brooklyn und machten sich auf den Weg zur Brücke.

Ianielli, der mit dem Auto aus Flatbush kam, war zuerst da. Er war bereits oben auf der Baustelle und saß rittlings auf dem Kabel. Sein eines Bein befand sich 120 Meter über dem Wasser, als Gerard McKee ankam und ihm zuwinkte.

Die beiden jungen Männer hatten vieles gemeinsam. Beide waren die Söhne von Brückenbauern, beide waren katholisch und beide waren gebürtige New Yorker, die sich und dem Rest der Welt beweisen wollten, dass sie mindestens genauso gut waren wie die Boomer auf der Brücke.

Die vorherrschende Meinung, dass Boomer die besten Brückenbauer waren, ging ihnen beiden gegen den Strich. Boomer, so argumentierten sie, wurde man weniger aus eigenem Antrieb, sondern aus einer gewissen Notwendigkeit heraus. Boomer waren meist Indianer, Südstaatler, Neufundländer oder Leute aus dem Mittelwesten, die der Armut und Langeweile der Reservate und Farmen oder der Wälder und kargen Küsten entfliehen wollten, wo sie aufgewachsen waren. Und deshalb hetzten sie von Baustelle zu Baustelle, von Boom-Stadt zu Boom-Stadt. Ianielli und McKee hatten es gar nicht nötig, durch die gesamten USA zu ziehen, um einen großen Job zu ergattern; sie konnten darauf warten, dass die Gelegenheit zu ihnen kam, denn die Gegend in und um New York erfreute sich seit gut zehn Jahren eines nahezu konstanten Baubooms.

Dennoch waren auch sie nicht unbeeindruckt von dem selbstsicheren Geprahle der Boomer, und es imponierte ihnen, dass man als Boomer von einer Baustelle in New York nach Kalifornien wechselte oder von Michigan nach Louisiana und dies nicht dem Einfluss mächtiger lokaler Gewerkschaften zu verdanken hatte, sondern nur seinem landesweiten guten Ruf.

Doch es war in erster Linie Ianielli und weniger McKee, der sich davon beeindrucken ließ, vermutlich weil er wegen seiner im Vergleich zu den übrigen Arbeitern eher schmächtigen Statur einen gewissen Kompensationsbedarf hatte.

Wie Benny Olson stand auch er unter dem steten Zwang, sich beweisen zu müssen, wobei er allerdings darauf verzichtete, ihm physisch überlegene Männer herunterzumachen oder nach Feierabend an der Theke die Klappe weiter aufzureißen als die anderen; seine Methode bestand darin, dass er in Schwindel erregender Höhe Nerven wie Drahtseile bewies – seine Kabinettstückchen auf den Stahlträgern hätten einem lebensmüden Zirkusartisten gut zu Gesicht gestanden – und dass er darüber hinaus am Boden einen extremen Stolz an den Tag legte.

Ianielli bezeichnete sich stets als »Eisenmonteur«. (Brücken werden heutzutage zwar aus Stahl gebaut, doch das erste Metall, das im Brückenbau Verwendung fand, war Eisen, weshalb die Brückenbauer »Eisenmonteure« genannt wurden. Diese Bezeichnung hat eine lange Tradition, weshalb Ianielli – und sämtliche Brückenbauer der Vergangenheit – sich voller Stolz mit dem Titel

*Eisen*monteur schmücken und sich nie als *Stahl*monteur bezeichnen würden.)

Als Edward Ianielli seine Lehre als Eisenmonteur angefangen hatte, rieb er seine Stiefel immer mit dem orangefarbenen Staub ein, der beim Anstrich der Stahlträger mit Rostschutzfarbe anfiel, in der naiven Hoffnung, dass die übrigen Fahrgäste in der U-Bahn genau wussten, was dieser orangefarbene Staub zu bedeuten hatte.

»Als ich noch ein kleiner Junge war«, erzählte er einmal, »hat mein Vater, Edward Ianielli senior, nach der Arbeit manchmal seine Kollegen mit nach Hause gebracht, und die haben sich über nichts anderes unterhalten als über Gerüste, Stahlträger und so weiter. Wir haben nie was anderes zu hören bekommen, mein Bruder und ich. Manchmal hat mein Vater uns mitgenommen zur Baustelle, und die anderen Eisenmonteure waren immer nett zu uns, wir waren ja schließlich Eddies Jungs, und der Vorarbeiter kam zu uns rüber und fragte: ›Ihr seid Eddies Jungs?‹ Und wir sagten: ›Klar.‹ Und dann sagte er: ›Hier habt ihr einen Quarter.‹ Und seitdem finde ich diesen Beruf toll.

Später, als ich dann dreizehn oder vierzehn war, bin ich irgendwann mal mit meinem Vater zu einer Baustelle mitgekommen. Ich weiß es noch wie heute; da war diese Riesenleiter, und ich hab meinem Vater zugerufen: ›Kann ich da raufklettern?‹ Und er meinte: ›Klar, aber fall nicht runter.‹ Also bin ich raufgeklettert, immer weiter. Am Anfang hatte ich ein bisschen Angst, aber ich bin einfach weiter, immer höher und höher, und schließlich war ich ganz oben und stand auf einem Stahlträger ganz hoch in der Luft. Und ich war ganz allein und hab mich nach allen Richtungen umgesehen – man konnte endlos weit gucken, und als ich so da stand, war ich plötzlich ganz aufgeregt und dachte: ›Haargenau das will ich auch machen!‹«

Und so kam es, dass sein Vater ihn dem Personalvermittler des Gewerkschaftsbüros der Eisenmonteure in Brooklyn vorstellte, der ihm eine Lehrstelle besorgte.

»Ich werd nie vergessen, wie ich zum ersten Mal zum Gewerkschaftshaus gekommen bin«, erinnert sich Ianielli. »Ich hatte mir extra meine neuen Schuhe angezogen, und dann sah ich all diese riesigen Männer in der Schlange stehen, von denen manche aussahen wie Penner und andere wie Gangster. Manche saßen auch nur an Tischen herum und spielten Karten und fluchten.

Ich hatte richtig Schiss, also hab' ich mich in eine Ecke verkrümelt und ganz still dagesessen. In meiner Tasche hatte ich einen Rosenkranz, den hab ich die ganze Zeit festgehalten. Dann kam ein Typ raus und rief: ›Ist der junge Ianielli da?‹ Und ich hab geantwortet: ›Hier.‹ Und er sagte: ›Ich hab einen Job für dich.‹ Er sagte mir, ich sollte nach Downtown Brooklyn fahren, wo sie gerade ein zwölfstöckiges Gerichtsgebäude bauten, und mich bei einem Kerl namens Harry melden. Ich also nix wie hin, meldete mich bei Harry und sagte: ›Ich komme gerade vom Gewerkschaftsbüro und soll mich hier melden.‹ Er antwortete: ›Hast du die Erlaubnis von deinen Eltern?‹ Und ich sagte: ›Klar.‹ Und er meinte: ›Eine schriftliche Erlaubnis?‹ Und ich sagte: ›Nein.‹ Worauf er sagte: ›Dann flitz mal nach Hause und hol sie.‹

Also schnappe ich mir die U-Bahn und fahre wieder den ganzen Weg zurück, und ich weiß noch ganz genau, dass ich völlig aufgeregt war, weil ich jetzt einen Job hatte, und ich bin die Straße runtergerannt, damit meine Mutter mir schnell diesen Wisch unterschreibt, und dann wieder zurück in die U-Bahn und wieder hin zu Harry, und als ich ihm den Zettel gab, sagte er nur: ›Okay, jetzt muss ich nur noch deine Geburtsurkunde sehen.‹ Also musste ich wieder den ganzen Weg zurücklaufen, noch mal in die U-Bahn, nach Hause und wieder zurück, und als ich wieder bei Harry ankam, taten mir die Füße weh, wegen der neuen Schuhe.

Jedenfalls habe ich Harry meine Geburtsurkunde gegeben, und er sagte: ›Okay, klettere die Leiter da rauf und melde dich beim Pusher.‹ Als ich oben ankomme, steht da ein riesiger Kerl und fragt mich: ›Wer bist'n du?‹ Ich sage ihm, ich bin der neue Lehrling, und er meint nur: ›Okay, dann schnapp dir mal die beiden Eimer da drüben, mach sie voll mit Wasser und bring sie zu den Nietensetzern.‹

Diese Eimer waren in Wirklichkeit zwei Milchkannen aus Blech, und ich musste – immer nur eine auf einmal – damit die Leiter runterklettern, Wasser holen und sie wieder raufschleppen. Und das war eigentlich alles, was ich in der Anfangszeit gemacht habe – die Nietensetzer mit Trinkwasser versorgen oder mit Kaffee oder Nieten ranschleppen. Und zwar ohne zu meckern.

Einmal, das war auf einem Wolkenkratzer in Manhatan, musste ich sechs Stockwerke runterklettern, um zwanzig Kaffee, ein Dutzend Cola, ein paar Stücke Kuchen und was weiß ich noch alles zu holen. Und ich weiß noch, dass ich auf auf dem Rückweg auf einem Träger ausgerutscht bin und das Gleichgewicht verloren habe. Ich bin zwei Etagen tief gefallen, aber glücklicherweise auf einem Stapel Sackleinwand gelandet, so dass nix weiter passiert ist, außer dass ich voll gekleckert war mit kochend heißem Kaffee. Einer von den Eisenmonteuren hat mich da liegen gesehen und mir zugebrüllt: ›Was ist passiert?‹ Und ich hab gesagt: ›Ich bin abgestürzt, und dabei ist mir der Kaffee runtergefallen.‹ Und der Kerl meint nur: ›*Du hast den Kaffee fallen lassen?!* Dann mach dich mal schnell auf den Weg und hol neuen.‹

Also bin ich wieder nach unten gerannt und hab von meinem eigenen Geld – die ganze Angelegenheit hat vier Dollar gekostet, oder sogar noch mehr – noch mal eine ganze Ladung Kaffee, Kuchen und Cola gekauft und bin damit wieder die Leiter rauf. Und als ich oben den Pusher gesehen hab, hab ich mich als Erstes dafür entschuldigt, dass es so lange gedauert hat, damit er gar nicht auf die Idee kam, sich zu beschweren.«

Nachdem Ianielli seine Ausbildung abgeschlossen hatte, stürzte er noch einige Male, und meistens lag es daran, dass er über die Stahlträger rannte, anstatt zu gehen. Einmal, auf der Baustelle der First National City Bank in Manhattan, stürzte er rückwärts drei Etagen tief, und es sah schon so aus, als würde er ganz herunterfallen. Aber er war schnell und leicht, und er hatte Glück – er war »The Rabbit« –, denn er landete auf einem Balken und schaffte es, sich daran festzuklammern.

»Ich weiß auch nicht, was mit mir los ist«, versuchte er einmal zu erklären, »aber ich glaube, es hat etwas damit zu tun, dass man jung ist und nicht so sein will wie die älteren Männer da oben, die mir immer erzählen: ›Mach nicht so 'n Quatsch. Das bringt dich noch ins Grab. Sei vorsichtig.‹ Manchmal, an windigen Tagen, krabbeln diese alten Hasen auf allen vieren über die Träger – das ist nichts für mich. Mir hat's immer Spaß gemacht, über die Träger zu rennen und den alten Knackern mal zu zeigen, wie's geht. Deswegen haben sie immer gesagt: ›Du wirst deinen Dreißigsten nie erleben.‹

An windigen Tagen ist es am härtesten. Man läuft auf einem Träger herum, der gerade mal zwanzig Zentimeter breit ist, und stemmt sich gegen den Wind, und plötzlich setzt der aus – und für einen Augenblick verliert man das Gleichgewicht. Man fängt sich zwar wieder – aber das Gefühl in so einem Moment ist schon extrem.«

Auf der Verrazano-Narrows-Baustelle fing Edward Ianielli 1961 an. Bei den Arbeiten am Gowanus Expressway, der durch Bay Ridge zur Brücke führte, klemmte er sich die linke Hand in einem Kran ein.

Ein Finger wurde völlig zerquetscht, doch der andere steckte sauber abgetrennt in seinem Handschuh. Dr. Coppola schaffte es, ihn wieder anzunähen. Der Finger würde zwar steif bleiben und nie wieder so kräftig werden wie zuvor, doch der Chirurg konnte Ianielli zwei Möglichkeiten anbieten, was die Stellung des Fingers betraf – entweder gerade ausgestreckt, so dass es weniger auffiel und besser aussah, oder gebogen wie ein Haken, was zwar etwas unansehnlich wirkte, aber den Vorteil hatte, dass Ianielli die Hand bei der Arbeit besser benutzen konnte. Ianielli musste nicht lange nachdenken, und der Finger wurde zu einem Greifhaken gebogen.

Als Gerard McKee im Herbst 1963 Edward Ianielli zum ersten Mal begegnete und dessen verkrüppelte Hand sah, machte er deswegen kein großes Aufhebens oder belästigte ihn mit Fragen. Gerard McKee kam aus einer Familie von Bauarbeitern, und für ihn waren körperliche Deformierungen nichts Außergewöhnliches, sondern eher die Regel. Sein Vater James McKee, ein breitschultriger, hoch gewachsener Mann mit dunklem Haar und blauen Augen, mit dem Gerard große Ähnlichkeit hatte, war einige Jahre zuvor unter einem umstürzenden Kran begraben worden. Seitdem war sein Bein verdreht, er hatte eine Stahlplatte im Schädel und war schwerbehindert.

James McKee war über seinen mittlerweile verstorbenen Onkel Jimmy Sullivan zum Brückenbau gekommen, der früher einmal Hard Nose Murphys Vorarbeiter gewesen war. Der Name McKee war im Local 40, der Gewerkschaftszentrale in Manhattan, wohl bekannt, und so war es nicht weiter erstaunlich, dass James McKee, bevor er seinen Unfall hatte, seine drei Söhne dorthin mitnahm, um sie in das Lehrstellenprogramm der Gewerkschaft einzutragen.

Obwohl er der jüngste der drei Brüder war, war Gerard der größte und schwerste, wenn auch nur knapp. Sein Bruder John war ein Jahr älter und wog fünfundachtzig Kilo bei einer Größe von 1,87 Meter, während Jimmy, der zwei Jahre älter war als er, 1,90 Meter groß war bei einem Gewicht von siebenundachtzig Kilo.

Als die Jungs den Gewerkschaftsmitarbeitern im Local 40 vorgestellt wurden, ernteten sie allenthalben anerkennende Blicke. Es stand völlig außer Zweifel, dass aus den jungen McKees ganz hervorragende Eisenmonteure werden würden – bei ihrer Konstitution und dem Eifer, den sie schon jetzt an den Tag legten. Die drei hätten bestimmt auch gute Footballspieler abgegeben – sie waren genau der Typ, dem die Talentscouts der Colleges Stipendien anbieten, ohne peinliche Fragen nach ihrem Notendurchschnitt zu stellen. Aber die McKees hatten an der High School nie Football gespielt. Sie waren in Red Hook, einer vorwiegend von Iren bevölkerten Gegend im Westen Brooklyns, aufgewachsen, und dort, in unmittelbarer Nähe des Meeres, war Football nie sonderlich populär gewesen.

Die beliebteste Sportart in Red Hook war Schwimmen, und der beste Weg, sich als Junge Respekt zu verschaffen und seinen Mut zu beweisen, bestand darin, von einem der Piers oder Lagerhäuser am Ufer in die Fluten des Buttermilk Channel zu springen und gegen die Strömung hinüber zur Freiheitsstatue zu schwimmen.

Gewöhnlich wurden die Jungs bei der Ankunft auf Liberty Island von der Küstenwache kassiert. Wenn sie allerdings nicht erwischt wurden, schwammen sie wieder den ganzen Weg durch die Meerenge zurück nach Red Hook.

In der ganzen Gegend gab es keinen besseren Schwimmer als Gerard McKee – keiner war schneller und bewältigte die Strecke so mühelos wie er. Sämtliche Jungs der Nachbarschaft respektierten ihn, und die Mädchen, die immer auf den Vortreppen der kleinen Reihenhäuser saßen, bewunderten ihn – am meisten aber bewunderte ihn eine kleine Rothaarige italienischer Abstammung, die gegenüber von den McKees wohnte und deren Name Margret Nucito war.

Gerard war ihr in der zweiten Klasse der katholischen Grundschule zum ersten Mal begegnet. Er war der Klassenclown – mit dem die Nonnen am meisten schimpften, den sie aber auch am liebsten mochten.

Im Alter von vierzehn, als die Jungs und Mädchen allmählich das Interesse am Schwimmen verloren und sich mehr füreinander zu interessieren begannen, wurden

Gerard und Margret ein Paar, und als sie achtzehn waren, begannen sie Hochzeitspläne zu schmieden.

Red Hook war eine Gegend, in der die katholischen Mädchen früh ans Heiraten dachten – erst dachten sie über Jungs nach, dann an den Abschlussball und schließlich ans Heiraten. Es war zwar eine ärmliche Gegend mit kleinen Bretterbuden und zweistöckigen Reihenhäusern, doch an Verlobungsringen wurde hier selten gespart – groß und teuer mussten sie sein, jedenfalls meistens. Und auch sonst hatte die Kirche das Sagen: Zuerst kam die Hochzeit, dann der Sex und dann eine Vielzahl von Kindern; außerdem hatten, wie in den meisten irisch-katholischen Gegenden, die Mütter mehr zu sagen als die Väter. Die Mutter war der moralische Stützpfeiler der irischen Kirche, die Heilige Jungfrau eine omnipräsente Figur. Es war die Mutter, die nach der Heirat zu Hause blieb, die Kinder versorgte und die Finanzen der Familie im Griff hatte. Sie war es, die dem Mann wegen seiner Trinkerei Standpauken hielt, den Söhnen in den Hintern trat, wenn sie sich in der Schule nicht genügend anstrengten, und darauf achtete, dass der Ruf ihrer Töchter makellos blieb.

Folglich war es nichts Ungewöhnliches, dass Margret, nachdem sie ja ohnehin schon die Hochzeit ins Auge fassten und Gerard nun eine feste Arbeit auf der Brücke hatte, die Verantwortung über das gemeinsame Sparbuch übernahm, auf das sie allwöchentlich einen Teil seines Lohnes einzahlte. Er würde das Geld ohnehin nur sinnlos verplempern, hatte sie ihm erklärt, und er hatte keinen Widerspruch erhoben. Im Sommer 1963 betrug der Kontostand 800 Dollar. Gerard wollte das Geld für den Kauf eines prächtigen, mit einem birnenförmigen Diamanten besetzten Verlobungsrings verwenden, den sie einige Zeit zuvor im Schaufenster von Kastle's Juwelierladen auf der Fulton Street gesehen hatten. Der Diamant wog anderthalb Karat, und der Ring sollte 1000 Dollar kosten, was Margret entschieden zu teuer fand, doch Gerard war der Ansicht, weil er ihr so gut gefiel, sollte sie ihn auch haben. Ihre Verlobung wollten sie im Dezember bekannt geben.

Am Mittwoch, dem 9. Oktober, fiel es Gerard McKee schwer, aus dem Bett zu kommen. Es war ein trüber Tag, und er fühlte sich wie gerädert, doch von unten aus dem Erdgeschoss hörte er seine Brüder rufen: »Hey, wenn du in zwei Minuten nicht unten bist, gehen wir ohne dich los.«

Er stolperte auf wackligen Beinen die Treppe herunter. Die anderen waren schon fertig mit dem Frühstück, und seine Mutter hatte bereits die mit Schinken und Käse belegten Brote für die Mittagspause eingepackt. Sein Vater, der durchs Zimmer humpelte, war leicht verstimmt über Gerards späten Aufbruch, doch er sagte nichts.

Er war am Abend zuvor nicht sonderlich lange aus gewesen – ein kurzer Besuch bei Margret, dann noch ein paar Biere bei Gabe's, einer keinen Eckkneipe, hinter deren Tresen ein großes Wandbild mit einer Brücke prangte. Gegen Mitternacht war er zu Bett gegangen, doch heute Morgen taten ihm alle Knochen weh. Vielleicht bekam er ja eine Erkältung.

Um Viertel vor sieben gingen sie aus dem Haus und nahmen den Bus an der nächsten Straßenecke bis zur 49. Straße, wo sie mit einem Taxi weiterfuhren bis zur 101. Straße in Bay Ridge. Von dort gingen sie gemeinsam mit hunderten von Kollegen über die unbefestigte Straße zu Fuß weiter bis zum Sockel der Brücke.

»Wartet mal kurz, ich hole mir nur schnell noch einen Kaffee«, sagte Gerard und steuerte auf einen Imbisswagen zu.

»Beeil dich.«

»Okay.« Er kippte den Kaffee in drei großen Schlucken herunter, während sie ihren Weg fortsetzten, und kurz darauf reihten sie sich in die Schlange vor den Fahrstühlen zur Planke ein. An diesem Tag sollten Jimmy und John McKee auf der Planke gegenüber von Gerard und Edward Ianielli arbeiten, also trennten sich ihre Wege, als sie oben angekommen waren, und Gerard sagte: »Bis heute Abend.«

Edward Ianielli war schon da und saß gut gelaunt vor sich hin pfeifend auf dem Kabel.

»Guten Morgen«, sagte er, und McKee rang sich ein Lächeln ab und winkte ihm zu. Dann kletterte er auf das Kabel und kurz darauf begannen sie damit, die sieben Schrauben auf der Oberseite der Armierung festzuziehen.

Als sie damit fertig waren, glitt Ianielli vom Kabel herunter, und McKee reichte ihm die Ratsche nach unten. Ianielli setzte den Schraubenschlüssel an und nahm die erste der sieben unteren Schrauben in Angriff.

Mittlerweile war es halb zehn. Es war windig und bewölkt, doch der Wind war nicht so heftig wie während der ersten Oktoberwoche. Ianielli schob sich den Helm tiefer ins Gesicht. Er blickte nach unten. Das ganze Kabel war gesäumt von hunderten von Männern, die mit flatternden Hemden und Jacken daran herumschraubten oder hämmerten. Ianielli nahm die große Ratsche, setzte sie an einer Mutter an und zog sie mit aller Kraft fest. Und plötzlich hörte er von unterhalb des Kabels eine Stimme schreien: *»Eddie, Eddie … hilf mir, Eddie, hilf mir … bitte, Eddie …«*

Und dann sah Ianielli seinen Partner Gerard McKee zappelnd auf der südlichen Seite der Planke in der Luft hängen, die Finger um die dünnen unteren Drähte des Behelfsgeländers geklammert.

»O Gott«, schrie Ianielli. »Mein Gott!« Er hechtete zu der Stelle, wo McKee hing, und versuchte, ihn an den Armen zu packen und ihn zu sich heraufzuziehen, doch das war alles andere als einfach.

Ianielli wog gerade mal sechzig Kilo und McKee mehr als neunzig, außerdem fehlte Ianielli nach seinem Unfall mit dem Kran an der einen Hand ein Finger komplett, und derjenige, den Dr. Coppola wieder angenäht hatte, war bei weitem nicht so kräftig wie die übrigen. Sosehr er sich bemühte, er schaffte es nicht, McKee auch nur einen Zentimeter weit hochzuhieven. Dann lösten sich McKees Hemd und seine Jacke, und es schien so, als würde sein gesamtes Gewicht in der Luft schweben, und Ianielli flehte: »O Gott, lieber Gott, bitte zieh ihn rauf … bitte zieh ihn rauf …«

Mittlerweile hatten auch noch andere Männer die Schreie gehört, sie kamen angerannt, reckten sich über die Planke und versuchten, McKee irgendwo an den Kleidern zu fassen zu bekommen, und Gerard sagte immer nur: »Macht schnell, bitte, ich kann mich nicht mehr länger halten.« Und ein paar Augenblicke später: »Ich kann nicht mehr … ich … ich …« Und er ließ den Draht los und stürzte in die Tiefe.

Die Männer sahen mit an, wie er herunterfiel – die

ersten dreißig Meter mit den Füßen voran, dann vollführte er eine Drehung, und Ianielli konnte sehen, wie der Wind ihm das Hemd vom Leib riss und McKees Rücken sich weiß vor der dunklen See abzeichnete, bis er schließlich 120 Meter unterhalb auf dem Wasser aufklatschte. Ianielli schloss die Augen und brach in Schluchzen aus, und dann glitt er über den Rand der Planke, doch Lloyd LeClaire, ein Indianer, warf sich auf ihn und hielt ihn fest.

Nicht weit von der Stelle, wo McKee auf dem Wasser aufgeschlagen war, saßen zwei Ärzte in einem Boot und angelten, außerdem befand sich eine Hilfsbarkasse in der Nähe, so dass nun dutzende von Männern zu hören waren, die alle verzweifelt nach unten brüllten und schrien: »Hey, fischt den Jungen da raus … schnell … fischt den Jungen da raus …«

Doch selbst wenn Gerard McKee auch nur einen Meter entfernt von der Hilfsbarkasse gelandet wäre, hätte es nichts genutzt – ein Sturz aus solcher Höhe bedeutet den sicheren Tod, selbst wenn die Lungen dem Druck standhalten, denn das Wasser ist so hart wie Beton, und beim Aufprall wird der Körper förmlich zerrissen.

Die Überreste von Gerard McKee wurden aus dem Wasser gefischt und an Bord des Rettungsbootes zum Victory Memorial Hospital gebracht. Einige der Männer oben auf der Brücke brachen in Tränen aus, und dann nahmen alle 600 ihre Helme ab und machten sich einer nach dem anderen an den Abstieg von der Brücke. Sämtliche Arbeiten wurden augenblicklich eingestellt. Einer der Lehrlinge, der bis dahin noch nie einen tödlichen Unfall gesehen hatte, klammerte sich starr vor Entsetzen an der Planke fest und weigerte sich, auch nur einen

Schritt weiter zu gehen. Schließlich wurde er von drei Männern nach unten getragen.

Jimmy und John McKee fuhren nach Hause, um ihren Eltern und Margret die traurige Nachricht zu überbringen. Edward Ianielli war wie betäubt. Er setzte sich in seinen Wagen und fuhr los, ohne zu wissen, wohin. Als er eine Kneipe sah, hielt er an. Er setzte sich, am ganzen Leib zitternd und mit bebenden Lippen, an die Bar, neben ein paar andere Männer, bestellte einen Whiskey und dann noch einen und danach drei Bier. Ein paar Minuten später fühlte er, wie die Anspannung aus ihm wich, und er stieg wieder in seinen Wagen und fuhr den Belt Parkway entlang. Nachdem er etwa fünfzig Meilen in eine Richtung gefahren war, machte er kehrt und fuhr wieder zurück, irgendwann wieder die verlassene Brücke im Blickfeld, bis er vom Belt Parkway abbog und nach Hause fuhr. Dort angekommen, stürmte ihm seine Frau entgegen und erklärte ihm aufgeregt, die Brückenbaufirma hätte angerufen, der Sicherheitsbeauftragte wäre am Telefon gewesen, was denn passiert sei?

Ianielli bekam kaum etwas von dem mit, was seine Frau sagte. Und als er in dieser Nacht im Bett lag, hörte er immer nur eines: »Eddie, Eddie, hilf mir … hilf mir.« Und wieder und wieder sah er die Gestalt aufs Wasser zustürzen, und er sah, wie das Hemd sich aufblies und der Rücken entblößt wurde. Er stand auf und wanderte den Rest der Nacht ruhelos durchs Haus.

Am nächsten Tag, am Donnerstag, dem 10. Oktober, begannen die Untersuchungen der Absturzursache, und die Arbeiten auf der Brücke ruhten erneut. Aber da niemand gesehen hatte, wie McKee vom Kabel gestiegen war, blieb – bis heute – im Dunkeln, ob er auf die Planke gesprungen und ausgerutscht oder ob er vom Kabel selbst heruntergefallen war. Unübersehbar war allerdings, dass die Arbeitsmoral der Männer auf dem Nullpunkt war, weshalb Ray Corbett, der Geschäftsführer von Local 40, eine Kampagne startete, um die Brückenbaufirma zu verpflichten, Fangnetze an der Brücke anzubringen.

Dieses war nicht der erste Todesfall während der Bauarbeiten an der Verrazano-Narrows Bridge gewesen. Am 24. August 1962 war ein Arbeiter im Inneren eines der beiden Pfeiler von einer Leiter gefallen und seinen Verletzungen erlegen, und am 13. Juli 1963 war ein Mann von der Zufahrtsstraße zur Brücke abgekommen und ebenfalls gestorben. Doch der Tod von Gerard McKee war etwas anderes gewesen – anders vielleicht deswegen, weil die Männer es mit angesehen hatten, ohne helfen zu können, anders vielleicht auch, weil dieser junge Mann so beliebt gewesen war und zudem der Sohn eines Eisenmonteurs, der selbst für den Rest seines Lebens zum Krüppel geworden war.

Wie dem auch sei, der Todestag von Gerard McKee war der schwärzeste Tag in der Geschichte der Brücke bis dahin. Und es half auch nichts, wenn die Verantwortlichen von der Baufirma behaupten konnten, dass die Unfallquote auf der Verrazano-Narrows Bridge – nur drei Tote im Verlauf mehrerer hunderttausend Arbeitsstunden – eine hervorragende Bilanz darstellte.

Die Beerdigung von Gerard McKee fand in der katholischen Visitation Church von Red Hook statt, und es war vermutlich die größte Begräbniszeremonie, die jemals in der ganzen Gegend abgehalten wurde. Es schien fast, als seien sämtliche Eisenmonteure gekommen sowie alle

Techniker und Gewerkschaftsvertreter. Doch unter all den Trauernden hatte es James McKee, Gerards Vater, am schlimmsten getroffen.

»Nach dem, was ich durchgemacht habe«, sagte er kopfschüttelnd, »hätte ich es doch eigentlich besser wissen müssen und meine Kinder niemals auf die Brücke lassen dürfen.«

7
Eine Bühne in der Luft

Die beiden Brüder von Gerard McKee gaben, nachdem ihr Vater sie darum gebeten hatte, ihre Arbeit auf der Brücke sofort auf, doch nach nicht mal einem Monat waren beide wieder zurückgekehrt. Die übrigen Eisenmonteure waren ein wenig nervös, als die McKees sich zum ersten Mal wieder auf den Weg nach oben machten, doch die Brüder versicherten allen, dass es ihnen wesentlich angenehmer war, umgeben von Kollegen auf der Brücke zu arbeiten als in der gedrückten Stimmung zu Hause zum Nichtstun verdammt zu sein.

Obwohl es damals noch niemand ahnte, markierte der Tod von Gerard McKee den Beginn eines langen, harten Winters – möglicherweise des schlimmsten Winters in Hard Nose Murphys gesamter Laufbahn. Zunächst einmal streikten die Belegschaften der Schleppkähne, dann traten die Eisenmonteure in einen fünftägigen Ausstand, um die Geschäftsführung zu zwingen, Fangnetze unter der Brücke anzubringen. Schließlich kam auch noch die Kälte hinzu, eisige Winde, die so heftig waren, dass die Brücke zu wanken begann, es gab Nachlässigkeiten, die beinahe zu einer Katastrophe geführt hätten, als die Männer ein über 300 Tonnen schweres Bauteil aus Stahl in die Höhe hievten, und über all dies legte sich wie ein schwarzer Vorhang die Ermordung des Präsidenten Kennedy am 22. November 1963, ein Ereignis, das nirgendwo auf der Welt so viel Niedergeschlagenheit und Depression auslöste wie auf der Brücke, wo die Mehrzahl der Arbeiter irischer Abstammung war.

Und all dies geschah, während Hard Nose Murphy und die Ingenieure der American Bridge Company sich ihrer größten Herausforderung gegenübersahen: der Errichtung des eigentlichen mittleren Teils der Brücke über das Meer.

Wenn der Bau im Zeitplan bleiben und die Brücke Ende November 1964 für den Verkehr freigegeben werden sollte, dann musste das 2230 Meter lange stählerne Skelett der Brückenmitte bis zum Frühling fertig sein, was in diesem Moment im Winter 1963 nahezu unmöglich erschien.

Die Aufgabe bestand von nun an darin, sechzig einzelne Stahlelemente, die jeweils so groß waren wie eine Zehn-Zimmer-Villa (bei einem Gewicht von 350 Tonnen), von Schleppkähnen aus über siebzig Meter in die Höhe zu hieven, wo sie dann – neben einigen kleineren Segmenten – mit den vertikalen Hängerkabeln verbunden würden, die von den Hauptkabeln herunterhingen, um anschließend horizontal miteinander verbunden zu werden, so dass sie sich von Staten Island nach Brooklyn spannten.

Wenn eines dieser Segmente herunterfiel, würde dies den Zeitplan um ein halbes Jahr zurückwerfen, denn jedes von ihnen war eine Einzelanfertigung. Die sechzig größeren Elemente waren etwa neun Meter hoch, achtunddreißig Meter breit und beinahe ebenso lang. Die einzelnen Segmente wurden vier Meilen flussaufwärts in dem Stahlwerk der American Bridge Company in New Jersey auf Lastkähne verladen, wo Benny Olson und die übrigen Veteranen arbeiteten, und anschließend von Schleppern während einer einstündigen Fahrt zur Brücke gezogen. Jedes Mal wenn die Brückensegmente von den beiden gigantischen Winden auf den unteren Traversen der Brückenpfeiler in die Höhe gehievt wurden, sackte die Brücke unter dem Gewicht ein Stück in sich zusammen. So senkten sich beispielsweise die Hauptkabel, als das erste Teilstück angehoben wurde, um fünfzig Zentimeter. Bei den Teilen Nummer zwei und drei gaben die Hauptkabel um einem weiteren Meter fünfunddreißig nach, und bei Nummer fünf und sechs kam noch einmal ein Meter zwanzig dazu. Wenn alle Segmente hingen, würden sich die Hauptkabel um insgesamt neun Meter dreißig gesenkt haben. (All dies war von O. H. Ammann so vorausberechnet – seine Konstruktion erlaubte sogar ein Nachgeben des Kabels um zwölf Meter –, was er allerdings nicht in seine Planungen einbezogen hatte, war menschliches Versagen und Materialfehler, damit hatte sich Hard Nose Murphy herumzuschlagen.)

Murphys Probleme begannen nicht mit dem Hochhieven der ersten Brückenelemente. Bei diesem Ereignis war eine Schiffsladung Fernsehkameras und Pressefotografen anwesend, und Murphys Leute gaben sich entsprechend Mühe. Seine Probleme begannen, als die anfängliche Anspannung sich durch ständige Wiederholung allmählich in Routine verwandelte und obendrein noch das kalte Wetter einsetzte. An einem dieser eiskalten Tag passierte es, dass ein Lastkahn, auf dem die vertikalen Hängerkabel lagerten, zu dicht am Kai festgezurrt wurde und mit einsetzender Flut in der Nacht unterging – und der Wachmann verschlief die ganze Sache und merkte nicht, dass in der gleichen Nacht der Werkzeugschuppen von Dieben ausgeräumt wurde.

Als Murphy am nächsten Morgen ins Baubüro kam und davon erfuhr, kochte er vor Wut. Er knallte mit der Faust auf den Schreibtisch und brüllte einen der für das Dock Verantwortlichen am Telefon an: »Herr gott nochmal, ich hab diese Scheiße so satt! Dieser bescheuerte Wachdepp – bleibt einfach in seinem warmen Kabuff und pennt, anstatt Wache zu schieben. Dieser Idiot hat sich's verdammt noch mal nicht gemütlich zu machen und zu pennen, er hat Wache zu schieben, und ich hab die Nase voll von so 'nem Scheiß, also schick mir den Penner her, und ich werd ihm mal die Meinung geigen …«

Im Vorraum des Baubüros saß Murphys Sekretär, Chris Reisman, ein schlanker junger Mann, der sehr auf sein Äußeres achtete und sämtliche Anrufe mit einem überaus höflichen »Guten *Morgen*, American Bridge …« entgegennahm und sich die Ohren zuhielt, um Murphys Fluchen nicht mit anhören zu müssen.

Männliche Sekretäre sind die Einzigen, die sich in der Atmosphäre einer solchen Großbaustelle behaupten können, einerseits, weil eine Frau auf diesem Posten vor den Zudringlichkeiten einiger der Männer, die auf der Brücke arbeiten, nicht sicher wäre, und zum anderen, weil der Tonfall und die Sprache, die hier herrschen, einer Frau sehr schnell aufs Gemüt schlagen würden. Wohingegen Chris Reisman, dessen Onkel Nietensetzer gewesen war und dessen Stiefvater sechs Jahre zuvor auf einer Brücke ums Leben gekommen war, mit seiner Arbeit als Sekretär gut zurechtkam, auch wenn die Brückenbauer eine gewisse Zeit brauchten, bis sie sich an Reismans Umgangsformen und seine Telefonstimme (»Guten *Morgen*, American Bridge« anstatt »Ja! Was'n los?«), und an seinen Kleidungsstil – er trug eng geschnittene Hosen ohne Aufschlag, einen knielangen Trenchcoat englischer Machart und bei regnerischem Wetter gelegentlich Stiefel aus Veloursleder – gewöhnt hatten.

Als der dreiundzwanzigjährige Reisman einen Tag nach seiner Einstellung seinen Dienst in Murphys Büro auf Staten Island antrat, wurde er von diesem mit den Worten begrüßt: »Na, sieh an, noch ein Arsch, der hier nur rumsitzt.« Doch es dauerte nicht lange, bis selbst Murphy von der Effizienz des jungen Mannes beeindruckt war und von der Abgeklärtheit, mit der sein Sekretär ihm Leute vom Hals hielt, mit denen er keine Lust hatte zu telefonieren.

»Guten *Morgen*, American Bridge ...«

»Klar, sagen Sie, is' Murphy da?«

»Darf ich fragen, wer da spricht?«

»Wa?«

»Darf ich fragen, wer da spricht?«

»Klar, hier is'n alter Kumpel, Willy ... sag'n Sie ihm, Willy is dran ...«

»Sagen Sie mir auch bitte Ihren Nachnamen?«

»Wa?«

»Ihren Nachnamen?«

»Sagen Sie Murphy einfach ... na ja, vielleicht könn'n Sie mir auch weiterhelfen, weil, wissen Sie, ich war mit Murphy zusammen bei dem Pan-Am-Job, und ...«

»Eine Sekunde, bitte«, unterbrach ihn Chris und meldete sich über die Gegensprechanlage bei Murphy: »Ich habe hier einen Willy auf der anderen Leitung, der wohl schon für Sie gearbeitet hat ...«

»*Ich hab keine Lust, mit dem Sack zu reden*«, blaffte Murphy.

Reisman schaltete wieder zurück zur anderen Leitung und erklärte: »Ich bedaure, mein Herr, aber Mr. Murphy ist nicht in seinem Büro.«

»Wa?«

»Ich sagte, Mr. Murphy ist unterwegs und kommt heute wahrscheinlich auch nicht mehr rein.«

»Na gut, dann probier ich's morgen wieder.«

»Wunderbar«, sagte Chris Reisman und nahm mit einem Knopfdruck einen weiteren Anruf entgegen. »Guten *Morgen*, American Bridge ...«

Am Donnerstag, dem 21. November, hatte eine der Kranwinden einen Defekt, und ein 350 Tonnen schweres Stahlsegment, das schon zur Hälfte hochgezogen war, ließ sich weder vor- noch zurückbewegen, so dass es die ganze Nacht über in der Luft hing. Kaum dass am nächsten Tag der Motorschaden an der Winde behoben war, kam es allerdings auch schon zu Protesten der Gewerkschaft darüber, dass die Brückenbaufirma noch immer keine Netze unter der Brücke aufgespannt hatte. Die Kampagne wurde angeführt von Ray Corbett, dem Leiter des Gerwerkschaftsbüros Local 40, der selbst beim Bau des Fernsehturms auf dem Empire State Building dabei gewesen war, und am 2. Dezember verließen die Männer die Brücke, um den Forderungen Nachdruck zu verleihen.

Was gegen Netze sprach, waren weniger Zeit- oder Kostengründe, obwohl auch diese eine Rolle spielten, als vielmehr die Auffassung, dass Netze keine wirkliche

Sicherheit boten, zukünftige Todesfälle zu vermeiden. Es wäre gar nicht möglich, so große Netze anzubringen, dass der gesamte Bereich unterhalb der Brücke abgedeckt würde, denn, so wurde argumentiert, es mussten permanent große Bauteile zwischen den Netzen hindurchgehievt werden. Darüber hinaus hieß es, dass Netze, auch wenn sie kleiner dimensioniert und beweglich waren, so dass sie quasi mit den Männern auf der Brücke mitwanderten, lediglich ein falsches Gefühl der Sicherheit hervorriefen und dadurch zu Leichtsinn und noch mehr Unfällen führen würden.

Der Streik dauerte vom 2. bis zum 6. Dezember und endete mit einem Sieg der Gewerkschaft der Eisenmonteure. Sie bekamen ihre Netze, auch wenn sie nicht allzu groß waren, doch als im Verlauf des Jahres drei Männer durch die Netze vor einem Sturz ins Meer bewahrt wurden, fand Ray Corbetts Standhaftigkeit allgemeinen Beifall.

Im Januar trafen täglich ein und manchmal sogar zwei Lastkähne an der Brücke ein, die mit den kastenförmigen Brückensegmenten beladen waren, und gegen Ende des Monats war die Hälfte der sechzig Module aufgehängt, so dass zumindest zeitweilig wieder alles seinen geregelten Gang ging. An sonnigen Tagen standen die älteren Herrschaften, die das Entstehen der Brücke die ganze Zeit mitverfolgt hatten, mit ihren Ferngläsern am Ufer auf der Brooklyn-Seite, zitterten vor Kälte, tauschten kluge Kommentare aus und schwatzten gelegentlich mit den Brückenbauern, die durch das Tor zur Baustelle kamen oder gingen. An diesem Tor hing ein Schild mit der Aufschrift: BIER UND ANDERE ALKOHOLISCHE GETRÄNKE SIND AUF DER BAUSTELLE

NICHT ERLAUBT. LEHRLINGE, DIE DEN ARBEITERN ALKOHOLISCHE GETRÄNKE BRINGEN, WERDEN ENTLASSEN.

»Du trinkst *nie* was da oben auf der Brücke, stimmt's?«, fragte einer der »Experten« den Eisenmonteur Bronco Bill Martin, einen Indianer.

»Wer?«

»Du.«

»Nein, ich trinke nur Bier.«

»Aber ist Bier nicht schlecht fürs Gleichgewicht?«

»Keine Ahnung«, sagte Bronco Bill. »Ich komme zu Arbeit, trinke Bier, klettere auf Brücke, und ich fühle mich besser auf Brücke wie auf Boden. Ich kann ein Dutzend Bier trinken und immer noch gerade Linie gehen auf Brücke.«

»Ein *Dutzend*?«

»Klar«, sagte er. »Kein Problem.«

Ein paar Meter weiter stand eine Gruppe weißhaariger Männer, darunter auch einige pensionierte Ingenieure und Brückenbauer – so genannte »Fernbauleiter« –, die zur Brücke herüberspähten. Sie horchten auf das Knirschen und Quietschen der Kranwinden und das Echo der Kommandos, die »Red« Kelly von einer Barkasse unterhalb eines der 350 Tonnen schweren Stahlsegmente mit seiner Flüstertüte in Richtung Brücke bellte. Es war ein faszinierendes Spektakel auf dem Wasser, erfüllt von Dramatik und starken Bildern – auch wenn die älteren Herren am Ufer nur das Finale davon mitbekamen.

Begonnen hatte das Spektakel mehr als eine Stunde zuvor ein Stück weiter flussaufwärts in New Jersey. Dort ruhte auf einem riesigen Doppelleichter am Kai des Materiallagers der American Bridge Company ein 350

Tonnen schwerer Stahlklotz, dessen einzelne Bestandteile in den verschiedenen Stahlwerken der US Steel Company hergestellt und per Eisenbahn zum Zusammenbau nach New Jersey transportiert worden waren. Gezogen beziehungsweise geschoben von jeweils einem Schlepper vorn und hinten, trat er nun seine Reise zur Brücke an.

Die etwa siebzig Eisenmonteure winkten in Richtung der Schlepper – wieder 350 Tonnen weniger. Der Kapitän des Schleppers, ein dürrer blonder Mann norwegischer Abstammung mit Namen Villy Knutsen, manövrierte, die Augen zusammengekniffen gegen das Sonnenlicht und die Gischt, vorsichtig durch den Hafen von New York – vorbei an Öltankern, Fährschiffen, Luxuslinern, Flugzeugträgern, Fischerbooten, Treibholz und Bierdosen, die seinen Weg kreuzten. An diesem Tag unterhielt er sich mit einem Hilfsmatrosen namens Robert Guerra darüber, wie sehr er die Brücke anfangs gehasst hatte. Die Knutsens gehörten zu jenen Familien in Bay Ridge, deren Häuser der Zufahrtsstraße zur Brücke weichen sollten. Villy Knutsen und seine Frau hatten sich unter die Protestierenden eingereiht und etliche Petitionen unterschrieben, bevor sie schließlich nach Port Jefferson auf Long Island gezogen waren.

»Damals habe ich die Brücke gehasst, das kann ich dir sagen«, wiederholte er.

»Das ist jetzt ja wohl nicht mehr nötig«, erwiderte Guerra. »Immerhin verdienst du heute deine Brötchen damit.«

»Stimmt auch wieder«, pflichtete Knutsen ihm bei und riss das Ruder herum, um einem entgegenkommenden Öltanker auszuweichen. Dann schaute er nach hinten und sah, dass der große rote Stahlklotz noch immer sicher auf den Lastkähnen über die klatschenden Wellen dahinglitt. Alles in Ordnung.

Vierzig Minuten später manövrierte er seinen Schlepper mitsamt seiner unförmigen Ladung auf die Brücke zu. Die alten Männer am Ufer hoben ihre Ferngläser, und die Eisenmonteure auf der Brücke machten sich bereit. Unterhalb eines der Pfeiler stand ein beleibter Pusher, der ein Telefon ans Ohr gepresst hielt und mit mürrischer Miene zu einem der Kräne auf dem Turm blickte. »Eddie, hallo? Eddie? Hallo, Eddie?«

Eddie, der Anweiser oben auf dem Kran, gab keine Antwort.

»Hallo, Eddie?« Immer noch keine Antwort.

»Gib mir mal das Ding«, sagte ein anderer Pusher und nahm das Telefon.

»Hallo, Eddie? Hallo, Eddie?

»Hallo«, drang eine dünne Stimme durch die Leitung.

»Hallo, Eddie?«

»Nein, Burt.«

»Burt, hier ist Joe von unten am Boden. Is' Eddie in der Kabine?«

Stille.

»Hallo, *Burt*? Hallo, *Burt*?«

»Herrgott noch mal!« Der Pusher betrachtete das Telefon in seiner Hand und verzog das Gesicht. Dann hielt er es erneut an sein Ohr. »Hallo, Burt? Burt, hallo, Burt...«

»Ja?«

»Was zum Teufel is' los, Burt?«

»Euer Telefon da unten ist im Arsch.«

»Red weiter, Burt.«

»Okay, Joe.«

»Red weiter, Burt … red weiter …« Wieder setzte das Telefon aus.

»Verdammt«, brüllte Joe. »Hallo … Burt? Hallo? Hallo-hallohallo? Nix … Hallo? … Immer noch nix. Hallo, Burt?«

»Hallo«, kam die Stimme von oben.

»Burt?«

»Nee, hier is' Eddie.«

»Red weiter, Eddie …«

Schließlich war die Verbindung zwischen dem Pusher am Boden und dem Mann, der die Bewegungen des Krans dirigierte, wieder hergestellt. Kurz darauf schob Villy Knutsen mit seinem Schlepper die Leichter in Position, und der nächste Schritt bestand nun darin, die Drahtseile der Kranwinde mit dem Stahlelement zu verbinden und die letzten Vorbereitungen zu treffen, um das Bauteil über siebzig Meter senkrecht in die Höhe zur Brückenöffnung zu hieven.

Diese Aktion würde von einem Mann beaufsichtigt werden, der nun von einem Kahn auf den Leichter stieg. Er hatte rötliche Haare, eine knubbelige Nase und die Statur eines Schwergewichtsboxers, und er war sogar vom Ufer aus gut zu erkennen, weil er eine rot karierte Jacke und einen großen braunen Helm trug, den er tief in die Stirn geschoben hatte, und weil er in seiner rechten Hand eine große gelbe Flüstertüte hielt, durch die er sich sogar den Männern hoch oben auf der Brücke verständlich machen konnte. Sein Name war Jack »Red« Kelly, die Nummer zwei auf der Brücke, und über ihm rangierte nur noch Hard Nose Murphy.

Mit einem Mal war die Aufmerksamkeit aller, auch der mit Ferngläsern ausgerüsteten Zuschauer an Land, auf

Kelly gerichtet, der angespannt beobachtete, wie ein Dutzend Männer die Seile der Kranwinden mit den vier Halterungen auf dem Stahlsegment verband, das sanft auf den geankerten Leichtern auf und ab schaukelte. Als die Stahlseile vertäut waren, sprangen Kelly und die Männer von den Lastkähnen auf das andere Boot. Und dann rief er: »Okay, vorsichtig ... hoch damit ... HOCH ...«

Langsam setzten sich die Winden auf den Türmen in Bewegung, spannten sich die Drahtseile, die zwischen den Kabeln hindurchführten, und hoben schließlich das 350 Tonnen schwere Brückensegment von den Lastkähnen.

Nach ein paar Minuten hing es sieben Meter hoch in der Luft, und Kelly brüllte: »Nachlassen ... mehr Saft auf die Sieben ... Geradeziehen ... mehr Saft auf die Sieben ...« Währenddessen stand oben auf der Brücke der Signalgeber, den Telefonhörer ans Ohr gepresst, und gab die Anweisungen an die Männer in den Kabinen der Kräne weiter.

Es dauerte fünfundzwanzig Minuten, bis das Stahlsegment eine Höhe von siebzig Metern erreicht hatte und die Monteure auf der Brücke es mit ihren Händen, die in dicken Handschuhen steckten, zu fassen bekamen und es provisorisch mit dem bereits montierten Segment verbanden.

»Saubere Arbeit«, sagte einer der Männer mit den Ferngläsern.

»Exzellente Vorstellung«, erklärte ein anderer.

Bei den meisten der sechzig Segmente vollzog sich das Hochhieven und Montieren in ähnlicher Weise – mit bemerkenswerter Schnelligkeit und Präzision, und das trotz Wind und Kälte –, doch kurz nach Neujahr gab es Probleme bei einem Element, das in geringer Entfernung vom Ufer an den auf der Brooklyn-Seite gelegenen hinteren Teil der Öffnung montiert werden sollte, und die »Fernbauleiter« bekamen eine kleine Kostprobe von Murphys Temperament.

Als das Stahlsegment gerade ein paar Meter über dem Schleppkahn schwebte, riss ein Satz Führungsleinen, die horizontal vom Fuß des Pfeilers auf der Brooklyn-Seite zu dem Bauteil gespannt waren. (Diese Führungsleinen waren notwendig, um das Bauteil senkrecht in die Höhe zu ziehen, denn die Schleppkähne konnten nicht nahe genug am Brooklyn-Ufer ankern.)

Augenblicklich drehte sich der Stahlklotz um die eigene Achse und schoss dann – immer noch an den Drahtseilen hängend – unkontrolliert auf das Brooklyn-Ufer zu, wo er nur wenige Zentimeter an einem Schutzzaun unterhalb des Ankersockels vorbeizischte, bevor er wieder zurückpendelte und schließlich über den Köpfen von einem Dutzend Arbeiter hin und her baumelte, die sich entweder auf den Boden warfen oder davonrannten.

»O Gott«, rief einer der Zuschauer, »habt ihr das gesehen?«

»Meine Güte!«

»Mann, wenn der alte Ammann jetzt hier wär', der hätt' glatt einen Anfall gekriegt!«

Von unten am Pier und dem Brückensockel, aber auch auf der Spanne selbst drang ein Heidengezeter herauf. Geballte Fäuste reckten sich in die Luft, Flüche und hysterische Schreie wurden ausgestoßen. Jemand rief Hard Nose Murphy an. Minuten später kam er in einem Boot über die Narrows gerauscht, und seine Beschimpfungen hallten die nächste halbe Stunde bis zum Ufer nach Bay Ridge.

»Welche Truppe hat die Klampen an dem Ding angebracht?«, wollte Murphy wissen.

»Die Truppe von Drilling«, kam die Antwort.

»Und wo zum Teufel ist Drilling?«

»Er ist heute nicht da.«

Vermutlich war Murphy noch nie so sauer wie an diesem Freitag, dem 3. Januar 1964. John Drilling, der Schwarm der Damenwelt während der Bauarbeiten auf der Mackinac Bridge in Michigan, der erst kürzlich trotz seiner gerade mal siebenundzwanzig Jahre zum Pusher befördert worden war, hatte sich an jenem Tag krankgemeldet. Er war in seiner Wohnung in Brooklyn zusammen mit seiner Frau, einer reizenden Blondine, die er in einem Restaurant in Brooklyn kennen gelernt hatte, wo sie als Kellnerin arbeitete. Sein Vater Drag-up Drilling war an einem Herzanfall gestorben, bevor die Kabelspinnarbeiten begonnen hatten, und es gab nicht wenige, die mutmaßten, dass er und nicht Hard Nose Murphy von der American Bridge Company zum Superintendent berufen worden wäre, wenn er denn noch am Leben gewesen wäre. Der Verlust des Vaters und die Verantwortung für seine Frau und ihr neugeborenes Baby hatten den ehemals verwegenen Draufgänger John Drilling zu einem erwachsenen Mann reifen lassen, doch nun saß er in der Tinte. Ungeachtet der Tatsache, dass er zum Zeitpunkt, als der Vorfall sich ereignete, gar nicht anwesend war, trug er doch die Verantwortung für den Unfall, der etliche Menschenleben hätte kosten können, denn er hätte die Klampen überprüfen müssen, die sein Trupp am Tag zuvor angebracht hatte.

Als John Drilling, ohne zu wissen, was passiert war, am nächsten Tag zur Brücke zurückkehrte, wurde er von seinem Freund Ace Cowan in Empfang genommen. Ace stammte aus Kentucky, war groß und stämmig und bekleidete den Posten des Walkin' Boss auf der Seitenöffnung in Richtung Brooklyn.

»Na, Ace, was steht denn heute auf dem Programm?«, fragte Drilling aufgekratzt, als er auf der Baustelle ankam.

»Ähm, na ja«, erwiderte Cowan und starrte auf seine Füße, »die … also die Bauleitung hat mir Anweisung gegeben, dich wieder in die Truppe einzugliedern.«

»In die Truppe! Nur weil ich einen mickrigen Tag freigenommen hab?«

»Nein, weil die Klampen abgeplatzt sind…«

Drilling fiel die Kinnlade runter.

»Verletzte?«

»Nein«, sagte Cowan, »aber alle sind angepisst … also, ich meine Ammann und Whitey, und Murphy, und Kelly, und alle.«

»Und in welche Truppe soll ich?«

»In die von Whitey Miller.«

Whitey Miller war nach der Auffassung von jedem, der jemals auch nur in einer Meile Entfernung von ihm gearbeitet hatte, der fieseste, härteste und schärfste Pusher auf der Verrazano-Narrows Bridge. Drilling musste schwer schlucken.

8
Die Indianer

In jener Nacht hatten die Männer in Johnny's Bar nahe der Brücke kaum ein anderes Gesprächsthema.

»Hast du von Drilling gehört?«

»Klar, armer Kerl.«

»Sie haben ihn in Whitey Millers Truppe gesteckt.«

»Eine Schande.«

»Man kann sagen, was man will, aber von der Arbeit hat Whitey echt Ahnung«, merkte ein anderer an. »Das musst du zugeben«

»Klar, geb' ich zu, aber ihn interessiert's einen Scheiß, wenn du draufgehst.«

»Das würde ich nicht sagen.«

»Aber ich. Ich meine, dieser Whitey Miller würde noch nicht mal bei deiner verdammten Beerdigung aufkreuzen.«

In einer anderen Bar in Brooklyn, die ebenfalls von Eisenmonteuren besucht war, herrschte an diesem Abend keine Trauerstimmung, ärgerte sich niemand über Whitey Miller, und niemand machte sich Sorgen um John Drilling. Diese Bar lag nur ein paar Meilen entfernt von Johnny's Bar in der Nevis Street im Stadtteil North Gowanus. »The Wigwam« war die Stammkneipe der Indianer. Von allen Arbeitern auf der Brücke machten sie stets den lässigsten Eindruck, fast so, als würde sie das alles nichts angehen. Sie arbeiteten so hart wie alle anderen, doch sobald die Schicht vorbei war und sie der Brücke den Rücken gekehrt hatten, schien dies alles aus ihren Köpfen verschwunden – aufgelöst in einer Wolke aus Zigarettenqualm, den Schaumkronen ihrer Biere und dem Rhythmus der Musik aus der Jukebox des Wigwam.

Dies war ihr Zuhause fern von zu Hause – ein Postamt und ein Club in einem. Am Wochenende fuhren die Indianer über 600 Kilometer nach Kanada, um ihre Frauen und Kinder im Reservat von Caughnawaga zu besuchen, die etwas mehr als zehn Kilometer von Montreal entfernt am Ufer des Sankt-Lorenz-Stroms lag, doch unter der Woche versammelten sie sich im Wigwam, tranken kanadisches Bier (manchmal bis zu zwanzig Stück pro Mann), betranken sich und fühlten sich einsam. Das Wigwam war geschmückt mit Wandgemälden, die Indianerhäuptlinge darstellten, außerdem hing ein großes Foto des berühmten indianischen Sportlers Jim Thorpe an der Wand. Über dem Eingang der Bar prangte ein Schild:

DURCH DIESE TÜR SCHRITTEN DIE GRÖSSTEN EISENMONTEURE DER WELT.

Die Bar gehörte Irene und Manuel Vilis. Irene war eine hübsche junge Indianerin, die aus einer Familie von Eisenmonteuren aus Caughnawaga stammte; ihr Mann Manuel war ein spanischer Glücksspieler, der mit seinem hochgezwirbelten schmalen Schnurrbart aussah wie Salvador Dalí. Er war in Galizien geboren, mit der Handelsmarine zur See gefahren und hatte sich vor etlichen Jahren in Amerika vom Schiff abgesetzt und anschließend in New York niedergelassen, wo er als Aushilfskellner und Tellerwäscher in einigen Restaurants von überaus üblem Ruf gearbeitet hatte.

Während des Zweiten Weltkrieges war er in die Armee der Vereinigten Staaten eingetreten, hatte bei der Landung in der Normandie mitgemacht und beim Kartenspielen eine Menge Geld verdient. Auf diese Art und Weise mit ein paar tausend Dollar ausgestattet, hatte er nach seiner Entlassung aus der Armee zunächst als Barmann in Brooklyn gearbeitet und schließlich seine eigene Kneipe gekauft, die er nach seiner Hochzeit mit Irene »The Wigwam« genannt hatte.

In der näheren Umgebung des Wigwam wohnten über

700 Indianer, die meisten von ihnen Eisenmonteure wie schon ihre Väter und Großväter. Angefangen hatte dies in der Caughnawaga Reservation im Jahre 1886, als die Dominion Bridge Company mit den Bauarbeiten zu einer Auslegerbrücke über den Sankt-Lorenz-Strom begann. Die Brücke wurde im Auftrag der kanadischen Eisenbahngesellschaft errichtet, und da ein Teil davon über Indianergebiet führen sollte, einigte man sich mit der Stammesführung darauf, dass man im Austausch für die Baugenehmigung möglichst viele indianische Arbeitskräfte beschäftigte. Die Caughnawagas waren ein Stamm, der zum Volk der Mohawk gehörte, der sich aber im Laufe der Zeit mit anderen vermischt und den Bemühungen der Jesuiten, sie zu Farmern zu machen, hartnäckig widerstanden hatte. Vor dem Bau der Brücke hatten sie sich als Kanufahrer für französische Pelzhändler, Flößer in der Holzwirtschaft und Zirkusartisten verdingt – Hauptsache, sie waren an der frischen Luft und die Arbeit bot ein gewisses Maß an Abwechslung.

Als die Brückenbaugesellschaft mit den Arbeiten begann, beschäftigte sie die Indianer vorwiegend als Hilfskräfte zu ebener Erde, die Eimer mit Nieten und Bolzen hin und her schleppten und den Brückenbauern zur Hand gingen, ohne jedoch ihr Leben auf der Brücke selbst in Gefahr zu bringen. Wenn sie unbeobachtet waren, kletterten sie allerdings doch auf die Brücke hinauf und schlenderten gemütlich über die Eisenträger, gerade so, als hätten sie ihr ganzes Leben nie etwas anderes getan. Einer der Bauleiter erklärte später, die Indianer bewegten sich in großer Höhe mit der »Behändigkeit von Bergziegen«. Sie waren begierig, so viel wie möglich über den Brückenbau zu lernen – immerhin winkte gute Bezahlung, und man kam viel in der Welt herum – , und es dauerte kaum zwei Jahre, bis die Ersten von ihnen als Nietensetzer und Monteure zu arbeiten begannen. Im Lauf der nächsten zwanzig Jahre stieg die Zahl der Caughnawagas, die auf Brücken in ganz Kanada arbeiteten, auf mehrere Dutzend an.

Am 29. August 1907 stürzte während des Baus der Quebec Bridge über den Sankt-Lorenz-Strom das Mittelstück ein. Sechsundachtzig Arbeiter, darunter viele Caughnawagas, stürzten mit ab, und fünfundsiebzig Monteure starben. (Unter den Ingenieuren, die das Unglück untersuchten und zu dem Schluss kamen, dass die Planer ungenügende Kenntnis über die Tragfähigkeit solch großer Brücken besaßen, war auch der damals siebenundzwanzigjährige O. H. Ammann.)

Infolge der Katastrophe auf der Quebec Bridge, so nahm man an, würde der Beruf des Brückenbauers für die Indianer an Attraktivität verlieren, doch das Gegenteil trat ein. Durch das Unglück erhielt die Arbeit auf der Brücke etwas Heldenhaftes, das vorher für die Indianer keine Rolle gespielt hatte, und nun bewarben sie sich in größerer Zahl als je zuvor auf den Baustellen des Landes.

Während des Wolkenkratzer- und Brückenbaubooms in New York City und seiner Umgebung zogen etliche Indianer in die Metropole am Hudson und arbeiteten unter anderem auf dem Empire State Building, dem RCA Building, der George Washington Bridge, dem Pulaski Skyway und dem Waldorf Astoria, der Triborough Bridge, der Bayonne Bridge und der Henry Hudson Bridge. Es gab so viel Arbeit in New York, dass die Indianer sich Wohnungen und möblierte Zimmer in North Gowanus in Brooklyn mieteten, von wo man überall bequem hinkam.

Doch an diesem Freitagabend, dem Zahltag, saßen sie im Wigwam – die Enkel von Männern, die beim Brückenunglück von Quebec ums Leben gekommen waren, die Söhne von Männern, die an der George Washington Bridge und am Empire State Building mitgearbeitet hatten und die nun selbst auf der größten aller Brücken arbeiteten. Sie dachten nicht an Brücken oder Katastrophen. Sie dachten viel mehr an ihr Zuhause, tranken kanadisches Bier und hörten der Musik aus der Jukebox zu.

»Diese Indianer sind schon verrückte Figuren«, erklärte Manuel Vilis von einem Ecktisch aus mit Blick auf die voll besetzte Bar, »sobald sie aus dem Reservat raus sind, haben sie nur zwei Sachen im Kopf – Brückenbauen und Biertrinken.«

»Manny, Indianer trinken nicht mehr als andere Eisenmonteure«, wies Irene den Gatten zurecht. Wie so oft verteidigte sie die Indianer gegen die Kritik ihres Mannes.

»Von wegen«, erwiderte er. »In einer halben Stunde sind die alle voll bis oben hin, und dann steigen sie in ihre Karren und brettern durch bis nach Kanada.«

So ging das jeden Freitagabend, fuhr er fort. Und wenn sie um zwei Uhr nachts im Reservat ankämen, veranstalteten sie ein riesiges Hupkonzert, von dem alle wach würden, und kurz darauf wären alle Häuser hell erleuchtet, und alle würden trinken und feiern bis zum nächsten Morgen – die Jäger kehren mit reicher Beute von der Jagd zurück.

Sonntagabend, so erklärte Manuel Vilis weiter, würden sie alle sich wieder in ihre Wagen setzen und in einem Höllentempo nach New York zurückrauschen, wobei insgesamt mehr Indianer ihr Leben lassen würden als auf der Brücke. Während er erzählte, tranken die Indianer in seiner Bar munter weiter, überall lagen Zehn- und Zwanzig-Dollar-Scheine auf dem Tresen. Um halb sieben schließlich rief einer der Indianer einem anderen zu: »Okay, Danny, trink aus, machen wir uns auf den Weg.« Also kippte Danny Montour, der zusammen mit zwei weiteren Indianern in seinem Wagen zurück in das Reservat fahren wollte, seinen Drink herunter, winkte Irene und Manuel zum Abschied und machte sich auf den über 600 Kilometer weiten Weg nach Norden.

Montour war ein sehr gut aussehender junger Mann von sechsundzwanzig Jahren. Er hatte blaue Augen, ein für Indianer eher untypisches kantiges Gesicht und nahezu blonde Haare. Er war mit einer hinreißend schönen Indianerin verheiratet und hatte einen zweijährigen Sohn, die er beide jedes Wochenende besuchte. Sein Sohn war nach Dannys Vater, Mark, benannt, der ebenfalls als Brückenbauer gearbeitet hatte, bis er nach einem Autounfall zunächst schwer behindert und bald darauf verstorben war. Dannys Großvater väterlicherseits war bei dem Unglück auf der Quebec Bridge 1907 abgestürzt und seinen Verletzungen erlegen, sein Großvater mütterlicherseits, ebenfalls Brückenbauer, war am Tag der Katastrophe zu betrunken gewesen, um auf die Brücke zu klettern. Er starb später bei einem Autounfall.

Ungeachtet all dessen hatte Danny schon von Kindesbeinen an nie einen Zweifel daran gelassen, dass auch er Eisenmonteur werden wollte. Womit sonst konnte man sich so viel Geld und Respekt im Reservat verdienen? Wenn man nicht Brückenbauer wurde, blieb einem nur das Dasein als Farmer – und morgens um zwei von dem Hupkonzert der zurückkehrenden Brückenarbeiter aufgeweckt zu werden.

Also wurden nur wenige der zweitausend Männer im Reservat Farmer oder Tankwart oder Büroangestellter. Noch weniger von ihnen wurden Anwälte oder Ärzte, sondern der Großteil – siebzehnhundert – wurden Eisenmonteure. Es gab kaum ein Entrinnen. Schon als Babys wurden sie damit infiziert, wenn sie in ihrer Wiege lagen und von den Hupen der Autos aufgeweckt wurden. Dann gingen die Lichter an, ihre Mütter holten sie aus dem Bett und trugen sie nach unten zu ihren Vätern, die, über beide Ohren strahlend, die Taschen voller Geld und den Geruch von Whiskey und Bier verströmend, unendlich glücklich schienen, wieder zu Hause zu sein. Unfähig, elterliche Disziplin auszuüben, verteilten sie Dollarnoten an die Kinder, damit sie was zum Spielen hatten, und alle Indianerkinder wuchsen auf mit den Händen voller Geld. Sie mochten, wie es sich anfühlte, und später wollten sie dann mehr davon – und das schnell. Für schnelle Autos, ein schnelles Leben und schnelle Fahrten hin und zurück zwischen langen Wochenenden und endlosen Brücken.

»Es ist ein gutes Leben«, versuchte Danny Montour zu erklären, während er seinen Wagen den Henry Hudson Parkway an der George-Washington-Brücke vorbei in Richtung Norden steuerte. »Man kann *sehen,* was man geleistet hat. Man kann sehen, wie aus einem Loch im Boden etwas wächst, das Gestalt annimmt und zu einer Brücke oder einem Hochhaus wird.«

Er verstummte kurz und sagte dann, mit einem Blick auf die Skyline von New York: »Wissen Sie, ich habe einen Namen für diese Stadt. Ich weiß nicht, ob irgendwer vor mir es schon mal gesagt hat, aber ich nenne diese Stadt die Stadt der von Menschenhand gemachten Berge. Und wir sind alle ein Teil davon, und das verleiht einem ein gutes Gefühl, man ist ein Gebirge-Bauer ...«

»Das hast den Nagel auf den Kopf getroffen, Danny-Boy, alter Junge«, sagte Del Stacey, der leicht angetrunkene Kollege, der mit einer halben Kiste Bier und einer Tüte voll Eiswürfeln auf dem Beifahrersitz neben Montour saß. Stacey war ein untersetzter, plump wirkender junger Mann mit kupferfarbener Haut, der einen Strohhut mit roter Feder auf dem Kopf trug. Wenn er eine Flasche Bier öffnen wollte, benutzte er dazu seine Zähne.

»Manchmal wäre ich schon gerne mehr zu Hause«, schränkte Montour ein, »um mehr Zeit mit meiner Frau und meinem Kind zu verbringen ...«

»Geht aber nicht, Danny-Boy«, unterbrach ihn Stacey lächelnd. »Wir müssen diese ganzen Berge bauen und die Frauen zu Hause allein lassen, damit sie uns vermissen und sich nicht einbilden, sie könnten uns rumkommandieren, oder?« Stacey trank sein Bier aus und machte mit den Zähnen ein neues auf. Der dritte Indianer saß auf dem Rücksitz und schlief leise seinen Rausch aus.

Sobald Montour den New York Throughway erreicht hatte, trat er aufs Gas, und der Tacho zeigte zwischenzeitlich 150 bis 160 Stundenkilometer an. Im Wigwam hatte Montour drei oder vier Biere getrunken, und nun nippte er gelegentlich an einem Gin in seiner rechten Hand, den Stacey ihm gegeben hatte, doch er machte einen nüchternen und wachen Eindruck, und der Expressway war frei, so dass er nur ab und zu in den Rückspiegel blickte, um sicherzugehen, dass ihm kein Polizeiwagen folgte.

Nur einmal während der langen Fahrt legte Montour eine Pause ein, und zwar in Malden, New York, wo er an einer Raststätte zehn Minuten Halt machte, um einen

Kaffee zu trinken. Dort begegnete er auch Mike Tarbell und einigen anderen Indianern, die ebenfalls auf dem Weg nach Kanada waren. Um elf Uhr nachts rauschte er an Warrensburg, New York, vorbei, und eine Stunde später hatte er den Expressway verlassen und war auf der Route 9, einer zweispurigen Landstraße, woraufhin Stacey freudig ausrief: »Nur noch sechzig Kilometer.«

Nun, da so gut wie keine anderen Autos unterwegs waren und von Radarfallen auch keine Gefahr drohte, schoss Danny Montours Buick mit 200 Stundenkilometern unter den Baumwipfeln hinweg über den schwarzen Asphalt – und man rechnete beinahe jeden Augenblick damit, dass ein riesiger Lastwagen plötzlich vor der Windschutzscheibe auftauchen würde, so wie Lastwagen es in Filmen üblicherweise tun, wenn kurz vor Schluss ein paar Figuren aus der Handlung fliegen.

Aber in dieser Nacht tauchten keine Lastwagen vor Danny Montour auf.

Um fünf nach halb zwei nachts bog er scharf rechts ab auf eine unbefestigte Seitenstraße, die sich endlos hinzuziehen schien, und rauschte an der dunkel aus dem Mondlicht herausragenden Silhouette einer Brücke über dem Sankt-Lorenz-Strom vorbei – jene Eisenbahnbrücke, auf der 1886 die ersten Indianer als Brückenbauer angefangen hatten. Mit quietschenden Bremsen hielt Montour vor einem weißen Haus an.

»Wieder mal Glück gehabt, ihr Indianer. Wir sind zu Hause«, rief Danny Montour. Der Mann auf dem Rücksitz, der die ganze Fahrt über geschlafen hatte, wachte auf und blinzelte. Dann gingen in dem weißen Haus die Lichter an; es war Montours Haus, und alle gingen erstmal hinein und genehmigten sich einen Drink, und es dauerte nicht lange, bis Dannys Frau Lorraine und sein zwei Jahre alter Sohn Mark herunterkamen. Und dann tauchten draußen weitere Autos auf, die ein Hupkonzert veranstalteten, und es wurde gefeiert bis um vier, bis schließlich ein Licht nach dem anderen ausging und auch der letzte Indianer in einen tiefen Schlaf versank, aus dem er erst am Samstagnachmittag wieder erwachen sollte, wenn sich vor seiner Tür eine endlose Reihe von Gläubigern zusammengefunden hatte, um ausstehende Rechnungen zu kassieren: der Milchmann, die Reinigung, der Zeitungsjunge, der Klempner, Staubsaugervertreter, Lexikonverkäufer, Ramschhändler und Versicherungsvertreter. Sie alle warteten bis zum Samstagnachmittag, wenn der Brückenbauer gut gelaunt und fröhlich wieder zu Hause war, um ihm sein Geld gleich wieder abzunehmen.

Das Reservat ist still und friedlich. Es besteht aus einer zweispurigen Straße, die sich über zwölf Kilometer am Südufer des Sankt-Lorenz-Stroms entlangwindet. Zu beiden Seiten der Straße sind hunderte kleiner weiß gestrichener Schindelhäuser aufgereiht, die meisten davon haben eine kleine Veranda, auf der man häufig einen alten Indianer im Schaukelstuhl sitzen sieht, der, eine Pfeife schmauchend, den vorbeirauschenden Autos nachschaut oder den Schiffen, die langsam über den Sankt-Lorenz-Strom dahingleiten und deren Matrosen an Deck jeder Indianerin zuwinken, die sie die Straße entlanggehen sehen.

Viele der jungen Indianerinnen sind überaus hübsch. Sie kaufen ihre Kleider in den Geschäften in Montreal, gehen freitags nachmittags zum Friseur. Weder ihr Kleidungsstil noch ihre Häuser weisen typisch indianische

Merkmale auf – keine Säuglinge in Tragetüchern, keine Totems, kein indianisches Kunsthandwerk an den Wänden. Manche der Häuser im Reservat haben kein fließendes Wasser, und manche haben eine Außentoilette hinter dem Haus, aber anscheinend haben alle Fernsehgeräte. Die einzigen Klänge, die man sonntagnachmittags hört, sind die Glocken der katholischen Kirche – die meisten der Indianer sind katholisch – und gelegentlich das Hupkonzert eines Autokonvois zur Feier einer Hochzeit oder einer Taufe.

Die einzigen Schilder an der Straße, die typisch indianische Symbole zeigen, sind die von CHARLIE MOHAWK'S SNACKBAR und ein Stück weiter auf der gegenüberliegenden Seite das CHIEF POKING FIRE INDIAN MUSEUM. Das Schild an der Snackbar dient in erster Linie dem Amüsement der Touristen, die täglich in einem gelben Bus vorbei kutschiert werden, denn im Inneren sieht der Laden genauso aus wie jedes andere Imbissrestaurant auch – an den Tischen tummeln sich junge Männer mit Elvis-Tollen und Zigaretten im Mundwinkel, während die Mädchen mit Pferdeschwanzfrisuren und hautengen Jeans zur Rock-'n'-Roll-Musik aus der Jukebox tanzen oder mit den Füßen wippen.

In Chief Poking Fire's Museum stellt sich die Sache anders dar. Dies ist etwas für Touristen. Der Häuptling und seine Familie versammeln sich mehrmals am Tag in voller Montur, führen ihre Tänze auf und schwenken johlend ihre Tomahawks, damit die Touristen mit ihren 16-mm-Kameras zu Hause auch etwas vorzuweisen haben von ihrem Ausflug in das Indianerreservat.

Der indianische Bürgermeister von Caughnawaga heißt John Lazare, der von sich behauptet, ein jüdischer Indianer zu sein. Sein Amtsvorgänger war sein Bruder Matthew, der wiederum die Nachfolge seines Vaters angetreten hatte. Die Lazares betreiben die Tankstelle, die auf der gleichen Straßenseite liegt wie das Indianermuseum, und sie verkaufen darüber hinaus Flüssiggas für den Gebrauch zu Hause.

Das politische Credo, das den Lazares jahrelange Popularität unter den Indianern beschert hat, besteht darin, dass Bürgermeister Lazares Reden immer den Satz enthalten, »es sollte dem Indianer erlaubt sein zu tun, was immer er möchte«, sowie in der hartnäckigen Ablehnung von Nummernschildern an Autos. Indianer lehnen es aus tiefstem Herzen ab, mit Nummernschildern an ihren Autos herumzufahren, und würden diese am liebsten entfernen, wahrscheinlich in der Absicht, weniger Strafzettel wegen zu schnellen Fahrens zu bekommen (obwohl viele Indianer Strafzettel gänzlich ignorieren mit der Begründung, dass diese nie Inhalt eines Vertrages waren, dem sie zugestimmt hätten).

Wenn die Männer des Stammes am Samstagnachmittag aus dem Bett aufgestanden sind (falls sie überhaupt aufstehen), spielen sie gewöhnlich Lacrosse, falls es nicht zu kalt ist. In den Sommermonaten bringen sie ihre Nachmittage auch damit zu, mit selbst gebauten Motorbooten über den Sankt-Lorenz-Strom zu jagen, zu angeln oder Fernsehen zu schauen. Am Sonntagmorgen nehmen sie das traditionelle Frühstück, bestehend aus Steak und Maisbrot, ein und fläzen den Rest des Morgens im Haus herum, um am Nachmittag Freunde zu besuchen.

Dann, irgendwann zwischen acht und elf Uhr abends, rumpeln die mit Brückenbauern voll besetzten dicken Schlitten wieder über die Straßen der Reservate zum

Expressway nach New York. Es ist ein trauriger Moment für die Indianerfrauen, und die Rückfahrt erscheint ihren Männern jedes Mal doppelt so lang wie die Hinfahrt am Freitag. Der Alkohol, den viele von ihnen auf der langen Fahrt in sich hineinschütten, ist das Einzige, das den Weg erträglich macht – und gleichzeitig das, was etliche von ihnen ins Grab bringt.

Und so gab Danny Montour auch an diesem Sonntagabend seiner Frau einen Kuss zum Abschied und drückte noch einmal seinen Sohn, um anschließend seine Kollegen einzusammeln und den langen Rückweg anzutreten.

»Pass gut auf dich auf«, rief ihm Lorraine noch einmal von der Veranda aus zu.

»Mach dir keine Sorgen«, sagte er.

Und den ganzen Montagmorgen verbrachten sie und die anderen Frauen aus der Reservation in banger Erwartung eines Telefonanrufs, von dem sie hofften, dass er niemals kommen würde. Und als er an diesem Montag nicht kam, waren sie froh und glücklich, und von Mittwoch an stellte sich schon wieder die Vorfreude auf die Freitagnacht ein, wenn wieder die Hupen und das Röhren von Buicks und Cadillacs und Oldsmobiles die Luft erfüllen würden – die Klänge, die die Rückkehr ihrer Männer signalisierten … und eines Tages den Abschied ihrer Söhne.

9
Zurück in Bay Ridge

Im Frühjahr 1964 wurde – was niemand in der ganzen Gegend sonderlich überraschte, denn man hatte mit so etwas schon länger gerechnet – hinter der weißen Backsteinfassade und den schwarzen Vorhängen und Markisen der Hausnummer 125 in der vornehmen Colonial Road in Bay Ridge ein Bordell ausgehoben.

Einige Leute schoben die Schuld natürlich sofort auf die Boomer, denn man erinnerte sich nur zu genau an die Blondinen, die am Ufer hinter der Brücke mit aufreizendem Gang entlangstolzierten. Doch der *Brooklyn Spectator*, der die Story am 20. März groß herausbrachte, nachdem die Polizei genügend Erkenntnisse gesammelt hatte, um Festnahmen durchzuführen, berichtete, dass auch einige herausragende Persönlichkeiten – deren Namen natürlich nicht genannt wurden – aus der feinen Gesellschaft von Bay Ridge zum Kundenkreis des Etablissements zählten.

Die Geschichte erregte ein solches Aufsehen – »die erste Reportage dieser Art in der nunmehr zweiunddreißigjährigen Geschichte dieser Zeitung« –, dass nicht nur sämtliche Exemplare binnen Stunden ausverkauft waren, sondern auch seitens des Verlages versäumt wurde, ein Belegexemplar für das eigene Archiv zurückzubehalten, so dass man hastig eine Anzeige druckte, dass der *Spectator* sämtliche gut erhaltenen Exemplare der Ausgabe vom 20. März zum regulären Preis von zehn Cent zurückkaufen würde.

Nach der Verhaftung einer sechsunddreißigjährigen Bordellwirtin, die beteuerte, sie sei »Grundstücksmaklerin«, und zweier ebenfalls blonder Frauen, die als Berufsbezeichnungen »Kindergärtnerin« und »Hostess« angaben, enthüllte die Polizei, dass selbst die Küche des Hauses in ein Boudoir umgewandelt war, die Tapeten »deutliche« Muster hatten und an den Zimmerdecken Spiegel angebracht waren.

Etliche alteingesessene Bewohner von Bay Ridge waren über die Entdeckung entsetzt, und es erhob sich das übliche Wehklagen darüber, dass früher alles besser gewesen sei. Einige von ihnen sagten mit sorgenvollem Blick auf die fast fertig gestellte Brücke voraus, dass dies nur der Anfang einer ganzen Reihe von Veränderungen zum Schlechteren war, die die Brücke der Gegend bescheren würde: die Zunahme des Verkehrs in den Straßen der Wohngebiete, der Bau von weiteren Apartmenthäusern mit billigen Wohnungen (in die dann möglicherweise »Neger« einziehen würden) und die Ausbreitung von Geschäften und Gewerbetreibenden in bis dahin ruhige Wohngebiete, die traditionell von Zweifamilienhäusern geprägt waren.

Es waren fünf Jahre vergangen, seit die Brücke über Bay Ridge gekommen war, und obwohl die Protestierenden von damals mittlerweile verstummt und die 800 Häuser, die ihr im Weg gestanden hatten, verschwunden waren, hatten etliche Menschen ein langes Gedächtnis und hassten die Brücke noch immer.

Monsignore Edward J. Sweeny, dessen ehemals 12000 Mitglieder starke St.-Ephrem's-Gemeinde auf 2000 Gläubige dezimiert worden war, was sich nicht zuletzt in der sonntäglichen Kollekte erheblich niederschlug, begann noch immer bei der bloßen Erwähnung der Brücke vor Wut zu schäumen. Der Zahnarzt Henry Amen, der innerhalb der vergangenen fünf Jahre über fünfzehn Kilo zugenommen und es mit seiner neuen Praxis anderthalb Kilometer weiter nördlich zu einigem Wohlstand gebracht hatte, war dessen ungeachtet immer noch zornerfüllt und sagte: »Ich lehne es prinzipiell ab, gezwungen zu werden, von irgendwo wegzuziehen.«

In einigen Fällen war die Wut und die Ablehnung in Bay Ridge im Jahre 1964 noch ebenso lebendig wie 1959, als Transparente mit der Aufschrift geschwenkt wurden »Diese Brücke – wer braucht sie überhaupt?«; oder als der Beerdigungsunternehmer Joseph V. Sessa behauptete, ihm würden 2500 »Klienten« entgehen, die seinen Lebensunterhalt sicherten. Damals, als die Fraktion der Brückengegner so unterschiedliche Menschen umfasste wie Hausfrauen, Barmänner, einen Schlepperkapitän, Ärzte, Rechtsanwälte, eine Familie mit siebzehn Kindern (plus zwei Hunde und eine Katze), einen Preisboxer im Ruhestand, eine ehemalige Revuetänzerin, ein heimliches Liebespaar und hunderte anderer Menschen, die im Grunde genommen genauso reagiert hatten wie Menschen an jedem anderen Ort, denen plötzlich die Aufforderung ins Haus geflattert kam: »Verlassen Sie Ihre Häuser, wir müssen eine Brücke bauen.«

Es hatte alles in allem achtzehn Monate gedauert, 7000 Menschen umzusiedeln, die nun im Jahre 1964, obwohl der Großteil von ihnen immer noch in Bay Ridge wohnte, weitgehend den Kontakt zu ihren alten Nachbarn verloren und nichts mehr gemeinsam hatten außer alten Erinnerungen.

»O ja, das war eine deprimierende Zeit«, erinnerte sich Bessie Gros Dempsy, die ehemalige Revuetänzerin, die nun vier Blocks von dem Ort entfernt wohnt, wo früher ihr Haus stand. »Als die Abrisskommandos angerückt sind, waren abends die Blumentöpfe auf dem Fensterbrett voller Staub und Dreck, und den ganzen Tag musste man mit ansehen, wie sie all diese hübschen Häuser zertrümmert haben.

Der Bagger sah aus wie das Maul eines riesigen Ungeheuers, und jedes Mal, wenn er die Zähne in die Häuser schlug – in die Dächer, in die Zimmerdecken und die Schindeln –, hat sich alles in eine riesige Staubwolke verwandelt, und die Hunde haben gebellt wie verrückt, denn so ein Haus macht ganz seltsame Geräusche, wenn es einstürzt.

Ich erinnere mich daran, dass hinter dem Haus, wo ich damals gewohnt habe, ein großes Backsteinhaus stand. In dem hat ein Künstler gelebt. Es sah aus wie ein irisches Schloss. Als die Abrissbirne da reingerauscht ist, das war ein Geräusch, das werde ich nie vergessen. Und ich weiß noch, wie ich mit angesehen habe, wie sie das Haus genau gegenüber von mir abgerissen haben. Das war ein Haus im Kolonialstil, mit Säulen am Eingang und einer Veranda mit Fliegengittern, in dem ein älteres Ehepaar gewohnt hat mit zwei Zwillingsmädchen und ihrem Onkel Jack, der war behindert, aber er hat immer die Hecken geschnitten. Es war ein wirklich schönes Haus, und sie waren so stolz darauf, es war ein Elend, mit ansehen zu müssen, wie der Bagger es einfach platt gemacht hat.«

Das Ehepaar mit den Zwillingstöchtern lebt nun in Upstate New York, erzählte Mrs. Dempsey. Was aus dem behinderten Onkel Jack geworden war, wusste sie auch nicht zu sagen. Der Künstler aus dem Backsteinhaus ist mittlerweile tot, ebenso wie fünf weitere Leute, die sie in ihrer alten Nachbarschaft in den Tagen vor der Brücke kannte.

Ebenso wie etliche andere in Bay Ridge machte auch Mrs. Dempsey die Brücke mitverantwortlich für den Tod vieler Bewohner der alten Nachbarschaft. Sie alle sagten, dass die Anspannung und Enttäuschung, das Zuhause zu verlieren, und die Ungewissheit darüber, was die Zukunft bringen würde, für viele Todesfälle seit 1959 eine Rolle gespielt hätten. Eine Frau erklärte, ihr Mann, der zuvor niemals krank gewesen war, hätte kurz nach einer »Rettet Bay Ridge«-Demonstration einen tödlichen Herzinfarkt erlitten, während eine andere Frau die Brücke für ihr nachlassendes Sehvermögen verantwortlich machte – sie hätte nie eine Brille gebraucht bis zu dem Zeitpunkt, als man ihr ankündigte, dass ihr Zuhause von »dieser Brücke« zerstört würde.

Die meisten der älteren Leute, die Eigentümer der Häuser gewesen waren, in denen sie gewohnt hatten, und die entweder von ihrer Rente oder einem kleinen Einkommen leben mussten, berichteten, dass sie durch die Umsiedlung in finanzielle Nöte geraten seien, weil es ihnen nicht möglich war, ein neues Zuhause in vergleichbarer Größe in einer vergleichbaren Gegend zu finden.

Es gab allerdings auch eine Minderheit von Anwohnern, die erklärten, sie seien glücklich, dass sie durch die Brücke gezwungen wurden umzuziehen, oder die erklärten, ihr Pessimismus angesichts der Veränderungen, die die Verrazano-Narrows-Brücke bringen würde, sei ungerechtfertigt gewesen. Mrs. Carrol L. Christiansen, die von Bay Ridge in eine Vorstadtsiedlung namens Tenafly, New Jersey, gezogen war, wo sie nun ein Haus mit einem 1000 Quadratmeter großen Grundstück bewohnt, sagte: »Hier ist es viel besser als in Brooklyn« und fügte hinzu: »In Brooklyn bleiben alle unter sich – man hatte nie sonderlich viel miteinander zu tun. Hier ist das völlig anders. Seit wir hier sind, habe ich Golfspielen gelernt, und mein Mann und ich treffen uns mit anderen Ehepaaren zum Kartenspielen, oder wir gehen in den Country

Club tanzen. Meine Tochter, die mittlerweile siebzehn ist, fühlte sich etwa ein Jahr lang etwas entwurzelt, aber seitdem hat sie eine Menge neue Freunde kennen gelernt, und das ganze Leben ist hier viel einfacher.«

Der Beerdigungsunternehmer, der befürchtet hatte, dass ihm tausende von Klienten abhanden kommen würden, ist noch immer gut im Geschäft in Bay Ridge, und das heimliche Liebespaar – der geschiedene Mann und die unglücklich verheiratete Frau, die auf der gegenüberliegenden Straßenseite von ihm wohnte – ging getrennte Wege (er nach Manhattan, sie nach Long Island), und keiner von beiden macht die Brücke dafür verantwortlich. »Es war nur eine vorübergehende Laune«, schildert sie ihre zurückliegende Affäre und wirkt einigermaßen glücklich mit ihrem neuen Zuhause samt Mann und Kindern. Ihr Liebhaber, ein sechsundvierzigjähriger leitender Angestellter einer Versicherungsgesellschaft, hat mittlerweile eine unverheiratete Mittdreißigerin aus seinem Büro kennen gelernt, mit der er sich allabendlich in einer schummrigen Cocktail-Lounge auf der Park Avenue trifft.

Florence Campbell, die geschiedene Mutter eines Sohnes, die bis 1960 in ihrer alten Wohnung ausgeharrt hatte, obwohl eine Etage unter ihr ein Mord verübt worden war, ist mittlerweile ebenfalls der Auffassung, dass sich ihr Leben durch die Brücke zum Besseren gewandelt hat. Einige Zeit nachdem sie umgezogen war, stellte ihr eine Freundin einen Mann vor, der mit der Handelsmarine zu See fährt, und ein Jahr später heirateten die beiden und leben nun in einem behaglichen Haus an der Shore Road.

Der alte Schuster, der die Vertreter der Brückenbehörde lautstark als *»Hurensöhne!«* beschimpft hatte, weil sie fünf Jahre zuvor seine Werkstatt abreißen wollten, und der desillusioniert nach Cosenza in Süditalien zurückgekehrt war, ist mittlerweile wieder in Brooklyn und arbeitet in einer anderen Werkstatt. In Italien kam er einfach nicht zur Ruhe, zumal er das Leben im Kreise seiner Verwandtschaft unerträglich fand.

Mr. und Mrs. John G. Herbert, die Eltern von siebzehn Kindern, die ehemals alle in einem lauten und heruntergekommenen Schindelhaus an der Ecke 67. Straße und 7. Avenue gewohnt hatten, bevor die Brücke sich breit machte, leben nun in der 52. Straße in einem dreistöckigen Haus mit neun Zimmern, das ihnen gehört, und sind in gewisser Weise besser dran als vorher, wo sie nur Mieter waren.

Das neue Haus ist moderner und hat zwei Zimmer mehr, doch die Wohnfläche ist geringer, und außerdem ist es eingekeilt inmitten eines Blocks von Reihenhäusern. Die Kinder der Herberts vermissen den großen Rasen und die Bäume, die das alte Haus umgaben.

Mr. Herbert, ein kleinwüchsiger, muskulöser Marinewerftarbeiter mit blauen Augen und weißen, kurz geschnittenen Haaren versucht dem Gewirr und Gewimmel in seinem Haus gelegentlich dadurch zu entkommen, dass er heftig trinkt, und wenn Besuch kommt, begrüßt er diesen mit einem kräftigen Schlag auf die Schulter, gießt ihm etwas zu trinken ein und erklärt lautstark: »Kommen Sie rein, machen Sie's sich gemütlich – ziehen Sie den Mantel aus, setzen Sie sich hin, machen Sie's sich gemütlich.« Seine Frau schüttelt derweil traurig den Kopf und raunt den Gästen zu: »Sie können von Glück sagen, dass Sie nicht hier wohnen.« Woraufhin Mr. Herbert einen weiteren Drink herunterkippt, den Gästen erneut auf die Schulter klopft und sie noch einmal auffordert: »Kommen Sie, machen Sie sich's gemütlich. Trinken Sie noch einen. Ganz gemütlich!«

Zwei seiner Söhne – Eugene und Roy, mittlerweile zwanzig und neunzehn Jahre alt – registrieren solche Szenen sehr genau, und sie erinnern sich noch beide, wie hoffnungsvoll sie damals vor fünf Jahren waren, als sie erstmals erfuhren, dass ihr altes Haus abgerissen würde. Endlich, dachten sie, würden sie der Stadt den Rücken kehren und aufs Land ziehen, wie ihr Vater es ihnen schon so oft angekündigt hatte.

Als dies dann doch nicht passierte, weil die Familie sich kein anderes Haus leisten konnte als das, in dem sie mittlerweile wohnt, fühlten sich die Jungs ein wenig betrogen. Und obwohl seitdem schon fünf Jahre vergangen waren, vermissen sie ihr altes Zuhause und sehnen sich nach einem, das so war wie dieses.

Irgendwann im Frühling 1964 unternahmen Eugene und Roy einen nostalgischen Ausflug in ihre alte Nachbarschaft, die gerade mal zwei Kilometer entfernt lag, und inspizierten das Gelände, wo ihr altes Haus einmal gestanden hatte.

Mittlerweile war hier alles eingeebnet und betoniert – begraben unter dem Highway, der zur Brücke führte. Hier würden in Kürze die Kassenhäuschen der Mautstelle stehen. Die Bauarbeiten standen drei Monate vor dem Abschluss, so dass noch kein Auto weit und breit zu sehen war, sondern eine gespenstische Stille herrschte. Eugene und Roy gingen auf der Mitte der leeren Fahrbahn entlang, bis Eugene stehen blieb und sagte: »Roy, hier ungefähr war's – hier hat das Haus gestanden.«

»Stimmt, ich glaube, du hast Recht – da drüben ist der Telefonmast, an dem wir immer hochgeklettert sind.«

»Und hier war die Veranda...«

»Genau. Weißt du noch, wie wir im Sommer abends immer draußen herumsaßen und das Radio laufen hatten ... und das eine Mal, als ich nachts mit Vera auf der Hollywoodschaukel war.«

»Au ja, an Vera kann ich mich noch gut erinnern. Super Figur!«

»Und weißt du noch, wie wir freitagabends alle auf der Treppe gesessen haben und drauf gewartet haben, dass Dad von der Werft nach Hause kommt, weil er freitags immer eine Zwei-Kilo-Packung Eis mitgebracht hat?«

»Klar kann ich mich daran noch erinnern. Und er hat uns nie enttäuscht, oder?«

»Stimmt. Und ich kann mich auch noch an das Lied erinnern, das wir alle immer gesungen haben, während wir auf ihn gewartet haben ... du auch?«

»Klar«, sagte Roy. Und dann sangen beide noch einmal das Lied aus ihren Kindheitstagen:

Ich bin heiß
du bist heiß
wir sind heiß
auf Eis

Ich bin heiß
du bist heiß
wir sind heiß...

Etwas peinlich berührt tauschten sie einen kurzen Blick aus und schwiegen dann einen Moment lang. Dann gingen sie von der Stelle, wo früher ihr Haus gestanden hatte, weiter über die leere Fahrbahn und entdeckten, als sie sich umschauten, immer mehr vertraute Bilder. Dort war der Gehsteig, auf dem sie Rollschuh gelaufen waren, die Risse im Zement noch immer an den gleichen Stellen; dort standen einige Häuser, die nicht der Straße hatten weichen müssen; dort war der Leif Ericson Park, wo sie als Kinder immer gespielt hatten und in dessen Rasen sie ein tiefes Loch gegraben hatten als Versteck für alle möglichen Sachen – Pfadfindermesser, Ringe, Spielzeug, neue Baseballs. Dort waren sie in Sicherheit vor ihren Brüdern und Schwestern, denn zu Hause hatte man nichts für sich allein, wurde Privateigentum nicht respektiert.

Sie suchten den Rasen nach der Stelle ab, wo das Loch gewesen war, das sie mit einer Metallplatte abgedeckt hatten, doch ihre Suche blieb erfolglos. Dann überquerten sie die Straße und gingen auf eines der wenigen Häuser zu, die von dem Block noch übrig geblieben waren, und in diesem Moment schüttelte eine ältere Dame gerade ihren Mopp aus. Eugene rief zu ihr herüber: »Hallo, Mrs. Johnson. Kennen Sie uns noch? Die Herberts. Wir haben da gegenüber gewohnt, wissen Sie noch?«

»Aber ja doch«, erwiderte sie lächelnd. »Euch hätt' ich aber kaum wiedererkannt. Wie geht's denn so?«

»Prima. Wir wohnen jetzt in der zweiundfünfzigsten Straße.«

»Oh«, sagte sie leise. »Wie geht's eurer Mutter?«

»Prima, Mrs. Johnson.«

»Na, dann richtet ihr mal schöne Grüße von mir aus«, sagte sie, zog den Mopp wieder ein und schob das Fenster zu.

Die Jungs gingen durch die verlassene Gegend, vorbei

an den gelben Planierraupen und Betonmischern, die an diesem Samstagnachmittag still herumstanden – weiter über die unbefestigte Straße, die bald asphaltiert werden würde, vorbei an Plätzen und Orten, zu deren Geschichte sie gehört hatten, als diese noch belebt waren.

»Roy, kannst du dich noch an den bellenden Hund erinnern, der uns immer eine Heidenangst eingejagt hat?«

»Klar doch.«

»Und den Süßigkeitenladen, der da drüben stand.«

»Sicher. Harry's. Mann, haben wir den beklaut.«

»Und weißt du noch…«

»Hey«, sagte Roy. »Ich frage mich, ob Vera wohl noch in der Gegend wohnt.«

»Suchen wir eine Telefonzelle und schauen nach.«

Sie gingen drei Blocks weit zur nächsten Telefonzelle, wo Roy im Telefonbuch nachschaute und dann ausrief: »Hey, da ist sie – SHore 5-8486.«

Er steckte eine Zehn-Cent-Münze in den Schlitz, wählte und dachte, während er wartete, darüber nach, was er wohl sagen würde. Doch schon einen Augenblick darauf wusste er, dass er sich darüber keine Gedanken mehr machen musste, denn es klickte nur, und dann ertönte eine mechanische Stimme: »Wir bedauern, aber die Nummer, die Sie gewählt haben, ist derzeit nicht erreichbar… Dies ist eine automatische Ansage…«

Roy fischte den Dime aus dem Rückgabeschacht und steckte ihn in die Tasche. Dann gingen er und sein Bruder zur Bushaltestelle und warteten auf den Bus – doch es kam keiner, und so machten sie sich, ohne ein Wort darüber zu verlieren, zu Fuß auf den Rückweg zu ihrem neuen, lauten Zuhause auf der 52. Straße. Der Weg war gar nicht so weit – gerade mal zwei Kilometer –, und dennoch war er ihnen 1959, als sie noch Teenager gewesen waren und die Familie siebzehn Touren unternommen hatte, um das ganze Mobiliar dorthin zu verfrachten, wie eine ewige, abenteuerliche Reise vorgekommen.

Und nun, während sie die Straße entlanggingen, stellten sie fest, dass es gerade mal ein Katzensprung gewesen war und sich im Grunde genommen gar nichts verändert hatte – weder zum Besseren noch zum Schlechteren. Es war fast, als wären sie überhaupt nicht umgezogen.

10
Das Zugvogel-Fieber

Im Frühling 1964 schien die ganze Brücke infiziert von einer Krankheit, die unter Brückenbauern weit verbreitet ist – das »Zugvogel-Fieber«. Es schien fast, als würden selbst die Kabel vibrieren von diesem unbestimmten Gefühl der Ruhelosigkeit und der Aufbruchstimmung, einer Ungeduld, die den Männern unter der Haut kribbelte, und viele überlegten bereits: »Wohin als Nächstes?«

Mit einem Mal schien die Brücke schon so gut wie fertig. Nicht dass sie tatsächlich fertig gestellt gewesen wäre – noch weitere acht Monate sollte das dauern –, aber die schweren Stahlsegmente waren fest miteinander verbunden und spannten sich in einem sanften Bogen quer über den Himmel, und damit war der gefährlichste Teil der Arbeit erledigt, die Herausforderungen nahmen immer mehr ab, der Pessimismus und die kalten Winterwinde waren vom Frühling hinweggefegt worden und hatten einem merkwürdigen Gefühl der Zuversicht Platz gemacht, dass von nun an nichts mehr schief gehen könne. Einer der Punks namens Roberts war zwar vom Wind erfasst worden und von der Brücke abgestürzt, doch er war sicher in einem der Netze gelandet; ein anderes Mal war jemandem ein schwerer Bohrer aus der Hand geglitten und drohte genau den Kopf eines Indianers namens Joe Tworivers zu treffen, hatte diesen dann aber doch um Millimeter verfehlt und lediglich seine Fußspitze erwischt. Tworivers hatte nur einmal kurz gegrunzt und war dann weitergegangen.

Der Anblick von sechzig Stahlsegmenten mit einem Gewicht von je 350 Tonnen, die sich nun alle an Kabeln aufgehängt in einem grandiosen rötlichen Bogen über die Meerenge von Staten Island nach Brooklyn spannten, mochte die Beobachter an Land begeistern, doch für die Eisenmonteure auf der Brücke war dies nur ein Anzeichen dafür, dass von nun an nur noch Langeweile vor ihnen lag. Denn die nächste Bauphase – in der Branche als »zweiter Durchgang« bezeichnet – bestand hauptsächlich darin, die gesamte Brücke noch einmal zu überarbeiten und kleinere Bauteile – Roste, Streben, Gitter und Sprossen – anzubringen und die Schrauben und Muttern nachzuziehen. Sobald sämtliche zusätzlichen Stahlteile angebracht und alle Schrauben noch einmal festgezogen waren, würden die Betonmischer anrücken und die Fahrbahn betonieren, und als Nächstes würden die Elektriker kommen, um die Leitungen zu verlegen und die Lampen anzubringen, bevor schließlich die Maler den roten Stahl mit einem silbernen Anstrich versahen.

Und schließlich, wenn all dies erledigt war – Monate nachdem der letzte Eisenmonteur die Baustelle verlassen und sich irgendwo anders eine neue Aufgabe gesucht hatte –, würde die Brücke unter großem Tamtam eröffnet,

Fanfarenzüge würden darüber hinwegmarschieren, Bänder würden feierlich durchschnitten, hübsche Mädchen von Paradewagen herunterlächeln, Politiker würden Reden halten, und alle würden applaudieren – und die Ingenieure würden sich im Ruhm sonnen.

Und die Eisenmonteure würden sich einen Dreck drum kümmern. Sie würden ihre großen Reden allenfalls in Bars schwingen, zumal sie ohnehin am besten wussten, was sie geleistet hatten. Und in Schlips und Kragen bei einer Festveranstaltung herumzustehen und Rührung zu demonstrieren war sowieso nicht ihr Ding.

Ein Brückenbauer wird aller Wahrscheinlichkeit nach die nächsten Monate kaum einen Gedanken an die Brücke verschwenden, sondern erst nachdem vier bis fünf Jahre vergangen sind, von einer Art umgekehrtem Fernweh erfasst werden. Es kann passieren, dass es ihn packt, während er auf dem Weg zu einer neuen Baustelle ist oder auf der Fahrt in den Urlaub – und dann fällt ihm wieder ein, dass hundert oder zweihundert Kilometer entfernt eine von den Boom-Städten liegt oder eine Brücke, auf der er mal gearbeitet hat. Dann zweigt er von seiner ursprünglichen Route ab und fährt einen Umweg, der ihn vielleicht nach St. Ignace bringt, wo er noch einmal die Mackinac Bridge in Augenschein nimmt, oder nach San Francisco, um die Golden Gate Bridge zu bewundern. Und genauso wird er in einigen Jahren möglicherweise nach Brooklyn zurückkehren und seinen Blick über das Meer zur Verrazano-Narrows Bridge schweifen lassen.

Mag sein, dass er – wie die meisten Boomer – dies heute noch weit von sich weist, doch bis 1968 oder 1969 wird es irgendwann passieren: Vielleicht ist er gerade mit seinem dicken Wagen unterwegs auf dem Weg von Long Island in die Stadt, oder er kommt von Manhattan und rauscht im Strom all der anderen Autos über den Belt Parkway, und dann geht es an Bay Ridge vorbei, und er verlangsamt seine Fahrt, und mit einem Mal hält er die Luft an, wenn plötzlich die Verrazano vor seiner Windschutzscheibe auftaucht, auf der sich nun über die gesamte Spannweite Auto an Auto reiht, während auf den Kabeln nur mehr ein paar Vögel entlangspazieren.

Dann wird er seinen Wagen nach rechts steuern und langsam auf der Standspur ausrollen lassen und eine Staubwolke aufwirbeln, und die anderen Autofahrer werden ihm zubrüllen: »Pass doch auf, wo du langfährst, du Idiot!« Und die Frau auf dem Beifahrersitz gibt ihrem Mann einen Schubs und sagt: »Sei besser vorsichtig, Liebling, der Kerl sieht aus, als wäre er betrunken.«

Und in gewisser Weise hat sie sogar Recht. Der Boomer ist in der Tat in einer Art Rausch, während er alles auf sich wirken lässt – den Anblick, die Geräusche – und er noch einmal das Rattern von Schlagschraubern und das Scheppern von Stahl oder die zornige Stimme von Hard Nose Murphy hört und sich daran erinnert, wie die Kabel gesponnen und die stählernen Brückenelemente in die Höhe gehievt wurden. Und er erinnert sich an die Stimme von Kelly, wie er den anderen zuruft: »Mehr Saft auf die Sieben, sachte, saaachte!« Und sein Blick wird zu der Stelle wandern, wo Gerard McKee abstürzte, und dorthin, wo die Klampen sich lösten, oder zu der Stelle, wo die fast 500 Kilo schwere Armierung heruntergefallen war. Und es wird ihm wieder einfallen, dass da unten auf dem Meeresgrund ein halbes Werkzeuglager vor sich hin rostet.

Der Boomer wird dann einige Minuten in seinem Wagen sitzen und schweigend die Szenerie betrachten, und dann wird er aufs Gaspedal treten, sich in den Verkehr einreihen und in der Masse der Autos untergehen. Und niemand wird wissen, dass der Mann in dem dicken Auto neben ihnen an einem Tag 1000 Nieten in diese Brücke gejagt hat oder mitgeholfen hat, 350 Tonnen schwere Bauteile zur Öffnung hinaufzuhieven, oder dass sein Nachname Tatum ist, oder Olson, oder Ianielli oder Jacklets oder vielleicht sogar Hard Nose Murphy.

So ähnlich ging es jedenfalls im Frühjahr 1964 Bob Anderson – ihn hatte das Fernweh gepackt, und er konnte es kaum erwarten, Brooklyn den Rücken zu kehren und sich auf den Weg nach Portugal zu machen, wo er einen neuen Job auf der Baustelle der neuen Hängebrücke über den Tejo hatte.

»Das wird ein Mordsspaß in Portugal«, erklärte Anderson den übrigen Brückenbauern an seinem letzten Tag auf der Verrazano-Narrows Bridge. »Das Land ist absolut wunderbar, wir können die Wochenenden in Paris verbringen … Ihr solltet mitkommen.«

»Machen wir, Bob, in ungefähr einem Monat«, sagte einer.

»Klar, Bob, ich komme bestimmt«, erklärte ein anderer. »Für mich ist hier sowieso Feierabend, ich sehe zu, dass ich hier weg komme …«

Am Freitag, dem 19. Juni 1964, schüttelte Bob Anderson dutzenden von Kollegen auf der Verrazano noch einmal die Hand und gab ihnen seine Adresse in Portugal. Abends trafen sie sich noch einmal auf einen Abschiedsdrink in der Tamaqua Bar in Brooklyn. Es waren ungefähr fünfzig Mann, die sich um zehn Uhr an den vier großen Tischen im hinteren Teil der Bar versammelt hatten, um Bier und Whiskey zu trinken und Bob Anderson alles Gute zu wünschen. Ace Cowan war darunter und John Drilling (der nach drei harten Monaten in Whitey Millers Truppe gerade wieder zum Pusher befördert worden war) und etliche andere Boomer, die schon zwischen 1955 und 1957 mit Anderson zusammen auf der Mackinac Bridge gearbeitet hatten.

Alle waren vergnügt und ausgelassen. Sie prosteten Anderson zu und klopften ihm unablässig auf die Schulter; ganz besonderer Jubel brach aus, als er ankündigte, für die Nachkommenden eine riesige Willkommensparty in Portugal zu veranstalten. Es wurden Erinnerungen ausgetauscht und Witze erzählt, und man ließ mit großem Vergnügen die Pannen Revue passieren, über die Hard Nose Murphy am heftigsten ausgerastet war. Auch die Zeiten auf der Mackinac Bridge, die nun fast zehn Jahre zurücklagen, ließen sie wieder aufleben, bis dann die Party irgendwann nach Mitternacht zu Ende ging und nach einem letzten Abschiedsdrink einer nach dem anderen zur Tür hinauswankte.

Bevor er nach Lissabon aufbrach, lud Bob Anderson seine Frau Rita und ihre beiden Kinder samt Gepäck ins Auto, um einen Ausflug nach St. Ignace in Michigan zu unternehmen, wo er Rita während der Arbeiten an der Mackinac Bridge kennen gelernt hatte. Dort wohnten noch immer Ritas Eltern und viele ihrer Freunde, und das war auch der Grund ihrer Reise – das und die Tatsache, das Bob Anderson die Brücke, auf der er von 1955 bis 1957 gearbeitet hatte, noch einmal sehen wollte.

Einige Tage später stand er allein in St. Ignace am Ufer und schaute hinauf zur Mackinac Bridge, wo er einmal, festgeklammert an ein Teil der Gerüstplanke, 600 Meter auf einem der Kabel in die Tiefe gerauscht war, und er erinnerte sich daran, wie er nach diesem Ritt wieder hinaufgeklettert war und alle behauptet hatten, er wäre der größte Glückspilz unter all den Boomern auf der Brücke.

Er erinnerte sich an eine Vielzahl von Ereignissen, während er zehn Minuten lang still am Flussufer entlangspazierte. Dann ging er langsam wieder zu seinem Auto zurück und machte sich auf den Weg zu seiner Schwiegermutter, um seine Frau abzuholen, und später fuhren sie in die Bar des Nicolet Hotel, wo die Boomer neun Jahre zuvor ihr Hauptquartier aufgeschlagen hatten und wo er eines Nachts in der Herrentoilette 1000 Dollar beim Würfeln gewonnen hatte.

Doch nun, da er zweiundvierzig Jahre alt war, hatte er all dies hinter sich gelassen. Rita war seine dritte Frau, und er wollte mit ihr und den beiden Kindern endlich sesshaft werden und ein geregeltes Familienleben führen. Sie freuten sich beide auf den neuen Job in Portugal – und die Möglichkeit, dass dies in einer Tragödie enden könnte, wäre ihnen nie in den Sinn gekommen.

Sie wollten sich in Portugal nach einem Haus umsehen und hatten vorläufig im Tivoli Hotel in Lissabon Quartier bezogen. Am 17. Juni brach Bob Anderson zu einer ersten Besichtigung der Tejo-Brücke auf. Zu diesem Zeitpunkt waren die Männer damit beschäftigt, die knapp fünfzig Tonnen schweren Stahlsegmente in die Höhe zu hieven, die in die Brückenpfeiler eingesetzt werden sollten. Anderson stand am Pier, als plötzlich der Kranausleger einknickte, während eines dieser Segmente gerade einen Meter über dem Boden schwebte. Die Haltetrosse riss, traf Anderson wie eine riesige Peitsche quer über der Brust und schleuderte ihn gegen die Kaimauer, wo er mit gebrochener Schulter und aufgeplatztem Schädel schwer verletzt liegen blieb. Niemand hatte genau gesehen, was geschehen war, so dass man nur Mutmaßungen über den Verlauf des Unglücks anstellen konnte. Bob Anderson wurde mit schweren Hirnverletzungen in ein Krankenhaus eingeliefert und lag noch zwei Monate später im Koma, unfähig, zu sprechen oder seine Frau zu erkennen. Die Ärzte sagten, seine Karriere als Brückenbauer sei vorbei.

Als die Nachricht von Andersons Schicksal zur Verrazano-Narrows Bridge drang, waren alle erschüttert. Manche brachten vor Entsetzen kein Wort heraus, während andere zornerfüllte Flüche ausstießen. John Drilling und einige seiner Kollegen ließen alles stehen und liegen, um Rita in Portugal anzurufen und ihr anzubieten, mit dem nächsten Flug herüberzukommen, doch sie versicherte ihnen, dass es nichts gab, was sie tun konnten. Ihre Mutter war aus St. Ignace herübergekommen und half ihr dabei, sich um die Kinder zu kümmern.

Für die Boomer war dies der tragische Schlusspunkt einer aufregenden Zeit in New York auf der längsten Hängebrücke der Welt. Sie waren stolz auf Bob Anderson. Er war auf der Brücke ein Mann von großem Wagemut gewesen und außerdem charmant und liebenswürdig. Sein Name würde in keiner Festschrift über die Verrazano-Narrows Bridge erwähnt werden, das wussten sie, denn Bob Anderson war – wie andere, denen es ähnlich ergangen war – nur in der kleinen Welt der Boomer ein Begriff. Doch in *jener* Welt waren sie Helden – Helden, denen es nie an Mut oder Stolz mangelte, Männer die dem Ehrenkodex der Boomer treu geblieben waren: dorthin zu gehen, wo die nächste große Aufgabe wartet,

... um dort eine Weile zu bleiben ...
und anschließend weiterzuziehen
in die nächste Stadt, zur nächsten Brücke ...
wo sie aufs Neue alles Mögliche zusammenfügen
außer ihr eigenes Leben.

PUBLIKATIONSHINWEIS

Die hier versammelten Texte erschienen erstmalig in den folgenden Publikationen:

Als ich fünfundzwanzig war (When I was Twenty-Five), P.O.V. Magazine, 1997. Übersetzung: Sky Nonhoff.

New York. Stadt im Verborgenen (New York is a City of Things Unnoticed), in: *A Serendipiter´s Journey*. Harper & Brothers, 1961. Übersetzung: Sky Nonhoff.

Frank Sinatra ist erkältet (Frank Sinatra has a Cold), Esquire Magazine, 1966. Übersetzung: Sky Nonhoff.

Deines Nächsten Weib (Thy Neighbor's Wife), 1. Kapitel, Laurel Books, 1980. Übersetzung: Christoph Hahn.

Der Verlierer (The Loser), Esquire Magazine, 1964. Übersetzung: Sky Nonhoff.

Das Verschwinden (The Disappearance), in: *Honor Thy Father,* Ballantine Books, 1971. Übersetzung: Christoph Hahn.

Ali in Havanna (Ali in Havana), Esquire Magazine, 1996. Übersetzung: Sky Nonhoff.

Vogueland (Vogueland), Esquire Magazine, 1961. Übersetzung: Christoph Hahn.

Joe Louis: Der King in der Mitte seines Lebens (Joe Louis: The King as a Middle-Aged Man), Esquire Magazine, 1962. Übersetzung: Sky Nonhoff.

Die Brücke (The Bridge), in: *Fame and Obscurity,* Ballantine Books, 1961. Übersetzung: Christoph Hahn.